面向 SDG 的国网行动
参与社会治理破解难题

State Grid SDG Solutions
Engaging in Social Governance to
Tackle Complex Challenges

于志宏 ◎ 主编

王秋蓉　杜　娟 ◎ 副主编

经济管理出版社
ECONOMY & MANAGEMENT PUBLISHING HOUSE

图书在版编目（CIP）数据

参与社会治理破解难题 / 于志宏主编. —— 北京：
经济管理出版社，2025. 6. ——（面向 SDG 的国网行动）.
ISBN 978-7-5243-0339-8

Ⅰ. F426.61

中国国家版本馆 CIP 数据核字第 20252NZ589 号

组稿编辑：魏晨红

责任编辑：魏晨红

责任印制：张莉琼

责任校对：曹魏

出版发行：经济管理出版社

　　　　　（北京市海淀区北蜂窝 8 号中雅大厦 A 座 11 层　　100038）

网　　址：www.E-mp.com.cn

电　　话：（010）51915602

印　　刷：北京市海淀区唐家岭福利印刷厂

经　　销：新华书店

开　　本：720mm×1000mm/16

印　　张：9

印　　张：34（全四册）

字　　数：165 千字

字　　数：616 千字（全四册）

版　　次：2025 年 7 月第 1 版　　2025 年 7 月第 1 次印刷

书　　号：ISBN 978-7-5243-0339-8

定　　价：380.00 元（全四册）

《面向 SDG 的国网行动——参与社会治理破解难题》编委会

主 编： 于志宏

副主编： 王秋蓉　　杜　娟

编　委：（按照姓氏汉语拼音首字母排序）

曹欣凯　　陈锦立　　崔　灿　　邓　锋　　邓茗文　　胡文娟

黄　莺　　蒋东伶　　李明明　　李思楚　　李一平　　李子瑜

林少娃　　柳　扬　　商显俊　　陶　虹　　王列刚　　叶　鹏

赵俊杰　　周俊男　　朱　琳

破解世界难题的"国网方案"

——2024"金钥匙·国家电网主题赛"介绍

"破解世界难题，打造中国方案。"

2022 年，国家电网有限公司与《可持续发展经济导刊》发起并联合举办了首届"金钥匙·国家电网主题赛"，针对全球性难题寻找可持续发展解决方案，打造贡献联合国2030 可持续发展目标(SDG)的国网方案，挖掘具有影响力、示范性的企业卓越实践案例，并在国际国内平台推介推广。"金钥匙·国家电网主题赛"既是"金钥匙——面向 SDG 的中国行动"的拓展与升级，也是国家电网进一步贡献 SDG 的新尝试。

2024"金钥匙·国家电网主题赛"聚焦"电力大数据创造新价值""转型低碳贡献气候行动""绿色电网守护生态之美""参与社会治理破解难题"四大主题，国家电网有限公司各单位共申报了 211 项行动，其中 73 项行动参加路演。经过金钥匙专家评审，共有 17 项行动获得金奖、16 项行动获得银奖、40 项行动获得铜奖。金奖行动最终产生 5 项"金钥匙·年度最佳解决方案"，成为破解这四大问题有代表性的国网方案、中国方案。

针对 4 个主题汇聚"国网方案"

2024"金钥匙·国家电网主题赛"针对 4 个主题，按照金钥匙标准与流程，汇聚了来自国家电网有限公司各单位 73 项贡献 SDG 的国网方案，在金钥匙平台充分展现了破解难题的丰富实践与解决方案。

主题一：电力大数据创造新价值。电力大数据是能源领域和宏观经济的"晴雨表"，为服务国家发展战略、助力科学治理、推动经济社会发展提供有力支撑。如何不断拓展应用场景，充分释放电力大数据价值，赋能经济社会发展？国家电网有限公司各单位扭住"数据"这个"牛鼻子"，通过 19 项优秀行动展示了利用电力大数据创造价值，打造新产品、新技术、新服务，服务社会经济发展的多种应用场景，包括社区电动汽车充电、新能源设施建设、农村光伏消纳、企业用电服务、社区供电服务、畜禽养殖

场及农排灌溉等。

主题二：转型低碳贡献气候行动。实现"双碳"目标，能源是主战场，电力是主力军。转型低碳是电力行业的重要使命，是积极应对气候变化的重要着力点和创新点。本主题整合了电网企业推动能源绿色低碳转型、为应对气候变化作出贡献的创新性示范行动共 18 项，呈现了推动公共领域电气化、大型邮轮岸电使用、赋能零碳园区、农村能源革命、企业节能降碳、引导全民节约用电、公共建筑低碳用能等实践活动。

主题三：绿色电网守护生态之美。作为重要的能源基础设施，如何将绿色发展理念融入电网全生命周期，建设环境友好型电网，助力美丽中国建设？本主题的 17 项路演行动有力展示了将电力基础设施完美融入绿水青山的美丽画卷，从破解湿陷性黄土地区"海绵城市"电网建造难题、打造"零碳"变电站、筑牢特高压工程森林"防火墙"、守护高原地区脆弱生态到海陆空立体化保护生物多样性，生动践行了习近平生态文明思想，再次用实践印证了电网与生态和谐共生的理念。

主题四：参与社会治理破解难题。电力行业是现代社会的血脉，电网企业是社会治理的重要参与者。如何发挥供电服务体系的支撑作用，全面推进电网企业与社会综合治理共融共建？ 本主题的 19 项行动集中呈现了从电网自身出发，积极参与社会治理、助力解决社会难题的创新性示范行动，包括助力社区网格化"智"理、困难群众救助、灾难灾害救援、倡导居民节电、解决"渔电矛盾"、农村老年人厕所设施改善等，展示了关爱社会的温暖与善意。

持续破解难题，发挥示范引领作用

2022~2024 年，"金钥匙·国家电网主题赛"面向国家电网有限公司各单位广泛征集了 605 项行动，通过金钥匙标准及流程，200 项优秀行动脱颖而出成为破解难题的"国网方案"，建立起国家电网贡献 SDG 的优秀实践案例库；向社会各界展示了国家电网持续推进社会责任工作、破解可持续发展难题的生动实践与创新行动，提升了可持续发展品牌影响力；为国家电网向国际社会讲好中国故事提供了丰富的可持续发展优秀案例。

这些行动不仅展示了国家电网有限公司在可持续发展领域取得的显著成效，更体现了其作为关系国家能源安全和国民经济命脉的特大型国有重点骨干企业的水平和风

采。来自不同领域的金钥匙专家在主题赛路演展示过程中，对国家电网有限公司在社会责任和可持续发展道路上发挥的表率和示范作用给予了高度肯定，希望未来通过不同的平台将优秀经验和行动成果分享给社会各界及全球，共同为破解世界难题、打造国网方案贡献力量。

理念引领行动，行动践行理念。国家电网有限公司自上而下地灌输了可持续发展理念，各基层单位积极响应，自下而上地涌现出了无数的创新行动。金钥匙总教练、清华大学苏世民书院副院长、清华大学绿色经济与可持续发展研究中心钱小军教授对此给予了高度评价："每年200多项行动数量非常庞大。充分证明了国家电网有限公司作为一个大集体推动可持续发展的强大实力和坚定决心，系统内各单位热情不减，好点子层出不穷。"

通过"金钥匙·国家电网主题赛"，国家电网有限公司充分展现了其在可持续发展领域的领导力风范和风采，期待更多行业企业加入这一行列，开展本行业企业主题活动，营造比、学、赶、超的良好氛围，为中国及全球可持续发展难题寻找更多具有创新性的解决方案。

《面向 SDG 的国网行动》

2024 年，国家电网有限公司与《可持续发展经济导刊》联合发起 2024"金钥匙·国家电网主题赛"，聚焦"电力大数据创造新价值""转型低碳贡献气候行动""绿色电网守护生态之美""参与社会治理破解难题"四大主题，选拔出具有代表性的国网方案、中国方案。

为了向社会各界和国际社会讲好"面向 SDG 的国网行动"故事，《可持续发展经济导刊》汇总每个问题的优秀解决方案，经总结和提炼，按照"金钥匙标准"选编和出版 2024"金钥匙·国家电网主题赛"优秀成果选辑——《面向 SDG 的国网行动》（共四辑）。本书收录了来自 2024"金钥匙·国家电网主题赛"的 59 项优秀行动，并按照四个主题，即"电力大数据创造新价值""转型低碳贡献气候行动""绿色电网守护生态之美""参与社会治理破解难题"分为四辑。

本书为第四辑，聚焦"参与社会治理破解难题"主题。当前，我国社会治理面临的问题复杂多样，亟须打造人人有责、人人尽责的社会治理共同体。电力行业是现代社会的血脉，电网企业是社会治理的重要参与者。如何全面推进电网企业与社会综合治理共融共建，发挥供电服务体系对社会治理强有力的支撑作用，是电网企业履行社会责任、创造综合价值最大化的重要着力点。本书汇集了来自国家电网系统不同单位 16 项积极参与社会治理、助力社会难题解决的创新性示范行动。

《面向 SDG 的国网行动》面向高校商学院、管理学院，作为教学参考案例，可提升领导者的可持续发展意识；面向致力于贡献可持续发展目标实现的企业，可促进企业相互借鉴，推动可持续发展行动品牌建设；面向国际平台，可展示、推介国家电网可持续发展行动的经验和故事。

目 录

国网浙江省电力有限公司超高压分公司、
国网浙江省电力有限公司绍兴供电公司

"救援电塔"架起野外逃生通道

一、基本情况

公司简介

国网浙江省电力有限公司超高压分公司（以下简称国网浙江电力超高压分公司）是浙江省特高压电网运检管理单位，承担着浙江"三交三直"特高压骨干网架的运检管理责任。浙江三大"西电东送"特高压工程年输送电量超过 1000 亿千瓦·时，约占浙江省用电量的 16%，是浙江省电力供应的"稳定器"和"压舱石"，也是展示浙江特高压建设的重要窗口。国网浙江电力超高压分公司始终以"守护浙江光明"为核心社会责任，将社会责任理念融入企业战略规划、安全生产、经营管理等工作，在践行"安全保供"责任的同时，依托自身优势，打造"百万伏·百万福"特色履责实践品牌，持续提升社会公众对国家电网的满意度。

国网浙江省电力有限公司绍兴供电公司是国家电网有限公司特大型供电企业，供电区域覆盖绍兴地区。国网浙江省电力有限公司绍兴供电公司已有百年历史，自 1912 年起，先后经过华光电灯公司、大明电气股份有限公司、浙东供电局等历史沿革，1978 年底更名为绍兴电力局，2013 年启用国网浙江省电力有限公司绍兴供电公司（以下简称国网绍兴供电公司）。国网绍兴供电公司始终践行"人民电业为人民"企业宗旨，扛牢"光明"基因发源地的责任担当，以实干实绩赢得各界肯定。国网绍兴供电公司成为全国首批"国家电力公司一流供电企业""国际一流供电企业"。

可持续发展
目标

行动概要

随着乡村旅游、登山、露营等活动越来越受欢迎,野外遇险事件频发。巡线遇险、"驴友"迷路、老人走失……在野外救援过程中,锁定受困人员位置是关键。自 2021 年起,国网浙江电力超高压分公司、国网绍兴供电公司联合应急管理机构、社会救援组织等利益相关方,利用现有的电力廊道、线路通道可视化装置等资源,搭建以特高压站 24 小时主控室为"救援中心",以 4.5 万基铁塔高清"天眼"监控网络为媒介,以救援电塔为支点的野外应急救援联盟,有效破解了野外救援"定位难"的痛点。创新应用北斗短报文、无线中继等技术,消除野外信号盲区,将野外救援时间从 2~5 天缩短至 4~8 小时,有力保障了野外应急救援通道的畅通。

二、案例主体内容

背景和问题

2021 年 2 月,在杭州临安山区,一名 67 岁的"驴友"意外失联,由于无法确定他的位置,来自蓝天救援队的 20 多名搜救人员连续 7 天搜寻无果。据不完全统计,2023 年我国共发生户外探险事故 425 起,死亡 156 人,失踪 26 人。其中,登山事故率最高,占比达 37%。2024 年,国务院安全生产委员会办公室更是将"畅通生命通道"纳入了 2024 年度安全生产月主题,"畅通生命通道"成为时下热点议题。

野外救援分秒必争,早一分钟施救就多一分生还的希望。项目团队通过对杭州、绍兴、湖州等地应急救援组织的调研分析,总结出野外应急救援最核心的痛点——"定位难"。无法确定受困人员的位置,可能引发救援成本激增、搜救时间不可控、救援方向错误等连锁反应,最终错过黄金救援时间,导致救援任务失败。

行动方案

2021 年以来,国网浙江电力超高压分公司、国网绍兴供电公司联合应急管理机构、社会救援组织等利益相关方,利用电网既有资源,搭建以特高压站主控室为"救援中心",以铁塔高清"天眼"监控网络为媒介,以救援电塔为支点的野外应急救援联盟,消除野外通信盲区,破解"定位难",提高救援效率。

一键联动,实现多方响应。当铁塔周边遇到险情时,浙江省特高压站主控室可秒变"救援中心",24 小时接收求救信息,并将求救信息和受困人员位置及时告知公安、消

联盟运作机制示意图

防和社会救援组织。

多种方式，锁定受困人员位置。 山区地形复杂，失联人员难以确定自身位置。而山区中数量庞大的输电铁塔大多位于山脊醒目位置，是合适的"地标"。浙江省输电线路现有的 4.5 万余套监控设备，构成了野外"天眼"，可辅助搜寻受困人员行动路径；救援人员在确定受困人员的大致范围后，通过无人机在指定区域循环喊话，引导受困人员就近前往救援电塔等待救援，并通过无人机投放救援包；塔顶昼夜闪烁的航空信号灯，可进一步指引受困人员到达指定电塔。此外，受困人员还可利用自身携带的通信设备，通过铁塔信号中继放大器，接入"脉动 590"频道进行呼救。

数字接入，消除通信盲区。 依托北斗短报文技术研发出了"北斗 SOS 呼救台"，并根据地形的复杂程度、通信信号的强弱、人员的出入频次等因素，制定"高配、中配、低配"三大解决通信盲区方案，既能控制成本，又能拓宽覆盖范围。

救援电塔逃生导航图

无人机协助寻找被困人员

自 2024 年以来，项目团队在绍兴 10 处无信号山区设立电塔"北斗 SOS 呼救台"，实现了绍兴域内电塔救援信号全覆盖；联络相关方开展了 3 场实战演练，提升了各方应对突发事件的协同作战能力；借助公安、消防、应急管理局、社会救援队的力量，持续扩大项目知晓度，让"北斗 SOS 呼救台"在关键时刻能被想得起、找得到、靠得住。

北斗 SOS 呼救台

关键突破

在理念上，转变以往公益项目依赖物资捐赠、依靠单打独斗的发展观念，围绕"共享共建"制定项目长远发展的目标、价值和需求，以电力廊道资源共享、应急救援网络共建为核心，联合利益相关方共同组建项目工作团队。积极与社会救援组织、户外运动协会、媒体机构等利益相关方沟通，交流"铁塔救援"的新思路、新方向，明确工作团队及职责分工，并邀请社会责任专家进行指导协助。积极向属地应急管理部门宣传"共享共建"发展理念，提升"铁塔救援"项目的价值认同，让共享共建、提效增速的应急救援理念深入人心。

在体系上，结合当前现实基础与未来远景规划，制定"脉动 590"铁塔救援项目三步走战略，将工作分为初创期、成熟期、推广期三个阶段。在初创期，着力于解决受困人员"定位难"的痛点，通过电力廊道资源共享，建立以铁塔救援为基础的机制，打造山区"天眼"，不断优化救援网络；在成熟期，拓宽救援电塔适用范围，为电力铁塔增加设施，探讨不同场景下的救援模式，完善野外应急救援的长效运维机制，致力于形成可持续的野外应急救援解决方案；在推广期，为电力铁塔新增北斗应急呼救系统，同时聚焦公益品牌运作和社会传播，努力唤起更多团体和公众对野外应急救援的关注，逐步扩大"救援电塔"解决方案的影响力。

在技术上，针对野外应急救援设备户外空置时间长、通信信号弱、温湿度变化大等特点，专项开发更能适应环境变化，更能抵御雷雨风暴、高温冰冻等恶劣环境的铁塔应急救援设备，以及容量更大、耐用性更好的户外储能电池，解决户外设备痛点、通信安全等难题。联络嘉兴国电通新能源科技有限公司，应用北斗短报文技术有效解决山区无公网传输问题，同步研制"北斗指挥机""北斗应急呼救站""北斗野外 SOS 站""北斗救援手持终端"等设备，持续优化升级铁塔救援设施，提升野外应急救援效率。

在示范性上，自项目开展以来，先后完成"一键呼救装置""铁塔救援中继""北斗应急呼救站"等设备的开发、装配和试用。试用对象反馈：铁塔救援设施在野外救援搜寻、野外受困、野外迷路等场景下有诸多应用需求。

多重价值

多数超特高压输电线路建设于高山之上，可作为应急救援点，野外"驴友"和巡线人员若遇到紧急情况且自带通信设备失效，通过北斗应急呼救站，结合电力部门现有的视频监控装置和无人机，可有效解决野外应急救援中"手机信号丢失呼救难""受困人员定位难""野外物资缺乏自救难"等问题。这进一步保障了受困人员的安全，为打通野外应急救援"生命通道"提供了电力解决方案。

社会价值。"救援电塔"解决方案将野外救援时间可从 2~5 天缩短至 4~8 小时，极大地降低了登山露营、户外探险、电力巡线等遇到的风险。

电力及社会救援组织人员在检查应急物资箱

经济价值。以绍兴地区为例，绍兴市电塔按山区电塔应配必配原则，总投入约 50 万元，相较于加大救援投入力度，它的隐性价值远超过经济投入。

企业价值。该项目消除了山区通信盲区，在电力巡线人员遭遇车辆故障、人身伤害、蛇咬蜂叮等意外情况时，可及时提供救援。

该行动积极呼应了 2024 年安全生产月"畅通生命通道"的主题，得到行业内外的高度肯定，入选中国电力企业联合会发布的"全国电力企业社会责任优秀案例"，受到各级主流媒体持续关注。

电力应急救援队员开展"塔上救人"演习　　　社会救援组织及电力人员开展联合施救演习

各方评价

诸暨市应急管理局：诸暨地区每年发生野外救援的案例有几十起，"救援电塔"项目设备投入使用后，可大幅提升野外人员的生存概率，强化各部门的应急联动，提高救援速度、救援效率。

蓝天救援队：以往我们在山区救援过程中，最难的是确定受困人员的位置，经常出现因受困人员定位难、搜寻时间过长，发生救援失败的情况。国网浙江省电力有限公司实施的"救援电塔"项目，让野外救援也用上了"天眼"系统，能有效提高救援效率，应急救援早一分钟就多一分生还的希望。生命是无价的，为了拯救生命，做再多的准备，都是值得的。

杭州户外爱好者协会：旅途的意外基本上是偶然发生的。在许多户外失联事件中，户外信号容易断断续续、通信设备的电池电量不足等，导致无法与外界联系，从而不能及时求救，错过最佳救援时间，甚至危及生命。"救援电塔"项目很好地解决了户外通信问题，为"驴友"增加了一份安全保障，希望能得到推广和应用。

三、未来展望

下阶段，项目团队将持续完善配套设施，并沿着"西电东送"大通道，逐步将项目成果拓展至四川、青海等西部地区，让更多的电力铁塔成为"救援电塔"。

一是拓宽应用范围。该项目已形成了一套成熟的"救援电塔"复制方案，适合在国家电网公司所属各省、市公司和直属单位推广应用，同时，依托全国性救援组织——蓝天救援队推进"救援电塔"在全国各地的实践与应用。

二是拓展适用场景。该项目在寻找走失的阿尔茨海默病患者、森林防火等方面也有很好的应用前景，项目团队将继续完善配套设施，进一步加强与消防、社会救援组织的合作，建立一套更加高效、便捷的协作机制，不断拓宽"救援电塔"的使用场景。

三是提升品牌认同。该项目已在试点区域具备一定的影响力，下阶段，项目团队应结合实际应用案例，加强宣传引导，通过权威媒体传播、救援群体传播等方式，持续提升"救援电塔"的品牌影响力，让更多的人了解和使用"救援电塔"，形成"野外受困找电塔"的社会共识。

（撰写人：孙福昌、黄若函、陆勇锋、王岚岚、董冬阳、刘海山、
崔灿、唐昊、齐斌、王列刚）

国网湖北省电力有限公司武汉市东西湖区供电公司

孤岛水闸

—— 挑战传统供电模式

一、基本情况

公司简介

国网湖北省电力有限公司武汉市东西湖区供电公司（以下简称东西湖区供电公司）于 2010 年 11 月正式挂牌，成为国网系统直管供电企业。供电区域覆盖东西湖区 11 个街道、1 个社区及 5 个开发区产业园。辖区内常住人口 91.7 万人。食品、机电、物流是东西湖区传统的三大产业，随着京东方、中金数谷、航达航空等高新技术产业相继落户，国家级网安基地逐步建成，临空港经开区形成了从食品、机电、物流三大产业"一马当先"，到芯、屏、智、网、新"五朵金花"争相绽放的局面。

东西湖区供电公司始终坚持以人民为中心的发展思想，加快构建卓越服务体系，着力打造国际一流营商环境，服务地方经济发展。积极服务清洁能源发展，为分布式光伏客户提供"一网通办"服务，推动分布式光伏快速发展。打造数智化坚强电网服务高质量发展，努力实现清洁发展水平领先、安全稳定水平领先、效率效益水平领先，以高质量发展示范电网为目标，高标推进新型电力系统示范区建设。

行动概要

东西湖区水域面积约占全区总面积的 1/4。2023 年 8 月，区内 122 个截污闸将通过自动化改造，由传统手动控制升级为自动控制，

可持续发展
目标

这对电力供应提出了更高的要求。

东西湖区供电公司充分考虑截污闸系统"地理位置偏、耗电小、布点散"等特点，聚焦传统供电模式"投资成本高、施工周期长、运维难度大"等问题，探索新能源跨领域融合路径，提出"孤岛微电网系统"解决方案，通过光伏发电系统维持日常消耗、预留充电口保应急、智能光储控制系统实时监测保供电稳定。

项目的成功实施，大幅减少了建设工程量，缩减超50%的建设工期和投资成本，有效提升电力供应水平、区域防洪抗旱能力和水环境治理水平。

"孤岛微电网系统"以创新技术打破传统供电模式，推动了高质量新型电力系统建设。该模式融入可持续发展理念，为气象监测站、水务监控点、远区交通指示灯等类似"孤岛"的区域或装置的供电方式提供了新的参考范式，有力推动了社会治理体系发展。

二、案例主体内容

背景和问题

党的十八大以来，东西湖区秉承"节水优先、空间均衡、系统治理、两手发力"的治水方针，加大区内截污闸、曝气设施和生态促进器的投入力度，河湖水质得到持续改善，水环境治理成效显著。

然而，这也给相关电力配套设施建设带来了新的挑战，主要集中在投资成本高、施工周期长、运维难度大三个方面。

具体而言，截污闸系统大多分布于沟渠周边，数量多、点位分散，需要24小时供电，供电容量需求较小，距配网高压电源点、低压电源点较远。经测算，若采用10千伏供电，电力配套总投资为4000万~5000万元，且变压器日常利用率低，投资存在较大浪费；若采用低压零费用模式接入，供电公司需要将低压电源点延伸至用电点周边，落实业扩配套项目的投资成本较大，且建设周期较长。这些因素不仅影响了水闸设施的及时使用，还对区域农业生产和居民生活造成了不利影响。即便电力设施建设完成，偏远地区的水闸在运维方面也面临困难。例如，设备维护需要专业知识和技术支持，而偏远地区往往缺乏相关的人才和资源。这些问题使水生态设施的运行效能和区域的水环境管理能力受到了影响。

面对这些问题，必须探索新的解决办法。在深入分析和多次论证的基础上，本项目提出了具有可行性、实效性和可复制性的"孤岛供电"技术方案，为东西湖区解决了问题也为类似区域的水环境治理提供了有益的借鉴和参考。

行动方案

2023 年，面对投资成本高、施工周期长及运维难度大等挑战，东西湖区供电公司遵循专业、可靠、经济、环保的设计原则，针对东西湖区水生态设施的特定需求，结合武汉地区自然环境的特点，确立了"孤岛微电网系统"的总体框架。

技术方案设计

分布式"孤岛供电"技术方案包括硬件设备、软件系统和网络通信三个部分。

硬件设备
根据远方监控系统指令
协同工作

"孤岛供电"
技术方案

软件系统
实现数据采集、传输、
实时检测及控制

网络通信
确保远程监控系统
高效运作

"孤岛供电"技术方案

硬件设备： 包括发电组件、能量控制器、储能电池、大功率逆变器等。这些设备能够根据远方监控系统指令协同工作，实现各装备的自动投退、信息采集等功能。截污闸系统主要依靠大容量电池保障持续供电，光伏发电系统负责为电池充电以维持日常消耗，并预留应急充电接口，以确保在储能电池耗尽时，能够通过外部充电方式补充电能。

软件系统： 集成发电监控、储能电池管理、逆变器控制、能耗智能管控及智能光储控制系统，实现数据采集、传输、实时监测及控制。智能光储控制系统作为核心，集成了数据分析、智能预测与故障预警功能。通过对发电量、温度、辐照度等参数的实时监测，及时发现并预警潜在故障，为运维团队提供及时干预的机会，保障系统稳定运行。

网络通信： 作为系统协同工作的关键，网络通信不仅实现了设备间的实时信息交换，而且通过先进的数据治理技术确保了远程监控系统的高效运作。通过构建一个多层次、高可靠性的通信网络，实现了数据的快速传输与处理，加强了系统的响应速度和决策支持能力。此外，网络通信设计还考虑了信息安全，采用加密技术保护数据传输，防止潜在的网络攻击，确保了系统的安全性和数据的完整性。

项目具体实施

为确保"孤岛微电网系统"的顺利部署，本方案采取了一系列严谨周密的实施步骤，确保每一步均符合行业标准，以保障系统长期稳定高效运行。

第一，组建包含电力工程和水生态保护领域专家的跨领域团队，通过实地勘查综合考量闸门控制的实际需求和武汉地区的光照条件，为系统设计提供了坚实的科学依据。

第二，在设备采购阶段，坚持"质量优先，性能卓越"原则，确保设备技术领先、质量可靠，并能与软件系统无缝集成。

第三，在施工安装过程中，组织专业施工队伍，依据既定方案与规划精细作业，确保每一步均符合行业标准。施工结束后，全面验证系统各项功能，确保系统性能最优化。

基于以上措施，团队最终为项目配置了 20 千瓦·时的磷酸铁锂电池组和 8 块标准 500 瓦太阳能电池板，该装置全年可发"绿电"3000 千瓦·时，且支持在连续 3 个月阴雨天的情况下为截污闸稳定供电。这一配置方案不仅低碳环保，而且相比直接从供电网络取电的传统供电方式，减少了建设工程量，节省了超 50% 的费用。与传统的高压业扩项目相比，"孤岛微电网系统"的施工周期显著缩短，仅需两周即可完成，大幅提高了施工效率。

"孤岛供电"模式致力于构建一个全面覆盖、高效协同的绿色能源网络，其成效已经得到社会各界的广泛认可，被中国中央电视台、新华社国际端、湖北电视台及《长江日报》等权威媒体的报道 18 次，充分展现了项目的社会效益和环境效益。报道的广泛传播不仅彰显了项目的创新性和实用性，也为这一模式后续的推广和实施奠定了坚实的基础。

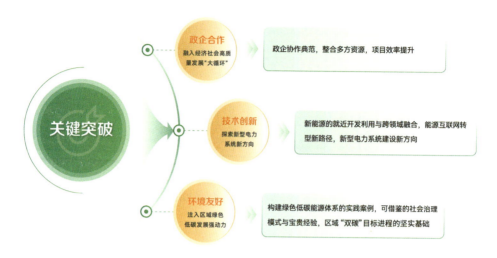

项目的三大关键突破

关键突破

政企合作，融入经济社会高质量发展"大循环"

本项目创新性地构建了政企协作的新模式，有效解决了水务局截污闸的用电问题，整合了政府、科研机构和企业的资源，显著提升了项目决策和建设效率。这种跨领域的合作模式在处理复杂问题中发挥了关键作用，促进了能源安全、绿色转型、产业升级、营商环境优化和乡村振兴等重点领域与城市建设的深度融合，推动了经济社会的共同发展。

技术创新，探索新型电力系统新方向

在实施阶段，本项目充分考虑实际情况，采取高效且经济的技术创新路径，完成了电力供应的突破。通过光伏发电、储能技术、智能通信和协同控制等技术的集成，打造了分布式"孤岛供电"设备，推动了新能源的就近开发利用，实现了新能源的跨领域融合。这一实践探索了城市配电网向能源互联网转型升级的新路径，为新型电力系统的建设提供了新方向。

环境友好，注入区域绿色低碳发展强动力

"孤岛供电"技术的开发与应用对优化区域能源结构、推动绿色清洁能源发展具有重要意义。这一突破不仅体现了东西湖区在追求经济效益的同时，更加重视生态保护

和社会责任，还为构建绿色低碳的能源体系提供了实践案例。另外，本项目为其他地区提供了可借鉴的新型供电方式与宝贵经验，为区域"双碳"目标进程和长远发展奠定了坚实的基础。

多重价值

经济价值

本项目的经济价值主要体现在三个方面：第一，与传统市电供给相比，"孤岛供电"模式的前期投资节约超 50%，工期由 2 个月缩短为 2 周，有效减轻了企业的投资压力。第二，20 千瓦·时容量的"孤岛供电"系统一年可节电 2000 千瓦·时，显著降低了企业的日常耗电费用。第三，通过智能通信技术动态调整设备运行，仅在关键时刻启用，进一步减少了能耗费用。这种创新的供电方式，不仅满足了特定区域内的电力保障需求，还优化了能源结构，为基础设施建设和运营提供了更为经济的解决方案。

环境价值

在环境层面，"孤岛供电"符合绿色发展理念。项目采用的太阳能电池板和磷酸铁锂电池组，实现了电力供应的低碳化。这种绿色、环保的供电方式，践行了城市可持续发展理念，为区域环境的持续改善提供了有力支撑。

社会价值

"孤岛供电"项目不仅为公共服务设施的稳定运行提供了坚实保障，还为其他地区提供了可借鉴的经验。通过这一项目的示范引领，"孤岛供电"模式将在更广泛的区域内得到应用，为城市发展带来更多的可能性，为推动社会进步和区域均衡发展作出积极贡献。

各方评价

东西湖区发展改革局相关负责人："孤岛供电"系统为特殊用电场景提供了创新的电力解决方案，有效推动了区域可持续发展和"双碳"进程。

电力行业代表：国网湖北省经济与社会发展研究院技术经济中心负责人认为，"孤岛供电"项目是电力行业技术创新和模式更新的典范，在提升电力供应的可靠性、经济性和环境友好性方面取得了显著成就。"孤岛供电"未来一定能够实现对多种能源的综合利用，满足更加多元化的能源需求。

企业合作伙伴：武汉临空港经济技术开发区服务业发展投资集团有限公司项目负责

人认为，分布式"孤岛供电"技术作为一项新兴能源技术，已展现出其在降低能源成本、提升经济效益方面的潜力，"孤岛供电"也助力企业实现了绿色可持续发展，展现了企业的社会责任和品牌形象。

媒体代表："孤岛供电"项目作为近年来区域发展与社会进步的亮点，受到了媒体界的广泛关注，被省级以上媒体报道 18 次。央视频《晚间新闻》栏目评价，"孤岛供电"项目不仅解决了特定区域的电力供应问题，还成为推动电力技术创新的标杆。

央视频《晚间新闻》栏目报道"孤岛供电"模式

三、未来展望

本项目在与东西湖区水务局的协同合作下，已成功启动两处试点工作，验证了"孤岛微电网系统"的可行性与效益。基于试点的积极成果，双方计划第二批推进 50 个以上的截污闸孤岛供电装置建设，预计总投资 500 万元。同时，将加大研发力度，进一步提高"孤岛微电网系统"的集成度，缩短设备安装周期。持续提高系统智能化水平，实现能源的智能调度和能效管理，降低运维成本。

未来，东西湖区供电公司将持续加强与地方政府合作，大力推广"孤岛供电"系统。在气象监测站、郊区交通指示灯、鱼塘养殖、场馆保电等方面探索新的应用场景，开拓新的合作领域，主动融入经济社会高质量发展"大循环"，构建供电企业有机生命体，推进政企协同，在能源安全、绿色转型、产业升级、营商环境、乡村振兴等重点领域与城市建设高位融入、深度融合，实现共同发展。

（撰写人：陈锦立、胡文博）

国网重庆綦江供电公司

心电感应

——居民节电群体行为引导

一、基本情况

公司简介

国网重庆綦江供电公司（以下简称公司）成立于 1966 年，服务綦江区和万盛经开区 31 个乡镇街道，供电面积约为 2747 平方千米，覆盖 98% 的农村电网，服务用户 62 万户。公司一直坚守"人民电业为人民"的企业宗旨，积极履行中央企业的政治、经济和社会责任，以习近平新时代中国特色社会主义思想为指导，认真落实国家电网有限公司、国网重庆市电力公司和綦江区委、区政府的决策部署。公司以"'綦'心点亮'綦'迹"为履责理念，致力于实现政府、用户、社区、环境、员工、媒体六大利益相关方的和谐互动，推动社会责任与经营管理的有效融合。公司不断完善"一机两翼三驱动"履责管理体系，以绩效融入、透明沟通、组织保障为管理基础，确保机构、人员、机制、资金的"四位一体"制度保障得以落实。多年来，公司在社会责任管理方面取得了显著成绩，先后被评为国家电网有限公司第一批"社会责任示范基地""国家电网有限公司管理提升示范基地"，并在 2022 年成功复评国家电网有限公司"社会责任示范基地"。公司坚持全面社会责任管理，以服务地方经济社会发展为己任，践行电力先行官的履责理念，纵深推进履责落地，促使全员履责意识不断深化，为地方经济社会的繁荣与发展作出了积极贡献。

行动概要

能源过度消费已成为导致气候变化和大气污染的关键因素，引导居民节电对缓解季节性电力供需紧张、促进全社会节能减排具有重要意义。本项目以社会心理学为理论基础，提出居民节电群体行为引导方法。以市（区）电力负荷管理中心为数据支撑，将抽象的电力供需紧张形势具象为用户所在住宅楼栋的配变负荷紧张情况；以政企双网格为信息通道，按典型日负荷分设三级预警阈值，当全市（区）出现电力缺口时，平台一键生成预警短信推送至相关用户，触发"38度少开一台空调"的节电行为，政府部门对镇街、社区的完成情况进行通报；以社会心理学说服影响的六大原则为指导，开展群体节电正向引导，提升居民节电成效，营造全社会绿色低碳良好氛围。

二、案例主体内容

背景和问题

随着经济社会的发展，人口的聚集，高温天气的持续，为追求生活的舒适度，居民降温电力需求不断增大。千万人口以上的大中型城市呈夏季高峰负荷急剧增长、空调负荷占比逐年攀升、峰谷差进一步增大的趋势。全国多个省级电网夏季降温负荷占比超40%，给电力生产带来巨大压力。在重庆，当气温超过35℃时，千万台千瓦级的空调负荷同时启停，日最大负荷从1600万千瓦跃升至2800万千瓦。同时，高温天气下城区"热岛效应"明显，气温和负荷屡创新高。常规手段是工商业需求响应腾挪空间来满足增长的居民用电需求。2022年持续的极端高温，使重庆市几乎将工业负荷压减到保安负荷水平，对工业生产带来极大影响。从长远来看，按照尖峰负荷配置电网和电源规模，会造成全社会能源资源的严重浪费，并进一步抬高用能成本。因此，引导社会共同参与，培养节约用电意识刻不容缓，这将成为大中型城市社会治理中亟须解决的共性问题。

然而，居民节电涉及千家万户，如何提高节电成效的确定性是解决问题的关键。调研发现其主要受三个方面的影响：一是个体对公共事务的关注度不高，对电力供应紧张认识不足，未有效建立以节电为共同目标的社会群体。二是对个人的节电情况无法实施全面跟踪，节电管理机制尚不完善。三是电费占生活成本的比重较低，主动节电意识不强。

行动方案

压减100万千瓦左右的负荷意味着300万~400万人在同一时段做出相似的节电行

为，这是社会心理学的重大实践。本项目以社会心理学为理论基础，以提高居民节电成效为目标，提出了以科学建立群体、强化信息交互、增强优势反应为内核的居民节电群体行为引导方法，作为负荷管理的新举措，与行政指令互为补充，引导广大居民完成共同节电目标。解决方案要点如下。

居民节电群体行为引导思路结构

一是以网格为载体，建立群体联系。社会心理学认为，群体是指两个或多个互动并互相影响的人。从电力供应角度来看，电力用户以共同的供电设施、用电需求相互联系，变压器的运行状态与每个用户相关，能够形成社会心理学范畴的社会群体。本项目以台区变压器为纽带，将受电用户划分为一个区域性社会群体，把节约用电目标层层分解至綦江区、万盛区的 31 个镇街、90 个村社，并匹配至各台区变压器，建立起电网结构与地理位置的对应关系，将抽象的电力供需紧张形势具象为用户所在住宅楼栋的配变负荷紧张情况。梳理日负荷超 2 千瓦、年电量超二档年阶梯的 7.2 万户节电潜力用户具象到社区、楼栋，构建起统计群组与实际群组的关联关系，形成目标统一、互相影响的区域性社会群体，有效提升了个体对电力供应紧张形势的直观感受。

以台区变压器为纽带的区域性社会群体示意图

分解节电目标至政企双网格示意图

二是以数智作支撑，提升群体信息交互。群体传播是指将共同目标和协作意愿加以连接和实现的过程，其本质是信息交互。信息交互流量越大，群体成员间的互动和交流频次越高，群体意识中的合意基础就越好。为将群体节电目标和群体协作意愿加以连接并实现，增加成员间的互动和交流，通过科学构建群体的信息分析、传播、督促机制，体现个体行为对群体目标的贡献度，推进群体的积极性。第一，建立信息监测机制。新型电力负荷管理系统的建立为此工作奠定了数据基础，本项目聚合新型电力负荷管理系统、用电信息采集系统数据，做实区级负荷中心，建立负荷数据可视化平台，实时掌握负荷发展情况。第二，建立信息传播机制。借助网格楼栋群，抓实"社区＋电力"双网

提升群体信息交互的方法示意图

负荷预警短信及网格节电提醒

格建设，将负荷数据与网格架构相匹配，65 个三级电力网格与政府网格精准对接，动态掌握各级网格行政指令执行情况，推动节电成效数据跨层级、跨部门实时更新、即时传递。第三，建立行为督促机制。按 2023 年典型日负荷设置 85%、95%、105% 的预警阈值，当全市出现电力缺口时，平台一键生成预警短信，及时发送给相应区域的网格员，由网格员将此信息推送至网格内业主群，引导关键群体快速做出"38 度少开一台空调"节电行为。建立"实时监测、每日通报"的信息披露机制，统计分析每日节电率、响应及时率等数据，由保电专班对镇街、社区的完成情况进行点名，并将当日节电成效纳入次日的电力平衡。通过上述措施有效建立了群体信息交互过程中的关键环节的引导机制，对个人是否有过度用电情况进行全面跟踪监管。

三是以宣传造氛围，增强说服影响。 按人类相互关系和影响的六大原则，本项目以宣传唤起群体认知，以具体成效增强优势反应，以说服影响强化社会助长。遵循权威性原则，培养意见领袖。为发挥以网格员为代表的意见领袖在人际传播网络中的作用，项目通过政府网格员、电力网格员及时准确披露台区负荷情况、计划停电通知等信息，为用户提供高效、便捷的供电服务，树立网格员的权威形象。遵循一致性原则，作出节电承诺。本项目通过推动辖区内 554 家机关企事业单位带头绿色节能办公，开展"党建 + 保供"节电行动，各单位领导带头领任务、做榜样，全员签订节电承诺书，强化群体成员在承诺和行为上的一致性。遵循社会证明原则，形成示范效应。本项目充分利用群体"从众心理"，通过党员干部带头节电，倡导体制内非保障岗位员工度夏集中休假、分批出行，打造"节约用电示范社区"，开展校园节电讲座、传递节电家书、举办节电征文比赛，在全社会形成示范效应。遵循互惠性原则，共享节电红利。本项目通过搭建"碳积惠"节电积分兑换平台，将节电成效兑换为实物奖品，对二档、三档阶梯电价用户、电动汽车用户定向推广居民分时电价、"e 起节电"活动，帮助群体成员减少电费支出，提升节电获得感。遵循偏好原则，强化精神激励。本项目通过选树节电先进典型，联合区融媒体中心，报道先进事迹、典型做法，对节电成效显著的个人和单位予以宣传报道，增强节电荣誉感，提升群体完成节电目标的积极性。遵循珍奇性原则，推出限时优惠。本项目联合格力、美的等空调厂家推出度夏入户清洗限时折扣，联合区文旅局围绕"吃、住、购、游"等方面推出度夏旅游限时优惠，以折扣机会的唯一性，吸引群体成员参与空调清洗、避暑休闲，有效解决了社会大众主动节电意识相对薄弱的问题。

网格联动节电引导

联合綦江区团委开展宣传

暑期职工子女托管活动

万盛板辽湖夜场烟花秀吸引游客晚高峰停留观看

关键突破

本项目的突破性和创新性体现在以下四个方面。

一是建立以电力为纽带的区域性社会群体行为引导体系。 通过台区变压器将看似独立的用户联结为有共同节电目标的区域性社会群体，以"社区＋电力"双网格为群体信息传递交互的枢纽，提升群体合意基础，极大增强了用户的信任感和满意度，在节约用电、优化营商环境、电力服务等方面取得较好成效，相关做法获新华网、《重庆日报》等媒体的宣传报道 30 余次。

二是搭建首个负荷预警信息精准推送平台。 依托负荷管理中心实时向负荷超限的业主楼栋群推送节电提醒，将群体的共同目标完成度和协作意愿加以连接和实现，提高群体信息传播效率。2024 年迎峰度夏期间，累计发送节电预警 65 次，覆盖 1600 个政企网格群，信息传递到目标群体平均耗时 5 分钟，目标群体作出节电响应平均耗时 14 分钟，次均节电率 7%。负荷管理中心迎接国家能源局、国网办公室等现场调研 10 余次，获得高度肯定。

三是验证了居民节电群体行为引导方法的有效性。通过应用社会心理学基本理论，唤起群体共同节电认知，助推群体共同参与节电行动，节电成效显著。区域数据分析发现，度夏期间，綦江、万州两地避暑台区负荷是淡季的 6 倍，吸引了近 300 万人纳凉休闲。通过公职人员家庭节电监测分析发现，7 月以来节电成效达到 10% 的家庭占 55%，体制内员工示范引领效果显著。"碳积惠"节电积分兑换平台累计兑现节电奖品 5000 余份，居民节电参与度极大提升。2024 年度夏期间，綦江区居民节电成效达 9.6%。

四是为新时代文明实践提出了相关建议。通过国务院"互联网＋督查"平台向国家电网有限公司提出"节约用电助力""全面构建'源荷网'智能在线聚合新模式"等相关建议，得到了国家电网有限公司相关领导的肯定，副总工程师要求市场处学习、借鉴、推广。重庆市委宣传部组织专题会议亲自部署，将节约用电纳入新时代文明实践范畴。地方政府多次褒奖国网綦江供电公司 2023~2024 年迎峰度夏电力保供居民节电的工作成效，勉励再接再厉。

多重价值

经济价值：本项目能够有效抑制尖峰负荷对电网的冲击，延缓电源电网建设投资。重庆电网 5% 尖峰负荷年小时数不足 60 小时，若通过节约用电引导减少 5% 尖峰负荷，预计可延缓电源及配套电网投资 50 亿元（投资成本按 4000 元／千瓦测算）。同时，所提方法可推广至电动汽车 V2G 充电桩参与调峰等需求响应典型场景，是社会心理学在社会要素保障领域的一次有效实践，为解决城市电力能源保障问题提供了新思路。

社会价值：该项目强化以电力为纽带建立的社会区域群体，采用政企网格联动、培养意见领袖、加强宣传引导等方式强化群体关系维系，解决基层具体问题，落实习近平总书记加强基层治理体系和治理能力现代化建设的要求，对加强基层治理体系和治理能力现代化大有裨益。自 2024 年以来，网格渠道诉求响应率达 100%，客户投诉同比下降 66.67%，服务满意度超过 99%，群众信任感极大增强。

环境价值：通过政企网格联动，广泛节电宣传，推动将全社会节约用电纳入新时代文明实践和文明城市建设范畴，使"能源资源在任何时候都不应该被浪费"的行为自觉像"垃圾分类"一样深入人心。2024 年度夏期间，綦江区居民有效节电约 180 万千瓦·时，按 1 千瓦·时 123.02 克标准煤测算，约减少了 220 吨标准煤的消耗；按 1 吨标准煤 2.68

吨二氧化碳测算，减少二氧化碳排放约 590 吨。

各方评价

电力发展管理部门： 该项目能够有效抑制尖峰负荷对电网的影响，缓解电网及电源建设压力，提高设备经济运行水平，电网投资更加经济。

电力调度管理部门： 该项目提出的居民节电行为引导方法，能够有效削减度夏空调负荷，降低居民负荷基数，对保障度夏期间全社会电力稳定可靠供应意义深远。

电力安全管理部门： 该项目有助于缓解短时电力供需紧张，能够解决中大型城市能源安全共性问题。

三、未来展望

一是持续强化以电力为纽带建立的社会区域群体，采用政企网格联动、培养意见领袖、加强宣传引导等方式强化群体关系维系。

二是充分发挥"电力＋社区"网格协同机制在解决基层具体问题上的作用，加强基层治理体系和治理能力现代化建设。

三是持续开展节约用电宣传引导，推动"能源资源在任何时候都不应该被浪费"的行为深入人心。

（撰写人：叶鹏、陈凤强、廖进贤、李晨晨、杜孟瑶、游清清）

国网福建省电力有限公司莆田供电公司
"翼"网共治，"莆"出城市安全新格局

一、基本情况

公司简介

国网福建省电力有限公司莆田供电公司（以下简称国网莆田供电公司）成立于 1980 年，管理仙游县、湄洲岛 2 家县公司、1 家省管产业单位，服务用户 182 万户。国网莆田供电公司在保持全国文明单位、全国"安康杯"竞赛活动优胜单位的基础上，先后获得"全国五一劳动奖状"，以及"全国模范劳动关系和谐企业""国家电网先进集体""建设美丽莆田先进集体"等荣誉称号。

近年来，国网莆田供电公司以习近平新时代中国特色社会主义思想为指导，深化中央企业履责实践，立足地方实际、发挥自身优势，主动谋划、全力服务地方发展建设，坚持将可持续发展理念融入业务发展，聚焦"小切口"推动"大变革"，"小创新"促进"大提效"。"打造可持续发展海岛样板，建设全国首个'零碳岛'"项目获得联合国"实现可持续发展目标企业最佳实践"荣誉，连续四年参加金钥匙全国赛及国家电网主题赛，其中，获得全国赛优胜奖 2 次，国家电网主题赛金奖 1 次、铜奖 1 次。

行动概要

当今社会，无人机已广泛应用于各行各业，成为推动产业升级与公共服务效能提升的重要力量。无人机机巢作为新型智能基础设施应运而生，其集远程操控、自主飞行、自动充电及数据集成等功能于一体，不仅实现了无人机作业的无人值守与智能化管理，更成

为支撑空中巡检与应急响应任务的核心枢纽，对提升应急响应速度、优化资源配置具有重要意义。然而，随着无人机应用需求的激增，不同行业和部门在部署、应用无人机机巢时矛盾激增，引发航线规划重叠、机巢选址冲突、资源分配不均及重复建设等突出问题，导致成本增加、效能受限、公共资源浪费等情况，对作业过程安全性构成极大威胁。

为此，国网莆田供电公司率先提出"共建共享"这一解决思路，在政府的统筹指导下，联动公安、应急、林业、水利等政府部门组建了"飞享联盟"，形成共筹、共建、共享的"翼"网共治三步走路径。"飞享联盟"聚焦公共安全关键领域，汇聚各方共建共享无人机与机巢，实现设备"跨界"集约调度，打造多场景"无人机＋"城市治理新模式，实现主城区、城乡结合部空巡全覆盖，助力构建城市公共安全防护新格局。

二、案例主体内容

背景和问题

为积极响应国家智能电网发展战略，加速推进无人机技术在电力巡检领域的深度应用，2023 年 3 月，国网莆田供电公司启动无人机机巢建设项目，但在项目启动初期，便遇到了选址难题：由于机巢仅能在国网莆田供电公司产权场地部署，但部分场地并非最佳选择，若部署机巢，则易面临运维不便、通信信号弱、目标区域覆盖不全、航线设置困难等问题。为此，国网莆田供电公司走访调研其他机巢需求单位，开展相关方沟通交流，进一步发现如下共性问题。

机巢重复部署。以无人机机巢作业半径 5000 米为标准，莆田地区的多家单位存在重复部署现象，如荔城区西天尾镇，3000 米内多达 3 台机巢，甚至一墙之隔的两家单位各布置了 1 台机巢，造成资源浪费。

机巢使用率低。由于行业需求不同，无人机机巢的时间分布极不均衡，造成了大量"闲置时段"。其中，国网莆田供电公司日常上午 10 点与下午 4 点各开展 1 小时的电力设施巡检；交警部门针对早晚高峰时段道路交通情况开展巡视管控；公安与消防部门则主要响应突发状况，如应急救援、刑事追捕、案件侦破等，常规时段较少巡航与使用。

运行航线交叉。在机巢的应用上，各单位各自为政，存在空域规划、航线设计的碎片化，极易引发航线重叠交叉，增加飞行碰撞的潜在风险，对飞行安全和设备安全构成严重威胁。

通过分析发现，问题的症结在于缺乏有效的协调机制和资源分配策略，即缺乏集约管理。

行动方案

2023 年 6 月，国网莆田供电公司主动与莆田市公安局合作，提出以黄石镇片区为试点建设 2 座共享机巢的方案，得到市公安局的大力支持。经双方紧密合作、攻克难关，顺利实现该片区无人机自主巡检全覆盖，促进了双方工作的提质增效。试点合作成功后，经莆田市公安局推荐，国网莆田供电公司向莆田市政府数字办汇报了此次合作成果，得到市政府的高度肯定，并提出将合作进一步深化。莆田市政府积极邀请公共安全管理领域相关的消防、水利、林业部门共同参与，组建"飞享联盟"，形成共筹、共建、共享的"翼"网共治三步走路径。

多方共筹，加速无人机自主巡检范围全覆盖

由莆田市政府数字办统筹，汇总市域内各方现有的机巢布点、飞巡对象分布区域及未来部署计划的情况，考虑区域需求急缓、目标重要性等因素，以区域全覆盖、效能最大化、成本最节省为目标，集中各方优势，形成了边建边用的《莆田地区无人机机巢三年滚动建设计划》，让布点重叠面积最少、覆盖范围最广。"飞享联盟"成员单位根据自身能力，提供设备或土地使用权等多种形式共同参与行动。

平台共建，打造一体式机巢业务流转新模式

由莆田市政府牵头搭建线上平台，统一指挥调度无人机机巢，以确保作业的高效

联合多方组建"飞享联盟"，助推无人机机巢共建共享

莆田地区低空自动化应用共建共享座谈会

性和一致性。该平台授权莆田市公安局巡特警支队管理，国网莆田供电公司提供技术承托，各方共同使用。该平台对机巢信息进行全要素备案，纳管莆田市所有机巢设备运行、指挥调度等，并在数据采集、存储、传输全过程采用国密算法进行加密及解密，保障信息安全。

同时，"飞享联盟"定期召开交流会议，召集各单位专业负责人，为城市无人机机巢共建共享项目实施落地提供完善的综合保障体系。例如，针对在建设备，统一商讨解决设备部署选址、网络信号连接等问题；针对在运设备，统一协同解决空域申报与使用、设备维护与保养等问题。

机巢共享，提升设备响应效率与应用新价值

一是常态共享。"飞享联盟"针对不同单位使用时段差异的特点，拓展机巢应用场景，建立"翼"网航班表，并在调度平台中为各单位开通相应时段的使用权限，盘活"空档期"，使无人机与机巢可根据不同行业使用要求，最大限度地发挥应用价值。

二是应急共享。建立"权限提级"机制，在发生应急情况时，应急响应部门可向巡特警支队管理员申请更高权限以优先控制所需设备，快速处理突发事件，确保应急响应精准高效。

关键突破

固化机制创协作，共筑"翼"网新模式

项目建立了"政府牵头、公安管理、供电公司技术承托、无人机需求单位参与、多方共享"的"翼"网共治模式，打破了选址的限制、节约了成本、提高了效能。以莆田市城东片区为例，该片区地处莆田东南城郊，环境复杂，涵盖公路、桥梁、河道、树林、密集厂房及电力设备。项目开展后，运用"翼"网共治模式，由公安、消防、电力共同建设了3座共享机巢，常态化开展电力设施、交通管制、森林防火、河道巡视等分时段自主巡检，在满足各方需求的同时，有效提升了现场信息报送的效率与准确性。

平时战时两不误，开启治理新视角

以"翼"网共治模式的受益者——莆田南日岛为例，南日镇政府、公安、电力三方共同建设了4座共享机巢，于2024年2月正式投运，南日岛自此开启了海岛无人化管理新模式。共享机巢常态化开展电力设施、海岸线及周边治安情况自主巡视，不仅为

海岛发展提供了坚实的供电保障，还为当地治安贡献了强有力的空中力量。另外，在 2024 年 7 月台风"格美"登陆之前，南日岛依托 4 座共享机巢高效排查出各类安全隐患 30 余处，做足了前期防范，并且在台风过境之后，迅速定位全岛灾损位置，飞出抢险救灾"加速度"，受到南日镇政府的好评。

多重价值

社会效益

截至 2024 年 8 月底，莆田市已拥有 24 座共享机巢，构建了 6 大联合巡检片区，覆盖面积达 600 多平方千米，各方增加了无人巡检区域，相应减少了人力巡检的次数。

自 2024 年 3~8 月，莆田市全面开展"翼"网共治模式后，通过无人机累计开展电力巡检 17000 余次，发现电力设备隐患 600 多处；开展森林巡查 1000 余次，预警山火 213 起；开展交通管控 8600 余次，配合处置交通事故 105 起，配合案件侦查、逃犯追捕 21 次；开展河道巡查 720 余次，查处违法排污、非法垂钓、野泳等 138 次；参与消防应急救援 79 次。

关于共建共享机巢设备、促进城市管理发展的相关理念与做法，先后在"学习强国"学习平台、福建电视台、东南网等主流媒体上稿 20 余篇，得到莆田各县区政府、利益相关方的高度肯定，积极展现责任央企形象，为城市治理提交"莆电答卷"。

经济效益

对于单行业而言，共享机巢模式的实施显著减少了重复建设和闲置现象，降低了投资成本。以国网莆田供电公司为例，仅需投资建设 11 台机巢，但凭借共享机制，获得了 24 台机巢的使用权，直接节省了 13 台机巢的建造费用约 143 万元。截至目前，该模式已助力各单位共节省资金超过 600 万元，切实做到了降本增效。同时，相较于传统作业模式，机巢的高机动性、无人值守性极大地减轻了人力资源负担，降低了运营成本。

环境效益

无人化巡检模式显著降低了运维人员涉足高山峻岭、茂密丛林等生态敏感区域进行电力设备检查的需求，减轻了对脆弱自然环境的物理干扰，有效保护了自然栖息地与野生动植物的生态平衡，还极大提升了运维作业的安全性，为工作人员构筑了坚实的安全防线。

形成可推广、可复制的共治模式

"翼"网共治模式作为基于无人机与机巢的多行业共享模式，其高度契合各行业数字化应用需求，可以快速推广至能源、环保等其他行业，从而推动城市管理向更高效、更智慧的方向发展，具有广阔的市场前景和应用价值。

各方评价

莆田市荔城区政府相关负责人： 公安与电力行业的无人机与机巢共建共享，不仅提升了公安部门的反应速度和应急处突能力，还提高了电力设施的安全防护水平。这一跨界合作的典范值得充分肯定，后续将继续深化合作，为维护社会稳定和人民安全持续贡献数智力量。

莆田市秀屿区南日镇相关负责人： 南日岛无人机与机巢群的建立，是科技创新服务地方发展的生动实践，有效提升了电力设备巡检效率和海岛安防水平。此举体现了供电公司的高度责任感与创新精神，对保障海岛居民生活秩序和促进经济社会发展具有重要意义。希望继续发挥技术优势，深化服务内涵，为打造安全、稳定、和谐的海岛环境作出更大贡献。

东南网莆田站负责人： 此次政企联动，充分体现了莆田市在推动科技创新、服务民生领域的坚定决心，也为当地经济社会发展注入了新活力。我们相信，在不久的将来，无人机技术将在更多领域发挥重要作用，助力福建省各项事业蓬勃发展。

项目参与职工： 自参加这个项目以来，我体会到了人生的价值，很高兴能为家乡建设贡献力量。

三、未来展望

下一步，国网莆田供电公司将从以下几个方面开展工作。

拓展无人机机巢搭载功能。 进一步增加无人机搭载的功能模块，如喊话功能、智能识别突发状况并快速报警功能等，满足多场景需求。

加速莆田无人巡检全覆盖。 持续完善《莆田地区无人机机巢三年滚动建设计划》，引入更多的利益相关方共同参与"翼"网共治，集各方力量加速莆田无人巡检全覆盖。

推广"翼"网共治模式。 在莆田周边市（县）推广该模式，打造跨县域、跨市域联合巡检片区。另外，还可将该模式应用于其他潜力设备设施，如共享监控、共享 5G 信号、共享铁塔等。

（撰写人：蒋东伶、苏文君、刘志鹏、潘帅、黄徐旻）

国网宁波供电公司
从"千家万户"到"千企万家",
"小网格"撬动社区"大治理"

一、基本情况

公司简介

国网宁波供电公司是国家电网有限公司大型供电企业之一、国网浙江省电力有限公司直属骨干企业,承担着宁波 477 万用户的电力供应责任。在主动服务宁波经济社会发展大局、积极履行电网企业使命责任的过程中,国网宁波供电公司发展保持良好态势。先后获得全国文明单位、全国工作先锋号、全国"安康杯"优胜企业等荣誉,涌现了以"时代楷模"钱海军、"全国五一劳动奖章"获得者张霁明等为代表的一批先进典型。国网宁波供电公司始终以习近平新时代中国特色社会主义思想为指导,围绕"四个革命、一个合作"能源安全新战略,坚决贯彻落实国家电网有限公司,国网浙江省供电公司,宁波市委、市政府决策部署,坚持稳中求进工作总基调,坚持高质量发展主线,深刻领悟"电等发展"时代新内涵,锚定中国式现代化电力企业宁波标杆"一个目标",加快推进电网和公司"两个转型",牢牢把握新型能源体系引领者、"两个示范"排头兵、服务宁波先行官"三大定位",始终将透明度管理作为提升企业形象、增强社会信任、促进可持续发展的关键举措,将透明度管理融入企业发展的每一个环节,展现出高度的社会责任感和开放姿态。

行动概要

党的二十大报告明确提出要支持中小微企业发展。据统计,截至 2022 年，中国中小微企业占全国企业总数的 98.4%，庞大的体量背后隐藏着中小微企业各类问题亟须解决、多元化的服务需求亟待满足。为服务好众多"小而精"企业，宁波市人民政府以网格化管理推进工业社区服务提升。然而，政府独立推进网格化服务压力巨大，于是宁波市人民政府在社区搭建了一张"工业社区治理之网"，通过凝聚各方力量共建服务社区企业，而电力就是共建力量之一。

为此，国网宁波供电公司创新构建了"1+N"电力工业社区网格化服务体系，由电力工业社区经理入驻社区服务网，"N"方力量作为后台支撑，将电力服务网格与工业社区治理网格深度融合。电力工业社区网格化服务以五大行动为主线，包括组织打包售电交易会、推出"共享电工"项目、帮助购买"绿电绿证"、推动创建"绿色工厂"、开展志愿服务关爱产业工人"小候鸟"，全方位服务工业社区中小微企业，得到社区和企业的认可，优秀的电力社区经理代表被推荐为社区联合党委成员，参与工业社区发展规划，超前服务重点项目。

二、案例主体内容

背景和问题

中小微企业是推动社会经济发展的重要力量，放眼全球，中小微企业占企业总数的 90%，占就业总人数的 70%，占全球 GDP 的 50%。截至 2022 年，我国中小微企业占全国企业总数的 98.4%。作为"中国制造 2025"首个试点示范城市，截至 2023 年末，在宁波市 138.63 万个经营主体中，小微企业和个体工商户占比达 96%。

为服务好众多"小而精"企业，推动地方经济高质量发展，宁波市人民政府以网格化管理推进工业社区服务提升。以全国第一个工业社区——宁波北仑大港社区为例，该社区只有 13 名社工，却需要服务 561 家企业、近 10 万名工人，困难重重。

一是政府部门对工业社区管理越来越标准化。网格化管理的政策法规需要执行，园区的可持续性发展，规范化的服务，对政府管理提出了更高的要求。

二是工业社区的社区治理压力越来越大。服务工业社区内容涉及各行各业，社区专业资源有限、技术运用不足、企业成员参与度不高，社区治理压力大。

三是企业发展的服务需求越来越多样。社区内包含各类企业，多种服务需求逐步涌现，如节能降碳、安全管理、职工技能培训、职工归属等，企业需求满足难。

行动方案

为解决以上问题，社区搭建了一张"工业社区治理之网"，通过共建来服务社区企业，而电力就是共建力量之一。

网格共融，延伸电力服务触角

国网宁波供电公司自 2023 年起，改变服务模式，构建"1+N"电力工业社区网格化服务体系，从"有需要被请进网"到"主动上前融入网"。"1"是电力社区经理作为前端入驻社区，"N"是内外部专业团队作为后台支撑，以"1+N"的形式，弥补电力网格化服务人力不足等问题，有效满足企业多元化涉电需求，实现了电力网格与社区网格共融。

社区共治，凝聚电力服务力量

国网宁波供电公司推出"共享电工"，提升社区用电安全水平；关爱产业工人子女，参与产业工人联谊活动，致力于解决产业工人的"关键小事"，增强产业工人的融入感和归属感，实现与社区力量共治。

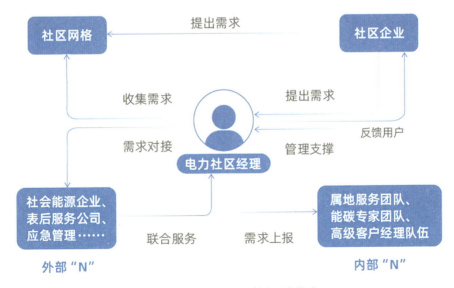

"1+N"电力工业社区网格化服务体系

企业共享,轻松获得电力服务

国网宁波供电公司针对企业推出了"电 — 能 — 碳"一揽子服务,包括电气设备检查、检修等电力服务,空压机节能、光伏项目、风机节能项目等能源服务,以及绿证、绿色工厂等碳服务,为企业提供可供选择的服务菜单,实现了与社区企业共享。

关键突破

打造工业社区网格化电力服务新模式

国网宁波供电公司构建的"1+N"电力工业社区网格化服务体系,由电力工业社区经理入驻社区服务网,"N"方力量作为后台支撑,以五大行动为主线,提供全方位电力服务。针对小微企业,组织打包售电交易会,帮助小微企业节约电费支出;针对中小企业,推出"共享电工"服务,解决中小企业"电工荒";针对出海企业,帮助购买绿电绿证,争取关税减免政策优惠;针对制造企业,推动创建绿色工厂,帮助企业获得政府节能补贴;针对产业工人,开展志愿服务关爱"小候鸟",提升生活幸福感。

树立工业社区网格化电力服务新标杆

国网宁波供电公司的电力工业社区服务得到社区和企业的认可,优秀的社区经理代表被推荐为社区联合党委成员,参与工业社区发展规划,超前服务重点项目。推动出台了全国首个省级地方标准——《工业集聚区社区化管理和服务规范》,其中有 7 条体现

中小企业的共享电工签约仪式

了电力社区服务。截至 2024 年 8 月底,国网宁波供电公司的网格化服务模式已推广到宁波市百余个工业社区,工业社区治理的"宁波实践"提交全国人大议案,电力社区服务已与工业社区治理"你中有我、我中有你"。

全国首个省级地方标准——《工业集聚区社区化管理和服务规范》

工业社区服务清单

多重价值

在宁波,"小网格"撬动"大治理"的尝试不仅在工业社区中开展,国网宁波供电公司更将这种服务模式扩展到城市和乡村社区,"钱海军式"服务模式正在宁波"遍地开花",发挥重要价值。

品牌引领,首创"千户万灯"社区服务体系

国网宁波供电公司以"时代楷模"、浙江省首个社区经理钱海军和他发起的"千户灯"品牌为引领,全国先行、全省首创"千户万灯"电力社区服务体系。明确社区网格服务清单,试点推广"1+N"电力社区网格化服务,截至 2024 年 8 月底,已入驻社区网格

3000 余个，电力服务诉求在网格内就地解决。

示范先行，实现"千户万灯"全国多省推广

国网宁波供电公司编制出版《供电企业"钱海军式"社区经理工作实操》，在北京大学揭牌成立"千户万灯"服务品牌实验室，在城市社区开展的老小区新业态劳动者服务试点获全国先进，服务困难残疾人和村民的农村"照亮计划"在西藏、吉林、贵州、四川、云南等 7 个省份

"千户万灯"电力社区服务模式

推广，行程 23 万余千米，服务 7 万多人。电力社区经理服务模式受到北京大学、清华大学、中国传媒大学等高校的关注，服务成效在 2024 年全国两会"代表通道"亮相。"千户万灯"品牌服务获得中央社会工作部和国家电网有限公司相关领导的肯定。

各方评价

中央社会工作部相关负责人："千户万灯"服务品牌是深入基层、服务百姓的典型代表，要充分发挥自身电力专业特长，推动主责主业与志愿服务结合，要围绕解决群众急难愁盼问题，做好延伸服务，不断提升老百姓"最后一公里"的用电获得感。

国家电网督导组成员丁世龙："钱海军式"工业社区电力服务体系将党的建设、"时代楷模"精神融合起来的服务模式将过去传统的供电服务提升至综合性的能源服务，值得推广。

大港工业社区党委书记陈雪波：我们社区就 13 名社工，像供电公司这样深度融入我们社区治理，才能一起服务好 500 多家企业、10 万多名员工，也正是在供电公司提供的

优质服务的保障下，2023 年我们整个社区的产值突破了 441 亿元。

宁波君灵模具有限公司副总经理胡宁安：经济发展，电力先行。前不久宁波供电公司以打包团购的形式为我们企业争取到了更加优惠的市场零售电价，很多企业已完成相关协议的签订，这让许多中小微企业真正享受到与大型企业同等市场交易价格甚至更便宜的交易电价，供电公司这一服务举措让我们感到信心满满。

中国传媒大学设计思维学院院长税琳琳："钱海军式"工业社区服务体系将"人民电业为人民"一以贯之，面向企业发展，能将工业社区电力服务做得有声有色，将电力服务做得有情有义，解决企业发展的后顾之忧。

北京大学新闻与传播学院教授许静："钱海军式"社区服务将电力服务渗透进每一家企业和每一户家庭，电力用户购买的是电，收获的是关爱。这种以责任感为基础的服务，已经不是简单的供电，而是一种赋能，为社会发展与企业成长赋能。

三、未来展望

网格持续融合，服务再升级

国网宁波供电公司将持续推进电力网格融入社区网格：实现用户诉求就地解决，与社区用户建立主动、互动的服务关系，提升用户黏性，实现"小事不出格、大事不出所"，诉求外溢率显著下降；助力城乡社区治理现代化，有效解决充电桩报装、表后服务、能效提升等集中性问题和难点问题，打造美好社区环境和优质营商环境。

品牌持续推广，影响再升级

国网宁波供电公司打造"千户万灯"卓越供电服务品牌，培育一批"钱海军式"社区经理，并在北大"千户万灯"服务品牌实验室的基础上，带领青年学生、产业工人、乡村电工等社会力量开展主责、增值、志愿服务，提升"千户万灯"服务品牌美誉度，打造中央企业服务品牌代表，实现服务品牌知名度和影响力覆盖浙江、辐射全国，从"千家万户"到"千企万家"，让电力之光点亮"千户万灯"。

（撰写人：曹欣凯、忻巴正）

国网上海市电力公司市区供电公司

以"菜单 + 定制"设计方案
破解老旧小区电动自行车充电难题

一、基本情况

公司简介

国网上海市电力公司市区供电公司（以下简称国网上海市区供电公司）是中国历史最悠久的电力企业。上海是国内点亮第一盏电灯的城市（1882 年 7 月 26 日），国网上海市区供电公司历经百余年的发展更迭，于 2010 年 1 月 6 日挂牌成立。国网上海市区供电公司地处上海核心腹地，横跨虹口、黄浦、长宁、静安、杨浦 5 个行政区，供电面积 119.84 平方千米，服务人口 288.63 万人。国网上海市区供电公司已连续四年全口径电网供电可靠性达 99.999%，率先跻身世界顶尖行列。国网上海市区供电公司获得"全国五一劳动奖状"、国网公司红旗党委、国网公司标杆企业等殊荣，连续 8 年保持企业负责人业绩考核 A 级；蝉联 7 届全国文明单位称号、蝉联 11 届上海市文明单位荣誉。

长期以来，国网上海市区供电公司积极践行"人民电业为人民"的企业宗旨，以优良的公司治理和可持续发展管理为基石，通过妥善管理自身影响创造经济、社会和环境综合价值，以及不断加强沟通与合作，凝聚可持续发展合力，争当推动城市能源转型的示范者和服务城市人民高品质生活的引领者。近年来，国网上海市区供电公司充分理解自身宗旨、使命及发展战略与可持续发展之间的联系，根据电网行业特点和利益相关方的沟通反馈，在安全可靠供电、服

可持续发展**目标**

国网上海市区供电公司客户工程师在现场安装电动自行车充电插座

务"双碳"目标、构建新型电力系统、提供优质服务等实质性议题中与社会各方携手，切实履行好经济、社会和环境责任，持续助力上海经济社会发展。

行动概要

上海市黄浦区瑞金二路街道思南社区地处衡山路复兴路历史风貌区，大部分建成于20世纪20年代末。因社区结构老化、弄堂狭窄、汽车停车位少等，电瓶车成为居民出行的主要交通工具。近年来，社区陆续出现了电动自行车充电困难、充电费用过高、充电设施共享率低等问题，还存在入户充电、飞线充电等安全隐患问题。为更好满足思南社区电动自行车充电需求、不断提升居民电力获得感和用电满意度，国网上海市区供电公司坚持"政府主导、企业主动、用户主体"，深入社区现场排摸并听取用户的需求和意见，全力推进思南社区电动自行车充换电试点项目建设工作，以"政企协同共治理、惠民充电排隐患"为工作目标，打造老旧小区电动自行车充电设施可复制、可推广的示范样板。

二、案例主体内容

背景和问题

本项目所在的黄浦区瑞金二路街道思南社区共 3 处小区（复兴中路 553 弄、复兴中路 565 弄、瑞金二路 129 弄），电力用户 1246 户，电动自行车 478 辆，已有电动自行车充电插座 101 个。其中，使用不可拆卸电池（铅酸蓄电池）电动自行车 320 辆，使用可拆卸电池（锂电池）电动自行车 158 辆；物业表后接电共享充电插座 36 个，居民表后接电"一户一插"充电插座 65 个。

从摸排情况来看，思南社区电动自行车充电存在以下四个方面的问题。

充电设施少： 社区共享充电设施仅 36 个，社区桩车比为 1：13.3；楼间距窄小，标准化共享充电设施的建设空间十分有限。

充电费用高： 现有第三方建设运营的共享充电插座充电费用较高（1 元 /4 小时，含服务费且交整不退）、利用率低（每个充电插座月均充电量仅有 6~7 千瓦·时）。

共享率低： 居委会投资建设的"一户一插"充电插座为居民表后接线、单户单用、无法共享使用。

违规充电： 居民区房屋主要由砖木结构的新式里弄住宅和不成套职工住宅组成，防火基础差、消防隐患多，个别用户安全意识不强，存在私拉私接、飞线充电等安全隐患。

行动方案

为帮助居民更方便、更安全地充电，国网上海市区供电公司立足社区充电的痛点和难点，制定针对性解决方案，并于 2024 年 3 月启动实施。

打造社区电动自行车充（换）电布局建设样板

一是合理布点建设，就近满足充电需求。 通过听证会充分听取社区居民意见，综合考量社区电动自行车分布和充电需求，本次试点新增 38 处充（换）电点位，共计 275 个充（换）电插座（含 24 个重建）。包括：102 套分散式充电插座，204 个充电位置；4 套集中式充电插座，40 个充电位置；2 台充电柜 16 个充电位；1 台换电柜 15 个换电位。

二是灵活选型配置，多元满足充电需求。 将充（换）电设施建设与社区公共空间情况相结合，坚持"因地制宜、功能互补"，合理布局、灵活配置集中式充电插座、分布式充电插座、充电柜、换电柜、残疾人电动车充电位置等，为政府和其他社区后续建设提供可复制、可推广的参考样板。

探索电动自行车充电惠民价格模式

一是惠民便民充电，推动户内户外同价。 探索电动自行车充电设施惠民计费模式，推动电动自行车充电享受居民电价，以户内户外同价政策避免居民因"电费贵"而违规

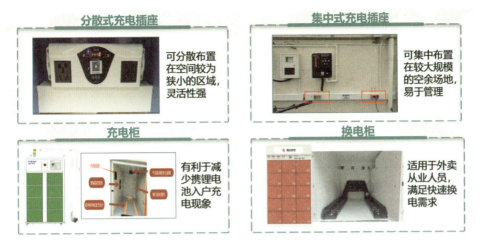

结合思南社区实际情况安装 4 种不同类型的充换电设施

入户充电。

二是探索补贴机制，构建常态运营模式。 针对用户、运营商、电力公司等不同主体，探索在适当环节设立补贴机制，为政府后续出台扶持政策提供参考。

创新电动自行车充（换）电安全管理方式

一是升级表计功能，识别"入户充电"隐患。 利用物联表 HPLC 高速通信和非介入式负荷辨识技术，实时监控充电设施的运行数据，及时发现充电过程中的异常情况，助力精准开展潜在安全隐患排查。

二是开展全景监测，数智赋能日常管理。 将物联网、人工智能、大数据监测分析与

电动自行车充换电设施运营监控平台及微信小程序

摄像监控相结合，在社区中新增 13 处视频监控，设立 2 块集成监控屏，将充（换）电设施状态接入物业监控大屏和微信小程序，实现智能管理和隐患预测"双提升"，破解监管治理困局。

关键突破

暖民心, 构建社区充电建设新范式

一是持续优化电力营商环境，落实获得电力"三零"服务要求，为电动自行车充电设施运营商提供接电报装服务，建桩装表，从源头治理转供电乱收费及线路损耗等问题，提升运营商的电力获得感和服务满意度。

二是针对老旧小区"建成年代较早、市政配套设施不完善、社区服务设施不健全、居民改造意愿强烈"等特点，因地制宜、合理布局，"宜插择插、宜柜择柜、宜换择换"，形成多种形态相组合的、满足居民充电半径、可菜单式选择的社区电动自行车充（换）电设施建设方案。

惠民生, 探索充电运营计费新机制

一是规范居住社区电动自行车充电设施的用电价格，积极向价格主管部门汇报，采用居民用户合表电价计收电费。

二是探索社区电动自行车充电分时电价计费模式，推动实现"两个同价"，即运营商"电网购电、充电服务"同价、居民"户内、户外"充电同价，彻底解决户外充电费用高的问题。

三是电价执行公开透明，实行价费分离，充电电费和服务费分别列示、分别计价，在现场和微信小程序上公开告示。

护民安, 赋能社区安全治理新模式

一是对试点社区 1246 户进行物联表更换。利用物联表 HPLC 高速通信和非介入式负荷辨识技术，实时监控充电设施的运行数据。试运行 1 个月（2024 年 5 月 1~31 日），共识别"入户充电"53 户次，联合居委、物业进行了逐一核对，其中 47 户行为属实。

二是不断优化升级算法。提升"入户充电"监测准确率，电动自行车充电 15 分钟后采集主站即可识别。根据后台数据，试运行 1 个月（2024 年 5 月 1~31 日），入户充电情况从每周平均 20 户减少到平均 4 户，下降了 80%，为监管处置提供了技术支撑，显著降低了社区安全风险。

三是结合物联网、人工智能技术、大数据监测分析与摄像监控，实现充电设施的实时监控和智能化管理，有效保障设施安全运行，提升能源利用效率和运维实时响应能力。

多重价值

从经济价值来看，探索推行惠民充电计费模式

在思南社区现有居民中，外来流动人员超三成，低收入人群对价格敏感。本次改造聚焦价格痛点，积极探索居住小区电动自行车充电分时电价计费模式，执行居民用户合表电价，免收服务费，平均充电费用为 0.58 元／次，较之前的最低 1 元／次节省了42%，切实帮助居民节约了用电成本，杜绝了因贪图便宜而引发的违规危险充电行为。

从社会价值来看，打造老旧小区充电设施改造新范式

作为一项实事工程、民生工程，本项目针对老旧小区"建成年代较早、市政配套设施不完善、社区空间受限"等特点，采用模块化定制便民方案的思路，形成多选择、多组合、菜单式典型设计，目前社区桩车比达 1 ：1.7，真正解决了居民"充电难"问题。截至 2024 年 8 月底，思南社区电动自行车累计充电量为 19866.38 千瓦·时，换电次数为 7096 次。

国网上海市区供电公司客户工程师正在帮助社区居民使用新建成的充电桩充电

从环境综合价值来看, 数智赋能社区环境治理

为方案化解安全风险, 本项目利用物联表非介入式负荷辨识技术, 为政府 (含街道、居委会等) 提供 "入户充" 等危险违规行为监测预警服务, 告警信息 "点对点" 触达居住小区工作人员, 助力精准开展潜在安全隐患排查。通过安装现场摄像监控、开发微信小程序应用和建设电动自行车充换电智能平台, 实现空位引导、充电检测、计费收费、占位提醒、超标告警等功能, 强化现场实时管控, 共同破解监管治理困局。

各方评价

上海市委相关负责人: 要总结黄浦经验, 扎实推进共享充电设施建设。

思南社区的居民群众: 瑞金二路 129 弄 159 号刘先生: 现在小区里安装了电动自行车的充电桩, 为电动自行车出行的邻居带来了便利, 同时消除了电动自行车充电给老房子带来的安全隐患, 真的很感谢。现在晚上睡觉更加安心了。

复兴中路 565 弄 15 号王女士: 安装充电设施是政府和电力公司为我们居民办的又一件好事, 就近充电、价格便宜、使用简便, 最重要的是安全, 充电到一定程度会自动断电, 给我们历史保护建筑增加了一道安全屏障。

复兴中路 553 弄 38 号 201 闪女士: 我家楼下的充电设施已经开始使用, 很方便很安全, 感谢国家电网和政府部门。

思南社区所辖街道、居委会: 思南社区电瓶车充电设施的顺利落地, 离不开各方的大力配合和鼎力支持。在这个过程中, 电力公司与我们居委会、街道开了多次会议, 反复调整充电设施实施方案, 还主动和我们一起给居民群众做思想工作、科普入户充电的危害, 无愧于 "人民电业为人民" 的责任与担当。

社会媒体:

上观新闻: 在电力公司的支持下, 思南居民区在 "螺蛳壳里做道场", 因地制宜为居民增设了各类家门口的充电设施, 桩车比达到 1∶1.7, 充电资源不再匮乏。

《解放日报》: 相对 "庞大" 的电动自行车数量, 仅靠几个公共充电棚是远远无法满足居民充电需求的。思南居民区进行了探索——打造居民家门口的 "一座两插" 充电装置。这套系统由上海市电力部门为思南居民区量身定做, 在安全性上得到了保障。

三、未来展望

下阶段，国网上海市区供电公司将以思南社区电动自行车充电设施建设项目为基础，积极对接上海市发展和改革委员会、上海市城乡建设和交通委员会、上海市房屋管理局、上海市消防局等部门，进一步开展价格补贴机制、运营管理模式等研究；加快推进充（换）电行业规范标准化进程，编写运维手册、开展标准化设计研究工作，推动出台团标、企标等地方标准；落实国家"一车一池一充一码"推广要求，配合推进多级运营监控平台建设，实现监控平台与"一网统管"贯通、监测结果与社区网格联动，形成城市公共治理新模式。未来，这种以"菜单＋定制"为特色的电动自行车充（换）电建设方案，将在更多的老旧小区生根开花，力争为群众创造更安全、更便捷、更舒适的居住环境。

社会媒体的相关报道

（撰写人：刘佳凤）

国网浙江省电力有限公司营销服务中心、
国网浙江省电力有限公司淳安县供电公司

"一线一图一码"
破解困难群众救助"三难"

一、基本情况

公司简介

国网浙江省电力有限公司营销服务中心（以下简称国网浙江营销服务中心）成立于 2020 年，是国网浙江省电力有限公司直属业务单位，主要承担营销集约业务实施、营销服务监控、营销创新实践等职责。作为营销全业务支撑机构和最高计量技术支撑机构，国网浙江省电力有限公司营销服务中心始终将可持续发展理念融入日常经营管理和企业文化建设，加强电力需求侧管理，深化"供电 + 能效服务"，培育"'益'起种太阳""碳咔咔"等特色低碳实践品牌，培育发展绿色生产力，全面助推美丽中国建设。近年来，国网浙江营销服务中心先后荣获浙江省模范集体、浙江省亚运保电先进集体、国家电网公司亚运保电先进集体、全国工人先锋号等称号。

国网浙江省电力有限公司淳安县供电公司位于浙江省杭州市淳安县千岛湖镇，营业范围覆盖淳安县全域，供电面积为 4427 平方千米。国网浙江营销服务中心始终坚持"人民电业为人民"的企业宗旨，积极推动电网优化升级，助力地方经济发展，先后获得"浙江省文明单位""浙江省五一劳动奖状""中国电力行业 AAA 级信用企业""国网公司文明单位"等荣誉。

可持续发展
目标

行动概要

社会帮扶工作是保障基本民生、维护社会稳定的兜底性、基础性制度，需要全社会多方主体积极参与。为切实提高"困难群众优惠用电"政策福利，国网浙江省电力有限公司联合浙江省民政厅，疏通业务流程，贯通数据接口，在全国率先实现了困难群众优惠办电"一次都不跑"的"无感办电"体验。

在此基础上，国网浙江电力有限公司进一步调研不同类型困难群众的实际需求，并依托省侧电力营销数据平台优势，联合利益相关方资源优势（民政部门、社区／村委会、属地供电公司、社会公益组织等），对内搭建了"电力帮扶地图"，用于日常帮扶数据管理、异常用电监测预警等；对外开发了"电力关爱码"，用于接收异常预警，并用"红黄蓝"三色码分级通知社区工作人员处置异常预警，形成了"省侧后台监测 — 异常分级预警 — 属地社区反馈"的闭环工作链条，建立了基于"电力 + 民政"精准帮扶机制，为推动浙江省电力帮扶工作可持续发展打好了样板。

二、案例主体内容

背景和问题

救助政策应享尽享难。根据浙江省政策文件精神，电力公司对民政部门批准的社会救助对象[①]实行每户每月 15 千瓦·时的免费用电基数政策。在实际办理业务时，用户需通过民政部门认定后，再拿着民政部门发放的社会救助证到供电营业厅办理用电优惠业务。由于之前浙江省社会救助对象证书类别多，且电力与民政部门之间数据交互不通畅，双方基础数据不完整、信息不对称，申请优惠用电的困难群众在民政部门与电力窗口之间往返跑、资料重复提交，效率低；且大多数困难群众普遍存在出行不便、沟通困难等情况，增加了优惠用电业务办理的难度，在一定程度上制约了优惠用电政策的全覆盖。

困难群众动态监护难。当前，老人走失已经成为一个日益严重的社会问题。对于偏远山区分散居住的独居老人来说，一旦走失更难被发现。如何及时发现老人走失线索、如何第一时间通知家属和社区成为各地救助工作的难题。此外，一些重度听障人士在遇到停电或电费缴纳等方面的困难时，需要增加一些辅助帮扶措施；依靠呼吸机等医

---

① 社会救助对象即最低生活保障家庭、最低生活保障边缘家庭和特困人员分散供养对象。

疗设备维持生命的患者家庭，需要稳定可靠的不间断电源保障医疗设备的正常运行或药品的恒温存放，一旦突然停电且未及时采取应急保障措施，将直接威胁到患者的生命。如何满足这些不同类别困难群众的个性化用电需求，也需要引起供电企业的重视。

基层异常处置闭环管控难。 由于基层救助工作管理相对粗放，对异常情况的发现、上报、处置、反馈等，缺乏有效的信息化手段支撑和闭环管控机制，在一定程度上影响了救助工作的效率和质量。另外，帮扶工作原则上应以政府主导、电力配合，但在实际工作中受资金、人力等方面的条件限制，很多帮扶工作很难调动政府部门及社区街道等的积极性，真正推广会面临很多阻力。在事关群众利益且与电力紧密相关的社会帮扶工作方面，需要引入社会责任根植理念，建立合作共赢机制，从而让更多的利益相关方参与合作，实现综合价值的最大化。

行动方案

长期以来，国网浙江电力有限公司高度重视社会责任，将其作为企业可持续发展的重要组成部分，融入电网业务管理发展全过程。"暖心电"帮扶综合分析各方利益诉求点，针对当前救助帮扶痛点精准施策，贯通政企数据比例，完成双边救助信息同轨，并制定长效协作机制，实现困难用户优惠用电"无感办电"模式长期稳定运行；深挖数据价值，

工作机制	政企协同	数据赋能	闭环管控
工作分工	民政主管	电力帮助	村(社)服务
数字产品	政企专线 民政 ⇄ 电力	电力帮扶地图	电力关爱码
基础数据	民政数据 救助人员名单 网格员信息等		电力数据 实时用电数据 停电计划 异常用电提醒

项目整体架构

基于用户实际帮扶需求及日常用电行为，构建"重病患者""独居老人""特殊人群"三类用户画像，搭建"电力帮扶地图"预警平台，联合社区街道推广应用"电力关爱码"数字产品，借助"红黄绿"三色应急响应机制，通过"政府 + 社区 + 电力 + 社会组织"实现困难群众分类分级精准帮扶，形成多方共赢的合作模式。

深化政企联动，合力推进困难群众优惠办电"一次都不跑"

聚焦用户业务痛点，全国率先实现"无感办理"

国网浙江省电力有限公司主动对接民政部门，建设政企数据专线，贯通双边数据壁垒，实现政企间的数据实时交互和同步，确保数据的快速流通和及时更新。救助对象在民政部门完成资格认定后，可通过系统将救助信息和人员优惠用电申请推送至电力公司，实现帮扶对象信息双边同轨，帮扶对象无须再次前往电力营业网点申办优惠用电政策，真正做到"一件事"联办。

国网浙江省电力有限公司到浙江省民政厅商讨社会救助"一件事"联办工作

推进数据质量治理，高质量保障"应享尽享"

国网浙江省电力有限公司联合浙江省民政厅，建立"业务＋技术"联动机制，通过开展民政在册救助对象与正在享受用电优惠政策的救助对象档案数据全面校核工作，进一步明确救助群体清单，确保数据的准确性和一致性。通过数据质量治理和救助群体清单校准，实现电力侧救助群体清单的缺失填补和冗余清退，保证优惠用电政策严格、准确落实到需要的救助群体。

深挖数据价值，分层分类为困难群众提供个性化精准帮扶支撑

分类构建救助用户画像，制定精准帮扶策略

在完成"电力＋民政"线上联办的基础上，详细了解社会救助对象基本情况和帮扶需求，进一步将困难群众细分为"重病患者""独居老人""特殊人群"①三类，结合电力大数据优势，制定个性化精准帮扶策略。对于"重病患者"，上门了解其医疗设备和备用电源的安装使用情况，重点做好计划停电的提前点对点告知及故障停电的应急电力保障；对于"独居老人"，上门了解其家庭用电设备及用电习惯，重点监测固定时间段的用电情况，并将异常用电情况及时推送给社区网格员，防止因外出未回家等意外情况发生后无人知晓；对于"特殊人群"，主要监测漏电、触电、跳闸等异常电流变化情况，停电时提醒网格员上门沟通到位并第一时间做好抢修工作。

着力开发"电力帮扶地图"，打造监测预警后台

在省侧基于营销大脑，搭建"电力帮扶地图"：以图表形式展示浙江省各地市社会救助对象分布情况和已接入平台实施异常监测的三类人群数量占比，同步展示浙江省各地开展电力帮扶工作的相关报道；全景式展示浙江省各地市社会救助对象优惠电费业务实施成效，以及各地市"电力关爱码"的动态变化；设置了用电采集成功率、负荷监测完整率、语音机器人接通率、异常处理完成率等业务指标，加强对异常预警信息的质量管控；全面展示"电力关爱码"的动态变化，以及三类人群的"红黄码"数量，提醒属地及时做好异常的排查处置。

---

① "重病患者"是指依赖呼吸机、透析机、心电监测仪等不间断供电设备，或需要恒温保存重要药品维持生命的困难群众。"独居老人"是指民政部门认定的社会救助对象中年满 75 周岁及以上独居在家，且无人陪护的老人。"特殊人群"是指经当地残联部门登记在册的听力障碍、言语障碍在一级、二级重度残疾的人群。

搭建异常用电监测模型，提升精准帮扶质量

根据民政部门、残联组织、社区（街道）等提供的三类人群的基本信息，由属地供电公司确认帮扶对象的户名、户号，同步了解用户的日常家用电器设备功率及日常用电习惯。后台根据帮扶对象的户号，导出其近 1 年的用电数据，并根据不同的月均用电量，分层构建不同的基础模型。同时，结合用户近 1 个月的用电习惯、家用电器设备复杂情况等信息，将用户分为 A、B、C 三级用户，进一步提高用户异常用电监测的准确性。在此基础上，定期对异常预警信息的排查核实情况进行复盘分析，适时调整优化监测模型算法，整体提升帮扶质量。

强化顶层设计，多方携手共建"覆盖全、响应快、可持续"的帮扶机制

明确各方职责，构建立体式帮扶机制

以社会责任根植理念为指导，选择淳安县作为试点，联合当地的民政局、供电公司、社区（村），制定《关于深化"电力 + 民政"精准帮扶的社会责任根植项目实施方案》，明确各单位（部门）职责分工，建立了"电力监测预警，社区核实处置，民政协调管理"的分工合作机制，并对全县范围内的"重病患者""独居老人""特殊人群"三类帮扶对象实现异常监测预警全覆盖。

实施分级预警，提升异常预警处置效率

选定淳安县作为试点，对"重病患者""独居老人""特殊人群"三类帮扶对象的家庭用电进行实时监测，根据用电异常波动程度生成的红、黄、绿三色码。其中，"红码"表示自触发预警后当天 1 小时内要完成排查处置的用户，"黄码"表示自触发预警后 8 小时内要求完成排查处置的用户，"绿码"表示目前用电情况无异常的用户。"电力帮扶地图"监测到异常信号后，将预警信息黄色预警或者红色预警信息告知所在社区的网格员，方便社区网格员及时核查，不仅有效提高了异常情况的排查效率，还大幅降低了社区网格员的工作量。

加强闭环管控，提升多方联动帮扶实效

以"电力帮扶地图"为平台，将帮扶对象的家庭户号、紧急联系人、社区网格员、专属电力客户经理等信息录入后台，由平台对帮扶对象的用电行为进行监测分析，并及时将异常情况推送至用户所在的社区服务中心和电力驿站。"重病患者"的停电通知及应急处置，主要由所在区域的网格员通知到户；"独居老人"和"特殊人群"的异常排

查由所在社区的网格员负责。所有需要核实或者处置的异常信息均以待办工单（红黄码）的形式，由后台跟进进度，直到故障全部消除并反馈至平台后恢复绿码。所有异常信息工单处置情况均可追溯，形成了"平台分类监测 — 异常分级预警 — 网格处置反馈 — 定期复盘优化"的闭环管控机制，确保了精准帮扶的实施效果。

关键突破

在业务流程方面，在全国率先实现"资格认定 + 优惠用电申请"线上联办。 本项目通过贯通"电力 + 民政"双边数据，在全国率先建成社会救助对象"资格认定 + 优惠用电申请"和"一件事"线上联办模式，困难群众在"浙里办"申请"社会救助对象"时，可一键联办优惠用电服务。民政部门在审核认定后，系统将直接把用户信息推送到电力公司，实现了一次都不跑的"无感办电"服务。

在数据挖掘方面，建成浙江省首个基于营销大脑数据分析模型的电力帮扶地图。 基于浙江省用电信息采集系统和营销 2.0 系统，借助电力营销大脑，可对用户往期的用电数据进行建模，并基于用户自身的用电行为特征，实现异常用电行为的实时监测与预警。依托省侧资源平台优势，实现全省范围内计划停电受影响用户的自动标记和自动告知，避免因遗漏或通知不到位给用户带来损失。

业务数据架构

在推广应用方面，"电力 + 民政"精准帮扶机制已在淳安县试点且成效显著。 在前期的调研中，民政部门虽有采用电信部门提供的"智慧安居看护"服务，但是投入成本过高，且信号不稳定，无法全面推广。智能电表的普及应用与省侧用电信息采集系统每日96点的高频数据采集能力，为政府提供了近乎零成本的"安居看护"便民服务方案，得到了当地民政部门的大力支持。此外，依托智能语音机器人可实现异常预警的自动告知或核实，减少了社区网格员人工处理的工作量，提高了精准帮扶的效率。

淳安全县推广应用"电力关爱码 助老暖万家"启动仪式

多重价值

社会价值

从社会治理层面，当前的"电力 + 民政"精准帮扶模式以其"覆盖广、效率高、零成本"等属性，适合进一步向全省推广。通过贯通多个省级平台数据接口，实现了不同类型帮扶对象的标签化管理和异常用电情况的监测预警管理，能在不额外增加政府财政支出的情况下，实现对重病患者、独居老人、特殊人群等弱势群体的基础性"安居守护"全覆盖。同时，基于用户基本信息和用电行为特征，分层构建个性化用电画像，分级进行监测预警和智能语音告知，有利于提高预警的准确率，减少社区网格员的人力工作量，目前已在淳安全县23个乡镇全覆盖试点应用。

国网淳安县供电公司作"电力关爱码"应用场景工作汇报

经济价值

自"电力 + 民政"数据贯通以来，浙江省 40 多万困难群众享受了便捷的优惠电费"无感办电"服务。截至 2024 年 6 月底，浙江省电力系统在册社会救助对象共 39.62 万人，涉及用电户 38.61 万户。2024 年 1~6 月累计减免电量 3239.026 万千瓦·时，累计减免电费支出 1695.753 万元。

在淳安县试点应用期间，全县 23 个乡镇共 1300 多户独居老人实现安居守护全覆盖，参考其他监护方式 2000 元 / 户的设备安装费用，累计为当地财政节省开支 237.2 万元。

品牌价值

通过实施"电力 + 民政"精准帮扶社会责任根植项目：对内，加强了国网浙江营销服务中心与属地试点单位，以及试点单位内营销、党建之间的协作沟通，强化了社会责任理念对企业开展社会服务工作的影响，能站在"利益相关方"的外部视角看自身如何完善服务，实现资源的最大化整合；对外，进一步增强了政府单位及社区居民对供电公司践行社会责任的认可度，对提升供电企业社会形象和国网品牌价值具有深远的影响。

此外，通过对三类人群实施精准帮扶，特别是"重病患者"的停电通知和应急保障措施，提前防范了因停电产生的负面舆情风险和法律纠纷。

各方评价

政府部门："电力关爱码"试点期间得到了相关领导的高度肯定。国网浙江省电力有限公司联合民政构建的困难群众"无感办电"模式在浙江省"弱有众扶"现场会作经验发言。

社会媒体：从应用概念构建到产品上架运营的过程中，项目受到了《光明日报》、人民网、《浙江日报》、新华社、杭州电视台等多家媒体的报道。

三、未来展望

未来该模式有望从淳安县逐步推广至更广泛的区域和人群，为独居老人、重症患者、特殊人群等弱势群体提供更全面关怀。通过进一步优化电力大数据模型，与物联网、人工智能等技术结合，实现更精准的监测和智能化服务为社会治理提供数据支持，精准辅助政府管理决策。同时，加强跨部门协作，进一步拓展服务内容，在政策保障和社会参与的推动下，"一线一图一码"将成为破解困难群众救助难题的重要工具，持续为民生保障和社会发展贡献力量，助力乡村振兴和提升社会治理水平等方面取得更大突破。

（撰写人：林少娃、赵志扬、周献术、袁健、林洋佳）

国网浙江省电力有限公司诸暨市供电公司
"厕所革命"助力改善和美乡村
"最后一平方米"

一、基本情况

公司简介

国网浙江省电力有限公司诸暨市供电公司（以下简称国网诸暨市供电公司）是国网浙江省电力有限公司绍兴供电公司下属公司，国网诸暨市供电公司以建设、管理和运营诸暨电网为核心业务，担负着诸暨市 70 万用户的供用电任务，为地方经济社会发展和城乡电力用户提供安全坚强电力保障。目前，诸暨电网建有 ±800 千伏特高压换流站 1 座、500 千伏变电所 2 座、220 千伏变电所 8 座、110千伏变电所 36 座、35 千伏变电所 16 座、10 千伏开关站 346 座。

国网诸暨市供电公司坚持党建引领，以习近平新时代中国特色社会主义思想指导工作实践，强化新时期产业工人队伍建设，深化新时代"枫桥经验"，先后获得全国文明单位、国网公司一流县级供电企业、全国"安康杯"竞赛优胜企业、浙江省五一劳动奖状、全国电力行业质量奖、浙江省企业社会责任标杆企业、AAAAA 级标准化良好行为企业等荣誉。国网诸暨市供电公司累计培育了全国劳模 1 名、浙江省劳模 2 名、国网公司劳模 1 名、浙江省电力公司劳模 6 名、浙江杰出工匠 1 名、浙江工匠 1 名、绍兴工匠 1 名。

行动概要

"厕所革命"是国网诸暨市供电公司为响应习近平总书记关于深入推进农村厕所革命的重要指示，致力于解决农村低保、空巢老人"如厕难"问题的一项志愿服务项目。针对项目执行中存在的资金缺口大、改造时间紧、社会矛盾多等问题，国网诸暨市供电公司联合诸暨市"爱之光"志愿服务社，推出"1+3+N"资金整合计划，促进公众参与；开创"4691"工作模式，实现厕所改造的效率升级与成本优化；运用新时代"枫桥经验"，化解项目执行中的社会矛盾。项目持续开展 6 年，切实改善 1200 户诸暨农村老人的生活品质，获得第六届中国青年志愿服务公益创业赛金奖与 2022 年度全国学雷锋志愿服务"四个 100"先进典型之最佳志愿服务项目，并在浙江省的嵊州市、江山市、长兴县、庆元县及四川省等地复制推广。

二、案例主体内容

背景和问题

厕所是衡量文明的标志之一，改善厕所卫生状况直接关系到国家人民的健康和环境状况。农村"厕所革命"是乡村振兴和社会治理的一项重要工作，其中，农村低保、孤寡、空巢老人的"如厕难"问题更是"厕所革命"的重中之重。这些老人大多生活在偏远农村，居住在破旧、阴暗、潮湿的老屋中，依然使用粪桶、粪坑如厕，夏季蚊虫乱飞，冬季寒风刺骨，如厕不方便、不卫生、不安全等问题突出，严重影响老人的生活品质。

2018 年 3 月，国网诸暨市供电公司与诸暨市"爱之光"志愿者服务社联合启动"厕所革命"——解决农村低保空巢老人"如厕难"志愿服务项目。在推进过程中，发现"厕所革命"项目点多面广，如何实现可持续的科学管理变得极为关键。

一是资金缺口大。政府层面推进农村厕所革命更多集中在公共厕所与排污处理，家庭内部的厕所改造更多地依赖家庭自身。农村低保、空巢老人大多生活贫困且独居，缺乏厕所改造的资金和能力。诸暨农村有上千户困难老人，涉及改造资金近千万元。面对如此庞大的社会需求，完全依赖某一家机构的资源，无疑是杯水车薪，亟须动员社会力量，整合社会资源，实现项目供给与需求的平衡。

二是改造时间紧。厕所改造面临人群筛选、现场勘察、设计安装、施工验收等环节，涉及墙体砌建、水电安装、排污处理等工种，而农村老人居住分散，每户老人的房屋布局各异，传统改造模式耗时耗力，效率低下；且老人因年事已高，排队等候厕所改造，难以解决眼下之急。如何提升厕所革命的推进效率，也是需要解决的重点。

三是社会矛盾多。"厕所革命"项目在有限的资源条件下，只能解决最困难、最需要帮扶的那部分老人群体。在执行过程中，难免存在部分居民不理解、不支持的情况，质疑项目的公平性，甚至发生施工阻工、投诉纠纷等社会风险。需要项目执行团队充分做好受助群体的摸排调研与社会沟通，听取群众意见，争取邻里支持。

行动方案

针对农村低保、空巢老人"厕所革命"项目中的资金缺口大、改造时间紧、社会矛盾多等问题，国网诸暨市供电公司着眼于项目的可持续，充分运用社会责任理念和方法，创新项目合作机制与运作模式，提出了三大解决方案。

一是多渠道整合社会资源，促进供给侧多元化。公司联合诸暨市"爱之光"志愿服务社，发动政府、慈善基金、爱心企业和爱心个人等更多力量，实施"1+3+N"资金整合计划，形成由 1 个爱心超市、3 类核心机构（政府、基金会、爱心企业）、N 个爱心公众为主体的募资渠道，开展腾讯"99 公益日"募捐、企业认捐等募资方式，从资金供给、人力供给、物资供给等方面提升"厕所革命"供给侧的社会参与度。

二是借力平台化思维模式，实现项目效率倍增。项目组不断优化项目运作机制，引

配套开展表后线路改造

介绍厕所智能开关操作，提升老人的生活品质

入平台化思维方式和互联网管理工具，在需求诊断、资金筹措、人员调配、物资供应等方面实现标准化、流程化、模块化与定制化，整合如厕、洗漱、淋浴、取暖、适老化扶手等物料资源，持续更新迭代卫生间产品，形成标准化的预制生产与现场组装的施工模式，极大提升"厕所革命"的推进效率和质量品质，尽快尽早满足农村低保老人的品质如厕需求与生活环境改善。

三是品牌运作与社会沟通，广泛争取社会支持。"厕所革命"项目是以解决诸暨农村低保老人"如厕难"为起点，进一步辐射到绍兴市，到浙江省，甚至到全国的可复制、可推广的公益项目。为取得更大范围的价值创造，国网诸暨市供电公司积极塑造"厕所革命"志愿服务品牌，向共青团中央、中央宣传部、中央文明办、中华志愿者协会等各类权威机构申报项目成果，争取荣誉奖项，打响"厕所革命"的全国知名度。同时，运用新时代"枫桥经验"，化解项目执行过程中的潜在风险与社会矛盾，让"厕所革命"的春风吹遍祖国大地。

关键突破

"厕所革命"项目能够在诸暨当地取得显著成效，并成功复制推广到诸暨以外地区，关键是在内部工作模式和外部沟通方式上形成了两大突破。

一是搭建起一套可复制可推广的"4691"工作模式，大幅提升项目执行效率。 经过 6 年的探索实践，项目团队建立了责任清晰、公信可靠的治理架构，也总结出了一套长期化、规范化运作的"4691"管理工作模式。其中，"4"是组建"组织项目管理、资金募集、项目实施、后期陪伴"4 个志愿服务小组；"6"是制定"团队管理、资金管理、物资管理、施工管理、质量管理、服务管理"6 项管控办法；"9"是落实"人员摸排、走访评估、复核资质、设计绘图、现场施工、中期检查、竣工验收、资料归档、定期回访"的 9 步标准化工作流程；"1"是搭建 1 个管控平台，推广爱心码等互联网管理工具，实现项目的平台化管控。在这样的组织模式下，建造一个厕所花费的时间从最初的一周缩短到一天，建造成本下降了 30%，志愿者的服务更精、更细、更专业。

二是将新时代"枫桥经验"融入项目沟通全过程，有效降低项目执行阻力，增进睦邻友好。 新时代"枫桥经验"是一套源于诸暨弘扬全国的社会治理模式，国网诸暨市供电公司创造性将枫桥经验融入"厕所革命"项目，实现基层社会治理与民生改善的有机结合。主要做法包括：鼓励群众参与，引导当地居民参与"厕所革命"的规划、建设和

开展"厕所革命"标准化施工

管理过程，让群众成为项目实施的主体，提高他们的参与感和责任感。做好基层融入，强化基层组织的功能，如村委会、社区组织等，发挥其在"厕所革命"中的组织协调和动员作用，确保项目的顺利进行。发挥"电娘舅"的社会协调能力，利用新时代"枫桥经验"中的矛盾不上交原则，及时发现和解决厕所革命过程中可能出现的矛盾和问题，防止小问题积累成大问题。

多重价值

"厕所革命"项目自 2018 年 3 月以来，超过 600 名志愿者参与，累计为 1200 户农村低保空巢老人改造如厕环境，既创造了社会价值，又实现了企业的品牌价值提升与社会关系优化。

一是切实改善农村低保老人的如厕质量与居住条件。高效率、高质量完成绍兴诸暨市上千户孤寡老人的"厕所革命"目标，改变农村老人"脏、乱、臭、差"的"粪桶如厕"境况，实现"干净、整洁、舒适、暖和"的"马桶如厕"条件，并附加表后线路改造、居住环境的适老化改造等，最大限度保障老人的如厕便利、生活安全与用电安全等，也通过规范的排污设计优化农村生活环境，提升村民的生活幸福感，助力完善乡村振兴的"最后一平方米"。

二是优化供电企业履责能力、责任口碑与发展环境。通过联合开展"厕所革命"项目，进一步提升了国网诸暨市供电公司"暖心灯"志愿服务队的社会影响力和知名度，培养更多的员工参与志愿服务热心、爱心、树立道德典型，提升公司履责形象与品牌价值。同时，通过与当地政府和基层组织的爱心合作，帮助当地解决低保、空巢老人实际的民生问题，进一步优化了公司发展环境，促进公司基层涉电矛盾更好地解决。

三是形成可复制可推广的"爱心 + 电力"服务模式。"厕所革命"项目是由公益机构与供电企业联合发起，并整合更多的社会资源共同推进，形成优势互补、资源共享、责任共担、价值共赢的"爱心 + 电力"志愿服务合作机制与管理模式。这套模式为解决更大范围和更多社会民生问题提供了组织与机制保障。目前，国网诸暨市供电公司还联合国网系统内的兄弟单位，与江山市启梦公益促进会、嵊州市爱心义工团、长兴百灵志愿服务工作室、庆元县志愿者协会、武义县康福社工事务所等在地化的公益机构合作，将诸暨的工作模式向浙江省乃至全国进行推广，形成"厕所革命"的燎原之势。

各方评价

绍兴市团市委统战权益部：诸暨市是浙江高质量发展建设共同富裕示范区首批试点，在共富路上，"厕所革命"项目是服务群众的基础项目，国网诸暨市供电公司为农村老人解决"如厕难"问题作出了积极贡献。

浙江省志汇公益发展中心：经过现场踏勘，"厕所革命"项目立意好、内容实、针对性强，这让孤寡老人实实在在地享受到了供电公司的温暖，希望好事做好，实事办实。

浙江诸暨市暨南街道街亭社区：因为粪臭，邻里矛盾不断，村干部也调解不好，现在好了。全靠供电公司的"活雷锋"，他们来了七八次，经过测量、挖坑、安装等环节，就把一个厕所安装到位，有马桶、节能灯、水龙头、取暖器，很暖心。

浙江诸暨市东白湖镇孝义村村民：以前上茅厕不方便，倒粪桶更不方便，现在有了新厕所，真是方便，而且灯火通明，干净卫生，我出去串个门，腰杆都直起来了。

三、未来展望

持续推广"厕所革命"项目覆盖面。持续扩大"厕所革命"项目覆盖范围，在诸暨市乡镇符合条件改造的基础上，向浙江省（衢州、丽水）及至外省（四川等）延伸，实施改造 1000 户以上，解决农村低保孤寡老人如厕不方便、不卫生、不安全等问题。做好配合帮扶工作，扩大"厕所革命"品牌效应。

打造"厕所革命"2.0 服务样板。结合已经完成改造的 1300 多户，查漏补缺，总结经验，进一步发挥志愿服务各条线的优势，提升服务水平，如电力提供表后线路整修、老旧耗能厨电更换、户用光伏安装等帮扶，提升老人生活质量，助力乡村共富。同时，推进厕所设备的迭代升级应用，如节水马桶、防潮防霉板材、光伏储能、感应照明等，进一步提高老人的生活水平。

开发"厕所革命"项目数字化管控平台。加强与民政部门、基金会、软件公司等利益相关方的联系，合力开发"厕所革命"数字化管控平台，提供项目资料在线归档、改造家庭位置定位、点单式服务、改造帮扶资料上传审核、项目服务对象汇总展示等多元功能，同时对接融入"爱心码"平台，最大限度通过线上平台发起募捐，为项目的可持续发展注入新动力。

（撰写人：朱英伟、毛年永、董冬阳、崔灿、王列刚、何贝、从谦乐）

国网江苏省电力有限公司常州供电分公司

"梯"升安全感

—— "安心梯"化解电梯停电困人难题

一、基本情况

公司简介

常州电力工业起步于 1914 年，至今已有百余年的发展历程。国网江苏省电力有限公司常州供电分公司（以下简称国网常州供电公司）主要负责经营、管理、建设常州地区电网，为常州经济社会发展和人民生活提供电力保障。国网常州供电公司辖金坛、溧阳两个下属供电公司，服务用户 309 万户。

常州电网以 5 个 500 千伏变电站为支撑，实现了电网的分层分区运行，各片区电网已形成 220 千伏双环网、110 千伏电网辐射互联及 10 千伏电网手拉手的供电架构。

近年来，在国网江苏省电力有限公司和常州市委、市政府的坚强领导下，紧紧围绕新时代发展目标，坚持安全第一，加快电网建设，加强优质服务，强化经营管理，全力服务地方经济社会高质量发展，各项工作成绩显著。国网常州供电公司先后获"全国文明单位""全国五一劳动奖状""全国用户满意企业（市场质量信用 AA 级）""国家电网公司先进集体""江苏省文明单位标兵""常州市'特别重大贡献奖'"等荣誉。

行动概要

近年来，由于电梯老化、维保不到位、电梯停电及使用不当等，电梯困人事件在全国各地都屡有发生，不仅给居民生活带来极大困扰，还直接威胁人民群众的生命财产安全。为应对电梯停电困人这一社会难题，国网常州供电公司秉持共建共治共享的现代社会治理理念，联合政府、电梯厂商、建筑开发商、物业、电梯广告商等利益相关方，共同启动"安心梯"项目。项目通过跨行业合作及多方资源整合，构建电梯电源保障机制，提升电梯运行的安全性和可靠性，确保在突发停电情况下电梯仍能安全运行，从而大幅降低困人风险，消除潜在的安全隐患。项目以合作为纽带，以民生为导向，进一步强化了公共安全治理的整体性和协同性，项目实施范围停电困人事件同比下降 97.4%，电梯停电应急处置能力和电梯供电可靠性得到显著提升，为构建更加安全、和谐、智能的城市生活环境提供有力支撑。

二、案例主体内容

背景和问题

随着我国城镇化步伐的加速和居民生活质量的显著提升，电梯作为现代高层建筑与基础设施的核心配套设施，已成为群众日常出行不可或缺的工具。据统计，我国在用电梯数量已突破 1000 万台，电梯保有量和市场规模均居世界首位。然而，电梯安全问题始终是社会舆论的热点话题。《江苏省电梯安全状况白皮书》显示，2023 年 1~10 月，开展现场救援 44169 次，解救被困人员 66191 人，江苏省电梯月度平均困人率为 0.48%。2022 年，国网常州供电公司接到电梯停电困人的求助电话达到 132 个。尽管城市电网技术不断进步，供电稳定性显著提高，但由于全社会电梯基数庞大，停电引起的电梯困人事件仍时有发生，不仅对乘客心理造成严重冲击，还可能引发大规模的负面舆论，损害企业声誉。因此，建立有效的电梯电源保障体系，不仅能够有效降低电梯困人事件的发生率，提升乘客的安全感，还能够增强社会对电梯公共安全的信心，为构建和谐、安全的城市环境奠定坚实的基础。

行动方案

国网常州供电公司针对电梯停电困人难题，秉持"多方合作共赢与综合价值创造"理念，聚焦项目"需求怎么激发""资金怎么盘活"两大痛点问题，通过识别和管理各参与方的需求与资源，搭建多方合作平台，推动电梯电源保障机制建设，全面提升电梯电源的可靠性，确保电梯在突发停电情况下仍能安全运行，同时倡导安全文化，提升公众安全意识，形成全社会共同维护电梯安全的良好氛围。

"安心梯"推进模式

细摸排，了解小区电梯电源的总体情况

国网常州供电公司对常州市新北区 210 个小区的 6484 部电梯进行深入调查，重点检查电梯电源供电方式、供电可靠性等情况，形成城市电梯电源安全体检报告和实景图。根据电梯电源供电方式，将电梯电源状况分为单电源、伪双电源、需手动切换的双电源和具备自动切换能力的双电源电梯四类，其中需手动切换的双电源电梯最多，占比为72%；其次为单电源电梯，占比为 21%，具备电源自动切换能力的双电源电梯占比为 5%，伪双电源电梯占比为 2%。对于单电源电梯，需改造配网线路加装停电应急装置，投资成本较大；对于伪双电源和需手动切换的双电源电梯，则需要通过电气接线改造和自动切换装置升级，提升电源切换效率，改造投资相对较低；而对于具备自动切换能力的双电源电梯，其供电可靠性已较高，无须特别改造。

深沟通，了解利益相关方诉求与资源

国网常州供电公司通过走访调研、实地考察、发放问卷、召开洽谈会等形式，与电梯厂商、小区开发商、物业、电梯广告商等"安心梯"相关方积极沟通，收集各方的核心诉求和期望，整合各方优势资源，推动各方共同参与"安心梯"的推广实施。国网常

州供电公司与常州市应急管理局举行战略合作协议签订仪式，共同探索"应急＋电力"战略合作新模式，协同推动应急管理工作高质量发展，双方就"安心梯"项目实施的必要性和实施的可行路径开展深入探讨并达成一致意向。

识问题，明确"安心梯"项目痛点

国网常州供电公司基于利益相关方访谈调研情况，深入分析利益相关方疑虑，发现社会对电梯停电困人事件认知不足，难以形成改造共识，且改造成本及后续运维费用庞大，资金来源受限，梳理出"安心梯"项目"需求怎么激发""资金怎么盘活"两大痛点问题。针对以上问题，国网常州供电公司依托自身专业优势，探索政府支持、供电公司主导、多利益相关方参与的"安心梯"推广模式，解决"安心梯"项目的痛点问题，纵深推动项目建设。

重引导，激发改造原动力

针对"需求怎么激发"的问题，国网常州供电公司采取"以点带面、循序渐进"策略，依托有改造需求的成熟小区，打造"可体验、可借鉴"的"安心梯"示范点，通过媒体宣传和品牌日活动营造舆论氛围，形成"安心梯"项目示范效应，激发"安心梯"推进动力。

百草苑小区物业经理胥晓芳分享体会

打造示范点。 国网常州供电公司先后选取常州常发豪庭苑、世贸香槟湖小区及百草苑小区作为示范点，采用志愿服务模式，实施电梯双电源改造，验证了改造后电梯在主供电源失电时，能迅速切换至备用电源，有效预防电梯困人事件。百草苑小区物业经理胥晓芳在"常乐电"品牌日活动中分享了"安心梯"的实际效果，常州市住房和城乡建设局组织 20 多家本地物业公司参观试点，亲身体验"安心梯"模拟演示，推动了首批非示范类改造工程在 50 余个小区快速启动。

政府牵头推进。 常州市应急管理局与国网常州供电公司联合召开推进会，汇集"安心梯"各利益相关方，明确各方职责。供电方提升供电可靠性，提供技术支持；物业提升应急能力，引导业主科学使用电梯，参与资金筹集；市场监督管理局利用智慧监管平台，加强电梯监管，加快老旧电梯更新。政府的倡导与支持为"安心梯"项目落地提供了坚实基础。

营造宣传氛围。 国网常州供电公司借助"常乐电"品牌活动日，启动可靠电力社会共建，通过媒体全方位宣传"安心梯"项目，科普电梯安全知识，回应公众疑虑，跟踪报道项目进展，彰显项目成效，有效激发了利益相关方的改造意愿，营造了浓厚的舆论氛围，推动了"安心梯"项目的广泛认可与实施。

多渠道,盘活改造资金池

针对"资金怎么盘活"这个问题，国网常州供电公司采取"一小区一策"策略，积极寻找各方协作"最大公约数"，通过加大电网改造投资力度、引入广告与充电桩收益、申请住宅维修基金等方式盘活改造资金池，有效破解资金难题。首先，通过加大电网改造投资，将单电源小区升级为双电源，提升供电可靠性，惠及居民超过 15 万人。其次，开创"安心梯＋电梯广告"模式，与广告商合作，用广告收入抵扣改造费用，已在 36 个小区成功实施，实现多方共赢。再次，探索"安心梯＋充电桩"模式，电动汽车公司出资改造，换取小区充电桩建设权，满足老旧社区充电需求，完成 29 个小区改造。最后，积极沟通政府，推动使用住宅维修基金政策出台，为项目推进提供资金支持，确保"安心梯"项目持续发展，保障居民乘梯安全。

补短板,提升应急处置力

针对尚不具备改造条件或暂时没有改造意愿的小区,国网常州供电公司把小区电梯电源摸排信息共享至"低压末端电网运行状态主动感知系统",精准聚焦失电可能性较大的电梯电表,分钟级采集用电数据,第一时间感知和判断电梯停电情况。通过短信及时向常州市应急管理局、常州市质量监督管理局、小区物业、电梯维保公司传递电网故障停电、电梯意外停电信息,提升应急响应速度,及时安抚业主情绪,消除舆情风险,提升社会大众对"安心梯"成效的感知度和认可度。同时,通过党员志愿服务活动,对物业的电气负责人进行双电源手动切换培训,提升小区物业的应急处置能力,确保在突发情况下能够迅速、有效响应,保障居民生命安全。

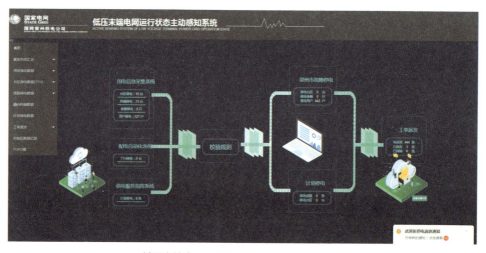

低压末端电网运行状态主动感知系统主界面

关键突破

建强电网护盾: 双电源环网结构提升电梯供电韧性

为全面提升单电源小区的电力供应稳定性,国网常州供电公司将常州电网细分为58 个供电网格,并通过新建与改造工程,构建"手拉手"供电环网结构。这一设计确保了即使在某一供电线路遭遇故障时,小区仍能自动切换至备用线路,实现不间断供电,

国网常州供电公司对物业电气工作人员开展现场培训并录制教学视频

有效避免了因电力中断引起的不便和经济损失。特别是以往依赖单一电源的小区，通过电网侧的升级与改造，现已成功接入第二路电源，极大增强了供电的韧性和安全性，为居民日常生活与商业运营提供了一个稳固的电力保障环境，彻底解决了电梯安全运行的电力供应难题，为居民的日常出行提供了坚实的保障。

创新融资桥梁：商业模式融合社会责任与经济效益

面对电梯电源改造资金"瓶颈"，国网常州供电公司将社会责任、社区需求与商业机遇相结合，推出"安心梯 + 电梯广告"与"安心梯 + 充电桩"两种创新商业模式，成功破解资金难题，实现多赢局面。通过"安心梯 + 电梯广告"模式，与小区物业和本地电梯广告商的合作，电梯广告投放费用得以抵扣电梯双电源改造费用，不仅广告商获得了在小区电梯内投放广告的机会，物业也无须额外筹资即可实现电梯供电可靠性的提升，同时业主还享受到了免费的安全保障升级。而"安心梯 + 充电桩"模式通过邀请电动汽车服务公司出资改造电梯电源，换取小区内部充电桩建设权，满足了老旧小区对充电桩的迫切需求，实现了小区、电动汽车公司及"安心梯"项目"三赢"，为社区治理与绿色出行提供了全新的解决方案。

智慧科技护航：实时监测与智能预警提升电梯安全

为有效应对尚未改造小区面临的电梯安全挑战，国网常州供电公司将小区电梯电源摸排信息接入"低压末端电网运行状态主动感知"平台，实现对电梯电源运行状态的实时监控与智能预警。一旦检测到电梯电源异常，平台立即启动预警机制，迅速锁定受影响区域，及时向相关部门发送警报，显著提升应急响应的效率与精准度。这一智能化、精细化的电梯安全管理新模式，不仅加强了电梯故障的预防与控制，还为电梯安全防控提供了强有力的数据支持，推动电梯安全管理向预防为主、智能预警的方向迈进，为智慧城市的建设添砖加瓦。

多重价值

各方合作共赢，打造平安常州

在全社会掀起电梯电源改造热潮，实现政府、物业、业主、电梯广告商、电动汽车企业等利益相关方合作共赢，切实降低电梯停电困人事件发生的可能性，保障乘客人身安全，助力常州打造"安全示范区"，真正实现了全面安全、系统安全、长效安全，塑造"人文宜居"的城市形象，提升"电力橙""常乐电"品牌美誉度。自 2022 年以来，项目已在 102 个小区落地实施，惠及 40 余万人。2023 年，项目实施小区和全市停电困人事件数量分别同比下降了 97.4% 和 41.9%，减少经济损失超过 1000 万元。通过"安心梯＋电梯广告"和"安心梯＋充电桩"商业模式盘活资金 350 余万元，为项目的自给自足和可持续运营奠定了基础。

降低舆情风险，提升供电可靠性

自"安心梯"项目推广实施以来，全社会乘梯安全性得到明显提升，电梯保障电源关键时刻"拉得出、顶得上"，守住公众心理安全线，舆情风险大幅降低，用户投诉显著减少。将"安心梯"信息共享至"电网主动感知"平台，进一步提高了突发情况应对精准度和速度，缩短停电恢复时间，提升供电可靠性。据统计，2023 年第四季度，国网常州供电公司接到停电困人事件仅 6 起，同比下降 46%，全社会电梯停电应急处置能力和电梯供电可靠性得到显著提升。

形成示范效应，彰显品牌形象

形成"安心梯"项目技术标准，明确软硬件配置要求；发布服务地方经济社会发展履责报告，系统总结"安心梯"推广应用举措和成效，为"安心梯"在更多的地区推广复制提供理论和技术支撑。同时，借助媒体力量，开展线上线下多渠道传播，在全市范围内营造良好的推广氛围，为电梯行业安全发展注入了动力和信心，有效扩大了"电力橙""常乐电"影响力，入选"2023年度电力企业社会责任及 ESG 优秀案例"，彰显忠诚担当、追求卓越的责任央企形象。

各方评价

百草苑小区物业经理胥晓芳：我在物业工作了 8 年，多次碰到业主被困电梯的情况，确实会让业主产生心理阴影。作为物业，我们真切感受到了保障业主乘梯安全的压力。这次国网常州供电公司到我们小区来做"安心梯"试点改造，我们是非常欢迎的，因为可以解决我们的这个痛点问题。虽然只是一个试点，但是证明了在技术上是行得通的，效果是实打实的。这项工作如果能在更多的小区推广，对常州市的老百姓来讲，是办了一件实事。

2022 年 6 月 29 日，国网常州供电公司举办了"可靠电力 平安龙城"——国网常州供电公司 2022 年度"常乐电"品牌影响力活动，"安心梯"项目作为可靠电力惠民服务案例，获得了政府、群众、房地产开发商等利益相关方的一致认可。

"安心梯"惠民服务案例发布

三、未来展望

　　2025 年，国网常州供电公司将继续深度参与"安心梯"履责行动，持续扩大影响力、盘活资金池，助力常州进一步提升居住安全水平。同时，积极配合政府部门，高效推进学校加装空调、城中村改造等民生实事工程；不断做强区域供电服务机构，加快打造卓越供电服务体系，为用户提供更加便捷、多元、高效的供电服务，以实际举措助力社会民生改善，努力提升人民群众满意度。

（撰写人：冯迪、苏华、商显俊）

国网浙江省电力有限公司湖州供电公司
"渔"情"渔"理，共织和谐"渔电"网

一、基本情况

公司简介

国网浙江省电力有限公司湖州供电公司（以下简称国网湖州供电公司）是国有大型供电企业，下辖 3 家县供电公司和 3 家城区供电分公司，供电区域覆盖湖州全境。湖州是习近平总书记"绿水青山就是金山银山"理念的诞生地、"中国美丽乡村"的发源地，作为湖州市主要电力供应服务主体，国网湖州供电公司以可持续发展理念为核心，全面贯彻"人民电业为人民"企业宗旨，在保障本地优质供电服务的同时，以利益相关方协同共赢为原则，积极履行社会责任，发挥供电服务对社会治理强有力的支撑作用，社会、经济、环境综合价值创效显著，实现了公众对国网湖州供电公司"绿水青山就是金山银山"理念履责文化的认同与认可，为湖州市可持续性发展贡献力量。

行动概要

"渔电矛盾"影响经济效益和社会稳定。国网湖州供电公司创新实施"'渔'情'渔'理"模式破解"渔电矛盾"难题，致力于推动水产养殖业的电力绿色升级和可持续发展。本模式从"情"和"理"维度出发，筑牢事前、事中、事后"三道防线"，构建"政府—村委—电力老娘舅""三级协作"机制，发挥司法所、供电所、律师事务所"三所联动"解纷作用，群策群力为"渔电矛盾"这一难题开出"药方"，让养殖户年均节省成本达数万元，"渔电"纠纷

下降 50% 以上，实现了矛盾的有效管控，社会、经济、环境综合价值创效显著，共同织就新时代和谐共生、欣欣向荣的"渔电"关系。

二、案例主体内容

背景和问题

渔业养殖作为亚热带季风气候地区常见农业活动，已在全世界形成了历史悠久的经济产业。湖州是浙江淡水渔业的"领头羊"，所辖南浔区是国家级渔业健康养殖示范区，菱湖镇更是中国三大淡水鱼养殖基地之一，被誉为"中国淡水鱼都"。据统计，南浔区鱼塘养殖户有 37000 余户，养殖面积高达 18 万余亩（1 亩 ≈ 666.67 平方米），渔业总产值超过 36 亿元，水产品总产量超过 20 万吨，占浙江省淡水产品总产量 10% 以上。

当前，渔业养殖采用重产量的高密度养殖模式，高温天气下对水泵、增氧泵等设备依赖度极高，一旦因恶劣天气失电易造成鱼塘大面积受损，而养殖户主观上往往会将责任转移至供电部门，这成为长期横亘在供电与养殖户之间的屏障，处理不当易引起"渔电矛盾"，严重影响供电公司在人民群众心目中的形象。以南浔菱湖镇为例，2017~2021 年，发生鱼塘涉电损失事件共计 26 起，其中纠纷 19 起。因此，如何进一步构建全方位、多层次的"渔电矛盾"服务保障机制，是供电企业履行社会责任、助力乡村振兴的必答题。

该问题在实际处置中主要面临以下三个方面的难点。

一是落后的表后线路设备与较高的可靠供电需求之间的矛盾。根据《中华人民共和国电力法》的相关规定，表后的线路设备设施产权归属用户。但长期以来，用户侧的设备接线杂乱且老旧落后，运行环境恶劣，导致故障率较高，且聘用的村电工技能水平参差不齐，难以满足高可靠的鱼塘养殖用电需求。

二是较低的应急处置能力与较强的事后索赔诉求之间的矛盾。养殖户风险防范和应急处置意识淡薄，对水泵、增氧泵等养殖用电设备维保工作不足，往往不配备发电机、增氧粉等应急物资装备，一旦失电易会造成鱼塘大面积缺氧，进而导致水产品死亡。养殖户主观上容易将责任对准供电部门，通过上门反映甚至干扰正常办公秩序等手段进行索赔。

三是脆弱的"渔电"关系与薄弱的社会支撑力量之间的矛盾。发生鱼塘死鱼事件后，虽然通信记录和跳闸信息数据等资料能有效证明供电部门抢修工作及时到位，但一般难以缓解养殖户过激情绪并说服用户。而且，当前政府主管部门、渔业协会等对养殖户风险管理准备不足，未组织团队在"渔电矛盾"发生前、中、后充分发挥联动联处优势作用，用力分散。

行动方案

撒网才能捞鱼，解决好"渔电矛盾"，要撒好"三把网"，吃好"三条鱼"。国网湖州供电公司自 2022 年起，联合多方力量，撒好"三道防线"第一把网，捞起"供应鱼"；撒好"三级协作"第二把网，捞起"纠纷鱼"；撒好"三所联动"第三把网，捞起"法治鱼"，让"渔"情"渔"理，解决这一社会矛盾。

"三把网"具体举措与成果

措施	名称	方法	成果
第一把网	"三道防线"	1. 防线一：不停电守护 2. 防线二：信息快传手 3. 防线三：问题终结者	"供应鱼"宝箱
第二把网	"三级协作"	1. 政府盟友：政策联手 2. 村委伙伴：地方支援 3. "电力老娘舅"战队　调解高手	"纠纷鱼"秘宝
第三把网	"三所联动"	1. 司法所：正义使者 2. 供电所：电力守护者 3. 律师事务所：法律顾问团	"法治鱼"神器

构建"三道防线"体系，练好电力供应"内功"

充分发扬和践行新时代"枫桥经验"，建立事前、事中、事后"三道防线"，延伸供电服务触角，实现"诉求反映在一线，问题解决在前期，服务群众零距离"。

一是建立"不停电、少停电"的第一道防线，事前精准预控。 提高用户应急响应水平。举办用电知识及电力设备维修技能讲座，让用户掌握《渔业用电安全指导手册》，强化水产养殖户对配备自备电源、用电保护装置等重要性的认知和掌握，

《渔业用电安全指导手册》

提高用户自救能力。提前做好安全风险告知。在与用户签订的《低压供用电合同》中，以合同条款形式明确养殖户自行落实与养殖情况相配套的应急措施。每年 4 月底前与养殖户签订《安全用电告知书》，明确主体责任和风险。常态化开展隐患排查治理。建立"勤排查、早发现、快治理"鱼塘线路设备隐患排查治理机制，提供安全可靠供电建议，联合村委督导用户做好内部设备检查和应急措施落实。

二是建立"畅信息、快抢修"的第二道防线，事中快速响应。停电信息及时告知。台区经理主动融入村集体工作通信群，及时发布停电信息，快速组织抢修。同时，尽量避免在高温季开展计划停电，当确定停电计划后按时以短信方式将停电信息提前通知到户，并联系村委及时发布计划停电公告。故障停电及时开展复电抢修。出现故障时，抢修人员严格按照服务承诺要求到达现场进行抢修。若是排表后线路及设备发生故障，供电公司将派出专业人员指导农村电工进行用户侧设备相关操作，参与协助查找故障点，缩短抢修排故时间，确保鱼塘养殖户安全用电。

三是建立"优化解、快处置"的第三道防线，事后妥善处理。复盘划清责任界限。事后及时组织调查分析，组织人员协同"电力老娘舅"，以照片或录像等方式记录现场情况，清点用户损失。同时，全面收集抢修资料、录音资料、停电信息送达记录、供用电合同等证据。监测防范舆情升级。及时与镇农办、村委会等单位进行沟通，宣传部门实时监测舆情动向，专人接待受损鱼塘养殖户来访，缓解冲突情绪，全方位掌握其诉求和动向，采取有效措施防范风险升级。

建立"三级协作"体系，建立常态联络机制

建立"政府 — 村委 — 电力老娘舅"三级服务机制，协同矛调中心、农业农村局等对渔业养殖服务进行联动、联处，实现了从电力"独角戏"到政企"大合唱"的转变。与政府建立协同机制。积极探索政企合作新模式，创新开展"人大 + 电力"机制，与南浔区委、区政府签订发展合作协议，将农业生产用电安全管控纳入乡镇属地责任和养殖户主体责任。与村委建立联建关系。积极发动属地供电所与当地村委建立联建关系，完善电力便民服务点，将供电服务渠道下乡，提升供电服务响应速度，高效解决农业用电需求。发生"渔电矛盾"事件后，协同村委同向发力，有效将矛盾化解在属地。搭建"电力老娘舅"服务阵地。联合区矛调中心、属地乡镇选聘懂电、懂法、懂调解人员担任"电力老娘舅"，入驻乡镇司法所等平台，以"普法 + 调解"为手段，主动介入渔业涉电损

"电力老娘舅"渔业纠纷专业调解

失事件，全过程跟踪责任划分、定损等证据链收集，搭建起服务水产养殖客户的连心桥，做到"小不出所、大不出企、事不上推"。

搭建"三所联动"体系，打造多元解纷平台

通过搭建"三所联动"多元解纷平台，有效激活多种解纷资源，由从前各部门"单打独斗"到现在多部门"抱团共赢"，发挥司法所"大调解"机制中的"前台"作用、供电所在矛盾纠纷前端排查化解中的"一线"作用和律师事务所提供法律服务的"专业"作用。同时，以群众需求为导向，以群众视角思考电力治理，跨部门合作体现共建共治共享理念，同时通过身边的人、案、法，有效提升养殖用户法律意识、法治思维。

关键突破

一是创新构建政企协同工作机制，推动政企"同频共振"。创新开展"人大 + 电力"合作方式，邀请人大代表深入淡水养殖一线展开调查研究，充分了解征集"第一手"用电现状、需求和存在的问题，多方反馈定期跟踪，提升民意响应的"速度"和"温度"。联合南浔区委、区政府签订《关于加快推进数字化牵引新型电力系统建设，高质量打造美丽繁华新江南，高水平美好生活新家园》合作协议，将农业生产用电安全管控纳入乡镇属地责任和养殖户主体责任。联合政府出台了《南浔区渔业转型升级和绿色发展实施方案》，南浔区政府每年支出 2000 万元用于支持渔业数字化发展、金融保障、科技支撑和人才培训等。

《关于加快推进数字化牵引新型电力系
统建设,高质量打造美丽繁华新江南,
高水平美好生活新家园》合作协议

"渔电矛盾"机制的多方合作优势与职责分工

合作方	各自优势	职责分工
政府部门	政策制定、监管能力	与供电公司建立协同机制,出台优惠政策、纳入乡镇属地责任,保障农业生产用电安全
供电公司	电力供应专业能力、资源优势	构建"三道防线"体系,实施电力供应保障措施,解决"渔电矛盾"问题
村委	地方管理、群众基础	与供电所建立联建关系,提升供电服务响应速度,协同解决"渔电矛盾"事件
电力老娘舅	调解经验、法律知识	搭建服务阵地,介入渔业涉电损失事件,跟踪责任划分、定损等证据链收集,化解矛盾
供电所	电力专业知识、现场处理能力	在"三所联动"体系中,发挥"一线"作用,排查化解矛盾纠纷,提供技术支持
司法所	法律调解、纠纷处理能力	在"三所联动"体系中,发挥"前台"作用,提供法律调解服务,促进纠纷解决
律师事务所	法律专业、案件处理经验	在"三所联动"体系中,提供专业法律服务,协助处理法律问题,提升养殖户的法律意识

　　二是多方共建渔业养殖大数据平台,让"渔矛"止于"渔苗"。利用物联网、大数据、人工智能等现代信息技术,建设渔业养殖大数据平台,实现渔业养殖的数字化、自动化和智能化,让养殖更加透明。该平台能够实时监测鱼塘的水质参数(如水温、溶解氧、pH 值等),自动调节养殖环境,提供精准养殖管理,提高养殖效率和产品质量,减少资源浪费和环境污染。此外,大数据平台还能够帮助养殖户进行疾病预警、远程诊断和决策支持,实现养殖过程的透明化和可追溯性。

渔业养殖大数据平台界面

多重价值

一是形成了"'渔'情'渔'理"涉电纠纷解决模式。创新探索多维沟通高效协作模式，构建渔业养殖大数据平台和"电力老娘舅"沟通机制，全力打造11个"数字渔村"，覆盖渔民820户、鱼塘面积9800亩。相关做法得到中国渔业协会相关负责人的肯定，吸引广东汕头等地供电公司及渔业协会前来调研学习。

电力工作人员服务养殖户

二是提高了经济效益。2023年，南浔区淡水养殖GDP增加6.8%，高于全国2.8个百分点，渔民收入增加10%，同时使养殖户年均节省成本达数万元，取得了良好的经济效益。渔业的稳定生产有利于数字化渔业园区、高水准垂钓基地等产业链快速发展，为乡村振兴注入了强劲动力。

三是提升了社会与环境效益。整合政府、供电公司、村委、社会等多方面资源资金，使渔电纠纷下降50%，保障了渔业养殖用户的合法权益，提升了对电力服务的满意度。安全用电得到广泛共识，开展养殖业用户侧相关风险的排查整改数十次，保障淡水养殖业的绿色升级和可持续发展，实现生态与经济的共赢。

各方评价

中国渔业协会：通过多方合作、望闻问切找到病症、开出药方，利用乡情、友情、亲情等从情、理、法、技等维度判断利害关系，从而更精准快捷、合情合理合法地化解"渔电矛盾"，保障渔业发展和渔民增收共富，促进社会和谐稳定。

湖州市南浔区：积极推进"和谐＋渔业"绿色发展策略，深化"渔场保卫战"成效，实现了诸多阶段性胜利，示范带动作用显著。

湖州市菱湖镇司法所：在供电所和司法所及身边人的带动合作下，菱湖的渔业涉电纠纷减少了 50% 以上，渔民的生活得到了改善，经济效益得到了有效保障。

湖州市南浔区渔民："电力老娘舅"说话管用，之前许多村民对应急电源设备一窍不通，现在村里大部分都学会了应急处理，家里困难的在停电前也会电话给"电力老娘舅"调度闲暇的应急电源，特别方便。

三、未来展望

作为公用事业服务类国有企业，供电企业面临日益多元化、复杂化的利益相关方群体和诉求，这需要我们采用多维沟通、多方受益的社会治理方法论，正确识别利益相关方及其可供资源和肩负职责，通过边界分明的利益相关方对话机制和透明、共赢导向的行动模式，为供电企业创造多方共赢的综合价值提供重要探索意义。该方案目前已在湖州落地运用两年有余，下一步将继续巩固和扩大"'渔'情'渔'理"模式成果，通过数字化建设和政企联合、透明沟通手段，推广运用至其他区域及其他行业，为社会、经济和环境带来长久利益，提供更多、更可靠的国网经验。

（撰写人：钦伟勋、柳扬、冯骏杰、张翼、蒋洁毅）

国网江苏省电力有限公司徐州供电分公司

"四式工作法"智破城市"积水之困"，筑牢城市水患防线

一、基本情况

公司简介

国网江苏省电力有限公司徐州供电分公司（以下简称国网徐州供电公司）前身为成立于 1950 年的电力工业部徐州电业局，2000 年改制为徐州供电公司。徐州电网是国家电网"西电东送"、华东电网"北电南供"的重要枢纽。截至 2024 年底，有 35 千伏及以上变电站 275 座，其中 500 千伏变电站 5 座。2024 年，徐州市全社会用电量 483.66 亿千瓦·时，同比增长 6.80%；供电量 424.34 亿千瓦·时，同比增长 3.41%；售电量 412.69 亿千瓦·时，同比增长 3.24%。电网最高用电负荷 869.6 万千瓦。

近年来，国网徐州供电公司坚决贯彻徐州市委、市政府和国网江苏省电力有限公司决策部署，真抓实干，敢为善为，务实落实，统筹推进新型电力系统和世界一流企业建设，办成了一批打基础、利长远的大事要事，高质量发展不断迈上新台阶。国网徐州供电公司连续 5 届保持全国文明单位称号。先后获全国模范和谐劳动关系企业、江苏省五一劳动奖状、国网安全生产先进集体、省公司"四好"领导班子、安全生产先进单位等荣誉。服务徐州资源枯竭城市转型发展、新时代文明实践中心创建等工作获得国务院、全国政协、中宣部等领导的肯定。真旺共产党员服务队获评全国文化科技卫生"三下乡"优秀团队。

行动概要

徐州老城区地势四周高、中间洼，水系复杂，部分排水设施始建于二十世纪六七十年代、标准较低，容易引发城市内涝，致使城市交通电力、通信、网络传输、水源等受到不同程度的影响或损坏。同时，积水淹没配电柜（室）、路灯、电线杆等带电设备，也会带来漏电触电安全风险或停电事件，更严重的可能会造成上千万元的无端损失和人员伤亡。为解决城市积水治理中存在的权责不明晰、协同不高效等问题，国网徐州供电公司根植"协作、透明、共赢、认同"的社会责任理念，创新建立"四式工作法"（交流式、分类式、共享式、闭环式），形成权责明晰的合作机制，携手各主要利益相关方合作开展易涝积水点电力设施及线路安全排查治理，共同提高城市防灾能力，让城市从容地迎接风雨的考验。

人民网、新华日报、中国江苏网、搜狐网等媒体对此进行了广泛的宣传报道，获得120 万次点击、82 万次点赞、8 万余条评论和转发。

二、案例主体内容

背景和问题

供电公司"管不了"

徐州老城区的积水区不仅涉及公共电网设施，还广泛存在于商户、小区等用户资产中。供电公司虽具备专业的技术能力和经验，但管理权限通常局限于公共电网，因此，

易积水区电力安全隐患排查治理现存问题

对商户和小区内部的电力安全隐患改造往往缺乏直接的干预和管理能力，导致供电公司面临"管不了"的困境。

产权单位"管不好"

产权单位作为用户资产的拥有者和管理者，在电力安全隐患的排查和治理中扮演着重要角色。然而在实操中，产权单位可能因专业电力技术支持不足、汛情信息获取不及时、防汛物资缺乏等，导致隐患改造工作难以有效进行，造成电力设施受损和漏电触电风险增加，形成"管不好"的问题。

单一治理"管不久"

电力安全隐患的排查治理需各单位之间的密切协作和共同努力，但受人力、资源等方面的限制，部分单位难以持续、深入地开展此项工作。此外，隐患排查治理工作缺乏固化的机制和规章制度支持，致使工作难以长期、稳定开展，形成"管不久"的困境。

行动方案

国网徐州供电公司应用"四式工作法"，联合徐州市发展改革委、徐州市商务局、徐州市城管局、街道办事处、小区等利益相关方共同开展电力安全隐患的排查治理并实现各类资源的共享，在汛后及时通过回访调查、平台反馈信息收集等方式了解隐患治理情况，形成易涝积水点电力安全管理闭环，进一步提升城市可持续发展能力。

健全"交流式"工作平台，促进各方协调配合

国网徐州供电公司主动与各利益相关方沟通交流，理解其需求与关切，在此基础上，联合地方政府、企业及社区，构建电力安全防范工作小组，建立联席会议制度。各方定期沟通隐患治理的重点、难点和迫切需求，协调解决方案，形成"信息共享、问题共商"的长效协作机制，有效促进电力安全防范工作的协调配合。

开展"分类式"隐患分析，制定针对性改造举措

国网徐州供电公司携手徐州市商务局、徐州市城管局及街道办，对市区内 49 处易涝积水点进行了安全隐患排查，编制了《关于积水点供电隐患排查情况的报告》，仔细分类整理隐患，并根据隐患的性质、严重程度及影响范围等因素，识别四类关键风险点。据此制定针对性整改措施，充分考虑整改难度及用户配合程度，为每项措施设定合理的处理时限，以确保整改工作的及时性与有效性，全力保障市区电网的安全稳定运行。

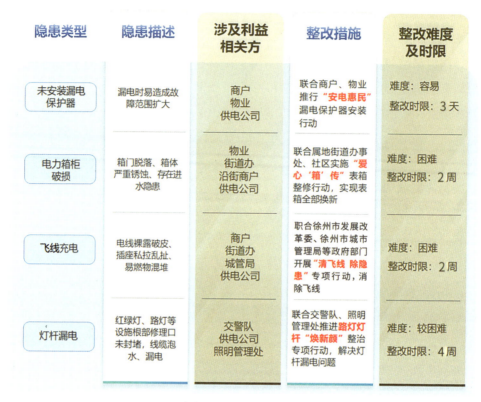

各类隐患整改措施及时限

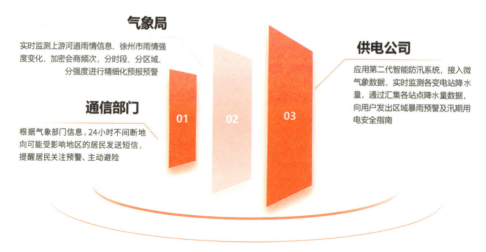

国网徐州供电公司智能防汛系统

推动"共享式"资源流动，共筑汛期安全网

国网徐州供电公司充分发挥各利益相关方的力量，明确各方在汛期急需的资源类型，形成不同的共享方式，积极推动各类资源共享，确保安全度汛。

一是电力改造技术共享。 国网徐州供电公司在前期隐患排查的基础上，对电力改造技术不足的单位或用户提供指导和支持，零距离与用户进行交流，普及安全用电知识，帮助其快速高效处理隐患。

二是汛情信息共享。 加强与市气象局、通信部门等单位的合作，依托自研的智能防洪防汛控制系统，实现了徐州地区积水全景总览、站边地区排水系统智能启停、远程控制、状态报警、微气象感知等子功能模块，能够向政府部门、企业和社会公众传递实时、全面的防汛信息和及时的风险提示。

三是物资设备共享。 依托供电企业内部应急物资保障响应平台，将商户、小区、政府相关部门纳入其中，建立供电企业、各政府部门与小区、商户之间的应急物资共享联动机制，并设置保障小组，明晰职责分工，通过内部平台协调各方物资及时调配和快速运输，助力各相关方进行高效的抗汛工作。

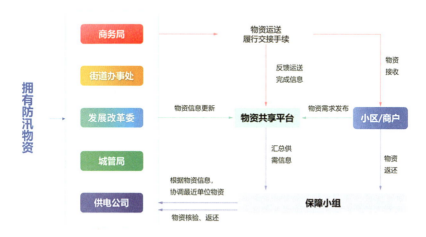

物资共享流程

形成"闭环式"管理机制，检验隐患治理成效

国网徐州供电公司为更好地了解隐患整改成效，以及仍存在的用电安全风险等问题，在暴雨过后，一方面开展隐患治理自查工作、配合各级政府抽查，确保所有的安全隐患

整改到位；另一方面依托"徐州市易淹易涝积水点治理百姓观察互动平台"，邀请市民反馈各处是否仍有未发现的安全隐患，做到责任到位、化解管控到位，形成隐患治理的闭环管理模式。

关键突破

厘清权责边界, 促成多方合作

在易涝积水点安全隐患治理过程中，国网徐州供电公司积极推动政府部门发挥主导作用，整合各方资源优势，厘清权责边界，确保工作责任清晰、信息透明畅通。通过与政府、社区及其他利益相关方建立沟通联络机制，隐患治理推进从原有由配网专业现场调研汇总上报至设备部，设备部和营销部协同联系政府部门、社区解决积水区治理，变为横向直接沟通协调，单次沟通节约时间约 14 天，效率提升 81.8%。

创新工作方法, 建立共享机制

在积水点治理行动中，国网徐州供电公司创新性地建立了"交流式、分类式、共享式、闭环式"工作方法，通过分类整理隐患，制定针对性整改措施，切实提高隐患排查和治理效率，确保了治理措施的精准性和有效性。同时，国网徐州供电公司根据各方的不同需要，形成了不同的共享方式，建立了多方共赢的防汛资源共享平台，有效解决了小区、商户等利益相关方在技术支持、防汛设备和信息传递等方面存在的问题。

自研智能系统, 主动转救为防

国网徐州供电公司在积水点治理方面持续发力，主动出击，深入探索，变"被动救灾"为"智慧防灾"，依托智能管控中心，研发了智能防汛控制系统。该系统通过实时监测、数据分析、智能启停、远程控制、预警提醒、应急响应等功能，显著提升了汛期防灾减灾的效率，收到了良好的效果。

实施闭环管理, 推动持续改进

国网徐州供电公司坚持闭环管理，将自查与抽查相结合，积极收集社区反馈，检验隐患治理成效，针对薄弱环节进行改进，并持续提升积水区域隐患的在线监测、实时告警和应急响应能力，以实现快速响应和隐患排查的无死角覆盖，确保治理成效的持久性和有效性。

多重价值

社会效益

提升城市供电系统的安全可靠性。国网徐州供电公司通过治理防汛隐患，确保了市区 48 平方千米、60 余万人的用电安全，为徐州市 92 座泵站提供用电指导服务，确保排水系统顺畅运行。提高社会公众对电力服务的满意度。与社区综合治理网格共融共建，快速响应居民需求，提高居民满意度和信赖度，2022~2023 年未发生积水引发的漏电触电伤人事件，居民的非电力原因故障停电耐受度提升至 95%。提供可复制可推广的治理模式。在现今极端天气频发、城市暴雨洪涝多发的情况下，国网徐州供电公司的"四式工作法"不仅具有代表性，更是可复制、可借鉴、可推广的治理样板，已推广至铜山供电公司等 7 家县公司。

经济效益

对内节约成本。国网徐州供电公司在隐患治理过程中明晰各方权责，改变了原有供电企业单方面承担维修责任或提供免费服务的局面，节约企业运营成本 1000 余万元。对外保障城市稳定与经济发展。作为江苏电网"北大门"，国网徐州供电公司肩负重要枢纽的关键使命和为全市 500 余万用户稳定供电的重任，积水点治理显著提升了城市防汛能力，减少内涝对交通和商业影响，为城市稳定和经济发展提供强有力的支撑。

环境效益

截至 2023 年底，市区范围内积水点消除率分别达 20% 和 80%，实现在超标准降雨条件下重要市政基础设施功能不丧失，居民小区、商业设施、人防工程等地下空间防汛排涝设施基本配备齐全，涉水供电安全有可靠保障，有效提升城市整体环境韧性，优化了城市生态环境，避免积水长期存在带来的水污染问题，也为城市的可持续发展奠定了坚实基础。

各方评价

中共江苏省委新闻：从实地调研到召开易淹易涝积水点综合整治工作推进会，从多部门协同到《徐州市区积水点治理实施方案》的提出，徐州秉持"民之所忧、我必念之，民之所盼、我必行之"的信念，想方设法帮助群众解决好实际困难，在机制层面抓统筹，在具体层面促落实，靠务实精神求实效，于民生实事显担当，用行动践行了"敢为善为、务实落实"的精神要义。

2023 年徐州市区两级人大全程督查市区易淹易涝积水点治理工作侧记：从督查情况来看，2023 年积水点治理工程已完成并发挥效益的 101 项、在建已发挥效益的 13 项、在建尚未发挥效益的 9 项，经历了今年汛期 8 次降雨，均未出现明显积水。

徐州市鼓楼区牌楼街道鼓楼花园社区居委会主任：今年汛期，社区里往年逢汛必涝的地方一点没淹，居民的幸福感显著提升。

江苏省徐州市云龙区户部山莲花小区居民：往年夏季只要一下雨，我们小区内外的道路就会严重积水，连小区的大门都进不去。真没想到今年的几场大雨，小区一点儿积水都没有，积水点治理为老百姓做了一件大好事，帮我们解决了一个大问题。

江苏省徐州市事业小区居民冯景英：我们事业小区是 37 年的老小区了，地下水管长期破损堵塞，一下大雨路上的积水就能淹没膝盖，去年大雨一楼房间都进水了。今年小区进行积水点治理，终于不再积水了。

2024 金蜜蜂企业社会责任·中国榜：国网徐州供电公司以创新之光照亮城市未来，以"四式工作法"智破积水难题，携手各界重塑城市水患防线，以精准策略确保 60 余万市民用电无忧，保障城市可持续发展，彰显了社会责任与创新实践融合的价值。

三、未来展望

国网徐州供电公司将在现有成果之上持续深耕。在技术方面，深度融合大数据、物联网等前沿技术到智能防汛控制系统，精准捕捉积水风险，实现电力设施隐患的智能预警与快速处置，全方位提升供电稳定性。在合作方面，积极拓展"朋友圈"，与水利、气象、科研院所等开展跨领域深度合作，共享资源、协同创新；打造更强大的城市防汛"智囊团"，并将"四式工作法"的成功经验广泛推广，助力区域防汛能力共同提升。在公众参与方面，将持续创新宣传形式，利用新媒体平台开展多元化的防汛与安全用电知识科普活动，提升市民安全意识。此外，国网徐州供电公司还将聚焦绿色发展，在积水治理项目中推广环保材料与节能技术，探索雨洪资源的合理利用，推动城市防汛与生态环境的和谐共生，持续为城市安全、居民生活品质提升及可持续发展注入强劲动力。

（撰写人：沈晓洁、李明明、李睿、王飞、高晨煜）

国网江苏省电力有限公司常熟市供电分公司

"破圈"共享 + "跨界"联动，构建灾难灾害救援"地空协同"新模式

一、基本情况

公司简介

国网江苏省电力有限公司常熟市供电分公司（以下简称国网常熟市供电公司）传承于 1913 年创办的常熟电灯厂，至今已有百余年历史。目前，常熟地方有 220 千伏公用变电站 19 座，110 千伏公用变电站 57 座，35 千伏公用变电站 6 座，总计 82 座；35 千伏及以上线路共计 239 条，全长 2074.3203 千米；10 千伏、20 千伏线路共计 1213 条，全长 8126.4043 千米；拥有各类电力用户 81.36 万户，总装接容量 2292.41 万千伏安。

国网常熟市供电公司着力践行"双碳"战略使命，不断探索技术和服务创新，推行碳普惠体系，简化碳认证流程，助力常熟市政府通过建设屋顶分布式光伏项目成功实现了碳资产的交易，为地方经济注入了绿色发展新动能。扎实推进绿色转型和技术应用，"龙腾特钢智能微电网"项目在 2024 年获评中国电力技术市场协会的四星级创新成果奖，"一城山水"虞山全电景区成功入选百县千项清洁能源示范项目、城乡电力能源高质量创新成果。彰显央企担当履行社会责任，高质量完成苏通 GIL 管廊、白鹤滩—江苏 ±800 千伏特高压工程等"西电东送"项目属地保障；连续 16 年选派 9 名干部赴西部地区开展"东西帮扶"；与蓝天救援共建提升社会应急水平，参与郑州、涿州暴雨灾害等 5 次大型救援任务。

行动概要

社会应急建设是应急管理现代化事业的重要一环，与专业应急、基层应急一同构成了我国应急管理体系。当前，我国社会应急救援力量依旧存在辅助性专业技术短缺、多方救援合力不足、物资装备统筹管理不善等问题，国网常熟市供电公司充分发挥电网抢修队伍的主动作为能力，联合推动应急管理局、蓝天救援等相关方，通过技术融合、资源共享、队伍联动、机制共建等举措，联合打造具有地空协同救援能力的多元化社会救援队伍，推动无人机技术在应急救援领域发挥新质生产力，有效提高社会性力量应急救援和防灾减灾综合能力。

二、案例主体内容

背景和问题

社会应急建设是应急管理现代化事业中的重要一环，它与专业应急、基层应急一同构成了我国应急管理体系。当前，不同种类的社会应急队伍，在实施救灾救援时经常面临复合型力量缺失、搜救针对性不强、复杂情况难应对、救援资源利用率不高等多种类型的矛盾点。国网常熟市供电公司作为灾害现场的电力抢修单位，是救灾救援力量重要的组成部分，有责任将先进的电网抢修技术最大限度转化为应对突发事件的救援力量。

目前，社会应急队伍在共同实施救灾救援任务的过程中，存在以下几个方面的问题。

辅助性专业技术短缺。蓝天救援队等社会应急力量在抢险救灾过程中仍以传统的人工搜救等技术为主，大多不具备能够辅助救援的专业技术设备，导致救援时间长、风险高、难度大。

多方救援未能形成救援合力。综合性救援任务会有不同类型社会应急力量共同参与，但任务目标不同会导致在救援方式方法上存在差异，彼此配合度不够，无法形成"1+1>2"的救援合力（如救灾现场的应急接电工作往往需要其他方配合才能完成）。同时，蓝天救援等社会应急力量的日常训练方式大多传统且单一，缺少多元化综合救援能力的培养，更不具备形成跨界联合救援力量的针对性训练。

救援物资装备缺乏统筹管理。不同的社会应急救援队伍之间缺乏装备配置的统筹规划与信息互通，现场救援时往往存在装备重复投入、救援物资过剩等"过饱和"情况，造成社会及财政资金的浪费。目前，国网常熟市供电公司的发电机、应急照明、帐篷、冲锋舟等应急装备的使用率较低，而蓝天救援等社会应急力量尚需购置同类设备。

行动方案

供电救援力量与蓝天救援等社会应急力量在应对灾难灾害类突发公共事件时的组织流程、资源配置等方面具有高度相似性，具备携手开展联合救援、实现跨界联动的条件基础。2024年，国网常熟市供电公司发挥电力企业的专业技术优势，联合推动应急管理局、蓝天救援队等相关方，通过技术融合、资源共享、队伍联动、机制共建等举措，联合打造具有地空协同救援能力的多元化社会救援队伍，有效提升了社会性力量应急救援和防灾减灾综合能力。

技术共融，构建"地空协同"的应急救援模式

充分探索"低空经济"模式在应对突发公共事件方面的实践方案，构建电力无人机空中指挥辅助、地面救援队快速执行的"地空协同"新模式。将无人机红外探测、激光扫描、空中运输、应急照明等技术与蓝天救援绳索救援、水域救援、山地搜救、应急指挥等工作相结合，发挥"人机联动""数字孪生""机器替代"的特点，推动无人机技术在应急救援领域发挥新质生产力。

"地空协同"应急救援模式

基于"人机联动"，实现快搜快救。依托可见光、夜视、红外、喊话等功能，充分发挥无人机广覆盖、高效率的搜索能力，为现场救援提供准确可靠的救援指导信息，帮助地面救援人员充分把握救援最佳时间，提高救援成功率。

应用"数字孪生"，优化信息管理。在传统人工搜救模式下，救援"第一手"信息收集往往不全面、不高效、不准确。通过应用无人机三维点云建模技术，快速构建实际

救援目标区域的"数字孪生"三维空间模型。辅助救援队伍实现现场快速侦察、精准定位、信息研判等,进一步增强搜救精度,提升救援效率。

目前已在联合救援中应用的电网技术

序号	技术名称	电网领域应用	救援救灾应用
1	应急供电技术	发生停电事故时快速恢复居民供电	在灾区快速恢复供电,保障其他救援行动顺利进行
2	三维点云建模技术	构建三维数字电网模型	快速了解灾区现场地理信息,为救灾指挥提供依据
3	红外成像技术	检测电力设备异常发热点	利用红外特征搜寻被困人员
4	空中照明技术	为电网抢修提供临时应急照明	辅助救援人员进行夜间救援,提供辅助照明
5	喊话技术	劝阻威胁电力设施的违章行为	构建同被救援人员之间的联系沟通渠道,安抚被救援人员的情绪
6	抛投物资技术	进行架空电力线路导线架线	运送必要的救援物资至人员无法达到的地点

应急救援实训

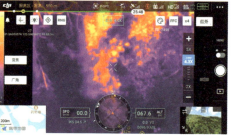

红外技术快速搜救失踪人员

依托"机器替代",压降救援风险。 为有效减少传统救援方式下湍急河流横渡、危险区域测绘、地毯式排查等具有人身危险性的搜救工作,使用无人机红外测温、三维扫描、空运抛投等技术,缩短地面救援人员直接暴露于危险救援环境的时间,降低救援过程中的安全风险。

资源共享,构建应急救援装备共用共享仓库

构建应急装备共享仓库。 供电公司与蓝天救援队联合打造应急救援物资共享仓库与移动式救援设备方舱,对现有 83 种常用应急救援物资进行集中存放、集中管理、共享使用。在启动联合救援任务时可立即调用仓库内的无人机、发电机、冲锋舟等应急救援设备,提高物资集约利用效率。

应急救援装备共用共享仓库

制定应急救援"标准化清单"。根据各类救援任务特点制定作业设备"标准化清单"，创建应急装备调度指挥系统和统一救援设备标准，准确调配所需装备至救援现场，确保救援装备既无遗漏又不重复。

开展救援装备专业化维保。为保障救援设备的应急救援装备在高强度使用或长期存储后仍然保持良好的工作性能，由蓝天救援队等专业维保队伍定期进行相关的专业维护与保养，保障设备常态化处于应急救援"热备用"状态。

人员联动，提升救援队伍专业化、实战化能力

组建复合型的专业救援队伍。联合救援队由供电公司选派具备配网抢修、带电作业、无人机操作、激光雷达数据解析等能力的专业人员，由蓝天救援队选派具备船只驾驶、潜水救援、绳索救援、应急救护等能力的专业人员，双方救援队伍共同组建了一支可处理复杂救灾情况的综合化队伍。

组建"国网常熟市供电公司 · 常熟蓝天救援"联合救援队

多措并举提升综合救援能力。在常熟市应急管理局统筹下，国网常熟市供电公司与蓝天救援队按照联合救援模式下的职责分工、功能划分，制定新的培训大纲、考核标准和标准化流程，确保队员合格掌握联合救援要求下的知识和技能水平。在此基础上，部分人员开展跨界技能培养，打破原有的专业壁垒，促进能力共享，提升队员在复杂多变救援环境下的综合救援能力。开展实战化联合演练，包括大型综合救援演习、场景化救援模式探索、常态化救援技术交流、装备使用训练等。有效弥补单一社会性救援队伍在资源、技能和经验上的不足。

进行综合救援演习

宣传宣教，补强社会群体应急救援常识

据调查，在实际应急救援中，如果被救援人掌握基础的应急救援常识，将会缩短20%~30% 救援时间。因此，重点关注应对灾难灾害等突发公共事件中易被忽略的利益相关方——社会重点人群，对提高该群体的应急救援常识具有重要意义。

提升青少年应急救援意识。联合常熟市应急管理局、共青团常熟市委员会、常熟市蓝天救援队等相关方，开设青少年"应急救援"课堂，增进常熟市青少年用电安全与应急救援知识储备，形成"教育一个孩子，带动一个家庭，辐射整个社会"的传播效应。

提升市民自救互救能力。建设应急救援实训中心，划分意外灾害体验区、高空作业训练区、消防逃生实景模拟演练区、破拆救援区等七大功能区，以救援场景真实模拟开展技能培训。让参加培训的市民群众身临其境地了解用电安全、交通安全、消防安全、居家安全、旅游安全、灾害体验等方面的应急知识。

机制共建，构建多方参与的社会应急救援模式

国网常熟市供电公司联合应急管理局、蓝天救援队、设备供应商等利益相关方，基于"共建共享共融"体系建设思路，构建多方参与的社会应急救援机制。

"国网常熟市供电公司·常熟蓝天救援"联合救援队

"共建共享共融"体系建设

应急管理局把握政策导向、实施统筹管理。 围绕国家应急管理相关要求，做好供电公司、蓝天救援队等社会应急救援力量的统筹管理，推动完善相关机制和标准。

供电公司推动模式构建、共享技术装备。 联合各相关方构建联合救援新模式，共享电网相关技术装备，为灾情研判、人员定位等救援工作提供支撑，提升应急救灾工作质效。

蓝天救援队制定标准化方案、主导现场执行。 做好救援现场统筹协调工作，牵头负责救援行动，主导制定作业标准，协助改进救援模式。

设备供应商提供技术支撑、匹配产品需求。匹配应急救援需求，改进相关技术，研发相关产品，提供设备支持。

教育推广方设计课程、持续宣教。持续对市民进行应急救援知识宣教和实操技能教学，提升发生紧急情况时的自救与被救能力。

权威媒体深度报道、广泛宣传。通过媒体对联合救援模式的合作机制、运营模式、取得成效进行深度报道和广泛宣传。

关键突破

构建"地空协同"的联合救灾新模式。引入电网巡检中成熟的无人机红外、三维建模、空中运输等创新技术，提高救援效率并降低作业人员安全风险。构建电力无人机空中指挥辅助、地面救援队快速执行的"地空协同"新模式，实现救灾现场"小时级"建模、救援物资"分钟级"运输、搜救对象"秒级"判定。在特定的救援场景下，救援效率较传统的救援方式提高了 5~10 倍。

打造多方参与的社会应急新机制。建设拥有多种专业人才的综合化社会应急救援队伍，联合开展实战化演练，提升救援人员在复杂多变环境下的综合救援能力。基于"共建共享共融"体系建设的思路，构建多方参与的社会应急救援机制，大幅提高抢险效率、应急处置能力和协调水平。联合社会各界开展应急风险预防教育，针对重点人群广泛宣传普及应急救援知识和避灾自救互救技能，增强全社会的防灾减灾意识，提高市民的自救互救能力。

结对共建签约仪式

制定救援物资装备共享管理新方案。构建应急装备共享仓库,破解救援物资装备统筹管理难题,避免设备前期重复投资、现场重复投入与长时间闲置管理不当等问题。联合制定应急救援"标准化清单",确保现场救援装备配置合理、符合需求。开展救援装备专业化维护保养,确保其处于良好的使用状态,可以随时投入救援。

多重价值

经济价值

以常熟蓝天救援队为例,该队伍每年在应急救援设备上的投资为 30 万 ~50 万元,其中,约 20% 的设备可以应用共享模式。据统计,目前蓝天救援在全国共有 900 余支分队,如果均采用共享模式,每年可节约超 4000 万元的设备投资。同时,还可提升洪水、地震等应急救援的作业效率和成功率,显著降低救援人员、救援设备出动等造成的直接成本。

社会价值

构建应对灾难灾害"地空协同"救援新模式,通过联合演练、技术融合、机制共建、宣传宣教等措施,有力提高了社会应急力量的救援能力,提升了应对灾害灾难类公共突发事件的处置效率,为构建"以政府为主导、社会力量广泛参与"的应急救援体系提供了强有力的支撑,对大幅降低人身安全风险、减少社会经济财产损失具有推动作用。

各方评价

常熟市应急管理局:国网常熟市供电公司与常熟蓝天救援队的融合共建,推进了电力应急救援和社会救援力量的优势互补、资源共享,探索了"地空协同"救援的联动新模式,有效提高了社会应急力量的救援能力。

常熟蓝天救援队:国网常熟市供电公司配备行业内居一流水平的无人机、发电机、异物激光清除器等设备,拥有高效实用的应急物资保障体系,在抢险救灾过程中除完成电网恢复供电的既定工作外,还可为灾害现场的人员搜救、地理信息收集等提供技术支撑,解决失踪人员定位、地理和建筑物三维建模、长时间照明等技术问题,极大提高了水域搜救、地震和建筑物坍塌时的应急救援效率。

常熟团市委:国网常熟市供电公司与蓝天救援队设立的用电安全与应急救援小课堂,增强了广大青少年的安全用电和应急救援意识,提高了应急救护知识与技能的普及率,共同构建了全民安全用电、全民应急救援的良好局面。

众芯汉创：作为国网常熟市供电公司的无人机设备供应商，国网常熟市供电公司与常熟蓝天救援队的结对共建为我们开发应急救援无人机提供了很好的试验平台，有了这样一个应用试验场景，我们可以更好地为全国各类应急救援场景下的无人机装备应用积累经验。

权威媒体：国网常熟市供电公司联合常熟市应急管理局、虞山街道、常熟蓝天救援队开展"情系生命'救'在身边"应急演练，得到了新华社、《现代快报》、国网的《亮报》、央视频、电网头条等主流媒体的报道。

三、未来展望

未来，国网常熟市供电公司将持续发挥电网企业相关专业技术优势，联合推动应急管理局、蓝天救援队等相关方，深挖技术融合、资源共享、队伍联动、机制共建等举措，联合打造具有"地空协同"救援能力的综合性社会救援队伍，提高各类应急救援行动的综合成效，构筑应对突发公共事件的社会性新力量、新模式，致力于实现"到2030年，大幅减少包括水灾在内的各种灾害造成的死亡人数和受灾人数，大幅减少上述灾害造成的与全球国内生产总值有关的直接经济损失，重点保护穷人和处境脆弱群体"的联合国可持续发展目标。

（撰写人：李子瑜、周文华、王志阳）

国网重庆市电力公司

一、二、三、四！
青松联盟打开智慧养老新局面

一、基本情况

公司简介

国网重庆市电力公司于 1997 年 6 月随重庆市直辖而成立，经营区域为 7.9 万平方千米，服务用户 1868.41 万户。

重庆电网西接四川、东连湖北、南邻贵州，是"西电东送"重要枢纽之一。复奉、锦苏、祁韶、建苏、金塘五条直流特高压线路横贯重庆，形成"两横三纵"环网结构，220 千伏变电站覆盖所有区县，城镇配电网实现升级换代，农村配电网持续巩固提升。

近年来，国网重庆市电力公司始终践行"人民电业为人民"的企业宗旨，战洪水、助脱贫、保供电，积极履行中央企业的政治责任、经济责任和社会责任，不断促进经济、社会、环境的协调发展与和谐共生。大力推动电网转型升级，持续优化电力营商环境，积极推进提质增效，不断提升企业的可持续发展能力，加快建设具有中国特色国际领先的能源互联网企业，服务保障社会主义现代化新重庆建设。国网重庆市电力公司先后获得全国"五一劳动奖状"、全国文明单位、全国模范劳动关系和谐企业、全国模范职工之家、全国厂务公开民主管理示范单位、全国职工职业道德建设标兵单位等荣誉。

行动概要

随着全社会人口老龄化进程的加快，解决养老管理和服务压力这一难题刻不容缓。本行动聚焦人口老龄化这一客观趋势，围绕养老服务中普遍存在的养老基础薄弱、养老服务供给不匹配、老年抚养比上升、空巢老人日益增多等问题，进一步挖掘电力大数据价值，制定"1234"行动路线，开创智慧养老服务新局面，为实现"一定要让老年人有一个幸福的晚年"提供了切实可行的电力方案。

一是打造一个平台。首创"渝电青松·i 家园 — e 电养老"平台，作为政府智慧养老平台和社区养老服务中心的延伸，提供线上线下融合服务。

二是融合两方数据。将民政部门的相关养老数据与用电量、用电规律等数据开展融合分析，识别异常养老机构，助力民政部门精益管理。

三是构建三大功能。针对居家养老人员，实现服务需求在线提报及时响应、网格员代为提报需求及时响应和异常用电监测响应三大功能。

四是汇聚四大主体。以退休老同志"渝电青松"志愿服务队为核心，会同电力党员服务队、街道社区和医院、银行、通信运营商等共同组建"青松联盟"。不断提升老年群体的获得感、幸福感、安全感。

二、案例主体内容

背景和问题

2024 年，民政部、全国老龄办发布的《2023 年度老龄事业发展公报》显示，截至 2023 年底，我国 65 岁及以上老人达 2.1 亿人，占全国总人口的 15.4%，而重庆 65 岁及以上人口占比更是高达 18.30%，已进入深度老龄化社会。

随着全社会人口老龄化进程的逐步加快，老年人对养老服务的需求急剧增加，传统社区养老服务的供给却未能及时跟上，许多老年人无法获得及时、有效的养老服务，这样的供需不平衡不仅影响了老年人的生活质量，还给家庭和社会带来了沉重负担。

目前，传统模式下的社区养老服务主要存在以下短板。

一是政企协同不够紧密，对养老机构监测手段单一。民政部门对养老服务机构的分析监管缺乏有力依据，在社区服务管理方面，国有企业退休人员的专业优势未得到充分发挥，造成现实生活中养老机构的服务质量参差不齐，甚至出现偷工减料、安全隐患等现象，难以保证老年人的生活质量和身体健康，这将引发公众对整个养老服务行业的信任危机，对社会稳定造成不良影响。

二是对独居老人居家养老关爱维度不够，养老服务模式偏向单一化、片面化。多数社区对老年人的服务管理水平与老年人的精神、文化、生活服务需要不匹配，工作过于笼统或缺乏针对性，尤其是针对低龄能够使用智能手机、高龄不能够使用智能手机及残疾孤寡等需要特殊关爱的三类老人，无法有效解决社区养老服务中的具体问题。

三是社区助老服务力量不足，缺乏内外部资源有效整合。 造成养老服务设施建设和资源配置利用不均衡等现象，给整个养老服务生态圈的协同发展和良性循环带来了诸多不利因素，这些因素直接影响养老服务的质量和效率，以及老年人群体的整体福祉。

行动方案

国网重庆市电力公司积极探索应对人口老龄化、助力社区养老服务的问题，以"渝电青松·i家园—e电养老"为基础平台，2021年制定了"1234"行动路线，开创了智慧养老服务新局面，为实现"一定要让老年人有一个幸福的晚年"提供了切实可行的电力方案。

打造一个平台

作为政府智慧养老平台和社区养老服务中心的延伸，"渝电青松·i家园—e电养老"平台可提供线上线下融合服务。进一步挖掘电力大数据价值，为老年群体提供数字化、智能化的大数据服务，积极践行国网公司发展战略，以承接民政部"养老机构用电监测"试点任务、联合重庆市民政局开展"电力大数据助力养老服务精细化管理试点工作"为契机，搭建电力大数据助力养老服务平台——"渝电青松·i家园—e电养老"。按照"政企协同、多方联动、资源整合"的工作思路，开展基于电力大数据的智慧养老体系建设，服务民政部门监管、独居老人关爱、社区助老服务。

融合两方数据

按照"政府牵头、电网实施、数据共享"的工作思路，将民政部门相关养老数据与用电量、用电规律等数据开展融合分析，识别异常养老机构，助力民政部门养老服务精细化管理。主要分为以下三步。

第一，构建养老服务机构用电特征分析模型，根据民政部门提供的登记在册的养老机构名单，融合电力数据与登记信息，对重庆市养老机构用电趋势、季节性变化、区域差异、城乡对比、类别与性质进行对比分析，并根据长期趋势数据对养老机构的用电趋势进行分类（上升型、平稳型、波动型、衰退型四类），帮助民政部门及时掌握重庆市养老机构的运营状态和发展情况，准确锁定发展不平衡区域给予重点指导，对波动型与衰退型养老机构重点关注和研判未来经营情况。

第二,构建养老服务机构运营异常状况监测模型,筛查疑似未服务、入住率低、服务非养老等异常机构;联合校验电力与民政信息,识别地址、名称、产权、用电类型不符等违规情况,包括骗取补贴、关停仍领补贴、信息未更新、违规开办等,输出异常机构清单至民政部门核查,提升监管效能。

第三,构建养老服务机构区域性运营景气分析模型,结合养老机构特征分析,从经营水平、服务水平、用电行为三个方面构建养老机构运营情况综合评价模型,明确机构实际运营情况,辅助民政部门评估地区养老机构运营发展水平、开展养老机构的地区规划,为制定、评估和实施养老机构扶持政策提供参考。

通过以上三个步骤,有效解决了政企协同不够紧密,对养老机构监测手段单一的难点。

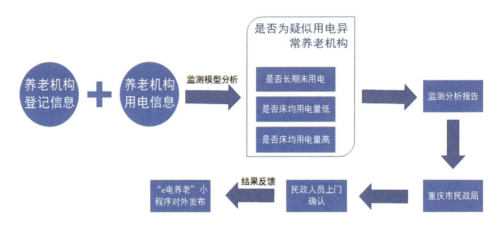

异常养老机构识别流程示意图

构建三大功能

针对居家养老人员,实现服务需求在线提报及时响应、网格员代为提报需求及时响应和异常用电监测响应三大功能,快速响应老人的个性化需求。

一是开展独居老人异常用电预警,以全日最高温度、最低温度、平均温度、降雨、湿度、电量等数据构建老人异常用电日监测模型,通过智能识别老人居家时段用电变化情况,判断老人是否存在行为异常,与区县、乡镇民政部门和社区(村)实现联动,为社区(村)提供残疾、孤寡老人等特殊关爱人群异常用电监测预警,减轻网格员工作量,实现精准现场核实与反馈,为留守及特殊老人提供安全保障。

二是搭建线上公益服务平台,按照差异化服务原则,为使用智能手机的老人提供微信小程序发布诉求渠道，构建"找社区""找单位""紧急呼救"等功能模块，为重庆市各类志愿团队、社区养老服务中心、老人三方提供需求对接功能，精准对接志愿团队、养老中心与老人需求；针对不能使用智能手机的老人，由社区网格员代为发布服务诉求。相关功能已接入重庆新时代文明实践云平台，共享志愿服务资源，构建高效互融工作体系。

三是构建"e电养老"在线信息共享平台，整合多方数据，提供涉老政策、养老机构、社区服务、公益活动等一站式查询与预约服务。平台特色包括公开涉老政策、发布权威养老机构信息（含评星定级与个性化评分模型助选）、汇聚社区及增值养老服务、均经民政部门认定、实现就近派单、以商业化服务缓解社区助老压力。

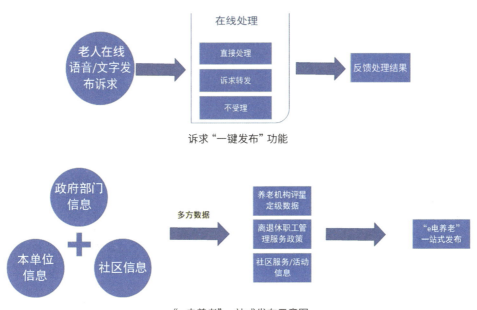

诉求"一键发布"功能

"e电养老"一站式发布示意图

汇聚四大主体

缓解社会压力，推动养老服务生态圈建设，以退休老同志"渝电青松"志愿服务队为核心，与电力党员服务队、街道社区和医院、银行、通信运营商等组建了"青松联盟"，开展节约用电宣传、安全用电检查、反诈志愿宣传、健康咨询服务等助老行动。

一是深化"渝电青松"工作品牌建设，建立"渝电青松"积极应对人口老龄化国家战略责任共同体，形成在重庆市和国网重庆市电力公司具有较强示范引领作用的联动模式。

二是坚持围绕中心、服务大局，充分发挥老党员、老劳模、老专家的政治优势、经验优势和威望优势，紧扣党和国家大政方针、国网战略目标和公司中心工作，通过跨界合作与资源整合，围绕实施助老行动，争示范、创品牌、出特色、求实效，做到典型引领、示范带动，有力推动养老服务的创新与升级。

三是打造政府、社区、企业、老人等多方参与、快速响应的离退休服务新模式。线上以"e电养老"平台为主体，线下与街道社区网格化服务、供电单位服务社区工作机制相结合，运用电力大数据分析，发挥养老机构运营监测、老人异常用电监测、社区志愿服务等作用。

关键突破

本方案的突破性和创新性体现在以下三个方面。

一是发挥"渝电青松"优势，共聚合力提升社区养老服务管理水平。建立"银发人才"专家库支撑智慧养老，以退休老同志"渝电青松"志愿服务队为核心组建"青松联盟"服务队，助力社区养老服务管理。充分发挥国有企业退休老同志的经验优势和专业优势，实现精神需求上的满足与社区养老服务的"双赢"。

"渝电青松服务总队"授旗仪式

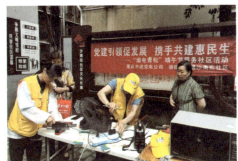

"银发人才"深入社区开展关爱活动

二是推广"e 电养老"平台，提升社区养老服务数字化水平。创新打造了全国首个以电力大数据为依托的数字化养老服务平台——"渝电青松 — e 电养老"，监测独居老人的用电情况，助力社区养老服务管理，构建政府、企业、离退休老同志等多方参与、快速响应的数字化服务新模式。

三是深化"渝电青松"品牌，加大电力数据价值挖掘力度。持续深化"渝电青松"离退休工作品牌，挖掘电力数据价值，联动政府、社区、企业及退休老同志，构建"业务指导＋数据支撑＋上门服务"的智慧养老模式，推动国有企业离退休工作与社区服务管理相融合。

多重价值

自 2021 年行动实施以来，与民政部门紧密合作，监测重庆市 1428 家养老机构，连续三年为重庆市民政局提供监测分析报告，识别风险养老机构 17 家；对 1964 名特殊老人实施用电监测，识别异常 2738 次；组织 38 支"渝电青松"服务队联动 927 个社区，开展节约用电宣传、安全用电检查、反诈志愿宣传、健康咨询服务等助老行动 3000 多人次，惠及老人 3 万余人次。

安全价值： 在国家大力推行积极应对人口老龄化国家战略的情况下，"渝电青松·i家园 — e 电养老"智慧平台利用电力数据特性，聚焦服务监管、服务社区、服务老年群体，强化民政部门监管能力、提高养老服务安全性、拓展老年群体关怀维度，极大提高了社区养老服务管理的安全性，有力助推了社会的和谐稳定发展。

经济价值： 充分挖掘电力大数据价值，发挥信息化建设优势，识别经营异常养老机构 17 家，优化政府补助。退休老同志借助自身的专业特长，协助社区开展安全用电检查、邻里关爱活动、独居老人关爱帮扶，降低社区用人成本。为养老机构开展居民电价执行分析、节能分析，帮助养老机构从商业用电变更为居民用电，节约用电成本约 100 万元。

社会价值： 利用电力大数据助力民政组织机构运营管理，稳步提升运营管理水平，强化政府机关管理穿透力。同时，"e 电养老"线上公益服务功能已接入重庆新时代文明实践云平台，并在重庆市民政局的指导下，联合通信运营商、银行、医院等组织组建志愿者服务联盟，投入线下服务资源。独居老人异常用电监测已在渝中、巫溪、酉阳、彭水等区（县）及 3 个市级乡村振兴点开展试点。被华龙网、《重庆晚报》等媒体广泛报道，吸引了社会的广泛关注，缓解了人口老龄化带来的社区压力，促进了社会和谐稳定。

国网重庆市电力公司主题教育第八巡回指导组观摩现场

2023 年中国国际智能产业博览会现场

行业示范： 基于电力大数据的智慧养老体系建设工作已在重庆供区内全面推行，相关工作进展得到了总部高度认可，2022 年国网重庆市电力公司作为总部老龄化产业分析、乡村振兴—弱势群体帮扶牵头单位，指导上海、福建、陕西等多家单位深度应用。打造全国首个电力智慧养老服务平台——"渝电青松·i家园—e电养老"，相关成果获重庆市和国网重庆市电力公司"双一等奖"、国网第六届青年创新创意大赛三等奖。

各方评价

自行动实施以来，得到民政部相关领导的批示肯定，受到重庆市民政局、国家电网有限公司、国家电网有限公司主题教育第八巡回指导组等的充分认可，参展 2023 年中国国际智能产业博览会，先后在《人民日报》、中共重庆市委办公厅《每日要情》、国家电网有限公司《每日要情》等媒体登载报道 5 次，获中组部党史学习教育简报通报、重庆市民政局书面感谢,纳入"数字重庆"体系建设，实现了很好的经济价值和社会价值。

市民政局： 国网重庆市电力公司承担民政部试点监测任务，开发的"e电养老"已纳入数字重庆建设内容，它提供基于电力数据的养老机构分析结果，为我们的工作提供了参考，为重庆开

《人民日报》点赞

展养老服务精细化管理提供了电力方案。

街道社区："e 电养老"平台为老同志、我们社区和志愿者架起了线上的桥梁。老同志有什么问题、什么需要，我们马上就能知道。如果需要志愿者帮忙，通过平台也能直接找到"青松联盟"服务队，确实帮了我们的大忙。

服务对象：通过应用"e 电养老"平台，老同志获取个人涉老服务信息不再需要多方联系，效率较之前提高了 50 倍以上。向社区网格员反映问题，不再因网格员的调整而受阻，问题处理时长同比缩短了 40%。养老机构权威信息查询、养老机构自主对比选择、独居老人精准关爱、继续参与社会治理活动发挥余热等个性化服务需求得到实际落地。并通过为康养企业提供精准营销、快速获贷、选址决策等分析服务带动产业圈发展。

三、未来展望

加大数据价值挖掘力度

基于重庆市能源大数据中心，尝试引入煤、油、气、水等其他能源数据，开展养老机构、独居老人等应用场景的联合校验，提升分析结果的准确性、有效性。结合民政部监测试点任务向全国推广，选择同类型的省市开展老龄化产业交叉、跨区域分析，协助民政机构准确把握我国老龄化产业发展中存在的优势和劣势、机遇和挑战，以便作出相应的决策。同时，加强数据安全与隐私保护，确保老年人的信息安全。

深化政、企、地三级合作

以《重庆市电力大数据助力养老服务精细化管理工作试点方案》为指引，在重庆市民政局的指导下，进一步深化区县及乡镇民政部门、电网企业和社区（村）居民委员会的合作，加强跨行业融合，构建智慧养老生态圈。不断完善深化"民政部门提供业务指导、电网企业负责数据（信息）支撑、社区工作人员提供上门服务"的智慧养老服务模式。

统筹推进"e 电养老"服务模式

聚焦电力数据助力智慧养老，加强与民政部门、社区、康养企业的沟通，争取更多业务指导、政策支持、用户使用，推动产业协同发展。形成并固化一套成熟的"多方参与、协同服务"智慧助老服务模式，及时总结成功经验和典型做法并加以推广，实现"指尖养老"的普及化、常态化，为积极应对人口老龄化挑战提供强有力的支撑。

（撰写人：邓锋、陈熙林、李福健、何月、甘嵩）

国网宁夏电力有限公司银川供电公司
"银电师傅"，
赋能社区网格化"智"理

一、基本情况

公司简介

国网宁夏电力有限公司银川供电公司（以下简称国网银川供电公司）是国家电网有限公司所属供电企业，承担着银川市三区两县一市的电能供给和供用电管理，供电面积为 9025 平方千米，服务用户 199.65 万户，自 1973 年成立以来，兢兢业业，谱写了电力事业发展的壮丽诗篇。

银川电网以 220 千伏变电站为骨干网架，呈"蜂巢"形双环网结构，通过南北两座 750 千伏变电站与宁夏 750 千伏主网相连，110 千伏、35 千伏双侧电源链式网架，10 千伏"自愈式"配电网，为银川市能源安全提供了坚实保障。

国网银川供电公司以习近平新时代中国特色社会主义思想为指导，践行"人民电业为人民"企业宗旨，贯彻落实国家电网公司、国网宁夏电力决策部署，锚定民生福祉，以安全稳定、优质服务为立足根本，围绕深化现代"三大体系"建设目标，即着力构建现代工程建设体系，不断深化现代设备管理体系，全面构建现代供电服务体系，致力于为银川市经济社会发展提供充足、稳定的电力供应和优质、高效的服务。

国网银川供电公司先后获全国文明单位、"全国五一劳动奖状"、全国模范劳动关系和谐企业等荣誉。被评为宁夏回族自治区国有企业"先进基层党组织"、电力企业标准化良好行为企业 AAAAA 级单位，入选国家电网公司 20 家数字化配电网示范区，"党建 +"工程获国家电网公司管理创新推广项目，闽宁供电所建成宁夏首个中央企业与属地政府联合建设的新时代文明实践基地。

行动概要

在基层社会网格化治理过程中，网格微信群以便捷性、及时性、互动性的特点成为基层治理的有力工具。然而，随着网格微信群数量、群内人员及服务内容的持续增加，所产生的海量庞杂信息让居民诉求及时响应、问题有效解决及网格群服务的有效监管成为难题。国网银川供电公司基于网格微信群的特点，结合供电服务管理经验，充分发挥专业优势，创新打造"银电师傅"智能客服，实现对网格微信群服务诉求的精准把握、问题的闭环管理和过程的监督管控。同时，通过建立政企合作机制，打破政企服务融合壁垒，为基层社会治理质效提升贡献积极力量。

"银电师傅"智能客服系统截图

二、案例主体内容

背景和问题

作为基层社会治理的创新探索，基层网格化管理正在深入推进。在此过程中，网格微信群以便捷性、及时性、互动性的特点在网格化管理方面得到了广泛应用。然而，随着网格微信群数量激增，群内人员及服务内容也在持续增加，面对居民日益复杂和多样服务需求，网格微信群的管理和应用也面临一系列挑战。

一是信息大爆炸导致及时响应难。因网格微信群每天都会产生海量信息，且涉及居民服务、普通聊天等方面，而每个网格员要同时服务多个网格微信群，使诉求的及时查看与回复成为工作难点。

二是信息不准确导致闭环解决难。因居民诉求多元化、表达习惯差别大，且网格员的能力、资源、态度存在差异，可能导致对信息的理解不准确、回复内容不准确，从而使居民诉求不能得到很好解决。

三是信息过于分散导致管理提升难。繁杂的居民诉求分散于不同网格群，网格员在同时管理多个网格群时，将面临难以有效统计分析所有诉求的困难。同时，因网格群分散在网格员手中，上级管理者难以监督网格员的服务过程，从而影响了管理和服务的效能提升。

因此，如何更好地利用网格微信群，在实现服务"零距离"的同时，更加切实有效地为居民办实事、解难题，是摆在社区管理者和公共服务企业面前的一道难题。

行动方案

2023年，国网银川供电公司基于网格微信群的特点，结合供电服务经验，充分发挥专业优势，创新打造了"银电师傅"智能客服，实现服务诉求的精准把握、问题的闭环管理和过程的监督管控。同时，通过建立政企合作机制，打破政企服务融合壁垒，为基层社会治理质效提升贡献了积极力量。

精进"识别术"，智能抓取

一方面精准识别，"银电师傅"智能客服通过对电力网格群中的涉电关键字进行精准抓取，以及使用自然语言处理技术进一步对虽未直接言明，但蕴含电力服务需求的用户表述进行识别，实现从海量信息中对有关涉电诉求的全面捕捉；另一方面智能分类，结合不同的诉求内容，迅速判断用户诉求类型，进行电网业务精准归类，让网格微信群服务人员不再因为群多、信息杂而忽略关键信息。

匹配"精准解"，一次解决

准确识别出居民用电诉求及类型后，"银电师傅"为居民提供精准化、闭环化的解决方案，保障问题得到一次性解决。简单问题快速解，针对电价、热线服务咨询等简单常规诉求，"银电师傅"基于知识库实现自动化、标准化答复，并给出解决方案和处理方式链接，为用户解决问题提供指引；复杂问题必跟进，对于复杂业务诉求，"银电师傅"将实时微信私聊网格群的电力服务人员，由其联系居民帮助解决；重大问题提级办，如涉及居民投诉、举报、舆情、重大安全事故等信息，会将信息提级反馈至供电所、区（县）供电公司供电服务指挥中心等相关负责人进行督办处理，确保居民诉求落地。

赋能"数据通"，管控有力

任务一目了然，"银电师傅"实时监测群内用户诉求，不仅能精准统计出当日的诉求总量，让网格微信群的电力服务人员对整体工作量有宏观把握，还能细致划分出已响应诉求数量、待办事项数量及已处理数量，形成清晰的工作进度条，帮助电力服务人员随时调整工作策略，确保每项需求都得到及时且有效的处理。管理监督便捷，"银电师傅"能通过先进的数据可视化技术，将复杂的客户诉求分布、客户经理服务效率等关键指标转化为直观易懂的图表形式，帮助管理者一眼洞察客户诉求热点与特点、客户服务质量与效率，实现对诉求处理的全过程监管。通过对这些数据的分析，指导管理者精准定位服务瓶颈、优化服务流程，合理配置资源，推动服务质量持续提升。

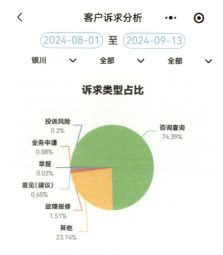

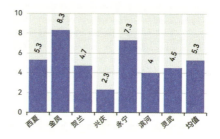

"银电师傅"统计分析功能截图

政企"深融合"，服务提升

国网银川供电公司积极推动"银电师傅"纳入社区网格群，与银川市地方政府签订《社区网格为民服务共建协议》，建立"社网共建、便民服务"政企合作体系，打造"社区网格员+'银电师傅'+客户经理""2+1"协同服务模式，将电力服务工作内容纳入社区综合治理范畴，把服务送到家门口，真正实现服务"零距离"。同时，联合政府、社区和物业，通过向居民发放"银电师傅"推广手册、使用视频解说、现场讲解及持续开展一系列贴近生活的"'银电师傅'进社区"电力服务活动等，普及"银电师傅"的实用功能，增强社区居民对"银电师傅"智能客服的认可和信任。

网格"共治理"，质效提升

围绕社区治理过程中的重点、热点问题，国网银川供电公司主动发挥"银电师傅"智能化管理优势，深入探索"银电师傅"应用场景创新，强化对社区治理和服务的支撑

"银电师傅"服务品牌新闻推介会

能力。一方面，拓展社区服务治理内容，"银电师傅"通过分析用电数据，协助社区开展人口普查、电动自行车飞线充电治理等社区服务，更好地维护社区治理环境，提高社区居民生活体验；另一方面，提升社区治理服务能力，借助"银电师傅"智能客服推送反诈宣传、安全用火用电常识、居民医保缴纳、异常天气提醒等信息，减轻社区人员的工作压力，提高工作效率。

关键突破

首创社区电力线上微场景服务形式。现有智能客服以诉求识别和回复为主，缺乏进一步解决问题的机制。"银电师傅"智能客服在实现诉求的精准识别及对简单问题准确回复的基础上，将故障辅助、停电提示、交费等44个微场景服务按需推送，用户查看点选后可直接跳转至App功能操作页面，方便用户进一步操作，确保问题得到有效解决。

首创用户电力诉求全流程闭环管控方式。"银电师傅"可根据线上用户诉求内容、迫切程度自动生成对应类型和级别的服务工单，并派发台区经理处置，线下公示监督举报热线，供电服务指挥中心"银电师傅"监控员进行工单抽检及热线回访，全流程管控

"银电师傅"专柜服务客户高质量办电

台区经理服务质效，形成供电服务线上线下全流程闭环管控，有效解决涉电诉求处理过程的监督管理问题。

填补国内社网融合智能电力服务领域空白。"银电师傅"的推广应用，打通了政企网格化融合渠道，推动了电力服务与社区服务的有效融合和双向赋能。一方面，"银电师傅"台区经理与社区网格员融合为"社区电力网格员"，实现了社区与电网之间的高效联动，保障了居民涉电诉求的快速匹配，社区和政府部门也能及时了解供电服务的最新动态和进展；另一方面，供电企业能实时获取社区治理的相关信息，积极发挥功能优势，为社区治理提供智能化、信息化管理手段，助力社区治理实现提升。

多重价值

经济效益

截至 2024 年 8 月，"银电师傅"已入驻网格微信群 1 万余个，服务网格用户 158 万户，覆盖率达 80%，全年识别并解决涉电诉求 7.5 万件，推送信息 59.2 万群次，相关典型经验入选国家电网工作动态。自"银电师傅"应用以来，人均工时效率提升了近 300%，客服人数从 6 人减少至 3 人，成本节省了约 72 万元。此外，每年可节约宣传费用 200 万元。

社会效益

截至 2024 年 8 月，"银电师傅"已为 1600 多位孤寡老人提供了购电复电协助，累计服务人群达 180 万人次。此外，"银电师傅"通过分析用电数据，协助社区开展人口普查、电动自行车飞线充电治理等工作。累计为 450 万人次推送各类便民信息，彰显国家电网责任担当。

管理效益

自"银电师傅"应用以来，在电费电价计算、故障维修等 144 个关键业务场景，实现客户诉求自动识别、快速响应和全程监控，累计处理客户诉求 48204 条，各类意见工单同比降幅达 74%。为业务申请、故障报修等 23 项常见业务服务场景定制包含用户解释安抚、停复电时间等 82 条标准化策略，线上办电率实现 100%，客户无须出门即可轻松掌握用电信息。客户诉求响应时间从 25.6 分钟缩短至 1.2 分钟，响应率从 30% 提升至 99.9%，客户满意度从 88.2% 提升至 99.38%，极大地增强了客户体验和获得感，大幅提高了基层服务能力和效率，满足了人民美好生活用电需要。

各方评价

"银电师傅"相关成果获得利益相关方广泛认可，"银电师傅"荣获 2023 年中国企业品牌创新成果、电力行业品牌创新成果奖二等奖、中国创新方法大赛二等奖，拥有相关专利 6 项、软件著作权 1 项，发表论文 3 篇。被中国新闻网、新华网、《宁夏日报》等权威媒体相继报道。同时，"银电师傅"智能供电服务体系已在银川市 27 个街道、乡（镇）、村成功应用，赢得了各级政府部门和广大用户的高度肯定。

2023 年中国企业品牌创新成果证书

兴庆区人民政府："银电师傅"智能客服系统的引入，如同为兴庆区政府的服务装上了智慧的"大脑"，让居民的每次咨询与解答都更加迅速、精准。我们深切感受到了科技带来的便利，也更加坚定了推进智慧政务的决心。

社区网格员："银电师傅"真是赋能社区治理的利器。现在，我的工作变得更加高效，居民的需求都得以更快响应，真正实现了智慧管理，让社区治理能效更上一层楼。

台区经理:"银电师傅"智能客服系统的应用不仅大幅提升了客户服务的效率与质量，还让我有更多的时间专注于服务策略优化，真正实现了管理智能化与精细化。

用户: 自从加入"银电师傅"网格群，解决用电问题变得既快捷又方便，无须等待，随时都能得到专业解答，真是广大电力用户的一大福音。

三、未来展望

未来，国网银川供电公司将携手更多行业、企业，深度构建并全面推广以"银电师傅"为核心的社网融合智能服务新体系，高效整合社会各类资源，打造无缝衔接、高度智能化的服务生态，全面地为社区居民的各类诉求提供一站式、个性化的解决方案，让每一份需求都得到精准响应，每一份期待都化为满意笑容，共同开创社区"智"理新篇章。

（撰写人：黄莺、李佳美、朱小超、高婕、季清）

国网江苏省电力有限公司南京供电分公司
打造 15 分钟家门口的分布式 公共服务中心

一、基本情况

公司简介

国网江苏省电力有限公司南京供电分公司（以下简称国网南京供电公司）是国家电网有限公司下属的大型供电企业，负责向南京市 11 个区的 500 万余户电力用户提供安全、经济、清洁、可持续的能源供应服务，是华东电网北电南送和西电东送的重要枢纽，供电可靠性全国领先。

国网南京供电公司全力以赴保供电、保民生、保发展，同时争当能源转型先行者，推动南京经济社会高质量可持续发展，连续 10 年以书面报告形式对外披露履行社会责任方面的行动和贡献。国网南京供电公司的各项工作赢得了政府、企业用户及社会各界的广泛认可和充分肯定。南京"获得电力"成为全国标杆，国网南京供电公司是全国地市级供电公司中首个获得"全国市场质量信用 AAA 级（用户满意标杆服务）"荣誉的供电公司，先后荣获"全国质量奖""亚洲质量卓越奖"。国网南京供电公司石城供电抢修服务队被中央宣传部、国家发展改革委联合表彰，被评为全国"诚信之星"并荣登榜首，石城共产党员服务队获评江苏"时代楷模""感动南京"年度人物，所在党支部被中共中央授予"全国先进基层党组织"；获评国家电网有限公司先进集体。

行动概要

南京市作为江苏省创新网格化治理机制的首批城市，致力于打造共建共治共享的社会治理新格局。2023 年，南京市政府出台了《南京市强化社会治理和民生保障行动方案》，细化社会治理和民生服务高质量发展。国网南京供电公司用好电力数据这一民生"晴雨表"，持续推广政电网格融合服务模式，利用现有新能源基地、综合变及政府党群服务中心等资源在市 — 区 — 街道建设"聚光站 — 追光站 — 微光站"三级"能量立方"智慧绿能驿站，高效提供电动车入户充电预警、银发关怀、报修响应等各类民生问题的解决方案，同时，能够精准识别风险点，实现从"接诉即办"到"未诉先办"，有力提升基层治理的穿透力和执行力。截至 2024 年 6 月，正式投运 19 座"能量立方"，落成全国首个三级智慧绿能驿站服务体系，实现了居民不出网格就能满足大部分公共服务需求。

二、案例主体内容

背景和问题

一是迫切的诉求如何及时解决。电动车起火夺命仅需 100 秒，心脏骤停 87.8% 发生在医院外，高温偏遇小区停电时空调和电梯成为急切需求，外卖骑手、快递小哥、网约车司机等渴望歇脚。迫切的社会问题需要得到及时解决，随着经济的发展和生活节奏的加快，对解决问题的速度也有了更高的要求，但业务涉及多个环节，多个部门，流转需要一定时间。2023 年，国网南京供电公司催办工单占比 13.8%，需实现迅速响应，高效解决。

二是多样的问题如何精准解决。社区作为居民生活和社会互动的基本单元，居住着不同年龄、职业、文化背景的居民，对生活质量、服务需求和社区环境的期待各不相同，涉及用能便利、生活服务、社区建设、医疗卫生等方面。2023 年，国网南京供电公司协办工单占比为 26.7%。应对多样性和复杂的问题需要更精确的解决方案，群众需求在网格群受理后，往往需要多方的数据信息联动推动诉求一体化管理，但当前政府和电力数据尚未实现平台交互、数据融通，因此，数字化网格及数字化服务势在必行。

三是错综的网格如何高效协同。以供电服务及保障为例，原有供电服务网格未精准匹配于政府综治网格，二者相互独立设置，区域间缺乏有效协同联动机制。解决供电服务群众"最后一百米"，需要快速且专业的响应。2023 年，非正常工作时间抢修工单量占比为 85%，非正常工作时间服务工单量占比为 16.9%。在对接社区层面，服务人员多为外协施工单位的辅助服务人员，流动性较高，对服务长效性的影响较大，如何实现资源共享协同共进，还需探索出新的网格模式。

行动方案

深入调研把握"方向"，促进资源互补"满格"

为切实解决电力服务的发展困境，推动基层社会治理新格局的构建，国网南京供电公司自 2021 年 3 月起就开始开展先期调研工作，设立专项工作小组调查公司电力营销、配电网格运行现状，统计可调动的公司资源；研究政府综合网格，"水电气讯"等公共服务行业网格治理体系、区域划分、资源配置、服务模式等管理现状；开展调研问卷、走访沟通，依据区域实际情况，每半个月开展线上会、不定期举办座谈会，统合各方核心的期望诉求和问题关切，明确各潜在参与方的能力意愿与资源。

多维融合强化"合作"，创新服务共建"满格"

营配融合，优化服务前端。整合供电公司营销、配电服务资源，建立区供电公司、区域供电服务中心对接行政区，班组对接街道，电力网格员对接社区的三级服务网格体系，畅通政电协同一线服务渠道。以"内转外不转"为原则，提升诉求响应，向客户提供本职、延伸、志愿和应急服务在内的"二十项服务"，以"一专多能"为核心，向客户提供"一口对外"服务。

末端融合，助力精网微格。首创实施市级—区级—街道级—社区级"四层联动"，深度完善政电网格融合体系，部署电力网格员全量进入政府综合网格，实现"网格 + 电力"融合全覆盖，促进"精网微格"再提升。

多元融合，打造共治生态。推进多元网格融合，在"网格 + 电力"全覆盖的基础上，引入水、气、公安、物业、城管、消防等部门，打造"网格 + 公共服务"融合治理示范点，加快信息共融，推广服务场景，共推服务清单，开展联合服务，打造多网融合服务。

能量驿站筑牢"阵地"，构建网格协同"满格"

利用现有新能源基地、综合变、政府闲置场地及党群服务中心等资源，在市—区—街道建设"聚光站—追光站—微光站"三级"能量立方"智慧绿能驿站。其中，"聚光站"依托"江北、江宁"极客空间聚焦绿色能源升级，"追光站"致力于提供用能、社区关怀等 24 小时服务，"微光站"面向公共群体和新业态群体提供电力增值服务，打

升级"江北、江宁"两座实体极客空间,创新"e 站服务"模式,建设具有区域影响力的"网格聚光站"

鼓楼区热河南路微光站设置冷热饮水、饭菜加热、应急药品、便民充电等服务,成为传承红色文化的微阵地	雨花台区追光站是全国首个 24 小时值守绿能驿站	建邺区莫愁湖街道微光站是南京首个"电水气讯"联合公共服务驿站

造新时代电力网格化服务的前沿阵地,将电力服务从营业厅延伸至街头巷尾和百姓身边。

数据贯通提升"精度",打造智慧运营"满格"

以政企融合服务网格为载体,规划开发面向政府、居民、网格员等各方的轻量化服务流程数字化网格服务平台,实现知识在线共享、诉求自主填报、疑问在线沟通等数字技术应用,推动各方需求"平台汇集—线上流转—结果留痕"管理,形成"问题诉求指尖填、服务响应端到端"的网格化服务体系。网格员工作通过数字化平台进行积分量化,落实网格服务激励机制,提升网格服务质效。联合政府研发政电综治服务系统,将

玄武区梅园新村微光站是首个落成的绿能服务驿站

电力服务模块嵌入其中，实现用电状态诊断、隐患一键上报、电力咨询、涉电矛盾处理等民生涉电及其衍生事项联动办理、快速解决。

责任延伸增高"温度"，营造暖心服务"满格"

发挥融合网格平台价值，在市民固定活动场所实现"一场景多功能"。搭建"银发关怀"智慧云平台，智能研判独居老人的用电信息，对独居老人进行"全天候"无感监护。对接街道、公安、民政、消防、市场监管等政府部门，协同治理群租、私拉乱接、飞线充电等城市管理难题。发挥沟通交流平台功能，协同政府网格，处理公共服务舆情事件。推动"电水气讯"网格融合，联合开展入户检修、政策宣传等民生公益活动。

关键突破

首个三级智慧绿能驿站服务体系

建成全国首个三级"能量立方"智慧绿能驿站服务体系。"能量立方"是能量的三次方：牵头整合社会公共服务资源，创新治理模式，汇聚城市能量；因地制宜布置光伏、储能、充电设施，打造绿色驿站，汇聚自然能量；为外卖骑手等新业态群体和公共群体提供休息场所和便民服务，汇聚个体能量。实现供电服务体系与政府基层治理体系末端融合全覆盖，南京市 906 个城市社区、352 个农村社区的电力网格员全部进入政府综合治理网格，为基层治理提供强有力的支撑。明确《政企联动服务标准和服务规范》，统一政企网格联动服务基本步骤，建立健全的政企网格融合服务工作质量考核指标体系，制定监督检查方案。

三级"能量立方",汇聚城市能量、自然能量、个体能量

首创区级政电数据贯通服务模式

促请南京市委、政法委和 11 个行政区委、政法委下发"网格 + 电力"支撑文件,推动与地方政府网格化管理平台深度融合,综合网格员对涉电隐患事项上报通过社会治理一体化平台经区级事件流转至供电公司处理;同时,电力网格员通过平台对责任网格内电力诉求查看、签收和处理,快速归集、整合处理区域内群众诉求,对问题进行痕迹化闭环治理,推动用电诉求的双向沟通和一体化管理。

率先实现"未诉先办",提升服务质效

通过智慧化手段实现"未诉先办",将公共服务送至居民身边,变"坐诊式"被动服务为"寻诊式"主动服务。联合社区网格员做好网格客户信息采集,建立用户精准画像,完成网格基础信息数字化建档,建立与街道、公安、民政、消防、市场监管等政府部门的黏性对接,满足网格内充换电设施、高层建筑消防等设施配置需求,联合开展群租房、飞线充电、电气火灾、树线矛盾等隐患排查,打造用户信息准确、资源整合有效、供电安全可靠的政企融合标杆网格。

多重价值

基层治理更高效。项目自实施以来,布点 19 座三级"能量立方",101 名电力网格经理、654 名电力网格员分布一线,电力服务成本降低 40% 以上,电力抢修响应时间由 45 分钟缩短至 5~10 分钟。2024 年上半年,12345 政务平台"电水气讯"四大行业总体派单数量和办结数量显著上升,办结率同比提升 3.3%。南京于 2023 年创成全国首批市域社会治理现代化合格城市，仙林街道获评全国新时代"枫桥经验"先进典型。

公共服务更贴心。项目推动了公共服务方式的转变，在基层治理上实现了主动服务、超前服务、协同服务，通过电力大数据自动分析响应用户需求，实现"未诉先办"。自项目实施以来，主动监测 11000 余起低压停电并派发主动抢修工单，意见类工单压降 23.15%，有效实现用户诉求"一次办好"；提高 2300 余个老旧小区服务水平，惠及群众 9 万余人次；仅在鼓楼区就举办公益集市 258 场次，解决居民诉求 2164 个，让服务"先于所需，高于所盼"；服务满意率同比提升 2%，获评全国用户满意标杆（五星）星级服务企业。

社区生活更美好。推动"15 分钟生活圈"进一步完善，显著提升居民用户公共服务易得性、舒适性和有效性，促进社会整体满意度提高。自项目实施以来，网格员 24 小时值守，将 2500 余名孤寡老人纳入"银发关怀"对象，鼓楼区宁海路街道试点"智能水表关爱守护行动"，为 1900 多户空巢老人更换了智能水表。

各方评价

项目成果获江苏省政府的高度认可，江苏省相关领导在《江苏政法》第 37 期专刊给出批示，称赞南京"网格＋电力"融合治理模式，是行业性专业性力量资源融入网格化服务管理的有益探索。

三级"能量立方"驿站获各高端媒体报道，在新华社、央视新闻、国资小新、电网头条、《国家电网报》《南京日报》等平台报道 10 余篇，并突破性地实现了新华社英文频道、日文频道的国际传播。

家住玄武区的张阿姨：上周五晚上家里突然停电，我一发到社区群里，不到 5 分钟，驿站值班的电力网格员就来家里了。师傅很有经验，马上就帮我们恢复了用电。有这样的电力网格员在身边，用电特别放心。

雨花台区人大代表、邓府山社区党委书记李心怡：在三级"能量立方"绿能驿站里，有为新业态从业人员提供冷热饮水、饭菜加热、应急药品、休息座椅等暖心便民服务，停电抢修、新能源车充电、电费缴纳、业务办理、政策咨询等用电需求也可在基层网格驿站内一站式满足，比过去拨打公共服务热线解决问题的效率高得多。

国网南京供电公司"网格美少女"马安安：每天走街串巷，在家和网格之间两点一线，时间让网格成为我的第二个家……工作虽然烦琐，但当我看到一张张清晰明确的户号清单、一条条预警信息时，很庆幸我们的电力大数据成为爷爷奶奶的云守护者。

三、未来展望

下一阶段，国网南京供电公司将继续探索网格融合治理创新路径，进一步提升智慧化水平，持续优化公共服务品质，推动社会治理和服务重心向基层下移，把更多的资源下沉到基层，更好地提供精准化、精细化服务。

国网南京供电公司将推动实现服务阵地覆盖更广，进一步完善三级智慧绿能驿站服务体系，联合各方参与公共服务阵地建设，进一步铺开"能量立方"驿站，实现南京市所有街道全覆盖，推动政电网格融合体系吸纳多元主体参与社会治理，配合南京市"精网微格"工程，在社会治理的现代化新提升中实现政、企、社会多方共赢。同时，积极推进网格创新实践进一步研究，将国网南京供电公司参与社会网格治理经验理论化，为电力同行及其他公共服务行业公司提供参考，将网格服务智慧管理平台的实践经验向江苏省内其他城市推广，并为全国广大城市治理"网格＋公共服务"提供借鉴。

（撰写人：吴芳柱、刘倩如、何劼、田园、陈雪薇）

国网重庆市电力公司秀山供电分公司

焕"燃"一新，
解决老旧小区电气基础设施改造难题

一、基本情况

公司简介

国网重庆市电力公司秀山供电分公司（以下简称国网秀山供电公司）成立于 2004 年，位于重庆、贵州、湖南三省份交界处，供区面积为 2462 平方千米，覆盖全县 27 个乡镇街道。秀山县是以土家族、苗族为主的少数民族聚居地，少数民族占比为 55.23%，以农业和文旅产业为主。近年来，国网秀山供电公司坚持问题导向、文化导向、价值导向和品牌导向，聚焦秀山县在社会治理、乡村振兴、民俗传统等方面存在的短板问题，精准发力、靶向施策，深入实施"生财有'道'——社会责任根植项目推动退役蓄电池实现变废为宝工作创新""电力赋能 助茶飘香——描绘秀山乡村振兴新景象社会责任根植项目"等社会责任根植项目 10 余项，有效输出企业价值，赢得社会理解、信任和支持，推动企业与经济社会可持续发展的协调统一。

行动概要

近年来，老旧住宅小区电气消防安全是政府和人民群众一直关心的热点、难点问题。本项目围绕老旧小区电气基础设施改造资金"缺口大"的本质问题，建立"中央下拨、政府补偿、企业投入、居民分摊"的工作机制，促成"社会旁观"变"社会参与"。聚焦项目管理"难度大"的核心问题，形成"政府主导、供电牵头、多方参建"的管理机制，督促参建方签订老旧小区改造任务书，压实

可持续发展
目标

工作责任，多方联动推动项目建设。针对建后维护"压力大"的现实问题，通过实施"绿色物业"提升行动、打造电气消防漫画走廊、开展"安全之星"评选等文化创建行动，实现"建与管"齐心赋能、双向提升。项目自 2023 年实施以来，改造后的老旧小区实现电气火灾事故"零发生"，推动了城市平安文化水平提升。

二、案例主体内容

背景和问题

近年来，人们对美好生活的追求逐渐强烈，而老旧小区由于建造年代久远，火灾安全隐患突出。电气火灾相较于其他类型火灾隐患，具有"事故点隐蔽、火势爆发迅猛、扩散影响倍增、灭火处理复杂"的特性，因此，电气火灾的预防尤为重要。其中，开展老旧小区电气基础设施改造就是预防电气火灾的重要举措。

以前开展老旧小区电气基础设施改造存在以下问题：一是资金来源"渠道单一"，老旧小区电气基础设施改造资金主要源于中央及市政府下拨，但近年来中央及地方政府投入老旧小区基础设施改造资金有限，改造资金缺口较大。二是参建单位"各自为战"，政府仅参与项目立项申报阶段，施工阶段由供电公司及天然气公司独自进行，因为政府、企业及物业三方协商少、联动差，导致现场施工混乱、停电停气时间长及改造工作推进迟缓等问题频繁发生。三是建后维护"势单力薄"，老旧小区的基础设施维护主要依靠小区物业，而物业在老旧小区投入的人力物力较少，导致很多老旧小区改造几年后出现私拉乱接、设施破坏等问题。

追本溯源，要想有序推进老旧小区电气基础设施改造，只有打破传统工作模式，从根本上解决资金、管理及维护难题，才能有效推动项目的顺利落地。

行动方案

2023 年，项目团队针对老旧小区电气基础设施改造的痛点、难点，经过大量走访调研、案例分析、项目试点，提出了"投资共担、管理共融、文化共建"的工作思路，联合利益相关方共同推进老旧小区电气基础设施改造，从根源上解决老旧小区火灾频发的疑难问题。

共担压力，解决资金难题

老旧小区电气基础设施改造点多面广，仅靠财政投入远远不够。项目团队探索多元化凑资模式，成立调研队、专项组，起草《秀山县老旧小区电气基础设施改造建议》，呈县委、县政府主要领导阅示，并得到肯定和支持，明确了资金由政府、企业和居民三方共同出资，并要求老旧小区属地街道全力做好居民用户的解释动员工作。项目组联合属地街道开展为期 4 个月的上门走访解释工作，约 73% 的居民用户同意出资并签订同意书，促成社会"旁观"变"参与"。以"秀山县中和街道朝阳路 8 号 1 栋至 4 栋居民供电供气设施改造工程"为例，中央下拨资金 747 万元，秀山县政府补充 96 万元，供电公司、天然气公司共同出资 58 万元，居民用户分摊 13.4 万元。

联合作战，解决管理难题

积极发挥"谁专业，谁负责"原则，参建方签订老旧小区改造任务书，压实工作责任，多方联动推动项目建设提速增效。①供电公司与天然气公司做到勘察、设计、施工密切协作、同步推进，明确双方施工通道、安全距离及施工时间等，既能减少长时间停电停气给居民带来的困扰，又能避免施工混乱、重复施工等问题发生；②由相关利益方代表组建"施工监管队"，对材料采购、施工进度、施工安全等环节严格监督、严格把关，并将施工现场通过小区物业群、秀山在线等平台实时展示，接受全民监督和检验；③验收时主动邀请老旧小区的居民、居委会参与其中，把群众满意度作为工程验收的重要标尺，有利于营造全民参与的良好氛围，为其他老旧小区改造奠定了群众基础。

老旧小区电气基础设施改造现场

共建安全文化，解决维护难题

针对"建与管"问题，项目组以打造"秀美老旧区"为载体，从根源上解决老旧小区电气基础设施改造后的维护问题。①项目组向政府作专题汇报 2 次，促成政府将老旧小区基础设施日常维护情况、安全隐患排查等内容，纳入"绿色物业"提升行动清单，每年政府联合居民用户开展物业评价，对评价最低的 5 家物业公司进行约谈提醒。②借助供电公司"爱心电力超市"平台，将老旧小区基础设施维护、安全隐患排查、和谐小区建设等纳入积分管理，通过积分兑换生活用品，提升居民用户的安全意识和参与度。③开展居民住宅电气火灾隐患动态排查，结合日常装表、催收等工作同步开展安全隐患排查，收集安全隐患信息。同时，加强客户用电、用气情况的监测与分析，发布用电、用气量异常工单，根据现场运行反馈的情况，不定期开展针对性强的隐患排查，及时暴露火灾隐患。④是加强隐患治理督促，对部分责任主体不清、治理责任不明、安全履责不实的火灾隐患进行现场分析和执法检查，街道社区协调开展整改督查，督促责任小区快速消除火灾隐患。⑤采用打造电气消防漫画走廊、制作"秀美边城"动漫动画等方式，增强居民用户电气消防意识。同时，通过举办电气消防知识竞赛，评选"安全之星"，让市民群众化身安全文化形象代言人，形成"以点带面、以面带全"的良好氛围。

关键突破

本项目扭转了以往参建单位唱"独角戏"的艰难局面，克服了资金不足、管理不顺、维护不到位三大难题，具体突破性和创新性体现在构建"两机制一平台"。

建立了"焕'燃'一新"的联建机制

项目组花费 8 个月开展大量走访、调研、案例分析，创新构建"焕'燃'一新"联建机制，该机制有效整合了政府、企业及社区居民三方的人财物资源，弥补了传统做法资源分散的不足。针对资金缺口问题，推行"中央下拨、政府补偿、企业投入、居民分摊"的筹资机制，标志着老旧小区电气设施改造的难题得到初步破解。针对施工管理难点，梳理参建方工作职责和义务，形成"政府主导、多方参建"的管理机制，解决了施工现场混乱、建设工期长等问题。针对建后维护堵点，以安全文化创建为主要载体，以隐患排查治理为重要举措，构筑起电气消防安全"防火墙"。

搭建了火灾隐患排查"数据共享"平台

聚焦老旧小区电气安全隐患多、发现难等问题，项目组经多次沟通汇报，促成县消防大队在已有的消防监控平台上新增"数据共享"工作模块，首次通过政企联动实现了电气火灾精准排查。供电公司、天然气公司结合大数据覆盖优势，通过网格点、上门服务等方式收集火灾隐患点并上传工作台，消防大队通过平台接收隐患提醒后，第一时间前往隐患点进行排查处理，并将解决后的现场图片上传至平台，若需基础设施改造则移交住建委立项解决，实现了融信息收集、实时监控、业务流转及预测预警为一体的全过程管理。

建立了火灾应急处置快速联动机制

火情刻不容缓。为能在老旧小区发生火灾后快速应急处理，项目组突破了消防大队"抗大旗"的传统做法，抽调消防大队、电力公司、天然气公司骨干力量组建"火灾抢险救援突击队"，并联合开展每半年一次的老旧小区火灾消防演练。消防救援支队接到火警后，同步告知电力公司工作人员，协调电力、天然气相关专业人员立即赶赴火灾现场，快速采取有效措施切断电源、天然气管道门阀，确保火灾现场救援电气安全，必要时派出应急发电车配合开展火灾扑救工作。

老旧小区火灾消防演练及联合排查现场

多重价值

安全价值

本项目以电气基础设施改造为核心，其他增值服务为辅的全方位、多层次的电气火灾管控模式，从源头上预防和阻断了老旧小区电气火灾的发生。项目自 2023 年实施以来，改造后的老旧小区基础设施焕然一新，居民用户安全意识明显提升，实现了电气火灾事故"零发生"。

经济价值

2023 年 3 月至 2024 年 6 月，累计完成老旧小区电气设施改造 21 个，平均每个小区工期缩短 23 天，节约施工成本近 200 万元，受益居民达 8600 余户。改造后老旧小区的供电及供气服务工单下降 72%，降低供电公司及天然气公司抢修成本近 15 万元。

社会价值

本项目促进了政府、企业、居民等相关利益方均获得不同层次的受益。一是通过邀请相关媒体走进改造施工工地 7 次，借助微博等平台大力宣传政府作为，切实提升政府形象；二是老旧小区电气基础设施改造不仅升级了天然气管道及电缆通道，还整治了飞线问题，统一安装了电动车充电桩，切实提升了居民用户的生活品质和幸福指数；三是通过打造电气消防漫画走廊、制作"秀美边城"动漫动画、开展社区电气消防知识竞赛等方式，加强与社区、物业、居民等利益相关方的沟通联系，强化安全文化的培育和输出。

各方评价

秀山县住建委：该项目通过联合政府、企业和居民用户共同参加老旧小区电气基础设施改造，不仅帮政府减轻了资金压力，还在很大程度上推进了老旧小区的改造速度和质量，居民用户的安全意识提升了，幸福感也增强了。

秀山县消防大队：该项目搭建的火灾隐患排查"数据共享"平台，让更多的人参与到火灾隐患排查中，减轻了我们的工作量。同时，通过火灾隐患点的及时报送，让我们能快速掌握并及时消除火灾隐患。

天然气公司：该项目彻底解决了我们施工受阻的疑难问题，以前我们和电力公司分开施工，导致老旧小区的电气基础设施改造时间长，引起居民用户的强烈不满。现在和电力公司合并施工，还有政府牵头协调，居民用户也积极配合，我们的改造工期明显缩短，节约了人工成本。

电力营销部门：该项目解决了老旧小区的用电用气隐患，居民用户还通过参与电气隐患排查整治到"电力爱心超市"进行积分兑现，现在老旧小区的供电服务投诉明显降低，对电力公司的认可度显著提升。

老旧小区居民参与"爱心电力超市"积分兑换活动

老旧小区物业：该项目不仅升级了老旧小区的电气基础设施，还多措并举动员居民用户参与到基础设施的维护及安全隐患的排查整治中，现在小区的硬件设施和人文环境都得到了明显改善，我们的工作压力也减轻了不少。

老旧小区居民：小区电气基础设施改造以后，我们用电用气更有保障了，现在小区整体环境好了，生活也更舒适方便了。

三、未来展望

老旧小区电气基础设施改造是一项巨大的民生工程，需要社会各界的共同参与才能有效推动。接下来，项目组将进一步提炼总结经验做法，向重庆市委、市政府相关领导汇报，争取获得更多的支持，力争在全市范围内推广实施。同时，建立"焕'燃'一新"智慧平台，研发集"项目立项、施工监管、建后维护"于一体的全过程管控小程序，向社会各界实时公布项目进展，提升项目信息透明度和公信力，获得更多居民用户的理解和支持，让更多的老旧小区完成"逆生长"，让人民群众生活更方便、更舒心。

（撰写人：伍福平、侯志发、刘文周、陶虹、杨莉）

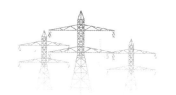

面向 SDG 的国网行动
电力大数据创造新价值

State Grid SDG Solutions
Electric Power Big Data Unlocks New Value

于志宏 ◎ 主编

王秋蓉　杜　娟 ◎ 副主编

经济管理出版社
ECONOMY & MANAGEMENT PUBLISHING HOUSE

图书在版编目（CIP）数据

电力大数据创造新价值 / 于志宏主编 . —— 北京 ：
经济管理出版社，2025. 6. ——（面向 SDG 的国网行动）.
ISBN 978-7-5243-0339-8

Ⅰ . F426.61

中国国家版本馆 CIP 数据核字第 2025HF5132 号

组稿编辑：魏晨红

责任编辑：魏晨红

责任印制：张莉琼

责任校对：曹魏

出版发行：经济管理出版社

　　　　　（北京市海淀区北蜂窝 8 号中雅大厦 A 座 11 层　　100038）

网　　　址：www.E-mp.com.cn

电　　　话：(010) 51915602

印　　　刷：北京市海淀区唐家岭福利印刷厂

经　　　销：新华书店

开　　　本：720mm×1000mm/16

印　　　张：9

印　　　张：34（全四册）

字　　　数：165 千字

字　　　数：616 千字（全四册）

版　　　次：2025 年 7 月第 1 版　　2025 年 7 月第 1 次印刷

书　　　号：ISBN 978-7-5243-0339-8

定　　　价：380.00 元（全四册）

破解世界难题的"国网方案"

——2024"金钥匙·国家电网主题赛"介绍

"破解世界难题，打造中国方案。"

2022 年，国家电网有限公司与《可持续发展经济导刊》发起并联合举办了首届"金钥匙·国家电网主题赛"，针对全球性难题寻找可持续发展解决方案，打造贡献联合国 2030 可持续发展目标(SDG)的国网方案，挖掘具有影响力、示范性的企业卓越实践案例，并在国际国内平台推介推广。"金钥匙·国家电网主题赛"既是"金钥匙——面向 SDG 的中国行动"的拓展与升级，也是国家电网进一步贡献 SDG 的新尝试。

2024"金钥匙·国家电网主题赛"聚焦"电力大数据创造新价值""转型低碳贡献气候行动""绿色电网守护生态之美""参与社会治理破解难题"四大主题，国家电网有限公司各单位共申报了 211 项行动，其中 73 项行动参加路演。经过金钥匙专家评审，共有 17 项行动获得金奖、16 项行动获得银奖、40 项行动获得铜奖。金奖行动最终产生 5 项"金钥匙·年度最佳解决方案"，成为破解这四大问题有代表性的国网方案、中国方案。

针对 4 个主题汇聚"国网方案"

2024"金钥匙·国家电网主题赛"针对 4 个主题，按照金钥匙标准与流程，汇聚了来自国家电网有限公司各单位 73 项贡献 SDG 的国网方案，在金钥匙平台充分展现了破解难题的丰富实践与解决方案。

主题一：电力大数据创造新价值。电力大数据是能源领域和宏观经济的"晴雨表"，为服务国家发展战略、助力科学治理、推动经济社会发展提供有力支撑。如何不断拓展应用场景，充分释放电力大数据价值，赋能经济社会发展？国家电网有限公司各单位扭住"数据"这个"牛鼻子"，通过 19 项优秀行动展示了利用电力大数据创造价值，打造新产品、新技术、新服务，服务社会经济发展的多种应用场景，包括社区电动汽车充电、新能源设施建设、农村光伏消纳、企业用电服务、社区供电服务、畜禽养殖

场及农排灌溉等。

主题二：转型低碳贡献气候行动。 实现"双碳"目标，能源是主战场，电力是主力军。转型低碳是电力行业的重要使命，是积极应对气候变化的重要着力点和创新点。本主题整合了电网企业推动能源绿色低碳转型、为应对气候变化作出贡献的创新性示范行动共 18 项，呈现了推动公共领域电气化、大型邮轮岸电使用、赋能零碳园区、农村能源革命、企业节能降碳、引导全民节约用电、公共建筑低碳用能等实践活动。

主题三：绿色电网守护生态之美。 作为重要的能源基础设施，如何将绿色发展理念融入电网全生命周期，建设环境友好型电网，助力美丽中国建设？本主题的 17 项路演行动有力展示了将电力基础设施完美融入绿水青山的美丽画卷，从破解湿陷性黄土地区"海绵城市"电网建造难题、打造"零碳"变电站、筑牢特高压工程森林"防火墙"、守护高原地区脆弱生态到海陆空立体化保护生物多样性，生动践行了习近平生态文明思想，再次用实践印证了电网与生态和谐共生的理念。

主题四：参与社会治理破解难题。 电力行业是现代社会的血脉，电网企业是社会治理的重要参与者。如何发挥供电服务体系的支撑作用，全面推进电网企业与社会综合治理共融共建？本主题的 19 项行动集中呈现了从电网自身出发，积极参与社会治理、助力解决社会难题的创新性示范行动，包括助力社区网格化"智"理、困难群众救助、灾难灾害救援、倡导居民节电、解决"渔电矛盾"、农村老年人厕所设施改善等，展示了关爱社会的温暖与善意。

持续破解难题，发挥示范引领作用

2022~2024 年，"金钥匙·国家电网主题赛"面向国家电网有限公司各单位广泛征集了 605 项行动，通过金钥匙标准及流程，200 项优秀行动脱颖而出成为破解难题的"国网方案"，建立起国家电网贡献 SDG 的优秀实践案例库；向社会各界展示了国家电网持续推进社会责任工作、破解可持续发展难题的生动实践与创新行动，提升了可持续发展品牌影响力；为国家电网向国际社会讲好中国故事提供了丰富的可持续发展优秀案例。

这些行动不仅展示了国家电网有限公司在可持续发展领域取得的显著成效，更体现了其作为关系国家能源安全和国民经济命脉的特大型国有重点骨干企业的水平和风

采。来自不同领域的金钥匙专家在主题赛路演展示过程中，对国家电网有限公司在社会责任和可持续发展道路上发挥的表率和示范作用给予了高度肯定，希望未来通过不同的平台将优秀经验和行动成果分享给社会各界及全球，共同为破解世界难题、打造国网方案贡献力量。

理念引领行动，行动践行理念。国家电网有限公司自上而下地灌输了可持续发展理念，各基层单位积极响应，自下而上地涌现出了无数的创新行动。金钥匙总教练、清华大学苏世民书院副院长、清华大学绿色经济与可持续发展研究中心钱小军教授对此给予了高度评价："每年 200 多项行动数量非常庞大。充分证明了国家电网有限公司作为一个大集体推动可持续发展的强大实力和坚定决心，系统内各单位热情不减，好点子层出不穷。"

通过"金钥匙·国家电网主题赛"，国家电网有限公司充分展现了其在可持续发展领域的领导力风范和风采，期待更多行业企业加入这一行列，开展本行业企业主题活动，营造比、学、赶、超的良好氛围，为中国及全球可持续发展难题寻找更多具有创新性的解决方案。

《面向 SDG 的国网行动》

2024 年，国家电网有限公司与《可持续发展经济导刊》联合发起 2024"金钥匙·国家电网主题赛"，聚焦"电力大数据创造新价值""转型低碳贡献气候行动""绿色电网守护生态之美""参与社会治理破解难题"四大主题，选拔出具有代表性的国网方案、中国方案。

为了向社会各界和国际社会讲好"面向 SDG 的国网行动"故事，《可持续发展经济导刊》汇总每个问题的优秀解决方案，经总结和提炼，按照"金钥匙标准"选编和出版 2024"金钥匙·国家电网主题赛"优秀成果选辑——《面向 SDG 的国网行动》（共四辑）。本书收录了来自 2024"金钥匙·国家电网主题赛"的 59 项优秀行动，并按照四个主题，即"电力大数据创造新价值""转型低碳贡献气候行动""绿色电网守护生态之美""参与社会治理破解难题"分为四辑。

本书为第一辑，聚焦"电力大数据创造新价值"主题。大数据与经济社会发展密切关联。电力大数据是能源领域和宏观经济"晴雨表"，为服务国家发展战略、助力科学治理、推动经济社会发展提供有力支撑。如何不断拓展应用场景，持续提升电力大数据开发利用能力，充分释放电力大数据价值，赋能赋智经济社会发展，需要创新的智慧与方案。本书汇集了来自国家电网有限公司各单位的 16 项发掘电力大数据价值、赋能经济社会发展的创新性示范行动。

《面向 SDG 的国网行动》面向高校商学院、管理学院，作为教学参考案例，可提升领导者的可持续发展意识；面向致力于贡献可持续发展目标实现的企业，可促进企业相互借鉴，推动可持续发展行动品牌建设；面向国际平台，可展示、推介国家电网可持续发展行动的经验和故事。

目　录

1

国网浙江省电力有限公司营销服务中心、
国网浙江省电力有限公司温岭市供电公司

数据问诊，
"电费管家"让企业轻松省钱

一、基本情况

公司简介

国网浙江省电力有限公司营销服务中心（以下简称国网浙江营销服务中心）成立于 2020 年，是国网浙江省电力有限公司直属单位，主要承担营销集约业务实施、营销服务监控、营销创新实践等职责。作为营销全业务支撑机构和最高计量技术支撑机构，国网浙江营销服务中心始终将可持续发展理念融入日常经营管理和企业文化建设，加强电力需求侧管理，深化"供电＋能效服务"，培育"'益'起种太阳""碳咔咔"等特色低碳实践品牌，培育发展绿色生产力，全面助推美丽中国建设。近年来，国网浙江营销服务中心先后获得浙江省模范集体、浙江省亚运保电先进集体、国家电网公司亚运保电先进集体、全国工人先锋号等荣誉称号。

国网浙江省电力有限公司温岭市供电公司（以下简称国网温岭市供电公司）是国网浙江省电力有限公司全资子公司，主要从事电力供应、输变电工程的设计施工和建设、电力设备修造维修、电力技术服务等业务，独立设置职能部门 7 个、业务支撑和实施机构 5 个、供电所 11 个，供电户数达 68.9 万户。近年来，国网温岭市供电公司深耕社会责任履责实践，完成 GB/T 39604 社会责任管理体系建设与认证工作，获评中国企业社会责任管理创新企业，《全国首创"电费管家"助力企业降本增效》实践案例入选"2024 绿光 ESG 榜典范案例 TOP100"，在"2023 金蜜蜂企业社会责任·中国榜"活动中获"创新力·责任管理创新"奖。此外，国网温岭市供电公司还先后获中国企业文化建设峰会"2020 年度企业文化建设优秀企业"、浙江省文明单位、国网浙江省电力有限公司抗击台风"利奇马"先进集体、台州公司"精神文明建设"先进单位和"绩效优胜单位"等荣誉称号。

行动概要

党的二十届三中全会指出，要支持和引导各类企业提高资源要素利用效率和经营管理水平、履行社会责任。在电力市场化改革和能源价格上涨的背景下，能源成本的不断攀升已成为众多行业，特别是生产型企业面临的普遍问题。生产型企业的能源管理远非简单的"少用电"所能概括，峰谷分时电价、市场化购电、变压器容量、生产设备能耗等都是用电成本的重要影响因素。由于缺乏专业的能源管理人员和深入的用能分析能力，许多企业在制定节能降费方案时显得力不从心，有病无"医"，甚至"病急乱投医"。

为此，国网浙江营销服务中心、国网温岭市供电公司深挖电力大数据价值，打造集用电智能诊断、电价策略比选、电量辅助预测于一体的数字化服务产品——"电费管家"。"电费管家"的"电费一键体检"功能使企业的用电管理水平、用电结构性问题一目了然；用电策略"比价"功能和电量预测提醒功能，能为企业生成市场化购电套餐、分时电价策略、输配定价策略的最优解；通过"批量"工作，实时为用电结构存在严重问题的企业"把脉"，全方位辅助企业优化用电管理。自 2023 年 9 月在浙江省推广以来，截至 2025 年 6 月，"电费管家"已覆盖全省 35 万高压用户，为 16.2 万家企业提供用电优化建议，为企业累计节省用电成本 2.67 亿元。

二、案例主体内容

背景和问题

近年来，全球经济面临多重冲击，增长显著放缓、动力不足、下行压力增大，衰退担忧日益升温。在这一背景下，企业用电成本作为企业运营中的重要开支，受到了广泛关注。随着电力市场化改革和能源价格上涨，许多行业面临电费成本高昂的挑战，对电价电费的关注度不断增加，降本增效需求愈加强烈。

对于浙江省很多企业而言，不合理的用电习惯与低效的设备运作将直接影响用电成本。尤其是生产型企业的能源管理，远非简单的"少用电"所能概括，峰谷分时电价、市场化购电、变压器容量、生产设备能耗都是用电成本的重要影响因素。通常情况下，重视能效管理并采取有效节能措施的企业，通过优化生产工艺和设备、提高设备能效、做好能源管理等工作，可以显著降低用电成本。然而，企业内部用电管理水平参差不齐。多数企业由于缺乏专业的能源管理人员和深入的用能分析能力，对自身的用电成本、能耗水平缺乏清晰的认识。在现行电价政策、市场交易规则的多样化和复杂化背景下，如何选择一种适合企业自身规模、生产方式的电价策略，如何在不影响产值的情况下优化能源管理，成为企业的一大难题。

行动方案

为解决企业面临的问题，国网浙江营销服务中心、国网温岭市供电公司先行先试，共同成立项目团队，自 2023 年 1 月开始深入剖析了浙江省 400 万家企业的海量用电数据和电费结构，经过 8 个月的研发和试点工作，最终全国首创了一款数字化服务产品——"电费管家"，该产品能够实时分析客户用电健康状况，并形成"电费健康体检报告"，为用能企业定制个性化用电优化策略，帮助企业降本增效。

精准穿刺，依靠大数据算法深挖"病灶"

项目团队以海量企业用户的"纵向"历史用电数据与同行业企业"横向"数据为基础数据源，深入研究企业用户电费成本构成要素、成本结构特点、成本变动影响因素等，筛选出 8 个影响企业电费成本的关键因子，构建了数字化诊断分析和决策辅助模型。

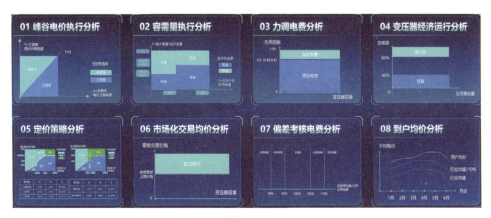

影响企业电费成本的关键因子

基于"8 个关键因子"模型，"电费管家"深度融合了电价电费政策、市场化交易动态等多源信息，对企业实际用电状况、电费结算明细、电力设备运行效能等海量历史数据进行全面清理、整理、归纳。企业在"电费管家"可以生成"电费一键体检"报告，直观展现企业整体电费成本结构、潜在问题与改进空间。

企业"电费一键体检"App 页面

对症下药，细分场景实时开具"处方"

针对各企业的不同生产情况，"电费管家"因企施策，在企业用户自主填报生产计划的前提下，结合往期用电数据，深度分析并考量企业未来的生产特性及用电趋势，从输配电价、零售套餐、分时电价三个方面，针对性地辅助企业用户合理选择电价方案，降低企业用能计算压力，最大限度减少电费支出，引导企业用户主动优化电费计价策略。

同时，"电费管家"配备电量预测提醒功能，通过"数智化电量预测模型"为企业提供电量辅助预测、申报余量预警和电量查询分析的"管家式"服务，精准预测用电量，帮助企业根据实际生产情况及时调整用电规划，切实提升各类企业用户了解电力市场、参与电力市场的体验感和获得感。

送医上门，聚焦用电管理及时"手术"

"电费管家"可智能识别和挑选"电费体检"存在异常的企业用户，精准锁定靶向服务的重点目标企业用户名单，并利用政府平台、"网上国网"App、短信等多渠道将用电成本优化提醒触达企业用户。

针对预警级别高、市场化敏感的企业用户，"电费管家"自动生成企业用电成本优化的现场服务工单，并同步开展多维度的数字拟合分析，选择企业用电成本优化的最佳"处方"，现场服务客户经理参与制定"一户一策"整体服务方案，确保增值服务精准到位。

企业根据建议进行用电优化后，"电费管家"运用数据自动比对及智能分析技术，搭建"可视化"成效看板,直观展示"电费健康体检报告及优化处方"在多渠道触达企业后的"治疗成效",辅助分析研究企业用户需求变化、密切追踪服务成效。

关键突破

创新电力大数据分析技术,用电服务实现从"需求驱动、滞后响应"到"数智自驱、超前响应"的转变

"电费管家"基于电力营销信息化系统,以企业用户用电行为策略优化为重要切入点,深化用电成本大数据挖掘分析与结果应用,助力企业优化用能,实现从"需求驱动、人工比对"到"数智自驱、AI 赋能"的转变。与传统的能效账单相比,"电费管家"实现了对企业用电情况的实时监测、实时分析、实时推送,测算更精确、方案更精细、服务更精准,靶向推动企业用户用电行为策略优化,实现从"粗放服务、滞后响应"向"精准服务、超前响应"的转变。

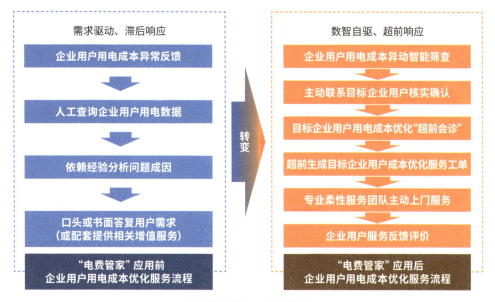

"电费管家"应用前后的转变

创新电价电费诊断模型,实现从"单渠道线下服务"到"多渠道增值服务"的升级

"电费管家"锚定电价政策和市场规则要点,构建电量预测、电价比较、电费诊断等 13 个诊疗模型,为企业实时出具电费体检单,靶向推荐最优用电策略,较好地解决了电价策略选择难、电费看不懂不会算、降本增效需求大等企业用户痛点问题。同时,拓宽、优化了产品服务渠道及跟踪闭环机制，充分利用网上国网、企业码、短信等线上渠道，以及国网现场作业渠道、营销大脑闭环管控看板，实现了从单渠道线下服务到多渠道增值服务的突破。

创新电价政策落地手段，实现从"单兵作战"到"政企联动"的转变

项目团队积极响应电价政策，进一步发挥电价信号引导电力资源优化配置作用，联合浙江省经济和信息化厅、浙江省能源局举行了电力增值服务产品发布会，推进全省层面实施与推广，协同政府持续优化营商环境，持续深挖供电服务内涵向外延伸。通过"电费管家"产品，实施全方位用能成本优化服务，充分调动用户移峰填谷、均衡用电的积极性，帮助用户科学用能，缓和电力供需矛盾，带动电力系统安全稳定经济运行，推进绿色低碳发展。

电力增值服务产品发布会

多重价值

经济价值

节约企业用电成本。 自 2023 年 9 月在浙江省推广以来，截至 2025 年 6 月，"电费管家"已覆盖全省 35 万高压用户，为 16.2 万家企业提供用电优化建议，为企业累计节省用电成本 2.67 亿元。

降低省外购电成本。 迎峰度夏期间，通过"电费管家"鼓励企业合理安排生产经营计划，科学调整用电负荷，主动错避峰用电，减少高峰时段用电，在 38℃以上的高温天气下，企业平均每天可降低高峰用电量 100 万千瓦·时，每年的 7~8 月可节约用电成本 2 亿元。

社会价值

助力政府优化营商环境。"电费管家"作为一项创新的数字化产品，不仅提升了企业的用电体验，更在助力政府优化营商环境方面发挥了重要作用。国网浙江省电力有限公司对"电费管家"的实践应用与成效进行了系统总结与提炼，成功入选 2023 年度中共浙江省委全面深化改革委员会办公室"竞跑者"典型案例。"'电费管家'助力企业降低用电成本"创新实践经验入选台州市 2023 年营商环境改革创新典型案例。

助力企业践行社会责任。"电费管家"可在电网企业进行推广应用，为各类企业提供优质的电价电费服务，提升企业用电满意度。相关成果报告获得国家电网有限公司相关负责人的批示："浙江公司的做法值得借鉴推广。"2024 年 7 月，国网浙江省电力有限公司正式上线全国统一推广的"电费管家"，成为率先上线该版本的单位，标志着"电费管家"这一具有浙江特色的产品正式迈入全网推广新阶段。

环境价值

随着"双碳"目标的深入推进，"电费管家"在帮助企业节电的同时也实现了节能降耗。根据 2024 年 4 月 12 日生态环境部、国家统计局发布的电力二氧化碳排放因子 [0.5568 千克二氧化碳/（千瓦·时）]，每年浙江省将减少二氧化碳排放 16.7 万吨。在"电费管家"的引导下，各行业企业以节能降碳、绿色转型为抓手，推进减污降碳和能效提升，加快产品结构、用能结构、原料结构优化调整和工艺流程再造，促进产业高端化、智能化、绿色化。

各方评价

中共浙江省委全面深化改革委员会办公室：国网浙江省电力有限公司聚焦企业理解电价政策难、电价选择难、降本增效需求大等迫切需求，以经济适用、智能绿色为目标，从用电成本、办电便捷、延伸服务等方面高质量打造便捷高效的电力增值服务体系，实现从便捷服务到增值服务的全面升级。截至目前，累计为 34.7 万家大中型企业提供优化用电策略"电费一键体检"，为 1.1 万个项目提前主动服务，实现了企业获得感、满意度"双提升"。

中央广播电视总台等媒体：国网浙江电力有限公司在"网上国网"App 上线了"电费管家"板块，协助工业企业分析自身用电合理性，优化方案，削减不必要支出，提高

2024 年 7 月 20 日中央电视台《新闻调查》栏目报道

每度电的经济效益。

温岭市人民政府： 国网温岭市供电公司一直在探索政务服务的增值化改革，值得各部门学习。

绍兴虎彩激光材料科技有限公司： 现在政策变化很大，我们一直搞不太清楚到底选择哪种电价最划算，逐一翻看电费账单，仔细查找数据再进行计算，这一系列操作会消耗很多精力，现在用比价工具，数据信息一键获取，比价结果自动计算，结果输出一目了然。

浙江汇才服饰有限公司： 2024 年 1 月，由于订单浮动、天气变化等因素，用电量波动较大，交易电量预测成为企业的难题。在国网温岭市供电公司的服务指导下，我们通过"电费管家"辅助开展电量预测，半年来累计减少偏差电量 11.5 万千瓦·时，节省市场偏差电费约 3000 元。

三、未来展望

未来，"电费管家"将继续在企业能源管理中扮演关键角色，通过持续的技术创新和功能迭代，不断推动服务升级，将服务群体从工商业用户扩展至居民用户，服务范围从浙江逐步推广至全国各地。通过提供更加贴心和精准的定制化服务，帮助企业在实现绿色发展的同时加快构建能源节约型社会，助力实现可持续发展。

（撰写人：朱鹏军、徐梦佳、袁健、王新兵、柳杨、陈昊、陈洋子）

国网浙江省电力有限公司杭州供电公司、
国网浙江省电力有限公司杭州市富阳区供电公司

让充电更聪明更智慧
—— 大数据优化社区电力资源配置共赢方案

一、基本情况

公司简介

国网浙江省电力有限公司杭州供电公司（以下简称国网杭州供电公司）是国家电网有限公司大型重点供电企业，下辖 9 家县供电公司和 4 家城区供电分公司，供电区域覆盖杭州全地区。国网杭州供电公司着力统筹政治、经济、社会"三大责任"，落实可持续发展理念和国家电网公司全面社会责任管理要求，构建社会责任管理模式，以可持续发展为核心，通过将社会责任理念融入发展战略、企业决策、业务运营、岗位职责、绩效管理，提升责任驱动力、阵地示范力、管理渗透力、社会影响力、价值共创力，推动全面社会责任管理"三全"落地实践，引领示范可持续发展生态。近年来，国网杭州供电公司先后获联合国实现可持续发展目标先锋企业、中央企业先进集体、全国文明单位、全国五一劳动奖状、国家电网先进集体、国家电网红旗党委等荣誉。

行动概要

我国新能源汽车保有量超 2000 万辆，私人充电设施突破 600 万台，随着电动汽车的快速普及，居民充电需求不断提高，晚高峰期间，居住小区充电负荷与生活用电高度重叠，导致部分台区重过载，时段性供需矛盾凸显。

为满足居民的充电需求、实现充电资源的合理分配，自 2022 年起，国网杭州供电公司、国网浙江省电力有限公司杭州市富阳区供电公司联合开展"让充电更聪明、更智慧——大数据优化社区电力资源配置共赢方案"项目，突破传统充电模式桎梏，通过对电动汽车充电时间、充电频率、电量消耗和电网运行状态等数据分析及关联性挖掘，实现多维数据融合下的用户充电行为的深度剖析，为每辆车制定最优的充电策略，对电动汽车充电功率和时间进行调控，让小区及城区配网用电负荷移峰填谷，缓解小区充电桩增容压力，保障电网安全稳定运行，居民收获优惠红利。

二、案例主体内容

背景和问题

电动汽车飞速发展带来充电需求迅猛增长

中国是全球电动汽车数量最多、发展最快的国家，以浙江省为例，2021~2023 年，居住区私人充电桩由 26.32 万台增加至 110.62 万台，年均增长率为 105%。充电容量由 239.77 万千瓦增加至 992.73 万千瓦，年均增长率为 103%。最高充电负荷由 25.87 万千瓦增长至 164.18 万千瓦，年均增长率为 152%。但快速增长的背后，也存在发展的制约与瓶颈。

居住区充电桩是电动汽车充电的最重要场所

对于电动汽车车主来说，可以在家附近或居住区内实现便捷充电是不可或缺的关键要素。居住区充电桩的设置，使车主无须长途跋涉寻找充电站，大大提升了充电的便利性。车主可以在夜间或停车期间进行充电，既不影响日常出行，又能在电力低谷时段充电，从而降低充电成本。但飞速增长的居住区充电需求，给小区变压器容量、城市区域配电网承受能力带来了严峻考验。

居住区充电桩已有资源与需求未形成良好匹配

充电桩报装需求持续增多，配套建设受制约

晚高峰期间，在分时电价引导下电动汽车出现时段性聚集充电，并且与居住小区生活用电高度重叠，导致部分台区重过载，配网供需紧平衡，时段性供需矛盾凸显。对于居住小区来说，由于邻避效应变压器放置难，增容困难；对于配电网来说，电网增容意味着更多的资金投入，也增加了电力电量平衡和运行优化的难度。

充电桩夜间闲置时间长，资源未充分利用

相较于运营快充站"急充急走"情况，居住小区电动汽车没有限时限地的停车顾虑及即刻出发的用车焦虑。一般车主夜间停放时间超过 10 小时，但充电只需要 3.5 小时，因此可调潜力大、可调时间长，是车网互动有序充电的最佳场景。经测算，非运营电动汽车每年充电 2500 千瓦·时，需要 357 小时，即每天充电不足 1 小时，平均容量为 4.2%。

现有有序充电技术难以实现资源匹配

有序充电方式通过调整充电负荷的功率和时间，可以实现上述资源匹配问题，但现有主流有序充电技术普遍采用能源控制器、融合终端技术，由于存在设备成本高、运维保障难、通信可靠性低、车网数据融合性弱等特性，难以形成规模化、市场化的有序充电推广模式。

面对"车—桩—网"互动复杂场景，在不确定性负荷数据采集、智能分析等方面，尚缺乏精准稳定、高速互联、广泛感知的数字化智能计量体系，急需对传统计量手段进行深层次研究与拓展，主要面临以下挑战：①无法采集、分析电动汽车充电需求、行为、状态等一系列数据。②难以支撑、保障车网互动下的用户信息安全和运维。③无法支持电动汽车充电功率和充电时间的动态调控。④难以满足电动汽车有序充电数智化管控要求。

行动方案

针对以上问题，国网杭州供电公司、国网浙江省电力有限公司杭州市富阳区供电公司联合开展了"让充电更聪明更智慧——大数据优化社区电力资源配置共赢方案"项目，进行创新实践，寻找解决方案。

该项目为居住区私人充电桩和居住区公共运营充电桩使用者提供有序充电服务。通过对电动汽车充电时间、充电频率、电量消耗和电网运行状态等数据分析和关联性挖掘，实现多维数据融合下对用户充电行为的精准画像，为每辆车制定最优的充电策略，对电动汽车充电功率和充电时间进行调控。

拓展应用场景，采集充电信息

该项目以家家户户都有的电表为切入口，首创居住小区有序充电方案，打通电动汽车—充电桩—电表—集中器—用采主站之间的双向通信链路、打造自研车桩信息交互模块等信息传输路径，自主研发新型物联电表有序充电模组，整合"人—车—网"海量数据，实现对电动汽车充电功率和充电时间的最优调控。

供电公司员工为电动汽车车主介绍有序充电功能及操作方法

用户可以采取三种不同的方式参与有序充电，分别是"网上国网"App（针对居民私家车位）、手机微信小程序（针对居住小区公共车位）和车载信息直接上传（车桩信息交互模块）。

打通车网联系，智控移峰填谷

用户选择是否参与有序充电、目标电量、初始电量、电池容量、额定充电功率、出发时间、插枪时间等信息，进行信息通信。

该项目通过全链路电动汽车自适配协同控制技术，发明柔性功率分配方法，实现"台区级"和"电网级"优化配置，支持兆瓦级电动汽车可调负荷资源池建设，实现对电动汽车充电功率和充电时间的最优调控，"唤醒"海量可调节资源。

激励车主参与，引导行为改变

对电动汽车车主，主要以充电峰谷差价来激励、引导充电时段调整，如价格激励型模式、联合套餐型模式、实时竞价型模式，相较于网络运营商，可以理解为个人用户按照流量或套餐计费，集体用户按照实时竞价等模式。各种模式能够适应各类用户的需求，使用户获得最大的利益和优惠。

对于以小区物业、社区等为主体的运营商来说，由运营商整体获得收益，然后根据与用户的协议进行利益分享。

若充电桩与电动汽车具备与电网的互动能力，如车辆到电网（Vehicle-to-Grid, V2G）技术，则电动汽车在电网需要时释放电量，能更直接地得到电费补贴。

守护信息安全，保障稳定运行

该项目在"电表、集中器、主站"三级分别部署智能策略。无论计量链路在哪个环节中断，都可以通过历史数据预测电网状态或根据用户历史画像和用车需求，保证策略算法能够可靠下发。

关键突破

数据感知更海量

该项目复用原有的电力计量链路，打通电动汽车—充电桩—电表—集中器—用采主站之间的双向通信链路。将自主研发的智能芯片插入电表的 B 型扩展模组插槽即可实现感知和控制数据双向传输，定义控制、变量、事件三大类 14 小类数据项，真正实现"人—车—网"数据共享。用户投资零成本、改造轻快、使用方便。

供电公司员工安装带有有序充电模块的智能电表

数据算法更智能

该项目研发了国内首款车桩信息交互模块，实时采集"人—车—网"数据，通过电表上的智能芯片，将数据集中到用采主站，以充放电收益最大、台区负荷峰值最小为目标函数，为每辆车制定最优的充放电策略。用户可随时随地选择充放电时段、电量、价格的组合方案，实现信息一"键"调用，服务一"点"直充。

数据驱动更可靠

该项目在"电表、集中器、主站"三级策略中分别部署的内嵌智能算法，在弱通信条件下保证了充放电调控可靠性达 100%。当集中器与主站失联时，可以通过历史数据预测来补充缺失的电网数据，实现半在线策略的部署下达；当电表与集中器失联时，可以借助用户历史"画像"和用车需求智能分配充放电时段，实现全离线策略的部署下达，为充放电调控提供高效可靠的决策依据。

多重价值

200 套有序充电装置已在杭州市科创公寓、融创森与海、三秋花苑三个居住小区进行安装调试和推广应用，整合了 1400 千瓦可调负荷资源，提高了充电负荷接入，降低了电网投资改造成本。该项目实现有序充电下送率 100%，综合提高电动汽车接入数量 2~4 倍。

政府: 践行"双碳"目标

项目成果践行国家"千万工程"、助力杭州亚运会，成功亮相国家能源局推进新能源汽车充电基础设施高质量发展现场会，推动上下游企业开展可持续合作，为践行"双碳"目标、地区经济和社会的可持续发展开启新的服务模式。

用户: 降低充电成本

该项目可将单个台区电动汽车接入数量提高 2~4 倍，每年降低用户充电成本 8300 万元。

以 800 千伏安变压器举例，最多同时接入 114 辆电动汽车有序充电；台区峰谷差下降 50%，电动汽车接入数量上升到 250~400 辆（蒙特卡罗模拟法，1000 次模拟获取数据）。以 2023 年 8 月浙江省个人桩用电量 2.47 亿千瓦·时为依据，采用有序充电后，将有 10% 的充电量从高峰转移至低谷。

电网: 提供可调资源

该项目可为杭州电网提供约 100 万千瓦可调资源，每年减少台区配变增容改造成本约 7950 万元。

截至 2023 年 8 月，浙江省个人桩最高充电负荷为 101.54 万千瓦。800 千伏安变压器安装投用成本为 40 万元，2021 年浙江省居住区增容改造投入数量为 5679 台，其中 3.5% 服务于电动汽车充电。

企业: 助推产业链升级

项目研发的"车—桩—网"互动场景下的一系列装备、互动平台、有序充电微应用和相关技术，调动规模化电动汽车负荷资源支持电网削峰率高达 55.8%，平均提升电动汽车接入数量 3.5 倍，提高了企业产品销售竞争力，预计三年产生经济效益近 8 亿元，推动了电动汽车装备和工程应用与国际接轨。

在数字中国大会现场展示

各方评价

中国科学院： 该项目处于国际领先水平。

华南理工大学土木与交通工程学院： 车网互动技术接入以后，不仅可以实现从用户端获利，还可以从电网端获益。

电动汽车车主、三秋花苑业主： 在这边充电费用比在外面充电更便宜。

三、未来展望

　　未来，国网杭州供电公司将在"让充电更聪明更智慧——大数据优化社区电力资源配置共赢方案"项目现有成果的基础上进行推广，凝聚更为广泛的利益相关方力量，从硬件基础、标准编制、技术创新、商业模式探索等方面持续发力，探索更多的应用场景，发挥更大的调节力量，包括加快新型智能物联电表等新一代计量设备推广，为模组的应用提供硬件基础；在团体标准的基础上，推动国家标准和国际标准的出台、车网互动通信标准化；依托现有技术链路，开展电动汽车 V2G 关键技术的研究；在商业模式探索方面，提出三大应用场景，真正以市场化方式激发数据价值，让社区充电更智慧、更便捷。

（撰写人：李昂、陈奕、蔡依诺、朱俊杰）

国网江苏省电力有限公司昆山市供电分公司

"数字罗盘"赋能城市新能源设施规划建设

一、基本情况

公司简介

昆山市，江苏省辖县级市，截至 2024 年，已连续 20 年居全国百强县市榜首。20 年来，昆山生产总值连跨 5 个千亿级台阶，达 5140 亿元，进出口总额达千亿美元规模、占江苏省进出口总额的 1/7。国网江苏省电力有限公司昆山市供电分公司（以下简称国网昆山市供电公司）见证了昆山经济的腾飞，并以坚实的电网建设为昆山的发展提供了强有力的电力保障。

国网昆山市供电公司下设 12 个部门，管理省管产业单位 2 家，三新公司下设业务所 11 家，现有全民员工 336 人。目前，昆山地区拥有 35 千伏及以上变电站 94 座，220 千伏及以下输电线路 261 条、1845 千米，10 千伏、20 千伏配电线路 1434 条、9494 千米。

国网昆山市供电公司积极履行企业社会责任，将可持续发展视为企业发展的重要方向，曾获评全省同业对标综合先进标杆单位、国网数字化综合示范标兵单位等荣誉称号。公司坚定践行服务宗旨，在项目接电、办电体验、民生用电三个方面下足功夫。其中，"满电回家"等 5 项举措入选《2023 年昆山市绿色充电工程实施方案》，为昆山打造中国式现代化县域示范作出了积极贡献。

行动概要

在"双碳"背景下，我国新能源产业发展驶入"快车道"，利用数字化手段培育发展新质生产力，推进新能源产业链建设成为研究热点之一。昆山作为连续 20 年居全国百强县市榜首的城市，扎根"长三角一体化"腹地，引得全世界一流企业入驻，是中国县域经济高质量发展的示范样本。2023 年，昆山光伏装机容量 84.8 万千瓦，报装容量同比增长 86.57%；个人充电桩新装需求月均约 1000 户。然而，随着新能源的快速增长，新能源设施建设正面临在哪儿建、怎么建、如何形成合力三大难题。

国网昆山市供电公司对标联合国可持续发展目标，在全国百强县市榜首昆山先行先试，依托电力大数据底座——昆山"电网一张图"，融合多方数据，构建新能源设施选址评估模型、提供一站式全流程服务，在江苏省内创新推出新能源建设运营引导工具——"数字罗盘"，推动新能源相关方共建共享、能源互联，打造全域新能源设施合理化配置建设的样板，形成电网安全可靠、企业降本增效、经济低碳转型的共赢局面。

二、案例主体内容

背景和问题

近年来，昆山市政府积极支持绿色低碳产业发展，先后出台了多项政策，从市场前景、财政补贴、流程审批、大数据资源、政策激励、金融支持六个方面，全力助力光伏、储能及新能源汽车产业的蓬勃发展。以 2023 年昆山市新能源发展数据为例，光伏装机容量 84.8 万千瓦，报装容量同比增长 86.57%，个人充电桩新装需求月均约 1000 户。

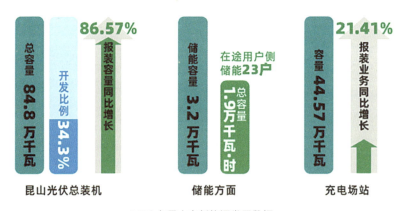

2023 年昆山市新能源发展数据

新能源建设市场广阔，新能源投资运营商投资需求旺盛。但随着光伏与新能源汽车的普及率迅猛攀升，昆山市新能源设施配置建设面临随意、混乱、布局不均衡等情况，主要源于以下几个方面的问题。

在哪儿建？新能源设施规划方向不明确。

在城市新能源设施的配置与建设过程中，缺乏跨部门、跨行业的综合性新能源发展规划，存在局部过剩和局部短缺的现象。

怎么建？投资者缺乏引导、效果不佳。

在建设前，投资者缺乏对各区域的新能源接入条件与投资效益的科学评估，无法有效发掘潜在的光储充设施建设资源和规模。

如何形成合力？利益方各自为政、沟通不畅。

新能源设施配置涉及能源、交通、规划、建设等众多利益相关方，各方数据基础平台相互独立，缺乏有效的沟通协商机制，难以形成协同的合力。

行动方案

国网昆山市供电公司关注城市新能源设施激增所带来的合理化建设配置问题，从电力大数据的创新应用角度寻找解决问题的新方案，从 2022 年 6 月起，联动聚拢城市各个基础设施领域的数据资源，整合到昆山"电网一张图"，开发能够指导、支撑新能源设施优化布局、科学建设、精准投资的功能模块——"数字罗盘"，为共享数据各利益方提供新能源建设"一站式"支撑服务，构建多方联动协调机制，有力推动城市新能源建设精益高效。

"数字罗盘"共享数据各利益方

多方协作，构建新能源建设数据"图谱"

为有效打破数据壁垒，国网昆山市供电公司搭建了跨部门、跨行业的新能源信息数据链，以多维多态"电网一张图"为数据底座，涵盖电网从发电到用电的所有环节，同时将车联网平台、高德地图、国家新能源监管平台、昆山"鹿路通"平台等数据整合到"数字罗盘"模块中，进行全面采集和统一管理，实现了政企数据的共享共用，数据不再是"一盘散沙"。

"电网一张图"系统实现了分布式光伏、新能源充电设施、用户新能源储能设施100%上"图"纳管，推动了政府部门、供电公司、新能源投资商、高德地图等相关方的实时数据共享，绘成一张指导新能源建设的"图谱"。通过该平台，电力负荷、充电需求、土地资源等信息实现了安全共享，各方能够迅速、准确地掌握市场需求、设施分布等关键信息，促进决策的科学性和精准性。

昆山"电网一张图"系统"数字罗盘"模块

数据交汇，提供科学高效的前瞻服务

构建选址评估模型，科学引导投资策略

国网昆山市供电公司依托新能源信息数据共享平台，深入了解各类用户的实际能源消费需求、新能源汽车充电需求及分布式光伏发展潜力，构建充电设施选址评估模型，

绘制充电设施布局优化建议"热力图",直观展示出哪些区域应该优先建设充电站、哪些地方居民的充电需求最大,为投资者提供切实可行的投资策略和指导,确保新能源设施布局既科学合理,又能满足实际需求,从而有效地让电力供应和需求更平衡,减少资源浪费,同时让电网的运行更稳定、更安全。

大数据引导,提供"一站式"新能源合理化配置服务

国网昆山市供电公司通过科学规划、高效协同,以电力大数据为基础构建分析测算模型,根据历史数据模拟城市不同区域的电力负荷情况,作为投建新能源设施容量、规模等信息的参考依据,提供了"一站式"新能源合理化配置服务,全面考虑地理条件、安全运行、政策要求等边界条件,从新能源咨询、立项、报装、建设、并网到后期运维管理都包含在内。不仅能提升电网对新能源的接纳能力和消纳效率,降低企业用能成本;还能推动经济社会向绿色低碳转型,达成政府、企业、公众等多方共赢,实现综合价值最大化。

合作共享,构建利益相关方协调机制

国网昆山市供电公司设立新能源设施配置工作小组,集合了政府部门、新能源投资商、用能单位和高德地图等合作伙伴共同参与,明确了各方在新能源设施规划、建设和运维过程中的具体职责与权益,确保所有利益相关方能在统一、高效的合作框架下,共

工作人员核查企业光伏板覆尘情况

同参与新能源设施全生命周期管理的各环节。工作小组定期召开联席会议,保障各项决策经过充分讨论、科学论证后得以实施,以达到资源优化配置和协同效应的最大化。

关键突破

数据精准预测,变无序扩张为智能引导

国网昆山市供电公司依托电力大数据强大的"算力""数力""智力"基础设施,在全国率先探索建设"电网一张图"系统,对昆山各区域的新能源接入环境进行深入研究,综合考虑区域地理条件、市场需求、资源条件、经济效益、电网承载力等多个关键因素,在"数字罗盘"模块中形成充电设施选址评估模型和热力图。科学评估各区域的新能源接入条件与投资效益,引导和优化充电基础设施布局,更有效地挖掘光储充设施建设的开发潜力,进而给出精准的投资建议。从盲目跟风投资转为基于真实需求和资源优势的精准预判,使新能源投资能够更有针对性、更加精准,更好地服务社会主体多样化的用能需求和新能源产业的长远发展。

数据资源共享,变单兵突击为联合作战

国网昆山市供电公司秉持透明运营原则,改变以往依赖传统经验的做法,通过与政府、企业、用户等多方数据共享和协同,对来自多元数据源的信息,如历史负荷数据、气象条件、光伏出力规律及电动汽车的充电行为进行汇集与整合,从而构建出一个详尽且全面的数据池,这一数据池能深入反映昆山全域电力设施的运行状况、新能源资源的

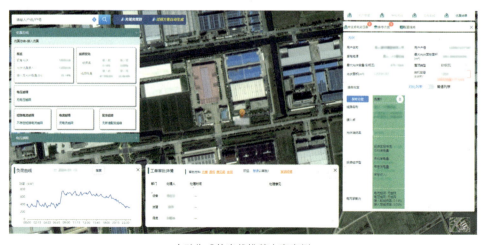

自动生成的光伏推荐方案案例

分布情况。

借助丰富的数据资源，国网昆山市供电公司构建起科学严谨的电网负荷预测模型，在昆山"电网一张图"形成"数字罗盘"指南。这样在决定如何将分布式光伏、储能设施和充电设施接入电网时不再依赖传统经验进行判断，而是基于实证数据进行精准预测，让资源配置与管理更加科学、准确。

立足外部视角，变被动接电为精准服务

国网昆山市供电公司不再局限于为用户提供电力服务，而秉持前瞻性的战略眼光和长远考虑，积极扮演用户的"能源顾问"角色，主动参与到用户的能源使用规划与和服务设计中。基于对用户的用电习惯和充电需求的研究，运用数字化技术工具，为用户提供从新能源项目安装到后期维护的全流程精准服务。随着这一转变，国网昆山市供电公司不再局限于被动等待用户申请接电，而是主动为用户量身定制并设计服务方案，实现服务模式转变，为用户创造更多价值。

多重价值

在经济价值方面： 从 2023 年 12 月至今，"数字罗盘"已为近 500 家用户提供新能源建设运营的解决方案，每年可减少用能成本近 3000 万元。"数字罗盘"通过基于电力大数据的配网计算推演规模化应用，成功解决了变压器过载问题，避免了因负荷增长导致的配网扩建投资，预计可节约 200 万元的基础设施建设支出。

在社会价值方面： "数字罗盘"依托全要素数字孪生的昆山"电网一张图"，开发了光储开发"潜力地图"应用，实现了昆山市 11 个行政区域 247 万千瓦光储资源一图统览，同时，满足了 1.2 万居民的充电需求。

在环境价值方面： 助推了城市低碳产业发展布局，年均减少碳排放 30 万吨。

各方评价

政府： 该项目解决政府对新能源资源掌握不透彻的问题，为城市的可持续发展提供了有力支撑。

系统服务企业： 该项目的光储报装方案有效降低了用能成本，让我们清楚地知道选择什么样的光储配置最方便、最合理、最经济。

居民： 通过引导充电桩的合理布局，可以享受更便捷的充电服务，大大提升了充电效率。

电力员工：作为电力员工，这个项目通过智能化的管理手段，能够让我们精准感知电网的运行状态，缩短了业务办理流程，提高了工作效率。

三、未来展望

未来，城市新能源设施的规划建设是一项系统性工程，需要政府、企业和公众的共同参与。国网昆山市供电公司的"数字罗盘"通过科学规划和合理布局，不仅可以有效应对能源和环境挑战，还可以为城市的可持续发展注入蓬勃活力。

国网昆山市供电公司将继续深度联合政府部门、新能源投资商、高德地图、充电桩运营商、居民等利益相关方，创新电力大数据的配网计算推演规模化应用，推动新能源汽车配套设施的完善，提高清洁能源的接纳与利用水平，提升昆山市新能源与电网系统的互动效率，促进全市能源管理体系更加精细化和智能化，打造全域新能源设施合理化配置建设的标杆。

（撰写人：胡迪、王丹、施皓、顾浩、杨臻）

国网冀北电力有限公司唐山供电公司

助推配网转型升级的数智"侦察员"

——大数据赋能配网运营

一、基本情况

公司简介

国网冀北电力有限公司唐山供电公司（以下简称国网唐山供电公司）是国家电网有限公司（以下简称国家电网公司）34 家大型重点供电企业之一，肩负着唐山 7 个市辖区、3 个县级市、4 个县、2 个开发区的供电任务，供电面积为 13184 平方千米，供电人口为786.8 万人。唐山地区 35 千伏及以上变电容量 4604.65 万千伏安，输电线路长度 10379 千米，形成了以 500 千伏为骨干、220 千伏为支撑的坚强智能电网。同时，还肩负保障首都北京安全可靠供电和向华北电网输电的重要任务。国网唐山供电公司被中央精神文明建设指导委员会授予第六届全国文明单位，连续 37 年被授予河北省文明单位，连续 39 年被授予唐山市文明单位，国网唐山供电公司党委先后被河北省委、唐山市委、唐山市国资委授予先进基层党组织。

唐山是京津冀协同发展的重点区域，也是国家大气污染防治重点区域，目前正在加快绿色能源、绿色产业、绿色交通、绿色生态、绿色城镇五大体系建设，为新型电力系统建设提供了广阔空间，电网负荷侧的新型储能、绿电制氢、氢能炼钢、清洁取暖、重卡充换电、分布式能源等新型能源利用和服务方式多元场景覆盖面广。国网唐山供电公司积极适应新时代新征程中唐山电网在能源转型方面面临的新形势，协同政府开展虚拟电厂、充电桩运营等建设研究，制定印发新型电力系统全域综合示范行动方案，努力争当能源革命的推动者、先行者、引领者。同时，立足唐山实际、面向唐山全域，发布了《服务唐山市绿色能源体系发展白皮书》，旨在聚合行业共识、引领电力发展、推动能源转型，争创新型电力系统示范标杆，为推动唐山创新、绿色、高质量发展提供有力支撑。

行动概要

国网唐山供电公司项目团队基于国网冀北电力有限公司数据中台（企业统一的数据处理中心）和基层服务专区，从居民电压质量、分布式光伏接入趋势分析、分布式光伏运行分析和消纳预警、配电台区停电、台区重过载、台区三相不平衡等维度，开发并部署了 6 个典型应用场景，全面赋能配网运营。

第一，围绕基层单位在开展供电服务过程中的高频应用需求，对配网运营提供"算得准、看得见、摸得着、用得上"的大数据支撑。

第二，从不同维度展示配电台区的每日 96 点"准实时"数据曲线（每 15 分钟采集一次数据），简洁、直观地反映配网异常情况，实现配网故障精准定位，并通过历史数据对配网运行异常进行研判、预警，真正解决配网异常治理的"盲打"问题。

第三，对内，全面分析各关键时段配网运行情况，支撑配网改造由经验决策型向数字量化分析型转变，真正实现用数据说话、靠数据决策，管理模式全面升级；对外，有效破解乡村居民屋顶光伏并网消纳的"卡脖子"问题，同时按照企业需求搭建定制化专属场景，为其提供全维度的综合能效服务。

二、案例主体内容

背景和问题

大数据被誉为信息时代的"石油"，各国政府将大数据视为强化国际竞争力的关键因素之一。随着 5G、大数据、区块链、云计算、人工智能等新技术、新应用的高速发展，数字化、智能化已成为传统电力行业转型发展的关键导向。

相较于其他传统企业，国家电网公司数字化转型升级走在前列，配电网作为电力系统的重要组成部分，其转型升级对实现能源结构优化、提升供电质量和效率具有重要意义。随着可再生能源的大规模接入，传统的刚性配电网络已难以适应高比例分布式电源的并网需求，因此，推动配电网向智能、灵活的方向发展势在必行。在国家电网公司数字化部发布的"十大工程"中明确提出"智慧配电网建设工程",但目前唐山地区的配网运维还存在以下痛点:一是电网运营状态分析需要跨电力营销、设备运维、电网调度等多套系统,数据统计工作量大且效率低。二是基层工作人员数字化素质普遍偏低,存在"查数、取数、用数"困难的问题。三是缺乏有效的综合监测手段,无法直观掌握配网运行的各类问题。

对于国网唐山供电公司而言,如何利用数据管理提升配电网运维水平,充分释放电力大数据价值,赋能数智经济社会发展,是当前及今后相当长一段时期内要应对的难题。

行动方案

自 2023 年 4 月开始,国网唐山供电公司经现场调研、多专业协同、组建柔性团队,依托数据中台和"电网一张图"等平台系统,融合多源大数据形成"数智"赋能,为基层一线人员提供"可视、可查、易懂"的数字化应用产品。通过对配网运行数据的关联监测和量化分析,有效提升配电网可观、可测、可调、可控能力,在配网智慧运营中充分释放数据要素价值。

居民电压质量智能感知场景

场景每 15 分钟完成一次数据采样,能够直观呈现居民每天 96 点数据的电压曲线和明细数据,并为市、县、所三级人员分层提供量化分析结果。通过该场景,市、县

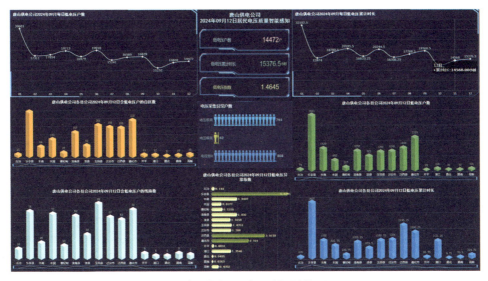

国网唐山供电公司电压质量分析场景

级管理人员能直接掌握辖区内的电压质量情况，并对各基层单位每日电压异常用户（低电压和高电压用户的统称）的变化趋势进行智能监测和预警分析；供电所业务人员通过综合分析电压异常用户变化趋势、时长变化趋势、电压异常指数，精准定位电压异常用户和电压异常时段，并快速研判电压异常的原因，全面助力基层电压管理和客户服务能力提升。

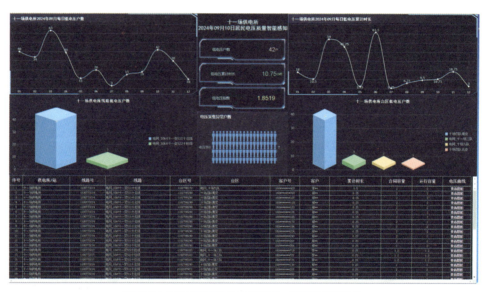

国网唐山供电公司下属供电所台区电压质量分析场景

分布式光伏接入趋势分析场景

通过分析变压器的"渗透率"（变压器已接入光伏装机容量占变压器总容量的比值），场景能够直观呈现哪些台区（变压器的供电范围或区域）当下就能够实现开放接入、哪些台区能有序接入、哪些台区需增容后再行接入等，助力管理人员精准掌握配电网未来的增容需求，提前储备下一年度的建设项目。

分布式光伏运行分析和消纳预警场景

基于"电网一张图"，开展分布式光伏设备所在变电站、线路、配电台区可开放容量和承载力的评估，对分布式光伏的出力进行 1 年、1 个月、1 天，甚至 1 小时的预测，对光伏出力消纳开展预警，为综合解决光伏并网的"卡脖子"问题提供科学依据。

配变台区停电监测场景

该场景通过开展台区停电的实时监测，辅助配网抢修人员进行配网故障的快速判断和处理、客户服务人员进行停电信息的录入和重要用户通知，实现从"被动检修"到"主动服务"的转变。同时，对台区月度、年度停电次数和停电时长等进行统计、分析和展示，对频繁停电和长时停电台区开展重点剖析，为加强台区停电管理提供数据支撑。

台区重过载监测场景

通过用电信息系统的运行数据和生产管理系统的设备台账数据，对线路、台区的重过载程度、次数、持续时间、时点分布等进行统计、分析和呈现。该场景为台区负载调节方案的制定提供了参考依据，大幅缩短了基层分析研判和制定治理措施时间，实现了"随时监测、及时治理、有效提升"。

台区三相不平衡监测场景

该场景实现了线路和台区的三相不平衡（在三相交流电路里，三个相位之间的电流或电压幅值不相等或相角差偏离理论值）。发生次数、偏差及累计时长、发生时段、发生相别等维度信息的分析和展示，进而助力运维人员有针对性地开展台区三相不平衡专项治理工作。

关键突破

创新性

一是根据基层用数需求，建立了"需求调研和数据溯源""中台建模和模型验证""场景设计和应用验证""专区部署和场景推送"四个环节，推动新型电力系统建设背景下配电网大数据的价值深度挖掘。二是从监测分析深度、维度、频度、颗粒度等方面匹配基层需求，按照县公司、供电所、台区、用户等不同维度设计智能可视化展示场景。通过权限拆分，确保场景应用人员可按照岗位智能匹配相应的数据查询范围，实现各级人员应用场景的定制化开发和展示。三是在业务方面打破了以往各专业线下开展专业数据分析的模式，丰富了数据的展示形式，提高了数据的可读性，打造了一套基于数据中台的基层数据应用创新模式。

技术先进性

一是利用 Dataworks 数据开发管理平台实现数据抽取、数据清洗、指标构建等数据开发工作，通过帆软 BI 工具进行场景开发展示，全部数据均源自数据中台的 PMS2.0

系统、用电信息采集系统、营销业务应用系统、D5000 系统等。二是融合应用分类算法、聚类分析、关联规则挖掘、异常检测等大数据算法实现对配网台区的数据获取、预处理、特征工程、数据分析与挖掘、实时监测、结果可视化和报告自动生成。三是为确保实现数据应用场景的权限控制，在异动数据结果中增加了数据所属属性代码，与基层人员的组织机构信息相匹配，通过基层数据服务专区与帆软展示场景的权限贯通控制，实现了应用场景的精准、智能、定向推送。

多重价值

管理效益

通过数据赋能基层应用场景的建设，打通了数据服务基层"最后一公里"，以"数据服务 + 自助分析"等方式降低了数据应用门槛，推动面向基层数据应用服务由"被动式建设"向"主动式供给"转变，大幅减轻了班组人员的负担，有效节省了工作成本，切实助推基层减负增效，助力企业精益管理。

基层人员按照需求调用典型场景，及时感知业务异动和风险，精准定位问题根源，实现了数据驱动业务、数据赋能基层班组提质增效。2023 年，国网唐山供电公司减少台区巡视 6.7 万余台次，重过载台区数量同比减少 56.7%，电压异常台区数量同比降低 43.56%，三相不平衡综合台区数量同比下降 76.8%，低压线路薄弱点过热缺陷同比下降 82%，高损综合台区同比下降 90%，用户电能质量报修工单同比下降 87%，停电抢修工单量同比下降 44.6%，供电可靠率同比提升 0.013 个百分点、综合电压合格率同比提升 0.06 个百分点。

通过 6 个大数据分析场景，能够精确锁定低电压用户、重负荷台区和高频停电线路，国网唐山供电公司已储备 2024 年配网低电压、频繁停电、重过载等项目资金 1.3 亿元。同时，有力支撑了国网唐山供电公司 15 家区县单位的高可靠性示范区建设工作，储备配网基建项目 258 项，涉及用户 50 万户，占城网范围近 40%，实现管理人员决策模式的全面升级。

社会效益

国网唐山供电公司通过应用场景建设，实现"主动抢修""主动服务"，对唐山地区 2.8 万公用配变进行实时监控，精准探测台区及用户的供电质量信息，靶向解决台区用户电压异常等问题。2023 年，国网唐山供电公司供电质量投诉同比减少 41%，停电引发的投诉工单量下降 25.5%。利用大数据方法，全面掌握迎峰度夏、春节用电及特殊保电等关键时段配网运行情况，加快问题隐患销号清零，高质量完成各项保电任务。2024 年春节期间工单同比下降 45.7%，进一步提升了用户用电的获得感、满意度。

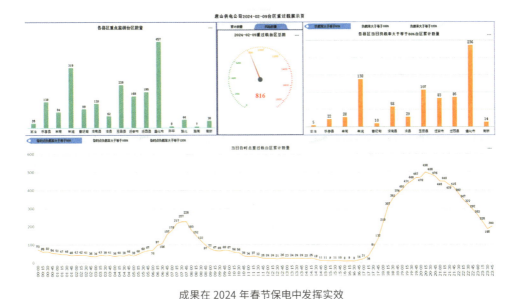

成果在 2024 年春节保电中发挥实效

国网唐山供电公司通过场景深度应用，实现了数据赋能基层的服务新模式，用"算得准、看得见、摸得着、用得上"的电力数据助力产业发展。2024 年春耕期间，通过监测春耕供电设施运行状态，协助基层单位高效制定 14 个整改方案，受理春耕春灌业扩报装 557 户、容量 3.12 万千伏安，压缩接电时间 25%，助力河北省高标准农田建设，保障春耕不误农时，充分践行了中央企业的社会责任担当。

环境效益

国网唐山供电公司充分利用大数据分析场景，实现光伏台区接入情况的有效监测，业扩报装人员可直观掌握分布式光伏接入情况，实现分布式光伏的承载力评估和可开放容量测算，赋能地区分布式光伏健康发展。截至 2024 年 8 月底，唐山地区分布式光伏累计并网 280 万千瓦，年发电量 20.7 亿千瓦·时，减少碳排放 160 万吨。促进了能源结构的转型，提高了能源利用效率，为绿水青山注入了新动能。

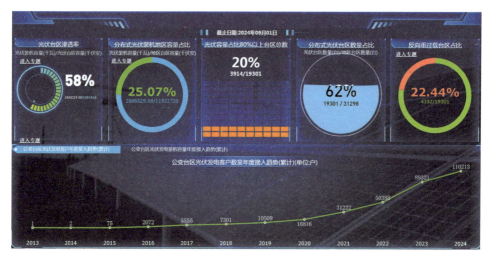

国网唐山供电公司公变台区分布式光伏发电接入趋势分析

各方评价

国网唐山供电公司项目团队搭建的 6 个大数据场景已经在国网冀北电力有限公司基层数据服务专区部署，并上传至国家电网公司数字化能力开放平台的基层专区，场景应用已覆盖国网冀北电力有限公司全域 389 个供电所。截至 2024 年 7 月，场景访问量 4.14 万人次，申请量 1903 人次，成为大数据应用中的"爆款产品"。

利用大数据方法编制的《居民低电压分析报告》《春节长周期台区负载率分析报告》等 8 篇大数据分析报告获得国网冀北电力有限公司领导的肯定，《关于服务唐山地区经济社会发展促进能源绿色转型的报告》获得河北省委常委相关领导的批示肯定。

基于场景总结的《用采量测电压曲线》《用采量测功率曲线》《低压台区三相不平衡》《台区电压异动监测》《基于数据中台的低电压客户电压异常监测》《冀北唐山公司深化电力数据场景应用赋能基层减负提效》6 篇大数据经验成果分析报告在国家电网公司数字化部相关平台刊发。

数据赋能基层相关成效被人民网等媒体宣传报道。大数据赋能基层实践案例向国家电网公司数字化部主要领导进行了专题汇报，得到了高度肯定。目前，正在申报国家电网公司"数据赋能基层"高价值成果，努力为国家电网公司贡献典型经验。

三、未来展望

新时代新征程上，面对新形势新任务，机遇与挑战并存，困难与希望同在。国网唐山供电公司将坚持"横纵联合、效用突破"，围绕"三赋能"（赋能电网转型升级、赋能经营管理提升、赋能客户服务优质）对内的大数据分析业务体系，加强省市协同，充分发挥立足生产一线、贴近电力用户的基层优势，深入挖掘数据资源价值，全力塑造高价值、可推广的典型应用。同时，充分发挥央企责任担当和电网基础平台的作用，进一步推动企业绿色转型，在钢铁、水泥、煤炭等重工业领域广泛开展电能替代工作，通过"供电＋能效服务""一户一策"为用户量身定制替代改造方案，协同产业链上下游企业，打造传统电网向新型电力系统和能源互联网升级的"唐山样板"，争做能源清洁低碳转型的最强推动者、最快先行者、最优引领者，为促进能源清洁低碳转型贡献"唐山力量"。

（撰写人：孙潇、孟巧、叶宝柱、岳莹莹、秦浩然）

国网浙江省电力有限公司义乌市供电公司

资源精调，能源细控
助力"世界超市"向绿向新发展

一、基本情况

公司简介

国网浙江省电力有限公司义乌市供电公司（以下简称国网义乌市供电公司）肩负义乌市内 200 多万人口的供电任务和 110 千伏及以下电网的建设、运维任务；有 500 千伏变电所 1 座，220 千伏变电所 9 座，110 千伏变电所 43 座（变电容量为 1234 万千伏安）。

国网义乌市供电公司长期坚持积极履行社会责任，加强全面社会责任管理，先后获得全国文明单位、全国五一劳动奖状、国家电网公司先进集体、国家电网公司文明单位、国家电网一流供电企业、全国电力行业用户满意企业、浙江省劳动关系和谐企业、浙江省企业社会责任标杆企业、国网浙江省电力有限公司首批"卓越管理示范单位"等荣誉称号 100 余项。2023 年 9 月，国网义乌市供电公司顺利通过了 GB/T 39604 社会责任管理体系审核认证。

国网义乌市供电公司作为支撑地方经济社会发展的中央企业，构建"鼓动一心 履责务行 谱写中国式现代化义电新篇"社会责任管理特色路径，将社会责任融入各业务环节，通过转变履责视角、改进工作方式，开展一系列履责实践，对内抓牢队伍建设、建强企业文化、塑造卓越管理，形成坚韧发展内核，对外努力实现用户用上电、用好电、用绿色电，为义乌市可持续发展赋能。

可持续发展
目标

行动概要

作为"世界超市"的义乌，小商品超 210 万种，销往 230 多个国家和地区，日均快递量约 3000 万件，2023 年跨境电商交易额达 1211 亿元。2024 年上半年，义乌进出口总值达 3247.7 亿元，同比增长 20.8%，是全球小商品贸易的"晴雨表"和"风向标"。自 2020 年起，义乌通过积极培育四大新支柱产业，打造了信息光电、新能源汽车制造两个千亿级产业集群，培育形成了半导体、生命健康两个百亿级产业集群，实现非凡跃迁，其中光伏产业产值从 2021 年的 478 亿元大幅跃升至 2022 年的 872.30 亿元，驶入了新兴产业高地的转型之路。

随着义乌市经济社会的迅猛发展，电力供应矛盾也日益加剧，加上义乌区域"源少、荷密、网紧、储少、互动不足"的特征，如何满足巨大的用电需求，如何合理调配有限资源、降低电网安全隐患，如何有力支撑传统商贸的繁荣和新兴产业的壮大，成为一个棘手的问题。国网义乌市供电公司以数字化牵引新型电力系统建设方案为思路，打造义乌县级虚拟电厂和园区级微能源网，完成一键精准调荷，通过构建精打细算的"义乌模式"，助力义乌电网平稳供能。

二、案例主体内容

背景和问题

2023 年，义乌 GDP 为 2055.6 亿元，居民人均收入超过北京、深圳、广州等一线城市。随着 GDP 的高速增长，全社会用电量也屡创新高，义乌市用能负荷过大。义乌电网长期处于电力供给紧张、维持用电负荷压力极大的"紧平衡"状态，尤其是在夏冬两季和极端天气的尖峰时期，义乌的电力供需矛盾尤为突出。

数据获取难度大

义乌市市场经营主体总量高达 110.36 万户，占浙江省的 1/3，但以个体和小微企业居多，在市场主体变动大、经营地点变化多、加工生产环节繁杂三重因素的叠加下，企业用能状况复杂且动态多变，很难精准获取用能数据，无法实现用能数据预测和分析，致使能源利用效率大幅降低。

电网负荷波动大

义乌市的企业生产和加工受订单影响，以 2024 年 1~2 月出口法国的巴黎奥运会相关产品为例，贸易额同比增长 42%，体育用品出口规模同比增长 70%，市场主体多，导致用能波动大。此外，义乌新兴产业版图迅速扩张，用电量势头强劲。以 2023 年义乌的电气机械和器材制造业为例，其用电量为 9.64 亿千瓦·时，同比增速为 17.3%，占全市规模以上工业用电量的 66.6%，新兴产业用电需求剧增。

尖峰时刻压力大

自 2019 年起，义乌全社会用电量年均增长 10.2%。2020 年，义乌全社会用电负荷 206.39 亿千瓦·时，2023 年，义乌全社会用电负荷 298.7 亿千瓦·时，增长了近 1/3。而在 2024 年 1~5 月，全社会用电量 61.1 亿千瓦·时，同比增长 14.3%。用电负荷逐年攀升，工业用电需求持续上升，电网调控压力与日俱增。

行动方案

国网义乌市供电公司采取全域与微观相结合的策略，在全域视角下统筹考虑义乌全区用电需求，对电力资源进行合理调度，对能源结构进行优化升级；在微观视角下，对电力负荷开展高精度实时监控，实施精细化管理，积极探索和应用新技术，深入挖掘能源调节潜力。国网义乌市供电公司通过构建精打细算的"义乌模式"，采用"精调负荷资源＋细控企业能效"的解决方案，整合点点滴滴的可控资源，既满足了传统商贸发展的需求，也保障了新兴产业企业运营需求，为义乌人民生产生活提供了充足的电力。

资源精调，从容应对城市尖峰时刻

精准采集用能数据。国网义乌市供电公司扎实开展上门走访工作，厘清用户生产负荷、保安负荷、生活负荷、可中断负荷等各类负荷，为企业用户加装分路控制器，开展分路负控建设，打造企业用能精准画像。此外，国网义乌市供电公司协同义乌市经济和信息化局，为具有典型特点的 1012 家规模以上企业和 2900 余家宗地企业安装了全要素智能采集器，接入全要素智能采集器近 4000 个，监测负荷达 97 万千瓦，将采集信息实时上传至虚拟电厂，虚拟电厂平台对企业用能数据进行处理、分析和应用，并将数据分析共享给地方政府，助推政府解决税收和环保治理难题。

聚合碎片资源价值。为保障电力平衡，国网义乌市供电公司打造虚拟电厂柔性资源池，实现 5G 基站、用户侧储能、空调、路灯、新能源汽车充电站和精准可调负荷等各类可调的用电负荷及储能设备能接尽接，最大限度提升平台可调容量和能源配置水平。充分发挥虚拟电厂柔性资源池削峰填谷的作用，利用可调资源响应体系，实现调控指令

工作人员沟通义乌虚拟电厂平台运行情况

一键送达。目前，虚拟电厂柔性资源池已接入 278 座 5G 基站、7281 盏路灯、212 台分体式空调、570 个充电桩、可调用自备电源 572 台 12.9 万千瓦、4 座储能站、321 路精准可调负荷，2023 年一键调峰 8 次，累计出力约 8 万千瓦。国网义乌市供电公司在"尖峰时刻"及时平抑用电高峰，达到供需平衡，让城市在"悄无声息"中安然度过用能危机。

能效细控，赋能企业低碳发展

开发挖掘节能潜力。 国际商贸城是义乌市的典型用能负荷大户，要为日均 40 万人提供明亮舒适的环境，楼宇中央空调、电梯、充电桩等的能耗巨大，加上跨境电商、AI 智创服务，进一步增加商贸城的能耗成本。国网义乌市供电公司从"采、储、用"能源消纳视角出发，为国际商贸城量身打造了集源、网、荷、储、充于一体的智能微电网，在义乌国际商贸城二区东综合楼建设源网荷储协同微能源网示范项目，安装了 1178.52 千瓦·时屋顶光伏、2040 千瓦·时储能系统、2400 蓄冰量的相变蓄冷空调系统、251 个功率可调充电桩、4370 盏照明用灯，精准控制商贸城照明系统、中央空调系统及光储充冷资源，实现用户内部能源资源的高效整合及运行效率最优，并将微能源网示范项目作为第 7 种负荷接入虚拟电厂，实现企业用能效率最优、用能价格最低，协同城市绿色发展。

首创"耦合互补"模式。 国网义乌市供电公司基于"商贸 + 物流"用能特点和资源禀赋，

义乌国际商贸城微能源网示范项目

自 2021 年起持续开展义乌国际商贸城新型电力系统高质量建设，采用多元异构负荷画像方法对商贸楼宇、物流仓储等用户负荷时空特性进行辨识，选取时间互补、空间相近的用户组进行就近耦合，提升电网设备利用率。通过商贸市场、仓储物流园两种明显潮汐互补特性用户进行就近或源端耦合，从时间维度、空间维度提高设备利用效率和弹性，极大提升了区域配电网质量和效益，为新型电力系统在园区级建设提供了示范样本。

关键突破

研发聚合控制设备，奠定能源资源聚合基础

国网义乌市供电公司加强边端设备的感知能力构建，结合终端设备采集和控制参数在不同场景下的业务配置逻辑，开发精准可控负荷设备和具备启动、暂停、调温、调冷暖模式等功能的空调分路控制设备，以上设备支持接入虚拟电厂管理平台。在设备感知层面，优化和提升了设备感知能力，同时也提升了设备采集的精准性，为能源资源聚合奠定了坚实基础。

注重用户无感参与，降低用户生产生活影响

国网义乌市供电公司力求在能源调控过程中，把对用户生产生活的影响降至最低，把千瓦收益提得更高，充分挖掘备用电池、用户侧储能、自备电源等沉睡资源，从传统

的断电式控制升级到控制可控负荷的功率、用电时间段和时长等，实现了用户在无感中参与；在参与需求侧响应的基础上，为政府预算化用能管理提供了支撑。

政府出台政策支持，赋能多元资源有效聚合

国网义乌市供电公司积极推动义乌市发展和改革局出台了《关于深入开展义乌市电力需求响应优化电力供应弹性平衡的通知》《关于推动源网荷储协调发展和加快区域光伏产业发展的实施细则》《关于开展空调负荷及分路负荷控制改造工作的通知》等政策文件，在相关政策文件的鼓励和引领下，推动源、网、荷、储多元资源的高效聚合。

多重价值

让城市发展更绿色

2021 年 10 月至 2022 年 7 月，国网义乌市供电公司完成了义乌 1.5 万家工业企业产业链预警机制建设，推动政府在源、网、荷、储、数、碳六大领域出台管理政策，为义乌以建设世界小商品之都为特色的国际样板城市提质增速，为信息光电、新能源、智能制造等新兴产业发展提供稳定的电力支撑，助力义乌市保持长期竞争力，推动可持续发展。

让资源利用更高效

国网义乌市供电公司开发的聚合控制设备具有 5G 基站、空调的远程智能控温功能，能根据现场环境智能调节温度，避免无效空转，可降低空调能耗 10% 以上；路灯远程智能控制，在监测路灯用能的同时，对异常用能情况可实施远程处置，降低损耗。对于义乌商贸城，开发的集源、网、荷、储、充于一体的智能微电网，可实现在极端情况下离网运行 2 小时，光储充放年收益为 116 万元，降碳 347 吨，微能源网供电可靠性达 99.9998%，故障自愈水平达 100%。

让电网运营更平稳

义乌市虚拟电厂目前储备的最大削峰能力可达 6.3 万千瓦，填谷能力达 3.15 万千瓦，相当于新建一座 110 千伏的变电站，节约电网投资超 3000 万元。

各方评价

国网义乌市供电公司精调细控举措被中国中央电视台等多家媒体深度报道；灵活性资源聚合调控创新项目荣获浙江省企业管理创新一等奖、浙江省数据应用大赛一等奖，荣获在国网浙江省电力有限公司 2021 年度青年创新创意大赛一等奖、国网金华供电公司科技成果一等奖；商贸城源网荷储协同示范项目入选浙江省能源局第一批新型电力系统示范项目，并获得 400 万元政府补贴。

国网浙江经研院消费侧能效提升团队负责人： 义乌电网的特点是电源少、负荷密度大、电网负载率高、峰谷差大，加上近年来大规模开展城市有机更新、传统商贸物流等产业转型，电网配置调整与负荷快速变化存在实时匹配的难点。义乌"商贸＋物流"配电网规划，相当于为义乌规划建设了一个"跟着负荷跑的变电站"，贴合城市发展需求，实现了多种能源最佳效益协同调度。

义乌市国际商贸城二区综合楼项目经理： 商贸城智慧能源示范项目投运后，通过供电公司的智能管控平台，将商贸城内的光伏、蓄电池、空调、路灯等用电设备纳入大数据监测、管控，实现能源按需生产和调度，不仅让我们用上了清洁绿色的太阳能，降低了碳排放，还通过对大楼中照明等设施的智能调控，节省了大量资金。

浙江固智机器人有限公司生产主任： 我们工厂办公楼的中央空调负荷接入了分钟级负荷控制后，不仅没有影响公司的正常生产环境，还降低了用电负荷，通过参与需求响应获取补贴，真是一件一举多得的好事。

三、未来展望

国网义乌市供电公司打造源网荷储协同微能源网，立足电网发展实际和义乌商贸型城市用能需求，形成一套应用要素齐全、资源深度协同、多方互利共赢的新型电力系统之微能源网建设方案，具有良好的示范意义和推广价值。下一步，国网义乌市供电公司将把建设义乌国际商贸城微能源网的建设经验推广至医院、学校、酒店等各类楼宇微电网应用场景，并持续挖掘更多楼宇微电网的应用场景。

我国东部、南部经济发达地区很多地方也处于电力供需"紧平衡"状态，这些地区迫切需要建设虚拟电厂方面的经验。国网义乌市供电公司在用能数据收集、虚拟电厂平台建设方面有丰富的经验，未来，这方面的经验也会推广开，为区域发展和资源不平衡的地区提供互济发展参考样板，带动更广泛的资源互济，推动绿色发展方式。

向新而行、由智提质，义乌市发展新质生产力的行动力与紧迫感已如汹涌浪潮般袭来，为城市向绿向新发展注入了强劲动能，为经济高速发展城市的能源调控提供了样板和示范。

（撰写人：陈思远、陈英俊、黄德志）

国网江苏省电力有限公司淮安供电分公司
智慧向导，
让分布式光伏管理一"图"到位

一、基本情况

公司简介

国网江苏省电力有限公司淮安供电分公司（以下简称国网淮安供电公司）隶属国网江苏省电力有限公司，主要从事淮安境内电网建设、运行、管理，电力销售及综合能源服务、电动汽车服务等业务。国网淮安供电公司下辖涟水、洪泽、金湖、盱眙 4 个县区供电公司和淮阴、淮安 2 个区供电营业部，拥有全民员工 2000 余人、三新供服公司员工 2800 余人，服务用电用户 311 万余户。

截至 2024 年 1 月底，淮安电网以"一交一直"特高压站为支撑，形成 500 千伏变电站北中南分片运行，220 千伏"四环相通，内外互济"的格局。辖区内有 6 条特高压线路，通道总长度为 202.4 千米（江苏省最长）。淮安市共有 500 千伏及以下变电站 189 座，变电容量为 2746 万千伏安。35 千伏及以上输电线路 530 条，线路长度为 7658 千米。10（20）千伏线路 1901 条，线路长度为 2.6 万千米。配变 4.16 万台，配变容量为 1776.49 万千伏安。

2024 年是实现"十四五"规划目标任务的关键一年。国网淮安供电公司坚持以习近平新时代中国特色社会主义思想为指导，坚决落实淮安市委、市政府和国网江苏省电力有限公司决策部署，坚持稳中求进、以进促稳、先立后破，以党的建设为引领，以安全稳定为基础，着力保供应、促转型，重点围绕安全、保供、电网、改革、创新、党建"六个高质量"的主攻方向，着眼长远、因地制宜发展新质生产力，为推动国网江苏省电力有限公司高质量发展，服务中国式现代化淮安新实践作出新的、更大的贡献。

行动概要

国网淮安供电公司坚持问题导向，与政府主管部门、光伏开发公司、用户等内外部利益相关方充分沟通合作，聚合技术力量，开发基于数据中台、量测中心、卫星云图等数据底座，通过大数据分析、图像识别、RPA 机器人等数字化技术，将分布式光伏并网的两大核心要素——屋顶资源与电网资源进行有机结合，针对分布式光伏可开放容量公开应用开展研究，打造具有一图通览、主动查询、全景感知功能的分布式光伏智慧向导，形成包括政策、市场、并网等各类信息的"信息共享池"，实现公开工作由传统的"粗颗粒度"单向公开向"细颗粒度"双向互动模式转变，可帮助地方政府高效推进整县光伏实现，减少配电变压器倒送重超载情况发生，保障电网安全、辅助电网投资规划，对政府、行业、客户等多方均具有重要价值，推动电力企业公众透明度管理水平全面提升。

二、案例主体内容

背景和问题

近年来，在"双碳"目标及整县光伏等政策的推动下，我国光伏产能不断扩大，分布式光伏建设成本持续下降，驱动越来越多的社会资本布局分布式光伏产业，进一步加快了分布式光伏发展进度。未来 2~3 年，分布式光伏将继续呈高速增长态势，但与此同时也带来了无序失衡发展问题，具体如下。

政府侧：整县光伏整体开发进度距离目标值差距较大，进一步叠加分布式光伏产能过剩增加了供需失衡风险，政府侧对分布式光伏发展迫切需要量化数据支撑，并出台相关举措引导光伏高质量发展。

客户侧：与城市相比，农村地区屋顶资源丰富，在高额盈利的推动下，光伏开发公司的业务员扎堆推广，但开发工作缺乏科学引导，普遍存在扎堆盲目开发情况，既增加了客户经营风险，也降低了整体开发效率，再加上农村电网基础相对薄弱，进一步加剧了并网矛盾。

供电侧：局部地区分布式光伏无序发展引发大量低压台区配电变压器倒送重超载问

题，无论是电源反向供电还是变压器长期超载运行，都会加速设备老化，增加故障风险，配电网安全面临挑战，同时增加了输配电投资成本，接入受限区域优质服务压力与日俱增。此外，盲目建设分布式光伏也带来了各类违建问题，随着地方政府整改工作落地，用户侧经营风险持续上升，极易演变为国网淮安供电公司并网相关的负面舆情。

行动方案

国网淮安供电公司通过广泛开展分布式光伏发展现状及问题调研，自 2023 年开始研究江苏省内外关于引导分布式光伏有序发展的做法及成效，精准定位分布式光伏发展问题的根源和本质，开展"智慧向导，让分布式光伏管理一'图'到位"行动。本行动依托数字化技术、政企联合，提供了可靠的制度、组织、技术保障，具有完整、严谨、清晰的实施依据。

发挥资源优势，实地调研，明确合作方向。国网淮安供电公司详细梳理项目所涉及的利益相关方，以其需求为基础，主动对接地方政府、光伏建设厂商、光伏安装户等，

供电员工实地查看农户光伏安装情况

通过走访调研、座谈会等方式，了解利益相关方的诉求，梳理出问题的关键点，准确把握利益相关方的数据共享需求，建立沟通联络机制，达成打造具有一图通览功能的分布式光伏智慧向导的初步合作共识。

聚焦目标落地，建立内外协同工作机制，整合合作资源。国网淮安供电公司与政府保持密切沟通，建立常态化沟通机制，多次进行专题汇报、召开专题研讨会议，做好需求对接；加强专业协同，成立多专业工作专班，成员背景涵盖调度、生产、营销、数字化等多专业，对于电网设备信息掌握、分布式光伏并网管理、数字化应用技术具有全面的业务支撑优势，统筹推进分布式光伏管理平台建设。

发挥平台优势，支撑多方融合共享新应用。国网淮安供电公司强化顶层设计，以内网中台及量测数据为数据源基础，构建"市—县（区）—乡（镇）—村"四级可开放容量公开体系，适用于国家电网有限公司的各级单位。

分布式光伏智慧向导模式

关键突破

随着新型电力系统建设工作的推进，分布式光伏在其中扮演的角色将越发重要，因此引导分布式光伏科学有序发展将具有越来越重要的意义。

国网淮安供电公司坚持问题导向，与多个内外部利益相关方充分沟通合作，利用数据中台等技术，通过大数据分析和图像识别等手段，整合屋顶和电网资源，研究分布式光伏容量应用，创建智慧向导，形成信息共享池，推动电力企业公众透明度管理水平全面提升。

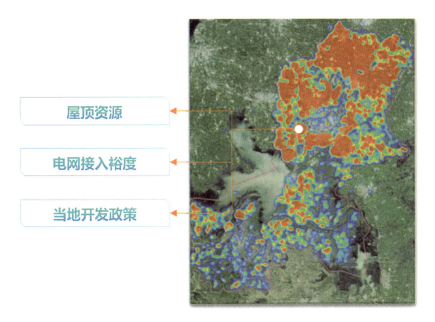

屋顶资源

电网接入裕度

当地开发政策

分布式光伏智慧向导平台界面

基于全景感知的分布式光伏智慧向导具有以下四个功能。

功能一：屋顶资源一图通览

分布式光伏智慧向导平台以"村"为最小单元，按照"市—县（区）—乡（镇）—村"四级划分行政网格；基于卫星云图及图像识别技术对各行政网格内屋顶资源进行AI识别，根据开发状态着色标记；结合屋顶面积、光照强度等因素对各类屋顶进行开发价值测算，实现全域屋顶资源的可观、可测。可以辅助政府部门有序推进整县光伏工作，同时有效刺激光伏产业链末端需求，压降产能过剩风险。这也密切契合了国网淮安供电公司的并网服务工作，有效满足了用户的开发需求，推动了国网淮安供电公司与用户的"双向奔赴"。

功能二：电网资源一图通览

目前已开展分布式光伏可开放容量试点工作的省份主要是按季度，以市或县区为最小单元公开，存在时间及空间维度粗颗粒问题，对单体项目建设难以起到科学指引作用。本行动基于多维多态"电网一张图"数字底座，获取10千伏配变到220千伏主变并网拓扑，精准计算各级设备分布式光伏可接入裕度，通过末端设备经纬度与各行政网格关联，计算推导出各行政网格的电网可接入裕度，再与屋顶资源有机结合，得到各行政网格的分布式光伏可开发裕度，并绘制并网裕度热力图，从而推动全域分布式光伏开发裕度的可视化，实现了对用户报装的有序引导，守牢电网安全底线。

功能三：政策资源一图通览

在分布式光伏发展过程中，各地陆续出台了各类光伏管理政策，小到乡镇，大到省市，且不尽相同。本行动创新构建用户主动查询的"市—县（区）—乡（镇）—村"四级可开放容量公开机制，通过政策上图，可以推动管理信息公开透明，有效降低由于宣贯不到位给用户带来的投资风险及国网淮安供电公司的服务风险，缓解社会矛盾。

功能四：多维信息一图查询

本行动依托数据中台、量测中心，实时监视各级电网设备、分布式光伏报装及运行情况，科学评估光伏接入对电网设备影响，配备一键查询各层级电网设备光伏接入裕度及倒送重超载实时预警功能，增强光伏接入方案的科学性和安全性。同时，可以为电网规划及设备增容改造提供量化支撑，实现新能源接纳能力及电网投资经济水平双提升。通过卫星云图、电网资源及光伏政策知识库的有机结合，实现多维开发信息一图查询，提升从业人员的并网合规性，从客户源头规范分布式光伏开发秩序。

多重价值

有效缓解市场无序发展，营商环境更优化

该平台实现了分布式光伏发展平衡度数字化和可视化，具备可开放容量批量计算和导出功能，从源头引导分布式光伏科学有序报装，有效改善分布式光伏发展失衡问题。截至 2024 年 3 月底，一季度分布式光伏意见工单同比下降 78.57%。自应用以来，平台累计辅助一线员工完成光伏接入裕度校核 20000 余次，淮安倒送重超载配变连续 4 个月呈递减态势。

大幅提升专业管理水平，网源发展更友好

分布式光伏智慧向导平台形成的信息共享有力支撑了一线员工开展各项分布式光伏业务，管理成效提升显著。2023 年，淮安累计完成光伏流程管控 20000 余次，流程超期率同比下降超 90%；累计完成 500 余户过电压发电、98 户超容发电和 230 户长期不发电问题治理，有效保障了分布式光伏发电质量。

创造经济社会环境价值，实现多方价值共赢

国网淮安供电公司通过营造公众透明的分布式光伏发展环境，有效缓解了超电网承载力接入问题，有效改善了公司对外服务形象。以淮安为例，预计每年可为光伏产业增值 1.5 亿元，光伏服务工单同比下降超 60%，同时每年可减少 500 余台配变增容改造，节约电网投资超 2500 万元 。

各方评价

国家能源局江苏省能监办：淮安分布式光伏数字化管理应用有力支撑分布式光伏发展问题调研，能监办领导高度认可数字化管控和服务延伸实践。

淮安市发展和改革委员会《关于进一步规范分布式光伏管理的通知》：在分布式光伏发展方面，2024 年 6 月，国网淮安供电公司联合淮安市发展和改革委员会等 7 个部门出台了分布式光伏规范管理市级政策，这是淮安首个分布式光伏规范管理市级政策，也是江苏省首个明确属地政府参与分布式光伏全生命周期管理的市级政策。

淮安市某供电所员工：自从有了分布式光伏管理平台，每天可通过查看平台数据开展辖区内光伏发电异常问题治理，相比之前节约了时间成本。

三、未来展望

在"双碳"目标下，随着新型电力系统建设的进一步推进，强化分布式光伏管理越来越具有重要意义。国网淮安供电公司将深度联合政府部门、光伏厂商、光伏安装户等利益相关方，创新应用社会责任理念与方法，持续优化丰富分布式光伏管理平台数据源及使用感，助力营商环境更优化、网源发展更友好，实现多方价值共赢。同时，注重后续合作与可持续发展，通过不断改进迭代产品平台，合力推动分布式光伏市场有序发展。在形成成熟的分布式光伏可开放容量公开的典型做法后，可在江苏省、全国电网系统推广实施。

（撰写人：赵哲源、秦海波、姚顺、杨飞、罗佳宝、陈艺、郭玲、程曦）

国网浙江省电力有限公司宁波供电公司

从"碳路先锋"到"数碳管家"，让工业企业"第五能源"触手可及

一、基本情况

公司简介

"书藏古今、港通天下"，宁波是我国东南沿海重要港口城市和长三角南翼的经济中心，是浙江省经济大市和能源基地。国网浙江省电力有限公司宁波供电公司（以下简称国网宁波供电公司）是国家电网有限公司大型供电企业之一、国网浙江省电力有限公司直属骨干企业，肩负保障宁波市 517 万用户的电力供应责任。

国网宁波供电公司立足新发展阶段，践行新发展理念，主动服务宁波经济社会发展大局，始终以习近平新时代中国特色社会主义思想为指导，围绕"四个革命、一个合作"能源安全新战略，坚持高质量发展主线，探索和实践企业社会责任管理，高质量开展数字化牵引新型电力系统建设，协调公司与产业、社会的可持续发展。在主动服务宁波经济社会发展大局、积极履行电网企业使命责任中，国网宁波供电公司发展保持良好态势，先后获全国文明单位、全国工人先锋号、全国"安康杯"优胜企业等荣誉，涌现了以"时代楷模""全国人大代表"钱海军、"全国五一劳动奖章"获得者张霁明等为代表的一批先进典型。未来，国网宁波供电公司将加快形成能源新质生产力，以争先率先领先的精神状态和实干实绩实效的发展成果，为国家电网公司"一体四翼"发展布局、国网浙江省电力有限公司"两个示范"、宁波现代化滨海大都市建设作出更大贡献。

可持续发展
目标

行动概要

为大力推广"第五能源",深入分析企业能效水平不高且不愿开展节能改造、数据资源潜在价值挖掘不足、市场化推动的商业模式欠缺等问题,国网宁波供电公司成立"碳路先锋"团队深入实施"淘气宝""三商"等能效提升专项工作,在多年现场用户服务成果的基础上,开展"数碳管家"能效服务提升项目,持续深入探寻并构建数字化能效服务模式,深度剖析工业企业能效水平不高且不愿改、不敢改、不懂改的问题,通过数据融合、平台搭建、政企合作与示范引领四大核心策略,致力解决电力数据离散、政企数据不通融导致的无法发挥效能,能效服务项目市场机制不健全导致的无法精准匹配需求,缺少成熟低碳发展转型案例导致的无法有效推广等关键问题,努力探索出一条工业企业数字化绿色低碳转型的新路径。

"数碳管家"能效服务提升项目具有以下特点:一是深化数据融合应用。推动政企数据深度融合,开发多方适用的电力数据产品,为能效诊断与政策制定提供坚实数据支撑。二是搭建开放共享平台。集成智能匹配与一站式服务,优化资源配置,构建能效服务生态圈。三是强化政企合作共治。构建市、县、乡镇三级能效服务联动机制,为政府提供精准电力数据监测与分析,助力政府精准制定产业政策促进高质量发展。四是打造区域示范样板。以"积木式"全方位的能效项目落地打造宁波地区首家精品数字化绿色低碳工厂,为工业企业的绿色转型提供可借鉴、可复制、可推广的成功经验。

二、案例主体内容

背景和问题

在当今全球气候变化的大背景下,节能减排已成为国际社会共同关注的议题。2014年6月13日,习近平总书记在讲话中深刻指出:"目前,世界上普遍把节能视为比开发更为优先的能源来源,称为煤炭、石油、天然气、非化石能源之外的'第五能源',这个理念值得推广。"这一重要论断不仅明确了节能在全球能源战略中的重要地位,也为我国推进能源结构转型、实现绿色低碳发展指明了方向。

我国工业企业的能源消耗和碳排放量占据全国总量的主要部分,其节能减排潜力巨大。宁波作为浙江第一工业强市,更是肩负推动工业绿色转型、实现高质量发展的重任。因此,深入挖掘工业企业的"第五能源",对促进区域经济可持续发展、助力国家"双碳"

目标的实现具有重要意义。

近年来，国网宁波供电公司积极响应国家"双碳"目标，大力推动综合能源服务，在服务过程中发现了一些问题。例如，不少中小工业企业能效水平不高且不愿改、不敢改、不懂改，数据资源潜在价值挖掘不足，市场化推动的商业模式欠缺等问题尤为突出，"第五能源"推广并不顺利。国家电网宁波供电公司开展"数碳管家"能效服务提升项目，旨在通过大数据赋能、政企联动等方式，为中小企业提供更加精准、高效的节能服务，让"第五能源"触手可及。

行动方案

国网宁波供电公司在多年"碳路先锋"专项行动成果的基础上，充分发挥电力大数据的价值和作用，探索出一条大力推广"第五能源"的好办法：通过政企数据融合，充分挖掘电力数据新价值，提前介入开展精准能效服务和指导，让工业企业对于能效提升项目会选择、愿意干，实现多方合作共赢，共同创造经济、社会、环境综合价值。

政企数据融合，构建能效全景视图

国网宁波供电公司通过与政府有关部门联动获取企业的产值信息、基本信息、征信信息、用电信息等数据，经过汇聚、分析、计算，为企业能效决策提供支持。包括利用这些数据从管理提效、度电效益、错峰效益和绿色动能四个维度进行加权计算，以此对企业能效进行评估及风险预警；通过行业平均装机容量曲线趋势分析、行业电量曲线比较等分析行业趋势，了解行业发展动态，与企业的发展趋势进行比较，帮助和指导企业进行战略决策、生产布局调整等。

精准挖掘需求，提前介入能效服务

由于节能改造一次性投资大、回报周期长、短期成效不显著，企业往往改造意愿不强，而对于有产能扩张的用户，更能接受结合工厂扩建的能效提升服务。因此，国网宁波供电公司创新提出基于"基荷嵌套"的"电量—产值"产能通缩感知模型，重点加强对有产能扩张需求的用户开展针对性服务。首先，将工业用电拆分成 31 个细分行业，每个子行业独立开展度电产值匹配计算。同时，结合不同子行业下属企业的内部用电设备情况，将生产线生产用电作为基荷，空调、办公用电作为增荷，依托中短期记忆神经网络法，更精确地反映企业生产用电及产值预测。通过 36 个月的月度数据开展线性回归，不断构建、调优"电量—产值"产能通缩感知模型，使预测精度达到了 92.3%，为精准

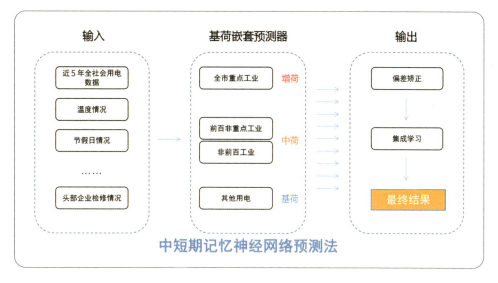

"电量—产值"产能通缩感知模型

研判产能待扩张企业提供了有力支撑。通过实时电量波动发现产能拐点用户，第一时间找到有建设需求的企业，并为其提供节能服务建议。

创新商业模式，构建多方合作生态

"数碳管家"构建面向企业、能效服务商、第三方投资机构的能效项目撮合平台，开展工程建设服务线上交易，组织能效服务商三级评价。企业通过能效诊断项目，获取能效分析报告和节能改造建议；通过建设方案收益评估，获取建设方案和投资收益评估；通过选择投资建设商业模式，输出投资需求订单和建设需求订单，在线上平台选择工程建设服务商并下单。能效服务商线上收到订单信息后，根据企业发布的项目类型、规模、投资建设模式等，确定是否接单。第三方投资机构线上收到投资需求信息后，根据企业发布的项目类型、投资规模、利润分成模式等，确定是否接单。通过服务商匹配推荐，按信用评级、业务量、价格、股权构成等各维度匹配，共同打造良好的市场生态。

发挥数据价值，洞察产业发展脉络

国网宁波供电公司主动对接宁波市经济和信息化局、宁波市发展和改革委员会及宁波市大数据发展管理局等部门，通过搭建信息共享平台，实现跨部门、跨层级的数据互联互通，集成了电力数据的实时采集与智能分析功能，协助政府构建了一套科学的社会

一站式企业能效服务平台功能

经济发展监测与分析体系——"电数甬城",构建起一个"电力看经济"全面、精准、高效的辅政系统。在此基础上,国网宁波供电公司联合政府建立了覆盖市、县、乡镇三级能效服务联动机制,形成上下联动、协同共进的良好局面。这一创新行动,不仅帮助政府及时把握产业发展脉搏,还为其制定和调整产业政策提供了数据支撑,有效促进了产业结构的优化升级和高质量发展。

打造样板工厂,推广示范标杆项目

国网宁波供电公司基于各类数据分析,构建"积木式"能效项目库,聚焦"开源"和"节流",重点围绕提升能源使用效率、应用节能技术、利用可再生能源三个方面开展数字化低碳工厂建设,为企业提供节能降碳服务,助力企业绿色低碳转型。目前,国网宁波供电公司成功助力爱柯迪股份有限公司打造成为宁波地区汽车制造业企业中首家数字化绿色低碳工厂示范样板,落地实施智慧集中供气及余热利用、屋顶车棚分布式光伏建设、电动汽车充电桩建设、分布式储能建设、中央空调节能改造、可调生产负荷参与电力辅助交易、企业碳管理体系建设七大项目,形成了高度契合市场的可借鉴、可复制、可推广的企业数字化绿色低碳转型建设模式,为工业企业低碳转型和高质量可持续发展提供了新思路,以点带面进一步助力"双碳"目标实现。

宁波首家数字化绿色低碳工厂示范样板

关键突破

数据融合，充分挖掘电力数据新价值

国网宁波供电公司的"数碳管家"通过构建安全高效的数据共享机制，将政府公共数据与供电公司的电力数据匹配对接，分析电力消耗与产能输出的关系，构建"电量—产值"产能预警模型，不仅提前精准找到目标用户，为能效诊断提供了坚实的数据基础，还促进了政府政策制定与企业决策的精准对接，为工业企业的绿色低碳转型注入了强大动能。

平台搭建，积极构建能效服务新生态

国网宁波供电公司通过构建能效服务平台，整合电力数据和政府公共数据，集成能效项目诊断发掘、改造方案收益评估、投资商业模式选择、工程建设服务交易等服务，通过智能匹配优化资源配置，降低企业成本，提升服务效率。此举不仅促进了政府、企业、服务商与投资机构间的深度互动，还推动了政策、资金与需求的无缝对接，形成了多方共赢的良性循环，成为推动行业转型升级、实现可持续发展的关键。

政企合作，广泛营造绿色转型新风尚

国网宁波供电公司通过与宁波市经济和信息化局、宁波市发展和改革委员会及宁波市大数据发展管理局等有关部门紧密合作，共同推进"数碳管家"项目数字化能效服务体系建设，将实时、精准的电力数据与地方经济指标、产业政策紧密相连，为政府制定和调整政策提供了前所未有的数据支撑，实现了从"经验决策"向"数据决策"的跨越，推动形成政府引导、企业主体、市场运作、社会参与的绿色低碳健康发展大环境。

多重价值

经济价值：国网宁波供电公司"数碳管家"项目的创新实践，不仅成功实现了数据资产的落地交易，为国网宁波供电公司带来了直接的经济利益，更为区域经济的绿色发展注入了强劲动力。以宁波爱柯迪股份有限公司为例，通过平台诊断与交易落地的能效项目，企业年用能成本显著减少 393 万元，年节电量高达 745 万千瓦·时，占企业总用电量的 5.59%。这不仅直接提升了企业的度电产值效益（增加 5.92%），还缩短了能效项目的建设周期，让企业提前享受到了节能增效的经济红利。第三方投资机构也因项目的高效实施，实现了 4.0~4.5 年回收成本，投资回报显著。可见，国网宁波供电公司打造的数字化能效服务模式可推广性极强。据估算，能效服务模式的普及应用可帮助企业平均降低 5% 的用能成本，同时使能效服务商和第三方投资机构的订单量与营业收入大幅提升 300%，为社会创造巨大的经济价值。

环境价值："数碳管家"可以极大推动工业企业的绿色低碳转型，有效减少碳排放。以宁波爱柯迪股份有限公司为例，通过能效提升，年减少碳排量达 5241 吨。若该模式广泛推广，预计年节约电量可达 2 亿千瓦·时，减少二氧化碳排放量 14.07 万吨，为应对全球气候变化、实现碳达峰碳中和目标作出了重要贡献。

社会价值："数碳管家"增强了政府、企业、服务商及投资机构之间的信任与合作。企业通过节能改造，不仅提升了市场竞争力，还增强了社会责任感，树立了良好的企业形象。政府通过数据洞察与精准施策，提升了治理效能，推动了绿色低碳政策的落地实施，促进了社会经济的可持续发展。

各方评价

"数碳管家"项目实施企业：数碳管家帮了我大忙！上半年我在隔壁厂房建设二期项目时，电力公司主动上门服务，我及时调整了空压机采购计划。几个月下来，二期项目的空压机用电确实比老厂少，还拿到了 10 万余元的政府空压机改造补贴。

宁波市江北区政府大数据中心："数碳管家"项目充分利用大数据与云计算技术，实现了对区域内工业企业能耗的精准监测与能效评估，为我们制定节能政策提供了强有力的数据支撑。

国网（宁波）综合能源服务有限公司：多亏了"数碳管家"，让我们能够准确找到有需要的工业企业，更好地为它们提供精准服务。

三、未来展望

国网宁波供电公司"数碳管家"项目将持续深化技术创新与数据融合，致力于打造成为工业企业节能降耗的智能引擎。一是不断优化平台功能，扩大数据覆盖范围，引入更多先进算法模型，提升能效分析的精准度和时效性。二是通过精准对接企业需求，进一步提供定制化节能解决方案，助力企业降低运营成本，提升市场竞争力，实现了经济效益与环境效益的双赢。三是加强与政府、行业协会及科研机构的合作，共同推动节能政策的落地实施与节能技术的研发应用。

此外，国网宁波供电公司还将积极探索"第五能源"在产业链上下游的延伸应用，推动形成绿色低碳的产业生态体系。通过整合产业链资源，促进信息共享与协同合作，为工业企业提供更加全面、深入的节能服务，共同推动工业绿色转型与可持续发展，让更多企业实现从能源"消耗者"转变为"第五能源"的"开发者"和"受益者"，让"第五能源"蔚然成风。

（撰写人：马国平、杨建立、杜蕾佶、何磊杰、陈瀚晓）

国网江苏省电力有限公司常州供电分公司
看数识"链"，跑出产业链加速度

一、基本情况

公司简介

国网江苏省电力有限公司常州供电分公司（以下简称国网常州供电公司），下辖金坛、溧阳 2 个供电公司，营业区覆盖溧阳 1 个县级市和金坛、武进、新北、天宁、钟楼 5 个区，营业厅数量 45 个，服务用户 309 万户。国网常州供电公司全口径用工总量 4263 人，其中全民职工 2210 人，集体职工 240 人，产业单位聘用职工 139 人，供电服务职工 1674 人。

常州地区共有 35 千伏及以上变电站 238 座（其中，500 千伏换流站 1 座、500 千伏变电站 5 座、220 千伏变电站 55 座、110 千伏及以下变电站 177 座），变电容量 5110 万千伏安，35 千伏及以上输电线路 787 条，总长 7297 千米。常州电网以 5 个 500 千伏变电站为支撑，实现了电网的分层分区运行，各片区电网已形成 220 千伏双环网、110 千伏电网辐射互联及 10 千伏电网手拉手的供电架构。2024 年 1~6 月，常州全社会用电量为 305.88 亿千瓦·时，同比增长 7.09%；工业用电量为 228.31 亿千瓦·时，同比增长 5.8%。同年 7 月 8 日，常州全网最高用电负荷创历史新高，达到 1109 万千瓦。

国网常州供电公司先后获全国文明单位、全国五一劳动奖状、全国用户满意企业（市场质量信用 AA 级）、全国"安康杯"竞赛优胜单位、电力安全生产标准化一级企业、全国实施用户满意工程先进单位、国家电网公司先进集体、国家电网公司文明单位、江苏

可持续发展
目标

省先进基层党组织、江苏省文明单位标兵、全省学习型党组织建设工作先进单位、常州市"特别重大贡献奖"、常州市"五星企业"等荣誉称号。

行动概要

近年来，江苏省常州市着力打造"新能源之都"，率先构建"发电、储能、输送、应用、网联"新能源产业生态闭环，2023 年成为新晋 GDP 万亿元之城，跻身全国十大新能源产业集聚城市，常州市新能源产业产值超 7680 亿元，占江苏省总产值的 70%，动力电池产销量接近全国的 1/5。作为应用环节和储能环节的最主要产业，新能源汽车和动力电池两大战略性新兴产业是常州市实现"弯道超车"、城市能级跃升的"独门秘籍"，已经形成较为成熟的产业链。然而，数据统计速度慢、产业链划分难、企业协作度低等问题，已经成为束缚新质生产力发展的"堵点""卡点"。

电力数据是反映经济运行的"晴雨表"和"风向标"，国网常州供电公司发挥电力数据价值密度高、实时准确性强、覆盖范围广的优势，以新能源汽车和动力电池产业链为切入点，在江苏省首创常州市能源全景智慧运营平台，在传统电力数据分析基础上创新融通产业链数据，发挥多维度数据的叠加、倍增作用，有效监测常州市新能源产业链及各环节的发展现状和未来趋势，为常州新能源产业贡献决策价值上百亿元，推动常州市实现新能源汽车产业链完整度 95.45%、动力电池产业链完整度 96.55%、未发生断链，高效支撑政府科学决策、产业链稳健发展。

二、案例主体内容

背景和问题

数据时效性差，错失市场先机

新能源汽车和动力电池产业链发展与经济、行业、市场等多领域数据相关，数据采集和整理难度大，政府部门通常需要 2~3 个月统计和评估产业链发展情况，时效性较差，且不能提前预判，难以高效、及时、准确地掌握行业实际发展现状和发展趋势，无法及时响应市场的快速变化，可能错失介入和布局的最佳时机。

产业链结构复杂，难以精细划分

新能源汽车和动力电池产业链覆盖范围广泛，链路相对较长，涉及的上下游环节和因素比较复杂且划分不够清晰，关键节点也多，同时缺乏统一的链路划分标准和规范，这种复杂性和多样性为产业链精细划分增加了难度。

合作机制缺失，制约攀升发展

新能源汽车和动力电池产业链中不少企业处于产业链中低端甚至是末端，产业布局分散，行业间缺乏有效的协同机制和合作模式，存在较多弱链，断链情况时有发生，导致产业链效率不高、整体竞争力相对薄弱，向高端环节的攀升动力不足，需要进一步完善产业生态。

行动方案

国网常州供电公司在政府专项基金的支持下，创新打造常州市能源全景智慧运营平台，整合分析庞大的电力数据、新能源汽车和动力电池产业链数据，凝聚政府和企业力量，强化"链式"思维，沿链撬动千亿级产业集群发展。

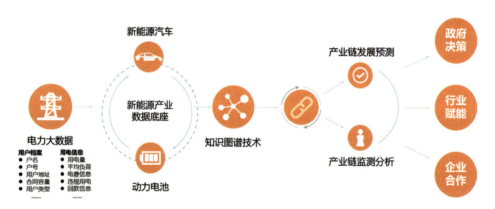

常州市能源全景智慧运营平台助力新能源汽车和动力电池产业链发展路径

为产业链感知装上"大脑"

国网常州供电公司收集并整理企业档案、用电量、规模容量、负荷、业扩工单等内部电力数据，从政府和第三方机构收集或购买企业档案、专利、工商信息等权威性、合法性、合规性新能源汽车和动力电池产业链产业数据、行业数据和企业数据，依托全球标准行业分类系统（GICS）形成企业用户归类标准，分析产业链各环节，通过调研、检索文献、人工整理和探究，确认产业链关键节点，推导出产业链结构和各环节之间的关系，定位产业链相关产业用户特征，搭建新能源汽车和动力电池产业数据底座，创新建设常州市能源全景智慧运营平台。

用户特征

产业链及关键节点

产业链用户行业归类标准

新能源汽车与动力电池行业数据

电力企业内部用电客户档案及用电信息

新能源汽车和动力汽车产业链数据底座

为产业链发展精准"号脉"

国网常州供电公司依据常州市工业和信息化局与常州市科学技术局的《新能源之都建设生态图谱》、前瞻产业研究院与新材料在线等国内领先产业研究机构的分类规则，在常州市能源全景智慧运营平台运用知识图谱技术，将电力数据与产业链数据充分融合，按照新能源汽车和动力电池产业链生命周期与产业节点关联程度分解，精细化描绘出新能源汽车和动力电池产业链上下游图谱，重点挖掘用电量与产业的关联强度和集群关系，一图分析、全局展示新能源汽车和动力电池行业上游、中游和下游之间的综合发展情况。

为政府决策当好"参谋"

常州市能源全景智慧运营平台发挥"智囊团"作用，为常州市政府制定一揽子"政策包"供给提供数据支撑，形成优质营商环境，鼓励有条件的企业先试先行，尽快形成带动效应。

优化政策导向，绘制产业蓝图

国网常州供电公司将常州市能源全景智慧运营平台接入常州市"一网统管"平台即"常治慧"城市运行指挥平台，作为其中的一个应用场景，实时共享产业链数据，助力常州市政府各部门、各区域、各层级了解各区域新能源汽车和动力电池产业链整体发展关系及经营态势，清楚常州市各区域的重点产业、新兴产业，制定更加科学合理的产业发展规划政策，如《关于加快新能源之都建设的实施意见》《常州市新能源产业促进条例》等，推动地方产业中长期布局和协同发展。同时，协助政府精准判断新能源产业链企业的能源利用效率和生产效率，针对高耗能、低效率的企业制定产业转型升级政策，引导其调整能源结构和转型升级。

强链补链延链，提升集群竞争力

常州市能源全景智慧运营平台全景图谱分别展示新能源汽车产业链和动力电池产业链上游、中游和下游全环节及各节点，推动政府部门有效摸排、及时发现产业链链路完整度、优势节点和薄弱环节，从产业布局分析各区域产业特征，识别新的产业增长点，制定《常州市加快构建新能源汽车零部件产业生态工作方案》等产业规划策略，强化产业精准布局，提高产业链的凝聚力和竞争力，促进产业链的优化整合，推动产业链协同发展。此外，助力政府制定《关于推进新能源之都建设的工作方案》《常州市加快构建新能源汽车零部件产业生态工作方案》《关于印发助力新能源之都建设若干举措的通知》等政策，围绕有链强链、缺链补链、上下延链更加精准、科学、高效地进行产业、科技、资本、人才的全要素招商引资，通过投资基金、金融机构投资、政府补贴等方式，吸引、

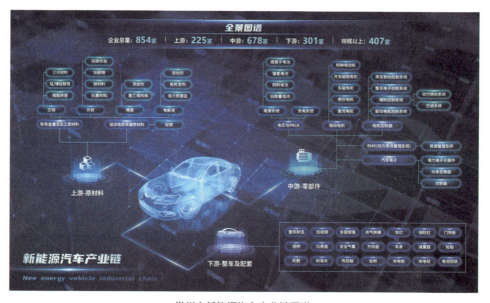

常州市新能源汽车产业链图谱

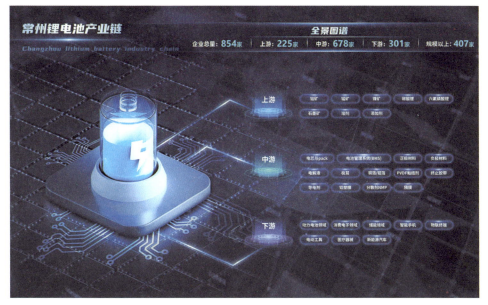

常州市动力电池产业链图谱

培育产业链龙头企业、链主企业及关键环节的重点企业,充分发挥"头雁"的牵引作用,带动中下游企业,"滚雪球"式良性引导新能源产业链集聚成群,形成"拆不散、搬不走、压不垮"的牢固产业生态圈,逐步补齐产业链发展"短板"。

为行业赋能点燃"引擎"

常州市能源全景智慧运营平台接入全市公交专用站、高速路网充电站、老旧小区"统建统营"充电桩等各类充电设施数据,定期结合新能源汽车保有量高效预测、全方位展示充电设施网络布局和变化,并通过电网容量与稳定性评估,形成充电设施热力图,为充电设施选址和建设提供基础数据支撑。同时,实时监控充电设施运行情况,自动预警故障情况,及时线下排查保障充电设施安全,对充电设施开展建设、投运、维护全流程管理,基本建成中心城区 5 分钟充电圈,攻克新能源汽车充电难题,稳步提升新能源汽车渗透率,加快新能源汽车行业发展。

为企业合作提供"良方"

国网常州供电公司通过常州市能源全景智慧运营平台了解新能源汽车产业链和动力电池产业链企业的月度用电异常(突增或突减)情况,筛选并确认当地有合作需求的企业，积极鼓励并帮助这些企业参加 2023 世界新能源博览会、科技经贸洽谈会、2023 年对话全球 CEO、2023 中国电机产业链大会、常州市新能源之都产科教联盟启动暨产学研合作对接大会、新能源领域产学研对接会、新能源汽车产业链座谈会等行业沟通交流活动，为产业链企业"牵线搭桥"，助力供需对接，促进企业间的业务合作和订单量增长，帮助前往外地寻找合作的企业节约时间和成本，增加产业链的协同效应和附加值，为企业稳健发展保驾护航。

关键突破

深化数据融合，释放数据红利

国网常州供电公司在江苏省首次打造透视产业链发展的数字化平台，将电力数据与产业、行业、企业等产业链经济数据汇集、融合，构建共享、共赢的大数据生态体系，打破信息壁垒，给出精准分析、可视化透视产业链发展现状和未来发展趋势的新方法，充分挖掘数据价值，拓展数据使用场景，支撑常州市新能源产业链提速发展。

加强政企合作，共谋产业发展

能源全景智慧运营平台通过产业链图谱详细展示产业链发展全貌，纳入常州市"一网通管"平台后，政府多部门可实时在线共享获取，助力提高宏观政策的及时性、前瞻性，把握政策实施的时机、力度、节奏，因地制宜统筹开展产业链工作，实现与供电公司和产业链企业协同联动、同向发力、形成合力，紧跟市场动态，共同推动新能源汽车和动力电池产业链的优化升级。

打造商业模式，激发市场活力

依托能源全景智慧运营平台的数据资源，形成政府引导、供电公司主导、市场投资、企业参与的可复制、可推广商业模式，推动产业链上下游企业的延伸与布局，打造具有竞争力的新能源产业生态圈，实现各方互利共赢，延续新能源汽车和动力电池产业链高速增长态势。

多重价值

助力产业链健康发展，向高而攀

国网常州供电公司和常州市政府联合推进产业链企业协同发展，推动上下游企业做大做强。截至 2024 年 4 月，常州市新能源汽车产业链共有 63 个节点，涉及 2245 个企业，产业链完整度达 95.45%，有 48 个强链，占比为 76.19%，包含 15 个弱链，无断链；

动力电池产业链共有 28 个产业节点，涉及 1640 个企业，产业链完整度达 96.55%，居全国首位，有 16 个强链，占比为 57.14%，有 12 个弱链，无断链。

提升政府决策能力，向新而行

常州市能源全景智慧运营平台深入挖掘电力大数据，帮助政府部门随时掌握新能源产业链发展现状，感知地区发展变化，为政府部门决策提供数据支撑和有效依据。2023年，为常州新能源产业贡献决策价值上百亿元，助力政府完成"产业链布局"目标，领跑新能源赛道，全力打造代表江苏高质量发展水平、具有国际竞争力的新能源产业高地，加快形成具有常州市特色的新质生产力。

支持低碳转型发展，向绿而进

常州市能源全景智慧运营平台推动新能源汽车产业链高质量发展。2023 年，常州市推广应用新能源车 6 万多辆，节约 12000 万升燃油消耗量，减少 27 万吨碳排放，新增 436 座公共和专用充电场站、超 4600 台充电桩，21614 个自用充电设施开户，为绿色出行作出巨大贡献，加快形成绿色低碳的生产方式和生活方式。

各方评价

常州市委相关领导：希望常州供电公司在新能源之都建设中，主动融入、积极参与、创新担当，思路和建议很好。

"常州新能源产业链月度指标汇总信息"获得数据知识产权登记证书

"常州市全域用电可视化及新能源产业链发展情况分析"获2023 年常州市大数据管理中心"数智常州 便民利企"数据创新应用大赛创新创意赛道一等奖

常州苏双迈达精密机械有限公司负责人：2024 年 10 月，外贸订单数量与往年相比明显减少，正当我们不知该怎么办的时候，当地供电公司主动上门，利用它们的平台，帮助我们和理想汽车搭上了线，为我们找到了新的订单，真是太及时了。

常州市能源全景智慧运营平台应用被媒体充分报道，获得了一系列奖项，在不同领域得到了外部多次肯定。

三、未来展望

下一步，国网常州供电公司将基于前期新能源产业链相关数据知识产权登记成果，加强公司高价值数据资产管理，建立一套新能源产业链数据资产质量评估方法论，建立一类新能源产业链数据资产定价机制，探索形成一种新能源产业链数据资产流通交易方案，推进公司高价值的新能源产业链数据资产化，提升高质量数据供给能力，支撑地方新能源产业链价值再创造，为国网公司数据资产化管理贡献"常州智慧"。

"基于知识图谱的电力透视产业链大数据分析应用平台——以常州新能源产业链为例"获得 2024 数字中国创新大赛·数字城市赛道"2024 数字城市百景"称号

（撰写人：杨晓林、王数、杨凯、商显俊）

国网福建省电力有限公司营销服务中心

"电眼看经济"指数模型
为经济高质量发展提供精确支撑

一、基本情况

公司简介

国网福建省电力有限公司营销服务中心（以下简称中心）负责省级计量采集、电费电价、客户服务、负荷与能效管理等营销全业务支撑工作，是国网福建省电力有限公司最高计量技术机构，是国网福建省电力有限公司五大智库单位之一。

按照国家电网有限公司的要求，中心主要发挥"三个中心"定位功能：营销集约业务的实施中心，主要包括全省计量实验和检定配送、购售电费核算和账务等；营销业务质量的监控中心，主要包括福建省营销业务和供电服务质量管控、全渠道客户诉求分析等；营销创新的实践中心，主要包括营销服务政策研究、新兴业务和技术创新研究、人才队伍建设等。

在履行社会责任和推动可持续发展方面，中心坚定践行人民电业为人民的企业宗旨，通过高效、可靠的供电服务保障社会民生发展，切实履行电力行业的社会责任。同时，中心不断创新服务模式，响应国家"双碳"目标，积极推动清洁能源应用，助力构建资源节约型、环境友好型社会，促进联合国可持续发展目标的实现。

行动概要

近年来，外部环境的复杂性、严峻性与不确定性明显上升，给国内产业结构调整持续深化带来了新的挑战。与此同时，外需回暖、新质生产力加速发展等因素逐渐形成新的支撑。因此，在当今复杂的背景下，传统分析方法在准确解读经济新常态上急需突破。中心组建研究团队，创新开展"电眼看经济"指数研究，利用算法模型深入解析海量电力数据在经济现象分析、趋势研判预测等方面的应用价值。根据"增量市场看趋势、存量用电解强度、用电结构评质量"的总体思路，分别从前瞻性、繁荣度与发展质量三个方面构建指数，通过观察各项指标值的变化情况，对中短期电力需求与经济态势展开分析和预测，实现从电力角度解读区域经济发展趋势，全方位评价经济景气情况，助力政府决策部门"看得见""看得远""看得透"。截至 2024 年 7 月，中心已向福建省发展和改革委员会、福建省统计局等部门提交专报 7 份；同时，首创的电力报装影响模型与前瞻性指数模型已在国家电网有限公司 27 家省公司推广应用，研究成果对经济形势研判起到的积极参考作用得到各方充分认可，为助力经济高质量发展提供了精确支撑。

二、案例主体内容

背景和问题

近年来，我国经济发展从传统的要素投入型逐渐转变为创新驱动型，全球局势的变化使包括福建在内的部分沿海地区经济增长从外贸驱动型转变为国内国际双循环相互促进的新发展格局。以往传统的、以单一性数据来源为参数的预测方法已经不能充分满足部分经济领域的发展需要。

经济解读亟须新视角。一方面，近年来，外部环境的复杂性、严峻性与不确定性明显上升，国内产业结构调整持续深化，新的挑战不断涌现，经济的中等增速甚至短期回调或将成为新的经济发展特征；另一方面，自 2023 年以来，外需回暖、新质生产力加速发展等因素逐渐形成新的支撑。在如此复杂的背景下，如何全面、辩证地看待国内外经济形势、解读经济现象和发展质量，是目前业内亟须解决的问题。

电力数据的经济价值挖掘不足。电力数据客观性强、实时性好、契合度高，一直是衡量国家经济发展、社会进步及人民生活水平的重要指标之一。目前，业内虽有一些针对电力数据的研究，但往往仅针对数据本身或其变化趋势，尚未形成从电力报装申请到贡献电量再到经济态势的完整链条。尤其是随着电气化水平的持续提升与行业用电结构的变化，自 2020 年以来，全社会用电量增速始终高于 GDP 增速，电力消费弹性系数稳居 1 以上，用电增速与经济增速间较强的剪刀差现象引起热议，创新"电力—经济"解读视角显得尤为重要。

行动方案

中心自 2023 年起，从电力报装项目、报装容量、用电负荷、用电结构与外部经济数据等维度入手，创新构建"电眼看经济"评估体系，通过算法模型挖掘电力数据特性，以"增量市场看趋势、电力负荷解强度、用电结构评质量"的总体思路，打造电力直接消耗系数和用电景气三指数，以新视角追踪国内外经济形势及市场发展趋势变化，助力政府在"看得见"的基础上，"看得远""看得全""看得透"，支撑政府制定和调整相关政策措施，促进产业结构优化升级。

以电力增量数据为主，构建用电景气前瞻性指数

电力报装申请数据量化了企业生产者对企业未来的用电规划，是一种天然的经济前瞻性数据来源。电力报装申请属于用户自发行为，存在一定的随机性与不连续性，难以直接应用报装申请数据提炼对整个宏观经济的影响，因此，研究团队创新分解模型分析法，将电力报装数据作为电量预测分解模型的影响因子，分解电力报装申请对电量的边际影响，重构数据以消除数据中的长期趋势、季节效应和气候影响等。采用滚动回归算

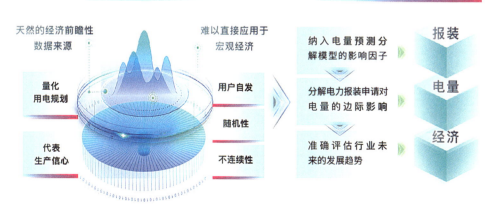

用电景气前瞻性指数架构

法搭建用电量预测模型，验证电力报装数据对用电景气情况的预测价值、对经济景气指标构建的数据价值，实现电力报装数据的价值挖掘和应用开发，打通电力"报装—电量—经济"全链路。

以电力负荷数据为主，构建用电景气繁荣度指数

企业的电力负荷率变化与周期性生产息息相关，代表了企业的产能释放，通过挖掘企业的负荷率数据及其变化，能够客观、全面地揭示经济的繁荣程度与衰退趋势。"电眼看经济"指数研究项目以福建省 15 万户高电压等级用户和 3000 家权重企业（占福建省工业用电量的 70%）负荷数据为主要分析对象，通过示性函数得到企业负荷率分布变化情况，构建用电景气繁荣度指数，量化企业生产活跃程度，评估各行业企业的繁荣度水平。

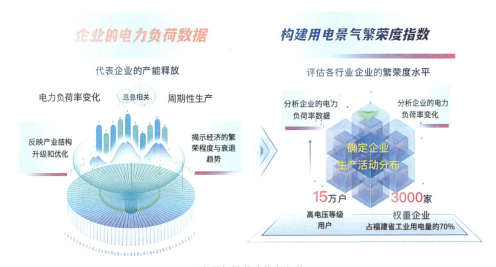

用电景气繁荣度指数架构

以用电结构数据为主，构建高质量发展指数

行业电力消耗结构的变化可以反映产业结构的升级和优化。参照国家统计局国民经济行业分类，研究团队通过观察 11 个行业大类、133 个细分行业的用电占比、单位电力投入产出值等的变化情况，结合新发展理念，构建高质量发展指数，动态评估经济发展质量。

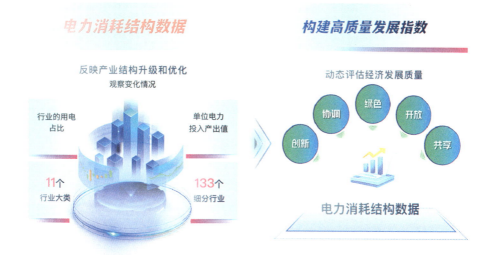

高质量发展指数架构

关键突破

确定电力与经济之间的强关联

研究团队通过用户用电报装申请数据与《福建省统计年鉴》比对分析，发现 1/3 以上行业的电力报装申请数据具有显著的先行特征。这证实了电力数据的特性，因为电力报装申请实际是用户在预估自己接下来会有多少用电设备、需要用多少电之后才能进行的，所以可以先行预判用户之后的用电行为，进而预测用户的生产经营状况。同时，用电的多少、负荷率的状态，则可以直接代表一些企业的生产情况，特别是部分生产经营特性与电力强关联的企业。因此，增量电力数据可以通过看经济趋势确定，存量电力数据则可以观测行业的活跃度水平的整体思路确定。

打破电力与经济关系衡量的量化难题

调研发现，公开的经济数据存在颗粒度粗、统计口径杂乱等问题，没有细致的行业数据作为参照，作为政府经济分析部门，可能存在很难还原低纬度、细分行业真实情况的问题。因此，研究团队通过国家统计局发布的投入产出表，结合电力量价数据，计算各行业不同时段的单位电力投入产出值，从而确定某行业对电力的依赖程度。

研究团队通过计算 72 个行业的电力直接消耗系数发现，部分行业如金属冶炼和压延加工业的产出值对电力较为依赖，依赖程度随着年份而波动，且涨落相间的交替波动呈现一定的周期性。同时，借助电力直接消耗系数，可以估算行业增加值与产业规模，通过验证，误差范围保持在 2% 之内。由此实现不同行业对电力依赖程度的量化，同时从电力视角还原区域行业经济真实情况，为电力与经济增长之间的动态关系提供相对科学的解释。

深化数据融合应用场景

"电眼看经济"指数研究项目聚焦新一代信息技术、新能源等重点行业，提前预判电能流向和业扩投资方向，为政府优化资源配置和电网企业报装物资存储额度配置、采购计划提报等提供数据支撑，多方助力企业早投产、早达效。在与国网福建龙岩供电公司合作试点的过程中，精准预测了电力报装配套资金额度，预测准确率达 90%，有效减少了人工预测不准确导致的资金分配不均衡情况的发生。

建立"政企校"数据共联共享机制

中心研究团队协同厦门大学团队与福建省发展和改革委员会经济运行处达成合作，推动多元数据共享。通过与福建省发展和改革委员会经济运行处合作，实现包括工商登记、高速公路、港口运输等超 600 项各行业近年来的经济运行数据共享，大幅提升了评估体系的实用性、覆盖面及准确度。同时，"政企校"三方共享数据研究成果，聚焦区域经济发展的多维指标体系，编制了《福建省每月经济运行态势分析与展望》《国网福建电力关于电力数据在区域经济景气评估上的探索与应用》等专报，从经济发展现状的电力解读、经济发展态势的电力预测及经济发展质量的电力阐释三个方面，对福建省经济情况进行了全面分析，协助政府更科学地解读经济运行态势，促进了学术研究与实证分析的紧密结合。

多重价值

在社会价值方面： 截至 2024 年 7 月，研究团队已向福建省发展和改革委员会、福建省统计局等部门提交了 7 份专报，支撑政府准确研判经济发展态势与质量，经实际验证，报告结论具有较高的前瞻性和准确性，得到了福建省发展和改革委员会与福建省统计局的充分肯定。

在学术领域： 项目成功申请了 11 项技术创新发明专利，在国际知名学术会议、期刊上发表了 7 篇 EI 级别及以上的论文，研究成果在厦门大学举办的"电眼看经济"项目圆桌研讨会上，受到中央财经大学、上海财经大学等多所高校经济学家的认可。

在经济效益方面：一是引导绿色金融贷款精准投放，项目实施以来累计为福建221家重点企业提供靠前服务，其中新能源、材料、电子科技企业16家，累计助力企业融资77.74亿元，切实帮助企业解决融资难、融资贵等问题。二是助力实现"快速接电"，从客户需求出发，通过"电力报装—电量—经济"的数据链条，准确评估快接电的经济效益，以此倒推快接电。自项目实施以来，福建电力报装平均时长同比下降7.12%，用户满意率达99.92%，同比提升1.54个百分点，全省高压接电累计贡献电量48.32亿千瓦·时，对售电量增长值的贡献率达27.27%，在提升用户办电效率的同时，给电网企业带来了更多的经济效益 。

各方评价

"电眼看经济"指数可在实际应用中展现出极高的前瞻性和准确性，得到福建省发展和改革委员会和福建省统计局的高度认可。在福建的成功试点，为在全国范围内的推广奠定坚实基础，也体现出其较高的推广价值。同时，研究成果获得国家电网有限公司总部的关注和认可，首创的业扩影响模型与前瞻性指数模型已在国家电网经营区27家网省公司推广应用，团队主要成员受邀参与国家电网有限公司经营区二季度用电需求分析预测交流会，作典型经验分享，得到了国家发展和改革委员会经济运行局的好评。

项目成员参加福建省发展和改革委员会—厦门大学座谈会

三、未来展望

下阶段，"电眼看经济"指数研究项目将紧扣推进中国式现代化主题，让电力数据看重点行业运行及经济高质量发展更广、更全、更深，促进电力与经济领域的交叉融合，助力推动资源配置效率最优化和效益最大化。

一是拓宽"电眼看经济"指数应用广度。研究团队将扩大用电景气三指数的应用范围，在持续对福建电力与经济数据挖掘分析的基础上，进一步拓展至对国家电网有限公司经营区所属 27 个省份乃至全国的分析，通过对各省份不同的经济特征进行聚类分析，拓宽指数评价覆盖面，验证迭代指数模型的科学性、准确性、实效性。

二是探索"电眼看经济"指数研究深度。在现有研究的基础上，研究团队将不断完善现有指数的分析对象和分析深度，结合国家高质量发展战略布局和经济热点，探索用电量与 GDP 之间的内在规律、行业群体用电结构变化的关联关系，并开展住房空置率、车云路网融合等"小切口"研究，不断输出更具实用意义的"电力与经济"跨界融合数字产品，将"电眼看经济"打造成政府及企业的决策智囊。

（撰写人：吴国耀、兰智强、黄笑盈、沈迎新、林潇）

国网上海市电力公司嘉定供电公司
"碳链智控"赋能产业视角
碳精细化管理

一、基本情况

公司简介

2012 年 4 月 3 日国网上海嘉定供电公司"三集五大"组织机构正式挂牌运行。2013 年 7 月 29 日，正式更名为国网上海市电力公司嘉定供电公司（以下简称国网上海嘉定供电公司）。国网上海嘉定供电公司坐落于上海西北部嘉定区，为总面积 464.2 平方千米内的 90 余万户用户提供优质供电服务。

国网上海嘉定供电公司致力于"五个嘉定"建设，推动汽车"新四化"及智能传感器等千亿级产业群发展，服务包括上海大众、联影医疗等知名企业，供电区域内拥有 10 千伏至 500 千伏各级变电站及电网设施。国网上海嘉定供电公司开展嘉闵线电力改迁、沪渝蓉高铁电力改迁、充电桩下乡等工作，取得了显著成效，荣获多项国家级、省市级荣誉，包括全国文明单位、上海市五一劳动奖状等，并涌现出多位国家级、省级、市级劳模及技能大师。作为嘉定区电力供应的中坚力量，国网上海嘉定供电公司全面贯彻数字化发展理念，深化面向基层的数据服务，加快数字化智能化转型，且持续优化服务，助力区域经济社会发展。

行动概要

嘉定区是上海汽车产业规模最大的区域，并具备高端装备、医疗器械等战略性新兴产业，但各产业缺乏对碳排放的精细化管理。

国网上海嘉定供电公司充分发挥自身电力数据价值优势，构建多维度碳效评估体系，精准追踪产业链上下游碳排、碳效，预测减碳潜力，辅助碳排放双高企业优化能源结构，引导各方合力推进"双碳"目标的实现。

二、案例主体内容

背景和问题

上海市在国家"双碳"目标的指引下，积极制定并实施了一系列政策措施，以确保在规定时间内实现碳达峰和碳中和目标。根据《上海市碳达峰实施方案》，上海市设定了到 2025 年单位生产总值能源消耗下降 14%，非化石能源消费比重达到 20% 的目标，并确保在 2030 年实现碳达峰。这一政策体现了上海市在能源消耗和结构调整方面的坚定决心。在工业领域，上海市进一步细化了目标，在《上海市工业领域碳达峰实施方案》中提出，到 2025 年，规模以上工业增加值能耗要比 2020 年下降 14%，并力争平均每年降低碳排放 1%。这一目标旨在通过提高工业能效和推动工业结构优化升级，实现工业领域的低碳转型。为了实现减污降碳的协同效应，《上海市减污降碳协同增效实施方案》提出，到 2025 年推动一批典型的协同控制试点示范项目落地应用，有效提升减污降碳的协同度。这表明，上海市在环境保护和气候变化应对上采取了综合策略，力求在减少污染物排放的同时，实现碳排放的降低。此外，《上海市 2023 年碳达峰碳中和及节能减排重点工作安排》要求，在 2023 年，各区、各领域能耗强度、碳排放强度与"十四五"规划目标进度相衔接。这强调了上海市对实现"双碳"目标的紧迫性和阶段性要求，确保各区、各领域在节能减排方面与全市的整体规划保持一致。面对这些政策目标，上海市及其各区尤其是嘉定区，面临着将政策转化为具体行动的挑战。

嘉定区作为上海市全力打造的世界级汽车产业中心的核心承载区，汽车产业基础深厚，产业链条完善。区内已集聚上汽大众、丰田等众多企业，构成了从整车制造到关键零部件供应的完整体系。在战略性新兴产业方面，新材料、生物医药、新一代信息技术等产业蓬勃发展，成为推动区域经济发展的新引擎。作为上海市重要的产业集聚地，嘉定区在上海市"双碳"目标达成的过程中具有举足轻重的地位，但目前缺乏相关的分析与管控支撑，难以从不同维度视角助力"双碳"目标的分解与落地，具体而言主要存在以下两个方面的问题。

产业视角。一是全量碳测算困难，嘉定区有汽车、高端装备、医疗器械等市重点战略及新兴行业，当前行业布局与规划时尚未结合各产业碳效水平进行综合考虑。作为"经济强区"与"制造业强区"，在"双碳"时代背景下，更有必要结合碳效水平，合理规划产业结构，优化产业布局，保证政府侧资源合理配置、统筹协调产业空间，更为高效、绿色、持续性地推进区域产业经济高质量发展。**二是全链碳感知缺失**，嘉定是上海汽车产业规模最大、研发水平最高、产业链最完整的区域，但该区产业缺乏对碳排放的体系化、精细化管理，不利于推动区域绿色经济发展、产业高质量发展，因此亟须从产业链视角进行碳排放动态评估与精益化管理，从而保证产业经济的高质量发展和区域节能降碳目标的落地。

企业视角。一是碳效水平难对标，通过对各行业、各街镇碳排放、碳效的系统摸排，发现目前对于区域内大部分企业而言，对"双碳"的认知与管理处于较为粗放的阶段，企业并不清楚当前碳排放现状，缺乏对碳排、碳效水平的横向对比对标，难以精准识别自身碳排放水平在行业中所处的位置。**二是减碳方向不明确**，企业也无法有针对性地指导制定减碳策略，对于达成"双碳"目标缺乏明晰、具体的落地计划。

行动方案

国网上海嘉定供电公司聚焦"双碳"管控需求，充分发挥电力数据对嘉定区汽车等核心产业链环节碳排放精准高效的感知能力，及时跟踪产业链碳排放足迹，重点围绕产

产业碳排放规模推算主功能页面

业电碳智能推算、产业碳网络分析、碳效领先行业发掘、双高企业碳排放剖析四大模块，自 2023 年起构建融合多维度信息的区域产业碳排精准管控与绿色转型解决方案。

产业电碳智能推算

国网上海嘉定供电公司根据企业月度甚至小时级用电数据，研判各类企业用能模式，根据企业实际能源消费情况、碳排放水平以及企业产值等信息，分析汽车产业及细分领域能源碳排放结构，科学拟合重点行业细分领域"电碳"综合排放系数，实现对能源碳排放规模的精准测算。

产业链碳网络分析

国网上海嘉定供电公司以产业链上下游环节为脉络，面向汽车产业内各环节，实现全链碳排的测算追踪，精准定位产业链上碳排放"双高"环节和企业，为锁定减碳对象提供有力数据支撑。

产业链碳网络分析主功能页面

碳效领先行业发掘

国网上海嘉定供电公司围绕嘉定区重点战略性新兴产业，结合产业经济发展数据，从行业维度细化拆解碳排放结构并进行碳效对标，进一步逐层深入企业层面，清晰地呈现企业碳效在行业中所处的位置，支撑行业视角碳排放现状的及时、全局感知。

"双高"企业碳排放剖析

碳排放"双高"企业一直是政府侧重点关注的对象。国网上海嘉定供电公司通过聚焦区域内高碳排放、高增幅的重点企业，以单个企业为视角进行细化剖析，从企业碳排综合表现、企业碳排放时序分析、企业碳效量化评级、企业减碳潜力评估四个方向，分析测算清单中具体企业碳排的表现，发现企业存在的不足与问题，并预测未来的减碳方向与空间，明确减碳方向，引领企业合力实现区域"双碳"目标。

以丰田汽车技术研发（上海）有限公司为例，通过对企业的碳效诊断与优化方向的规划，不仅量化了该企业在行业中的碳效水平位置，还为其量身定制了减碳方案。基于专利算法，基于达峰时间目标、可改造基础、当前碳排放结构与模式等，发掘企业主要的减碳优化方向，根据测算，该企业投资建设了光储一体化系统，光伏总装机容量达326.7千瓦，并配套了1000千瓦磷酸铁锂储能集装箱。通过与能管系统无缝对接及中央 EMS 的统一调度，有效提升了能源利用效率。

企业碳排放剖析主功能页面

关键突破

创新"电碳"因子精准测算，碳排放尽在掌握

国网上海嘉定供电公司创新性地提出基于"行业大类＋用电模式聚类"的"电碳"因子碳排放测算方法。该方法通过时序向量 KS 曲线相似度对用电模式进行聚类，实现

了对行业大类下不同企业类别的精细划分。依托贝叶斯框架下的非参分布，结合典型企业的能源碳排放结构，拟合了重点行业细分领域、不同用电模式的"电碳"综合排放因子。这一方法相较于目前主流的测算方法，平均绝对误差下降了 90%。通过基于用电量的科学推导，准确测算嘉定区产业整体碳排放规模。此外，该方法充分利用电力数据覆盖广泛的优势，有效解决了现行碳排放测算方法中数据收集困难和计算过程复杂等问题。

搭建多维碳效评估体系，碳效一目了然

国网上海嘉定供电公司突破了传统单一的基于碳排放体量的维度视角，从政府关注的碳排放规模、碳排放强度、碳排放增速、碳排放模式稳定性等十余个维度构建量化考核体系。结合因子分析算法、信息熵度量与层次分析法进行综合赋权，从而搭建一个多层级、多视角、可量化的碳排放效率评估体系，实现更全面、更准确的碳效诊断评价，并进一步从国家、区域、行业等层面进行对标，辅助产业细分领域及企业量化了解其碳排放在行业、地区的领先 / 落后程度，助力企业定向优化生产流程和能源使用，减少碳排放。

实现链上碳网络精准追踪，引领绿色未来

国网上海嘉定供电公司打破单一视角，从产业链上下游全局视角出发，系统梳理了区域汽车产业的整体碳网络。依托产业链环节信息与电力数据，精准监控产业链碳排放轨迹，并对产业链上下游各环节的碳排放态势进行横向对比分析；同时，从时间的视角持续追踪产业链各环节的碳排放体量，深入挖掘各环节碳排放趋势的变化特征。通过量化预估不同环节的减碳潜力，为产业链上下游企业实施降碳改造提供有力支撑。

多重价值

服务企业

在企业层面，国网上海嘉定供电公司已服务潜在企业用户超过 400 家，达成综合能源改造意向企业达 20 余家，市场反响热烈；企业年均减碳量 5.47 万吨，潜在碳交易价值达 462.69 万元。

服务政府

在政府层面，国网上海嘉定供电公司与上海市嘉定区发展和改革委员会携手，签订了《关于共同促进能源双碳大数据服务业务》合作协议，持续深化政企合作；并以汽车为试点产业，支撑产业级"双碳"目标的逐步落实与推广应用，引导上海市其他产业、行政区域"双碳"工作顺利开展。

各方评价

上海市嘉定区发展和改革委员会：国网上海嘉定供电公司主动对接服务政府"双碳"管控需求、企业降碳需要，实现了对碳排放规模的准确测算，助力企业找到最佳减碳途径，有效支撑区域内碳排放指标分解下放。

上汽大众汽车有限公司：国网上海嘉定供电公司的个性化减碳策略和建议，充分考虑了碳排放双高企业的需求，助力制订了明晰、具体的减碳计划，解决了企业不明白碳排放现状、不清楚改造后减碳效果的难题。

三、未来展望

针对上海市嘉定区汽车产业，国网上海嘉定供电公司通过发挥电力数据对产业生产环节精准高效的感知能力，精准测算产业碳排放规模，通过汽车产业进行验证，提高"电碳"综合排放因子的精细化构建水平，并将其发展成为行业标准，快速推广至其他产业和区域；同时，依托碳网络，以产业链为视角，精准细化监控碳排放轨迹，以汽车为试点产业，推进汽车产品碳足迹标识，支撑产业级"双碳"目标的逐步落实与推广应用。本场景的方法论、技术路径及应用功能均具备较强的复制性与推广性，能够切实提升产业、企业自身碳效水平，降低能耗成本与碳排放强度，助推碳减排目标的实现，促进产业高质量，形成"减碳排头兵"模式示范效应。未来，可进一步固化分析模型，并拓展更多碳效监测功能，以满足政府侧和企业侧的多维需求，向上海市其他产业、行政区域进行复制和推广。

（撰写人：高翔、赵晨栋、陆倚鹏、陈悦、卫春峰）

国网天津市电力公司城东供电分公司

首创"两网"数据共享平台，
一站式智能服务社区美好生活

一、基本情况

公司简介

国网天津市电力公司城东供电分公司（以下简称国网天津城东公司）负责为天津市河东区、河北区、北辰区和东丽部分行政区域的供电运行、设备维护、电力营销提供管理服务，服务范围 593.5 平方千米，服务人口约 278 万人，220 千伏及以下各电压等级电力用户总计 126 万户。2024 年，国网天津城东公司获天津市五一劳动奖状，获评国家电网有限公司党建工作"组织建设专业标杆"，其中 1 个集体获评中央企业先进基层党组织，1 个集体获评全国青年安全生产示范岗。

为深化落实国网天津市电力公司"10 方面、36 项服务新举措"，国网天津城东公司以便捷、高效、贴心为目标，致力于深挖电力大数据价值，不断拓展电力大数据应用场景，不断提升服务质效，着力打造数字化电力服务品牌，持续宣传网格服务智慧名片。2021 年，国网天津城东公司在完成全量低压用户 HPLC 改造工作的基础上，结合河东区人口老龄化严重现状，利用 HPLC 高频采集 96 点曲线数据，创新研发了特殊人群生活状态研判的关爱码；2023 年，在与天津市河东区网格中心沟通学习的过程中了解到社区通平台，依托社区通推广和使用基础，推动"电易 call"成为首个入驻社区数字治理微信公众号平台的企业功能模块，实现用户常见用电问题一键报修；2024 年，在电力和社区双网格对应形成的基础上，以共建、共治、共享为理念，在全国新时代"枫桥经验"先进典型河东区大王庄街道率先落地"智慧社区网格小助手"，打造首个"社区＋电力"双网格服务平台，实现居民社区生活问题、涉电问题一站式处理，有效缓解了社区、网格员"人少事多"的困境。

行动概要

为贯彻党的二十大报告关于坚持和发展新时代"枫桥经验"的相关要求，落实国网天津市电力公司关于"社区＋电力"双网格的服务工作安排，缓解在基层网格服务不断深入的过程中网格员面临"人少事多"的困境，国网天津城东公司河东供电服务中心积极主动走访属地网格办、街道等网格服务相关部门，梳理总结双方痛点问题和需求，开发了数字化社区智理共享平台。

智理共享平台融合了社区和电力居民常见问题知识库，国内首创"社区＋电力"双网格服务平台，实现居民社区生活问题、涉电问题一站式处理。智理共享平台利用微信形象"智慧社区网格小助手"与居民进行问答互动，创新研发 ASA 算法精确建立画像，首次提出 BBC—A 模型精准识别用户意图，从而实现用户诉求风险研判、回复方案自动处理、数据价值挖掘共享、问题解决高效协同等，助力达成"小事不出网格，大事不出社区"的目标，加快社区"治理"向"智理"转型升级。

二、案例主体内容

背景和问题

党的二十大报告指出，在社会基层坚持和发展新时代"枫桥经验"，完善正确处理新形势下人民内部矛盾机制，加强和改进人民信访工作，畅通和规范群众诉求表达、利益协调、权益保障通道，完善网格化管理、精细化服务、信息化支撑的基层治理平台，健全城乡社区治理体系，及时把矛盾纠纷化解在基层、化解在萌芽状态。

国网天津市电力公司深入贯彻落实党的二十大精神，响应工作要求，积极践行新时代"枫桥经验"，全面提升供电服务质量，以网格服务为载体，总结形成"一体融入、二元覆盖、三维主动、四型支撑"服务机制，凝练成"服务质量做加法，服务距离做减法"实践方法，赋予"枫桥经验"供电服务新时代内涵。

国网天津城东公司深化"党建引领、政企联动"，促进服务模式再升级，结合属地实际情况设立 156 名网格经理，建立电力"网格长"和社区"网格员"对接机制，党员精准及时掌握用电诉求，联动解决用户投诉问题。截至目前，国网天津城东公司已向社会公布网格电话 40 个，对接 423 个网格中心、街道、社区党群中心，在网格内走访 634 户重点用户，开展 16 次现场宣传活动。

国网天津城东公司河东供电服务中心严格落实国网天津市电力公司和国网天津城东公司网格服务工作要求，积极探索网格服务工作模式，将服务面积 40 余平方千米、约 52 万户的电力用户划分为三个服务网格。近年来，随着网格治理的不断深入，问题逐渐凸显，主要痛点如下。

人均服务户数多。 受网格员人数的限制，电力网格颗粒度大。以国网天津城东公司河东供电服务中心为例，每个网格员平均服务户数为 1.6 万户，约为社区网格员服务用户数的 42 倍。

问题诉求处理慢。 电力网格员受服务用户数量和个人专业知识影响，用户用电诉求办结慢。用户生活诉求无直达社区网格员途径，处理时效差。

网格资源整合差。 电力网格员对其所服务用户信息掌握不全面、不精细，用户黏性低；社区网格员无沟通和获取用户用电信息的渠道，网格服务难以形成合力。

行动方案

为多维度提升供电服务能力，全方位打造"枫桥式"供电服务网格，自 2022 年以来，国网天津城东公司河东供电服务中心主动担当、积极作为，与河东区网格办、大王庄街

平台架构

道等 12 家单位开展支部共建、党建联盟等活动，深入社区开展网格服务调研宣传 50 余次。以解决问题为导向、以服务人民为初心、以减少投诉工单为目标，坚持数字化赋能一线工作思路，致力于推动电力"大网格"融入社区"小网格"，以共治、共建、共享为理念，于 2023 年 8 月创新开发出数字化社区智理共享平台。

智理共享平台以"智慧社区网格小助手"的形象与用户进行问答互动，以问题溯源分析研判模型和诉求数据精准进行用户画像标签，具备用户诉求风险研判、回复方案自动处理、数据价值挖掘共享、问题解决高效协同等多种功能。

智能分析，全时守护

智理共享平台可以实现 24 小时即时快速、标准答复居民问题诉求。一般性问题自动答复，对于紧急、重要的诉求自动匹配推荐网格员，进行网格电话推送和人工智能转接。

"智慧社区网格小助手"

服务提效，数据赋能

智理共享平台能够精准识别居民诉求，并根据其当前和历史信息精确建立标签画像，辅助网格员甄别居民诉求风险等级，指导网格员提供居民诉求解决方案。同时，多维度自动汇集分析诉求情况，提供业务优化数据决策。

共享开放，一网通用

智理共享平台可以整合社区、燃气、供水、供热、消防、公安等网格服务相关部门，

数字化社区智理共享平台首页

形成用户诉求一网通。同时，对于需要多部门协同处理的复杂诉求，自动关联推送给相关网格员，构建复合诉求解决渠道，提升复合诉求解决质效。

关键突破

国平台搭建和功能实现的关键突破如下。

技术创新

创新研发 Albert-self-attention 算法，精确建立用户画像

基于 CRNN 算法构建社区居民标签画像体系，提前甄别用户类型及行为习惯。团队创新研发的 Albert-self-Attention 算法可进一步提升用户画像识别精度，智能推荐相关服务，提升网格员服务质效。

首次提出 BBC-A 分析研判模型，精准识别用户意图

团队首次提出了社区居民诉求工单全业务口径的问题溯源分析研判模型(BERT+BILSTM+CRF+Attention)，形成六大类 67 个细分诉求，应用大语言意图识别算法融合平台诉求数据，构建风险工单评估体系，精准识别社区居民诉求，反馈处理策略，识别准确率达 96.17%，识别准确率行业领先。

业务创新

首个融合社区和电力的服务平台

平台可实现居民社区生活问题、涉电问题一站式解决，居民生活数据画像指导电力

诉求答复方案，电力行为轨迹助力社区精准服务。社网融合，开创共建、共治、共享的网格服务新局面。

与大王庄街道沟通平台落地推广事宜

形成"政府引领、电力运营、多方共赢"新生态

智理共享平台可以进一步整合燃气、供水、供热、消防、公安等网格服务相关部门，以各方汇集、信息共享、联动处理，打造一网协同治理社区生态圈。

加快社区治理向"智理"转型升级

智理共享平台基于居民诉求记录数据，以居民地址、诉求种类、频率等多维度进行自动聚类分析，梳理出热点及重点诉求。为应用平台的各网格服务相关部门，提供业务优化信息数据支持，辅助其进行高效决策。

多重价值

行业价值

简单问题自动回复，压降网格服务工单数量

2024 年 3 月，智理共享平台在全国新时代"枫桥经验"先进典型——天津市河东区大王庄街道率先试点应用,其中丰瑞里社区共 3760 户居民,自产品使用至今实现社区、电力各渠道工单 0 投诉,工单数量降低 53.68%。截至目前,共解决用户各类问题 6536 件,自动回复占比高达 85.23%。

压缩工单响应链条,加快用户诉求处理速度

智理共享平台的应用缩短了传统各渠道工单逐级下发服务链条,5571 件简单诉求实现秒级回复,965 件复杂诉求平均处理时长由 3 个工作日缩短至 1.5 小时,显著提高了网格服务效率,有效提升了用户满意度。

签订多方结对协议,助力政企合作实现共赢

目前,智理共享平台已作为国网天津城东公司营销部试点进行推广,得到了国网客户服务中心关注并与其达成合作意向,同时与河东区大王庄、东新等街道、河东消防救援支队、公安河东分局等 14 个网格服务相关部门签订了"结对共建"协议书,进一步明确了项目长期合作与常态化推广策略,为平台长期推广和应用奠定了组织基础。

经济价值

智理共享平台通过加快响应速度和减少重复诉求,为网格服务部门单位节省大量的人工成本。以国网天津城东公司为例,相较于传统模式,通过平台可最大削减工单量约 85%,平均节省诉求处理时长 0.8 人 / 天,换算为人工成本,国网天津城东公司共有网格员 153 名,按年平均人工成本为 5 万元计算,全年可节省约 612(5×153×0.8)万元,若推广到国网天津市电力公司,全年可节省约 6000 万元。

智理共享平台前期采取免费使用方式,以进行市场占领和用户积累,在具有一定规模后对网格服务相关部门单位用户收取费用。

技术运维费用:根据实际运维工作量,每家单位费用每年为 2 万~ 10 万元。

个性化需求定制费用:支持单位用户定制个性化应用内容,根据内容和难度收取定制费用。

智理共享平台运维费用按年均 5 万元计算,若在天津地区全覆盖应用,则市场规模可达 2.6 亿元。

社会价值

智理共享平台率先在全国新时代"枫桥经验"先进典型——河东区大王庄街道试点应用,并受到街道、社区、居民的一致好评,政企联合推进网格服务举措落地生效。

通过持续整合大王庄街道丰瑞里社区试点区域各部门公共服务资源，拓展网格服务内容和领域，打造网格服务示范区效应，从而吸引更多社区入驻平台，构建"网格化管理、信息化支撑、多元化参与、智能化应用、全程化服务"的社会"智理"新模式，形成具有可复制的"天津经验"。

各方评价

智理共享平台的推广使用受到了天津市河东区政府和国网天津市电力公司的高度关注，被央广网等多家媒体宣传报道 30 余次。

与社区共同推广平台活动

数字化社区智理共享平台的应用，提升了丰瑞里社区网格服务响应效率和服务质效，得到了居民用户和社区、电力网格员的一致好评。

河东区大王庄街道丰瑞里社区："智慧社区网格小助手"是数字化、信息化的社区基层网格治理平台，无论是社区生活问题还是用电方面问题，它都可以智能解答。我们作为天津市首个试点应用社区，是政企联合服务居民的创新实践，实现了"社区 + 电力"双网格的合作共赢。

居民：现在有了"智慧社区网格小助手"，查询生活问题和联系社区、电力解决问题都方便多了。

电力网格员：居民只需用微信扫描二维码就可以进入"智慧社区网格小助手"聊天页面，录入地址、联系方式便可以对接到电力网格员电话。居民简单问题可以由"智慧社区网格小助手"直接解答，如有需要也可以第一时间联系到我们，这样一来，大幅缩短了服务链条，提升了居民用电诉求的处理效率。

三、未来展望

国网天津城东公司将持续深化试点社区平台用户和网格服务相关部门单位的平台应用，不断深化网格服务实践，旨在打造新时代"枫桥式"供电服务新模式，全面、快速、精准响应用户需求，为用户提供更加健全、友好、便捷的用电服务，不断提升用户满意度。

初创期（2024 年 3 月至 2025 年 3 月）

平台采用示范推广策略，形成示范效应。本产品已在全国新时代"枫桥经验"先进典型——天津市河东区大王庄街道试点应用，并在其丰瑞里、长城公寓等社区进行集中推广。该区域涵盖高端新小区、老旧小区、商业综合体，人员结构、环境丰富多样。利用"线上＋线下"模式的推广工作，并在运行过程中不断丰富接入部门，优化产品设计方案。

成长期（2025 年 4 月至 2026 年 12 月）

国网天津市电力公司联合天津市政府，由天津市政府协助推广，实现创新技术在天津地区的复制推广和落地应用，并向华北地区辐射扩散。

成熟期（2027 年 1 月至 2028 年 12 月）

国网天津市电力公司利用成长期形成的品牌效益，面向全国范围，利用大众媒体、现场会、观摩学习、产品发布、交流学习等推广方式，针对产品进行逐步宣传、推广。建设产品运营、产品服务、产品孵化等机制，打造数字化社区协同"智理"共享的全国性品牌。

（撰写人：魏昕喆、赵韵凯、李煜、季浩、周睿文、夏天、刘畅、孙菊）

国网宁夏电力有限公司宁东供电公司

"绿"电成荫，"多"能融合

——一站式"供电＋能效服务"能源化工基地示范管理实践

一、基本情况

公司简介

国网宁夏电力有限公司宁东供电公司（以下简称国网宁东供电公司）成立于 2004 年 1 月 18 日，承担宁夏宁东基地、盐池县全境及榆林部分地区的供电任务，营业面积为 9500 平方千米，运维 35 千伏及以上变电站 44 座，容量为 499.9 万千伏安，输电线路 180 条，总长度为 3329.59 千米。

在新时代背景下，企业的关注点不能仅局限于经济利益，需要用更全面的眼光看待企业发展，主动承担社会责任，关注社会可持续发展的多方面需求。国网宁东供电公司作为中央企业子公司，积极承担着更多、更重的社会责任，在服务"双碳"目标、支撑区域经济社会发展、社会公共服务等领域主动探索创新，逐渐形成了更加成熟的社会责任管理体系，以应对社会责任与可持续发展过程中遇到的风险与挑战，不断促进社会公平与和谐进步。

行动概要

作为西北地区首个总产值过千亿元的化工园区，宁东能源化工基地正昂首向高端化、绿色化、智能化、融合化方向阔步前行。为进一步支撑宁东能源化工基地开展二次创业，国网宁东供电公司以"绿色发展，多能融合"为核心价值理念，实施"135"管理路径，通过打造开放、智能、互动、高效的一站式"供电＋能效服务"示范管控基地平台，优化数据流、能源流、业务流"三流合一"管控，建立完善"供电 + 能效服务"协同工作体系和联动机制，实现能效服务队伍专业化、感知智能化、设施现代化、产业生态化、服务精细化，推动能效服务产业发展。

二、案例主体内容

背景和问题

2023 年 5 月，宁夏回族自治区党委、人民政府印发了《关于支持宁东能源化工基地二次创业和高质量发展行动计划》，要求宁东能源化工基地以二次创业为抓手，坚定不移走绿色低碳发展道路，着力加快转变经济发展方式、加快产业转型升级、加快新旧动能转换、加快区域协调发展、加快改革创新步伐、加快现代化产业体系建设。同时，随着我国"双碳"目标的不断推进，园区中高比例新能源系统的接入、高比例电力电子设备的应用使新能源出力功率波动性大、电气冷热多种能源协调性差、电动汽车充电无序性强、储能运行方式多样、用户用能行为复杂等问题变得尤为突出。亟须通过新的管理理念及手段，加快推动宁东能源化工基地二次创业和高质量发展，充分发挥国家重要能源基地的示范引领作用，更好地助力黄河流域生态保护和高质量发展先行区建设。

行动方案

国网宁东供电公司对标联合国可持续发展目标 SDG7——"经济适用的清洁能源"，发挥能源电力专业优势，以"绿色发展，多能融合"为核心价值理念，实施"135"管理路径，实现电力数据在工业发展支撑和决策场景中的融合应用与价值共享，充分发挥电网能源枢纽及电力纽带优势，助力打造绿色、低碳、智慧、循环发展园区，支持宁东基地二次创业。

打造一站式"供电 + 能效"服务示范管控基地平台

国网宁东供电公司构建开放、智能、互动、高效的一站式"供电 + 能效"服务示范管控基地平台，集成智能供电管理、能效分析优化、互动交流平台、一站式服务窗口等功能模块，提高能源利用效率和管理水平，推动基地向绿色低碳、可持续发展方向转型。

基础数据治理方面： 国网宁东供电公司以物联网技术、数据通信技术为依托，通过在各企业用电端、关键能耗设备上部署智能电表、传感器等物联网设备，实时采集并整

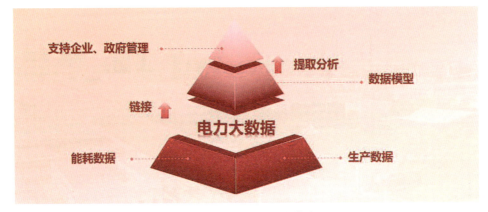

链接数据，搭建科学分析模型

合企业能耗数据，实时采集电力数据，监测设备的运行状态和能耗情况；全面推行数据主人制，推动基础数据全生命周期刚性管理，聚焦电力能量流、设备资产、客户服务三类核心数据，全面落实数据主人制，实现模型统一、标准一致、源头清晰。

智能供电管理方面： 国网宁东供电公司基于园区基础数据，以云计算、大数据、人工智能为手段，开展用能预测、智能调度监测。通过对园区海量电力数据进行快速处理和分析，实现故障诊断、负荷预测、自动化调度，进一步实现负荷预测和自动化调度，优化电力资源配置，减少设备故障，促进新能源的消纳，提高电网运行的稳定性和经济性。

能效分析优化方面： 国网宁东供电公司围绕用电量、用电结构、设备效率、管理水平等维度构建能效评估模型，通过对企业的能耗数据进行深入分析，识别节能潜力和问题所在。定期开展能效评估，生成详尽的能效评估报告，为企业提供个性化的节能优化建议。通过数据可视化工具展示分析结果，帮助企业直观了解自身能效状况。

互动交流平台方面： 国网宁东供电公司建立企业社区，鼓励企业用户注册账号并分享节能经验、技术成果和成功案例。提供在线咨询服务，创建聊天机器人，基于预设的回复模板和实时数据，提供初步的问题解答和相关信息，识别和响应用户诉求，解答企业在能源管理和能效提升方面的疑问。定期发布政策资讯、行业动态和市场需求信息，帮助企业把握市场趋势和政策导向。

一站式服务方面： 国网宁东供电公司通过系统集成与服务接口开发，将供电服务、能效服务及金融服务等多元功能深度融合。平台集成供电申请、电费缴纳、用电报装等一站式供电服务，同时涵盖能效评估、节能改造咨询、节能设备推荐等能效服务，并携手金融机构，为用户提供绿色信贷、节能补贴等金融服务支持。各服务模块均通过统一入口和流程管理，实现自动化与标准化操作，为企业用户带来全方位、高效便捷的一站式服务体验。

优化"三流合一"管控

据流管控，拓展电网全景视图

国网宁东供电公司依托公司新型电力系统全域示范，做深做实"电网一张图"建设应用，落实多维多态"电网一张图"顶层设计，构建具有"时间—空间—状态"多维度、多时态特征的电网全景视图，全面精准映射物理电网，通过融合电网实时运行、视频实况、三维空间、气象环境及业务活动等多元数据，实现全要素海量数据融合分析展示。整合"发、输、变、配、用、新"全资源横向覆盖，实现全网数据模型统一，打造全要素一张图，探索建设电网数字空间。推动传统电源、新能源场站、分布式光伏、储能、充电桩等数据接入，叠加历史、规划、气象等数据，开展设备数据同源维护，确保资源、资产、拓扑、坐标等信息从电气到地理的一体化管理，通过作业现场核查、技术校核等方式不断提升数物一致性，持续夯实数据质量。

能源流管控，优化源网荷储管理

国网宁东供电公司根据园区未来用电需求，以电网现状为基础，结合区内和周边风光储资源条件，规划构建源网荷储一体化绿色园区，为网内提供优质、低碳、价廉的绿色能源。

国网宁东供电公司通过灵活发电资源与清洁能源之间的协调互补，解决清洁能源发电出力受环境和气象因素影响而产生的随机性、波动性问题，有效提高可再生能源的利用效率，减少电网旋转备用，增强系统的自主调节能力。通过新的电网调节技术有效解决新能源大规模并网及分布式电源接入电网时的"不友好"问题，让新能源和常规电源一起参与电网调节，使新能源朝着具有友好调节能力和特性的方向发展。结合新能源建设情况开展变电站建设规划，实现新能源发电就地消纳。

基于数据流管控，国网宁东供电公司加强园区内年用电量及最大用电负荷预测，配套形成发—供—用良性发展的源网荷储一体化项目，促进新能源消纳比例提升。充分发挥储能装置的双向调节作用，在用电低谷时作为负荷充电，在用电高峰时作为电源释放

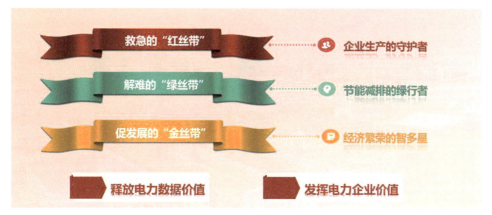

场景应用,释放电力数据价值,发挥电力企业价值

电能,推进网荷互动,实现快速、稳定、精准的充放电调节,提供调峰、调频、备用、需求响应等服务。

国网宁东供电公司通过构建需求响应系统,根据电网负荷情况,以价格信号或激励措施引导用户在高峰时段减少用电,在低谷时段增加用电。同时,开展节能减排、绿色用电的宣传教育活动,增强公众对能源节约和环境保护的认识。通过媒体、社交平台等渠道发布用电小贴士,鼓励用户采取节能措施,如使用节能电器、合理调节空调温度等。

业务流管控,加强数据价值赋能

国网宁东供电公司打造业务流程自动化（RPA）新模式,以基层需求为导向,推动 RPA 规模化应用,建立 RPA 全寿命周期管理机制,规范 RPA 场景全链条管理,形成 RPA 规模运营推广模板库。针对电力行业基层员工使用业务系统时面临的跨系统、重复性、耗时长、易出错的工作流程自动化问题,充分发挥 RPA 技术与 AI 技术,推进营销、发展、设备等电力业务全覆盖,制定 RPA 场景管理规范,明确场景开发、测试、上线、监控等各个环节的标准和要求,总结 RPA 实施过程中项目评估、需求分析、设计开发、测试部署、运维监控等环节的详细步骤和工具,创建 RPA 规模运营推广模板库。

建立"供电＋能效服务"协同工作体系

国网宁东供电公司实施"五化"(管理精益化、队伍专业化、装备智能化、业务数字化、绩效最优化) 措施以构建 "供电＋能效服务" 协同工作体系和建立完善的联动机制,推动能效服务产业发展。建立协同工作机制,明确各相关部门和单位的职责分工和协作机

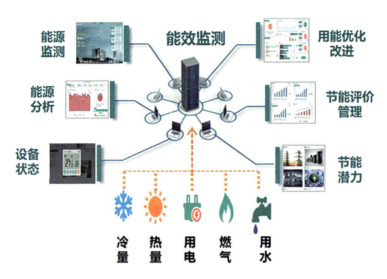

"电力数据 + 碳排放管理"监测模型

制。通过定期召开联席会议、建立信息共享平台等方式，强化沟通协调和协作配合。积极争取政府相关部门的支持和配合。推动出台有利于能效服务产业发展的政策措施和激励机制。同时，加强政策宣传和解读工作，提高政策知晓率和执行力。

能效服务队伍专业化

国网宁东供电公司加强能效服务人员的专业技能培训，涵盖能源管理、节能技术、市场分析等多个领域，确保服务团队具备扎实的专业基础。同时，推动建立能效服务人员的专业认证体系，提升行业整体素质。构建跨学科的能效服务团队，如能源专家、数据分析师、工程师等，形成优势互补、协同作战的工作模式。加强团队内部的沟通与协作，提高服务效率和质量。

感知智能化

国网宁东供电公司利用物联网、大数据等先进技术，实现对用户用电情况的实时监测和数据分析。通过智能算法识别能源浪费点和节能潜力，为用户提供精准的能效提升建议。基于用户用电行为和能效数据，运用机器学习等人工智能技术，为用户提供个性化能效提升方案。同时，根据用户反馈和实际效果，不断优化推荐算法和服务模式。

设施现代化

国网宁东供电公司加大对供电设施的投入力度，推动老旧设施的更新换代。采用高效节能的变压器、配电设备等，降低输电过程中的能源损耗。在条件允许的区域建设智能微网系统，实现分布式能源的高效利用和灵活调度。通过微网内的能源互补和协同优化，提高能源利用效率和供电可靠性。

产业生态化

国网宁东供电公司推动供电企业、节能服务企业、设备制造商等产业链上下游企业之间的合作与交流。通过构建产业联盟等方式，实现资源共享、优势互补和协同发展。在做好传统供电服务的基础上，积极拓展能效服务领域。如提供能源审计、节能改造、绿色金融等多元化服务，满足用户的多样化需求。

积极走访用户，拓展能效服务领域

服务精细化

国网宁东供电公司深入了解用户需求和实际情况，为用户提供量身定制的能效服务方案。确保服务方案具有针对性、可行性和实效性。在服务过程中实施全程跟踪和评估机制，及时了解用户反馈和实际效果，对服务方案进行动态调整和优化。同时，建立完善的评估体系和服务质量监控机制，确保服务质量和用户满意度。

关键突破

突破性

国网宁东供电公司以 SDG7 为目标，通过"135"管理路径，突破性地构建了"供

电 + 能效"服务平台。集成了智能供电管理、能效分析优化、互动交流平台等多元功能，实现了基础数据的全生命周期刚性管理，显著提升了能源利用效率和管理水平。通过优化"三流合一"管控模式，拓展电网全景视图，优化源网荷储管理，推动业务流程自动化，为绿色低碳、智慧循环的园区发展提供了坚实的支撑。

创新性

国网宁东供电公司通过智能供电管理与能效分析的深度融合，实现了从数据采集、处理到优化建议的闭环管理，为企业提供个性化的节能优化方案。此外，数据驱动的决策支持机制，为管理层提供了详尽的能效评估报告和可视化分析结果，提升了决策的科学性和精准性。多元化的服务模式，涵盖了供电、能效、金融等多领域服务，满足了企业的多样化需求。

多重价值

在经济价值方面：国网宁东供电公司通过实施一站式"供电 + 能效"服务平台，进一步提升了用户黏性，通过提供一站式服务，增加了与用户互动频度，提升了用户忠诚度，巩固了售电市场。同时，智能化管理显著提升了用户电气设备安全运行水平，减少了用户故障和对电网的影响，有效压降了日常巡检和用户抢修工作量，降低了人工成本。此外，平台还促进了节能改造和能效优化项目的落地，根据宁东基地"获得电力"服务水平延伸政策，争取政府投资 7 个项目共计 3509.37 万元。在推动"三流合一"管控方面，通过数据流、能源流和业务流的优化整合，提高了电力资源配置的效率和准确性，宁东管理委员会为 3165 户中小企业纾困解难，小微企业及个体工商户实行一次性补贴，减少用电支出 110.44 万元。

在社会价值方面：国网宁东供电公司通过一站式"供电 + 能效"服务平台实时监测和故障诊断，缩短了因设备故障导致的停电时间，10 千伏及以下电网可靠性比例提升至 99.8697%，2024 年 1~6 月用户平均停电时间累计 2.7016 小时，同比减少 5.0663 小时。通过在线咨询、一键报装等功能，推动意见工单压降至 41.04%，工单诉求一次性解决率达 100%，业务办理时限达标率达 100%，网格化客户服务满意度达 100%，百万户均工单量达到国家电网公司 A 段，稳居公司第一。该模式为在西北地区推广形成了一条新的路径，起到了良好的示范作用。

在环境价值方面：国网宁东供电公司通过实施一站式"供电 + 能效"服务平台，企

积极走访用户，拓展能效服务领域

业能耗数据的实时监测与分析使能源利用效率大幅提升。通过大力推进清洁能源消纳，累计完成 0.72 亿千瓦·时，完成目标电量 0.92 亿千瓦·时的 78.26%。促成宁煤烯烃公司完成在役自备机组替代交易电量 2993.78 万千瓦·时。2023 年底，累计形成电能替代电量 0.92 亿千瓦·时，促进宁东公司累计售电量较同期提升 19.62%。同时，能效分析优化功能的推广，帮助企业识别并实施节能改造项目，减少了能源消耗和废弃物产生，促进了资源的循环利用。这些措施共同促进了宁东基地向绿色、低碳、智慧、循环发展模式的转型，为可持续发展目标 SDG7 的实现作出了积极贡献。

各方评价

宁夏沃凯龙新材料有限公司：我们企业真是沾了国网宁东供电公司的光！国网宁东供电公司不仅给我们提供了便宜又好用的电，还帮我们找出了怎么用电更省钱的办法。国网宁东供电公司的"供电＋能效"服务，真的是一站式解决所有问题，既让我们省了钱，又让我们变得更环保，客户都夸我们绿色生产做得好，生意也跟着红火起来了！

宁东基地工业园：国网宁东供电公司真是咱们园区的"能源管家"！国网宁东供电

公司管理得井井有条，让园区的电、气、热这些能源都利用得恰到好处。而且，国网宁东供电公司还积极引进新能源，让咱们园区用上了更清洁、更便宜的能源。现在，园区不仅环境变好了，还吸引了不少注重环保的优秀企业入驻，真是双赢。

宁东能源化工基地经济发展局：国网宁东供电公司真是我们政府推动绿色发展的好帮手！国网宁东供电公司不仅自己努力创新，提高能源利用效率，还带动整个园区一起节能减排。有了国网宁东供电公司的支持，国网宁东供电公司政府的节能减排目标实现起来就更有信心了。而且，国网宁东供电公司还全力争取上级政策，为园区争取到了不少优惠和支持，真是既实惠又环保，我们非常满意。

三、未来展望

国网宁东供电公司在推动宁东能源化工基地二次创业和高质量发展的道路上已经取得了显著成果，通过实施一站式"供电＋能效"服务平台和优化"三流合一"管控，不仅提升了能源利用效率和管理水平，还为企业用户提供了全方位、高效便捷的服务体验。

未来，国网宁东供电公司将进一步深化物联网、大数据、人工智能等先进技术在能源管理中的应用。通过持续的技术创新和优化，利用更先进的算法和模型进行能源预测及优化，提高能效评估的准确性和可靠性；开发更智能化的能源管理系统，实现对企业能耗的实时监控和自动调节，进一步降低能源消耗和排放，提高能效服务的智能化和精准化水平。在巩固现有供电和能效服务的基础上，国网宁东供电公司将结合新能源的发展和市场需求，提供分布式能源接入、储能系统建设与维护、电动汽车充电设施建设等多元化服务，积极拓展新的服务领域和模式。

（撰写人：刘爱国、惠安、唐云卿、张鹏飞、郭辰晨）

国网福建省电力有限公司三明供电公司

"感"猪上"数"

——电力大数据助力畜禽养殖场绿色发展

一、基本情况

公司简介

国网福建省电力有限公司三明供电公司（以下简称国网三明供电公司）始建于 1958 年，承担三明行政区范围内三元、沙县 2 个区和永安市，以及大田、尤溪、将乐、泰宁、建宁、宁化、清流、明溪 8 个县的供电任务。供电面积为 2.29 万平方千米，供电用户 148.53 万户。

福建省三明市境内森林覆盖率为 77%，生态环境优异。随着畜禽养殖业的不断发展，粗放的污水排放方式与环境保护之间的矛盾日益凸显。国网三明供电公司联合利益相关方打造"生态环境 + 电力大数据"政企合作新模式，依托国网福建电力大数据中心，在养殖场的排污设备上装用电采集终端，"感"知养猪场排污的电力大数据，构建监测预警分析模型，实时研判企业环保设备运行状态和企业停限产执行情况，建立企业用电模型，通过源头管控、实时远程监测、污染提前预警，从消费侧解决企业排污管控困难的问题，助力畜禽养殖场"截"污减排绿色发展。

行动概要

三明市地处福建省中西部，自然条件优越，气候适宜，水土资源丰富，为养殖业提供了得天独厚的条件。畜牧业作为三明市农业产业的重要组成部分，近年来综合生产力持续增长。然而，三明地区畜禽养殖业迅猛发展的背后，其无序且粗放的污水排放方式正日益成为周边生态环境、动植物多样性及人类居住区环境的重大隐患，这一发展与环境保护之间的矛盾越发尖锐。

为此，在"双碳"目标下，国网三明供电公司主动践行绿色低碳发展理念，以解决问题、创造价值、合作共赢为出发点和立足点，联合利益相关方创新打造"生态环境＋电力大数据"政企合作新模式，依托国网福建电力大数据中心，对畜禽养殖场的生产线和治污设备安装用电采集终端，构建企业用电模型，强化源头管控、实时远程监测、污染提前预警，从消费侧解决大范围排污企业管控困难的问题，助力畜禽养殖场"截"污减排，实现可持续发展。

二、案例主体内容

背景和问题

畜牧业作为三明农业产业的重要组成部分，近年来综合生产力持续增长。以三明市宁化县为例，2023 年宁化县畜牧业（畜禽养殖业）总产值为 3282 万元，占第一产业的 22.8%。截至 2023 年 12 月，三明市共有养殖场 2642 家，其中养猪企业 814 家。然而，目前许多畜禽养殖业仍存在将污水直接排入水塘的问题。据测算，一家规模在 250 头以上的大型养猪企业，每天至少排放污水 3.75 吨（按照每头猪每天产生 15 千克污水的标准计算），这种无序、粗放的排放方式对周边的生态环境、动植物及人类居住环境构成了严重威胁。

面对养殖业日趋严重的污染问题，传统依靠生态环境部门现场监督巡查的方式面临众多挑战。

信息不对称。养殖场与监管部门之间可能存在信息不对称的问题，监管部门难以全面了解养殖场的实际运营情况，环保执法无法有效落实。

环保监管效率低。传统监管依靠养殖场内监控和人工现场巡检，按现有管理模式，据当地环保部门测算，每天至少需要 15 人且 24 小时不间断查看监控。

排污数据不透明。养殖场缺乏专门负责的环境治理人员，仅依靠当地环保人员每季度到现场检查 1 次，技术力量不足以支撑排污数据的申报和管理。此外，这些企业对排污许可制度的理解仍然处在"审批式"思维方式中，对自行监测、台账记录、信息公开等要求一无所知。

养殖户环保意识薄弱。由于环保意识不足，许多养殖户未能充分认识到环保的重要性，加上资金有限，他们往往不愿在环保设施上进行必要的投资。此外，一些养殖场对监管措施存在抵触心理，担心这样做会增加猪瘟等疫病的风险，不愿配合监管部门的检查，这不仅增加了环保人员的现场排查难度，也给环保工作的推进带来了重重阻碍。

在此背景下，进一步完善企业用能监管、助力消费侧"截"污减排势在必行。

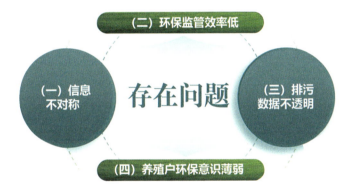

存在的问题

行动方案

面对养殖业排放污水带来的严重环境污染现状，国网三明供电公司主动践行绿色低碳发展理念，以解决问题、创造价值、合作共赢为出发点和立足点，深入分析企业排污监管领域中存在的问题，充分识别与环境保护紧密关系的利益相关方，通过差异化的精准沟通，创新性地提出运用电力大数据作为突破口推动"感"猪上"数"，建立"生态环境＋电力大数据"政企合作新模式，从污染源头解决大范围排污企业管控困难问题，"截"污减排探索推动畜禽养殖场绿色发展。

厘清各方责任边界，明晰"诉求圈"

基于利益相关方视角，国网三明供电公司充分挖掘自身供电企业的用电数据优势作用，有效识别出生态环境局、养殖场、社区（村民）、大数据中心等内外利益相关方，通过问卷调研、现场走访等形式，明确各利益相关方的诉求、优势及现有问题，建立清

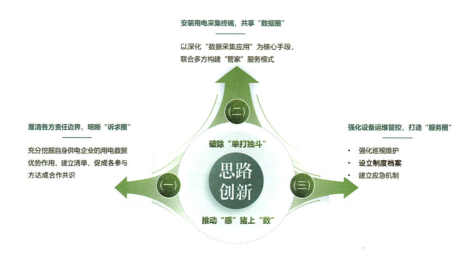

思路创新

诉求清单

利益相关方	内部/外部	相关诉求及发现问题	优势资源
供电公司	内部	无安装环保用电排污监测设备经验，安装申请流程不清晰	拥有安装队伍、所需设备材料，各乡镇均有供电所
国网福建电力大数据中心	内部	拥有人才、技术优势，依托国网平台，有丰富的数据，但需要进一步挖掘价值，创收创效	拥有技术攻关人员，可以采集大量行业基础数据，协助做好数据产品，为政府、排污企业正确决策提供科学依据
排污企业	外部	对安装环保监测设备有抵触情绪，希望得到资金补贴。养殖企业担心环保设备安装过程中的防疫问题	拥有各类排污监测设备的安装经验
生态环境局	外部	监测数据准确，数据及时反馈，监测界面清晰明了	提供政策支持与财政补贴，协调产业协会及企业配合安装
社区居民（村民）	外部	养殖场影响周边环境，造成较为严重的环境污染	拥有比较富余的时间，且离养殖场比较近

单，并界定各方职责，促成各参与方达成合作共识，营造良好的内外部环境。

安装用电采集终端，共享"数据圈"

国网三明供电公司以深化"数据采集应用"为核心手段，联合多方构建"管家"服务模式。通过在养殖场的排污设备上安装用电采集终端，采集排污设备的用电情况，再通过正常排污时用电曲线进行分析，构建畜禽养殖场环保设备监测预警模型，实时研判环保设备运行状态。

政府的"管家"： 国网三明供电公司引入国家电网公司独有的电力大数据，率先对畜禽养殖场的生产线和治污设备安装用电采集终端，在获得企业授权后，分析企业的历史用电数据，运用电力数据的多维度估计与修复、负荷数据的小时级扩充与补充等技术，设计畜禽养殖场生产模式识别、超排污报警等方案，从而剖析其用电行为，自动识别排污数量，助力政府部门对畜禽养殖场的排污进行精细化管控。

企业的"管家"： 国网三明供电公司协助企业与金融机构合作，为其提供低息或无息贷款，用于环保设备的购置和安装；组织专业的防疫团队，在设备安装期间为养殖场提供定期的防疫检查和指导。依托国网福建电力大数据中心，建立数据化的企业"画像"，借助图表、曲线数据分析等技术，对同类型养殖场的用能情况进行对比分析，精准找出用能异常的养殖场，协助畜禽养殖场了解生产设备的运行状况。通过成本效益分析，指导企业构建合理的排污管理体系，从而有效提升资源使用效率，同时与产业公司合作，为用能数据异常的养殖场制定科学的节能方案，降低用能成本，同时推动电能替代，实现节能减排。

排污企业用能分析系统

数据的"管家"：国网三明供电公司利用历史电量和碳排放数据，通过余弦相似度分析等方法，对排污企业环保设备的运行状态进行研判，构建预测模型，实现碳排放按月、按日动态监测，使其能够提前了解排放状况，并参照排污标准进行调整，实现基于电力大数据的电能消耗过程、设备运行状态、生产作业行为的"可视化、数字化、精细化"管理，精准识别异常运行环保设备。

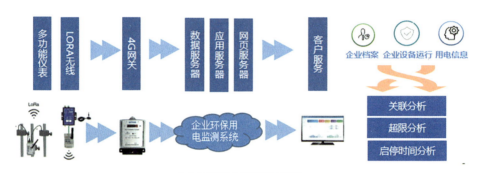

企业环保用电监测系统流程

强化设备运维管控，打造"服务圈"

强化巡视维护。国网三明供电公司依托"合同约定 + 内模抢单"模式，实施属地供电所日常巡视，对养殖企业用电采集终端及排污设施供电线路进行巡视检测，保障设备运行 100% 可靠。

设立制度档案。严格合规和保密管理流程，设立用电采集终端等监测装置档案，记录维护情况，防止非授权泄密、更改和停止设备运行，为后期系统日常运维提供便利。

建立应急机制。根据属地区域化管理，建立所辖地区的畜禽养殖场用电采集终端等设备出现问题，由所在地区供电公司在 5 分钟内做出响应，60 分钟内查出问题并及时处理问题的"560"应急机制，降低因管理不善而引发舆情风险。

关键突破

国网三明供电公司始终秉持绿色发展理念，充分融合政府的业务需求与中央企业的数据优势，结合电网企业的实际，利用技术手段实现了数据、监管的有效融合，创造了电力数据系统化服务消费侧企业"截"污减排的新模式，全方位做好生态环保工作。

激活数据潜能，促进价值转化：创新"数据＋监管"应用模式

国网三明供电公司建立数据化的企业"画像"，打破信息壁垒。 利用电力大数据价值密度高、采集范围广、实时性强、准确性高等特点，创新性地引入国家电网公司独有的电力大数据，截至 2024 年 6 月，依托国网福建电力大数据中心，建立企业用电模型 2 个（液体排污模型和气体排污模型），生态环境局也可以把大数据结果作为执法证据，开展多部门联动执法，形成链条式节能减排，推进畜禽养殖污染防治工作形成多方合力。

完善企业污染在线预警系统，提升监管效率。 监管部门可利用电力数据远程实时监控养殖场的用能及环保措施执行情况，对未开启排污环保设备发布预警，无须现场检查。此外，电力数据的预警系统可以在污染物排放超标前发出预警，截至 2024 年 6 月共发出预警 16 次，养殖场及时采取措施，避免了 13 起环境污染事故的发生。

大数据平台监测预警流程

强化源头管控，打造绿色防线：全面提升污染管控效能

确保数据可监可控。 随着环保政策的标准持续提高，国网三明供电公司主动安装的排污设备检测系统能够提供精确的环保监测数据，有利于提高排污数据透明度，确保养殖场的排污符合环保标准，避免因违规排放而面临高额罚款、停业整顿等风险，保障养殖场的正常运营。

项目成效

强化企业环保意识。据测算，由于为畜禽养殖场的生产线和治污设备安装了用电采集终端，每家企业每年平均减少 12 人次环保人员进出检查，感染猪瘟的风险下降了 30%，有效降低了疫病传播风险，消除了养殖户对环保监管的顾虑。

多重价值

如"数"家珍，提升社会效益

国网三明供电公司推出的三明市首个自主研发的环保用电设备监测分析系统，不仅为生态环境保护综合执法提供了有力的数据支撑，也为福建省"生态环境 + 电力大数据"的政企合作新模式提供了可复制、可推广的经验，截至 2024 年 2 月，三明地区已经有 56 家规模以上的养猪场在持续使用，家禽养殖业同样可以借助安装环保用电监测系统进行排污检测，确保排污达标。

"数"以万计，创造经济收益

环保部门利用大数据平台比对分析，正确率达 98%，减少传统人力投入成本 80%。据养殖场的统计，每家养殖户每年因人员进出而感染猪瘟的损失可减少 8.7 万元（按 5 年感染一次猪瘟导致损失 60 万元测算）。国网三明供电公司通过内模绩效分配实现创收，供电所、大数据中心每年可分别创收 3900 元。另外，偏远养殖场设备巡视积极性的提升，也降低了线路故障引发养殖场严重舆情的风险。

数不胜"数"，量化环境益处

项目实施后，养殖场排污造成的环境问题得到妥善解决，河流环境质量改善效果显著，每年减少约 300 万吨污水排放，缓解了污水处理厂的减排压力，保障了河水健康，化工类企业也开始运用此类方法进行气体排污检测。截至 2024 年 2 月，周边 35 个自然村 2 万余名的居民对居住环境的满意度大幅提高。此外，养殖场附近的水更清、山更绿，吸引"鸟类大熊猫"东方白鹳等多种野生动物在三明栖息越冬，促进生物多样性保护。

各方评价

政府： 各级政府主要领导指示批示 10 余次，点名表扬 2 次，认为环保用电设备监测分析系统为生态环境保护综合执法提供了有力的数据支撑，积极拓展电力大数据在生态环境执法中的应用，为福建省"生态环境 + 电力大数据"的政企合作新模式提供可复制、可推广的经验，为打赢污染防治攻坚战作出更大的贡献。

养殖场： 据测算，每家企业每年平均减少 12 人次进出，感染猪瘟的风险下降了 30%，感谢供电公司的帮助。

当地居民： 与之前相比，养殖场造成的环境问题得到了改善，现在的居住环境改善明显。

三、未来展望

国网三明供电公司贯彻落实"建设具有中国特色国际领先的能源互联网企业"战略，坚持可持续发展，践行"生态发展、电网先行"。未来，国网三明供电公司将持续探索"感"猪上"数"技术，通过沟通、合作、共享的模式全方位推广，深化社会责任意识，促进全社会养殖业"截"污减排，打造美丽新福建，为全国养殖业提供更多的国网经验。

（撰写人：张永记、林昌熔、吴娟、黄子奎、杨剑、陈厚源、廖寿福、贺金徽）

国网陕西省电力有限公司信息通信公司

以数为帆，
引领农排灌溉用电精准前行

一、基本情况

公司简介

国网陕西省电力有限公司信息通信公司（以下简称国网陕西信通公司）成立于 2012 年 12 月 18 日，是国网陕西省电力有限公司直属信息通信专业化支撑单位，内部设 5 个职能部门，9 个业务机构，委托管理 1 家省管产业单位。主要负责保障国网陕西省电力有限公司安全生产、经营管理、电网建设等核心业务，负责国网一级、西北分部二级在陕通信网及国网西安数据中心调管业务，负责国网西安数据中心、国网西北分部信息建设及运维检修工作，引领各地市信息通信公司开展属地化运维工作，开展国网陕西省电力有限公司主要业务系统数据的汇集、存储、加工、分析、服务等工作。同时，国网西安数据中心已部署 7 套国网一级系统，在国网层面充分发挥了数据中心的作用。陕西省电力物联网工程研究中心、国网陕西电力与华为联合创新实验室等科技创新体挂靠国网陕西信通公司，有力支撑国网陕西省电力有限公司数字化转型。

行动概要

农排灌溉在保障农业经济高质量发展、守护粮食安全等方面发挥着日益重要的作用，与此同时，农排灌溉用电信息在保障农排灌溉用电稳定可靠、推动农排灌溉方式优化方面具有重要的参考价值。然而，传统的农排灌溉用电监测方式由于场景过于单一、

可持续发展
目标

数据分散、时效性差、多维对比难等问题，无法充分发挥电力大数据的应用价值。针对这些问题，国网陕西信通公司从"看电力""电力看"双重视角出发，创新搭建农业排灌用户量价及运行情况监测平台，实现了对多元用电数据的有效融合、系统分析和综合判别，保障了农排灌溉用电监测数据的准确性、及时性和可对比性，并通过业务联动和上下协同机制，显著提升了供电服务质效，也为进一步发挥电力大数据在农业生产趋势分析、"以电折水"实施方面的作用提供了有力支撑，实现了电力大数据价值对内、对外"双赋能""双提升"。

二、案例主体内容

背景和问题

陕西省是我国北方主要农业区，耕地总面积达 4401.5 万亩[①]，其中灌溉耕地面积为 1455.08 万亩，占比为 33.06%，农排灌溉在保障农业可持续健康发展、守护全省粮食安全方面发挥着不可替代的作用。国网陕西省电力有限公司服务农排灌溉用户 19.49 万户，涉及台区 7.87 万个，农排灌溉计量点位 19.51 万个。农排灌溉用电监测数据不仅是优化农业电力服务、完善提升农业电力基础设施布局的基本前提，也对预测农业发展变化、推动农业灌溉方式优化、节约水利资源、制定农业补贴政策等具有非常重要的参考价值。

陕西省农业排灌季节性明显、急迫性突出、涉及面广，对农排灌溉用电管理在供电可靠稳定、及时优质服务、电费透明公正等提出了更高要求。然而，传统农排灌溉用电监测数据场景单一、数据分散、时效性差、多维对比难，影响了数据的准确性，难以发挥大数据的预测、提示作用。面对陕西省农排灌溉用户新诉求、农业发展新趋势，亟须充分挖掘电力数据资源价值，研究构建有效的农排灌溉用电监测平台，力求测得出、测得准、测得快，更充分地发挥电力大数据价值，助力农业用电服务质量提升，支撑农业可持续高质量发展。

行动方案

全景呈现，心里清

传统模式下，农排灌溉用电数据分散在营销业务系统、用电采集系统、供电服务指

---

① 1 亩≈ 666.67 平方米

挥系统等多模块，想要了解农排灌溉用电整体情况，就需要人工进行多模块对比，不仅工作量巨大，而且数据之间存在差异，导致分析速度慢、结果准确性低等问题，数据价值难以得到有效挖掘和利用。国网陕西信通公司围绕"数字化能力开放平台"数据资源，打破不同业务系统数据阻碍，创新搭建农排用户量价及运行情况监测平台，定期对农排用户的用电总体情况进行自动抽取和监测分析，动态跟踪陕西省各地市的农排用电需求规模，实现对各地市执行农排电价的用户总数、高压农排用户数、低压农排用户数进行常态实时监测，将相关数据汇集到一张图上，陕西省各级公司能够对整体情况了然于胸，使电力保供决策的制定更具清晰性与明确性。

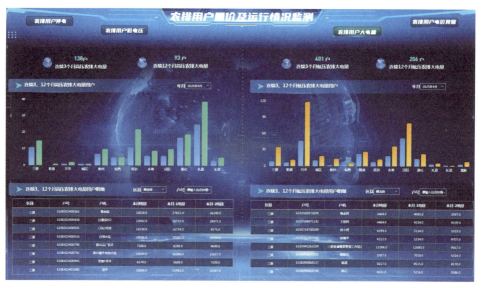

农排用户量价及运行情况监测平台

一键分析，判断准

国网陕西信通公司通过监测农排用户的用电数据、设备运行数据，可实现以下三个方面的目标。

一是更透明。 对农排用户的电量、电价异常情况进行监测和分析，快速识别出用户不规范接电、异常用电等行为，统计记录相关明细数据后，指导一线业务人员进行现场核查工作，确保用户类型、执行电价、计量方式的一致性和准确性，奠定了电费电价透明公正的基础。

二是更超前。实现对农排用户停电情况进行自动识别和统计分析，并对停电事件关联的配抢工单进行判定，对农排用户用电需求在设施、线路等多维度开展溯源分析，及时调整设备的维护计划和预修时间，加强对频繁停电区域的监控和管理，提高农业用电的保供水平。

三是更省力。通过对各地市公司低电压用户的分布进行统计，以及对低电压用户明细进行展示，可以帮助一线班组对农排配变设备开展科学的负荷关联分析，合理安排巡检任务，进行重点安全隐患排查，保障农排电气设备健康稳定运行。

协同联动，响应快

农排用户量价及运行情况监测平台实现了对用户用电量、用电行为、用电质量的实时监测和统计分析，结合往期历史数据，分析预测未来农排灌溉用电趋势，明确电力设施设备的薄弱区域和找出产生这些问题的原因，及时将相关数据反馈到业务部门并进一步传递给县区公司和一线服务人员，帮助一线人员快速定位，制定针对性、差异化保电措施，高效高质量地开展现场核查和电力线路设备维护工作，建立数字化工具线上监测与台区经理线下巡视的联合运营管理模式，在及时发现设备和线路异常的同时，实现服务关口前移，有效保障农排灌溉的安全性和稳定性。

延伸拓展，赋新能

农排用户量价及运行情况监测平台实现了对农排灌溉用户用电档案异常情况的分析

"电力看"水资源平台

和监测，通过组织现场核查等核对工作，细化了用户用电档案管理工作，促进"水—电"档案之间的精准匹配，支撑水电—折算系数研究和差异化制定，完善农灌用电识别模型，确保了以电折水电力计量的可靠性，为"以电折水"工作的精准开展奠定良好基础，助力农灌用水计量更加精确，推动农业灌溉节约用水和转型升级，全方位提升农排灌溉用户节约用电意识。

关键突破

多数据融合，打通核心堵点。在传统模式下，农业排灌用户电力数据分散于市场营销、供电服务指挥、用电采集等多个业务系统，数据多、差异大、协同难、分析不准等问题始终存在，对于农排灌溉用户用电分析相对片面。农业排灌用户量价及运行情况监测平台的建立，通过技术创新和业务部门横向协同，有力突破了不同业务系统数据统计在技术层面、数据层面、业务流程层面及组织管理层面的难点和堵点问题，实现了多数据间的高质量融合，确保了最终数据的一致性、准确性和及时性，提高了数据管理和分析能力，推动业务管理创新。

立体化监测，护航全面发展。保障农业排灌的顺利进行，既需要可靠稳定的电力供应，也需要及时有效的运维抢修，同时还需要公正透明的电费电价支撑能力。在传统模式下，监测类别单一导致管理服务视角受限，服务支撑力度有限。农排用户量价及运行情况监测平台实现了对农排用户用电质量、电费电价、故障定位等场景的综合监测、系统分析、精准判别和闭环管理，保障支撑能力实现大幅提升。对高低压农排用户进行全面监测，动态识别农排异常用电行为，实时反映农户负荷需求变化，促进科学有效地开展农排用电需求管理，为农业生产提供高质量的电能服务和差异化的用电指导，保障区域农业经济稳定发展。

全链条贯通，提升责任竞争力。在农排用户量价及运行情况监测平台建设过程中，国网陕西信通公司坚持将电力大数据"看电力"和"电力看"价值充分融合，实现了内部管理水平提升与贡献外部发展"两不误"。一方面，"看电力"提升发展质效，将电力大数据应用价值与业务管理能力提升有效融合，通过数据整合、数据监测、数据分析，不仅实现了完善电力服务体系、优化电力发展布局、提升服务响应能力，而且大幅降低了一线员工的工作负担和工作压力，内部价值突出；另一方面，"电力看"赋能农业发展，监测场景保障了农业排灌用电数据的准确性和及时性，有力推动了内外部数据的深度融合，为农业灌溉方式优化、农业政策决策制定、强化农排灌溉节水管理、分析农业发展趋势等提供了精准可靠的参考，促进了农业的可持续发展。

多重价值

内部管理提升。 国网陕西信通公司通过构建农排用户量价及运行情况监测平台，实现数据驱动的业务赋能管理效益，提高了差异化、精准化服务能力，规范了农业电价的接电用电行为，保障了农排电价政策的有效实施，提升了基层一线服务人员的工作质效，核查工单时间缩减超 90%，工作效率提升约 90%，现场核查工作量减少 80% 以上，大幅降低了基层工作量。目前，农排用户量价及运行情况监测分析业务已经在陕西省范围内进行推广应用，为全省 19.4930 万户农排用户用电提供了坚实保障。

外部价值强化。 2024 年第一季度，国网咸阳供电公司通过实现服务环节前置，发起主动服务工单 65 件，帮助 2000 余户农排灌溉用户及时解决用电难题，有效提高农业用电质量，保障农忙期间生产用电需求，助力区域农业经济发展；满足了用户的用能透明诉求，通过协同联动，及时发现违规用电行为并完成督促调整，调整用户档案 1675 户，追补 5 户电费 6.97 万元，退补 4 户电费 9.83 万元，保障了公正透明；支撑农业转型发展，实现了农排用户量价及运行情况监测，完善了农排灌溉用户档案管理，保障了农排灌溉电量的准确性，为推进农业灌溉"以电折水"项目，优化农排灌溉方式，完善农业支持政策提供了决策依据。

各方评价

农排用户量价及运行情况监测平台得到了内外部利益相关方的高度认可和评价，在陕西省形成了极具推广价值的典型案例，《延安公司：以"数"赋能 为春耕生产提供"满格电"》《沣西公司：数字化场景赋能 春耕春灌更高效》《洛川公司数据班：数据微应用 为春耕生产开足"马力"》等宣传报道先后发布在陕西省电力有限公司内网；国网咸阳供电公司的"农排用户量价及运行监测场景"入围 2024 年第一季度国网陕西省电力有限公司数字化转型优秀场景，获得专项奖励；国网陕西省电力有限公司的 2024 年第 12 期运营监控周报《3 月份农排用户量价及运行情况监测》得到了国网陕西省电力有限公司董事长、党委书记的专项批示，对监测成果予以高度认可，并敦促各业务部门协同配合，继续深化落实相关管理措施。

国网咸阳供电公司台区经理： 通过监测平台能够实时监测台区配变运行状态，可以根据不同时段电压数据来应对春季农忙时节的用电趋势预测，及时发现和处理潜在安全隐患，为农户提供了安全、稳定的生产用电。

陕西省水资源管理部门：为我们工作提供了坚实可靠的数据支撑，帮助实现地下水资源可测、可控，有效发挥电力数据价值，推动水文环境协调发展。

农排灌溉电力用户代表：农忙时最怕停电、断电，现在停电通知更早了，抢修速度也更快了，而且停电次数更少了，给我们的生产帮了大忙。

三、未来展望

下一步，国网陕西信通公司将持续深化与陕西省相关政府部门、行业协会、科研机构的沟通与合作，加强在建立数据共享、联合攻关、政策对接等方面的协同协作，继续巩固和完善"水—电"一体化绿色农业经济新模式、新生态建设，赋能水资源管理方式优化和农排灌溉节水化、精益化发展。同时，将强化政企联动协同，挖掘数据要素价值的潜力，加速内外部数据的深度融合与共享，打破"信息孤岛"，构建开放、合作、共赢的数据生态体系，进一步探索电力大数据在更多行业领域的应用，推动电网业务全面数字化、智慧化转型升级，通过数据开放和合作创新，共同绘制赋能全行业的数据要素价值蓝图，为政府决策、企业经营、社会治理等提供更多的电力数据支持，实现数据要素综合价值的最大化。

（撰写人：段琪、唐超、陈曦、梁潇、李小卫）

国网上海市电力公司浦东供电公司

从"算"到"预算"
"预算式"用能管理模式破解临港新片区降碳难题

一、基本情况

公司简介

国网上海市电力公司浦东供电公司（以下简称国网上海浦东供电公司）隶属国网上海市电力公司，2010 年 1 月挂牌成立，并于 2012 年 12 月升级为国家电网公司大型重点供电企业，主要承担浦东新区的电网规划、建设和供电服务任务。其中，供电区域涵盖浦东自贸区、金桥和张江国家级开发区、外高桥保税区、陆家嘴金融贸易区等重点区域。

近年来，国网上海浦东供电公司高水平开展电网发展、安全生产、经营管理、优质服务等工作，受到电力行业和上海市的多次嘉奖。2015 年，国网上海浦东供电公司在服务行业中成为首家获得我国质量领域的最高荣誉"中国质量奖"的企业。2016 年，国网上海浦东供电公司获得亚洲质量创新奖；2016 年、2018 年获得全国质量诚信标杆企业荣誉称号；2019 年，国网上海浦东供电公司荣获"市重大工程立功竞赛金杯公司"称号，还先后获"中央企业先进集体"、全国五一劳动奖状、中央企业先进集体和上海市文明单位等荣誉，营造了"政府支持、媒体理解、客户满意、企业与员工和谐发展"的良好局面。

行动概要

作为上海经济重要增长极和"全球动力之城核心区"，中国（上海）自由贸易试验区临港新片区（以下简称临港新片区）自成立四年以来，规模以上工业总产值年均增长 37.8%、全社会固定资产投资年均增长 39.9%，爆发式的产业增长与人口涌入带来了较大的降碳压力，难以应对上海控增量、控强度等"双碳"管理要求。

而传统"先用能、后监控"的控碳措施难以避免"一刀切"和限电对经济发展的影响。因此，国网上海浦东供电公司基于综合能源管控平台，将"预算式"理念融入用能管理，实现"顶层规划、穿透监管、预算制定、考核评价、多元激励"闭环管理，支持用能方制订年度用能计划、优化用能决策管理、获取绿色投融资、申请市政福利等，激励用能方主动开展节能降碳工作。截至 2023 年底，临港片区能源管理平台纳入 301 家用能单位，支持新片区综合能效提升 4%。预算式用能管理项目纳入《中国（上海）自由贸易试验区临港新片区低能耗示范城市建设行动计划（2024—2025 年）》，探索打造低能耗示范城市样板。

二、案例主体内容

背景和问题

近年来，临港新片区的主要经济指标均保持了两位数增长，其中规模以上工业总产值年均增长 37.8%，地区生产总值年均增速达 21.2%。此外，根据临港新片区发展规划，2035 年将建成世界一流滨海城市，全力打造世界级产业集群。近年来，产业规模快速增长，能源管控要求持续收紧，如何实现复杂用能场景下的区域低碳发展成了一个亟待解决的难题。

政策及时响应与精细化管理仍需提升。 传统"先用能、后监控"的控碳措施精准管控能力不足，难以实时监测用能情况，更难以实现潜在风险判断与规避。一旦负荷过高或能源指标超限，电网安全将受到较大冲击，而"一刀切"和限电等措施不仅会影响高速发展的临港新片区招商引资，还可能对当地的生产生活造成负面影响。

企业自身能耗管理与节能降碳计划能力不足。 由于企业通常更关注经营指标，节能减排的管理优先级相对不足。面对"双碳"目标的要求，多数企业因难以判断自身能耗水平，制定用能规划和节能降碳计划面临较大困难。

市场化低碳转型驱动力不足。 由于纳入碳市场履约的企业有限，多数企业难以得到降碳激励。同时，绿色金融对棕色资产低碳转型的支持力度有限，节能技改资金缺口大，多数企业面临较大的降碳成本压力。因此，企业依靠市场力量难以完全优化资源配置，节能降碳减排工作既缺少支持，也缺乏政策激励。

行动方案

国网上海浦东供电公司创新推出"顶层规划—穿透监管—预算制定—考核评价—多元激励"用能预算闭环管理机制，通过综合开发能源管控平台"预算式"功能模块对企业能耗进行评估，指导企业根据产值和用能强度制订下一年的用能计划，并实现全生命周期的用能跟踪、监控、调整和考核。国网上海浦东供电公司利用数字能效码工具，以绿、黄、红三色标记，为用户提供用能改进指导，并结合临港产业政策支持政府作出产业调整和信贷支持，进一步提升临港新片区的能效水平，助力上海打造超低能耗示范城市。

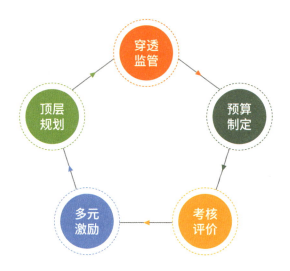

浦东供电公司用能预算闭环管理机制

顶层规划，确定零碳演进周期性时间表和路线图

国网上海浦东供电公司联合临港新片区政府单位、环保监管单位、大数据部门等，结合临港新片区发展特点，形成临港新片区能源互联网零碳演进路径。基于 LEAP 模型框架，结合临港新片区自身特点，构建 LEAP—临港模型，以 2020 年为基础年，以 2060 年为目标年，分阶段、分品种计算能源需求及碳排放，确立临港新片区区域能源互联网零碳演进的总体时间表和路线图，明确企业节能降碳主体责任，为企业提供减碳路径参考。

穿透监管,实现区域排放穿透式动态追踪

国网上海浦东供电公司打造碳排辅助决策管理系统,全面聚合临港新片区范围内"水、电、天然气、油、煤"等综合能源基础数据,研发碳核算模型,联合浦东新区政府部门协同建立区域、行业及企业纵向全贯通的碳排放监测机制,准确感知碳排放。

打通政企数据聚合壁垒。自 2021 年起,国网上海浦东供电公司与临港管委会达成合作协议,基于智慧城市能源云平台核心技术,开发其官方能源管控平台,即国内首个涵盖"水、电、油、气、氢"的政府性综合能源管控平台——临港新片区综合能源管控平台,包含 3 个子系统和 120 个功能模块,全面整合临港新片区 431 平方千米内电力、燃气、成品油、氢能、水、建筑、交通、气象、自然碳汇等能源及相关数据,支撑新片区"一网统管",推进能源清洁低碳转型。截至 2023 年底,该平台已纳入 301 家用能单位。

提升全区排放感知能力。依托智慧能源"双碳"云平台,全面整合浦东全域的电力、水务、燃气、政府监管等多方系统平台数据,可按地理分布、电压等级、排放源种类等多维度实时监测、分析浦东新区供电设备、电力用户的用能活动情况,展示碳排放在生产、传输、转化、消费、存储等各环节流动的全景图像,厘清不同用户用能行为的碳排放现状。

临港新片区综合能源管控平台一期、二期

预算制定,定制临港特色节能降碳评估体系

国网上海浦东供电公司联合多家研究所、高校等科研力量,携手临港新片区管委会,根据区域年度能耗强度目标、重点用能单位能效水平等因素,定制临港特色节能降碳评估体系。用能单位如有异议,可在每年的 3 月底前通过临港新片区综合能源管控平台提交复核申请,并提供相关支撑性材料。

类型	指标框定方法
文体娱乐园区	根据已建园区上年度能耗总量、本年度园区能耗强度下降目标及国家或省级园区基准能耗强度先进值综合确定园区年度基准能耗强度及能耗总量，对不同的园区类型采取不同的能耗强度标准
用能企业	根据上年度能耗总量、核定产能确定其本年度基准能耗强度及能耗总量，同时参考国家或省级基准能耗强度限额国内先进值、《上海产业能效指南2021版》基准能耗强度限额值或临港新片区相关产业的基准能耗强度发布值进行修正
公共建筑	根据上年度能耗总量、建筑面积确定其本年度基准能耗强度及能耗总量，同时参考临港新片区同类型建筑的基准能耗强度发布值进行修正
用能减免	使用可再生能源电力消费量，不纳入用能总量预算考核范围。参与绿电交易，将绿证作为可再生能源电力消费量认定的基本凭证，以本企业持有的当年度绿证作为核算基础

考核评价，推动用能主体周期式降碳管理闭环

国网上海浦东供电公司开发综合能源管控平台"预算式"用能管理模块，用能单位通过"临港新片区综合能源管控平台"将下达的年度基准能耗按月分解，编制用能预算方案，每季度报送临港新片区管委会备案。

国网上海浦东供电公司综合企业电力消费、油品消费、燃气消费等数据，结合区域、企业产值、面积等因素，统计、分析和追踪典型用户用能情况（如单位能耗产值、单位面积能耗等），与企业用能预算、行业标杆水平、行业平均水平等对比，形成数字能效码，用绿、黄、红三个颜色进行标记，并将能效码与临港产业政策相结合，便于表现优异的企业申请惠企政策与信贷支持；对能耗预算达标率未达标的企业开展能源审计，对企业工艺流程、重点用能设备、现场用能管理进行全面诊断，并根据审计结果要求企业开展节能整改。

多元激励，掣动多市场主体降碳驱动力

面对企业节能技改成本高、缺乏有效的激励措施等难题，国网上海浦东供电公司创

新云平台、虚拟电厂、能源管家掌上管家、碳金融协同模式，充分链接政府、供电公司、能源服务市场、能源企业、能源客户、金融机构等相关方，致力于通过大数据赋能和管理创新，以市场激励和政策激励解决企业实际降碳困难。

一方面，积极推进能源客户资源接入省级虚拟电厂和浦东虚拟电厂平台，借助对虚拟电厂用户池全景化、可视化、精细化管理，实现可调控资源备用能力精准感知、实时感知，指导用户对设备用电负荷进行调节，缓解电网调峰压力、优化用户能耗水平，让用能单位在不影响正常生产经营的情况下参与电网调节，同时享有一定额度的电费补贴。

国网上海浦东供电公司和临港新片区管委会共同揭牌临港新片区虚拟电厂管理中心

另一方面，针对企业绿色转型资金压力大、融资难等突出问题，国网上海浦东供电公司依托智慧城市能源云平台数据资源和企业用能行为分析报告，创新打造能源数字化产品，并主动对接银行等信贷机构，将用能分析报告作为贷款审批的重要依据，推动信贷机构根据企业能耗指标数值匹配相应的贷款年化利率。通过将信贷利率与绿色用能挂钩，助力企业获批普惠性质贷款，促进上海首笔"碳中和科技贷"入市。

关键突破

国网上海浦东供电公司坚持问题导向、资源整合和创新驱动理念，聚焦政府、企业两端需求，突破常规的"先用能、后监控"思路，着力打造"预算式+"用能管理样板。截至 2023 年底，临港片区能源管理平台纳入 301 家用能单位，包括新能源汽车制造、数据中心、半导体集成开发等多类型用能企业，为"预算式+"提供数据落地试验田。

"预算式+用能调控"，虚拟电厂精准响应实现最优资源配置

"预算式"管理的目的是充分利用有限资源，优化资源配置，争取以最小的成本实现最大的效益。国网上海浦东供电公司将"预算式"管理这一财务方法延伸到能源管理服务领域，结合年度预算目标，链接虚拟电厂运营商能源管理系统，实现综合能源管控平台与新片区范围内聚合商和商务楼宇、综合能源站、光伏和风电用户、储能用户等内部能源管理系统互联互通，支持工业用电大户和工商业企业参与负荷需求侧响应，助力企业得到相应补贴。2024 年 6 月 6 日，全国首次低碳虚拟电厂精准响应在临港新片区成功实施，通过实时监测电力碳排因子动态变化，以最大化消纳本地清洁能源为目标，在清洁能源发电低谷时引导用户少用高碳电，在清洁能源发电高峰时引导用户多用低碳电，早晚两次响应约合减碳 1.047 吨，为临港新片区的智慧、低碳、韧性发展贡献电网力量。

"预算式+分级管理"，精准预算分析让企业降碳之路不再迷茫

国网上海浦东供电公司基于临港片区能源管理平台 301 家用能单位的全量数据与"预算式"用能管理模型，以红、黄、绿三色数字能效码的形式形成用能增信背书，支持金融机构推出贷款利率与能效码等级挂钩的金融贷款产品，为黄码企业用户争取节能技改补贴，为绿码用户争取绿色金融贷款产品奖励。通过将企业用能表现直接与政策福利、绿色贷款、碳交易挂钩，为临港新片区节能减排效应显著的高耗能或科技型企业高质量发展提供助力。

"预算式+市政服务"，"一揽子"政策支持让绿色成为招商金名片

国网上海浦东供电公司助力政府实施从项目立项、节能评估、节能验收到投产后用能监测的全过程闭环管理，实现能源资源高效配置，为地区政府发布"预算式"能源管理政策提供依据和标准。另外，整合住房和城乡建设部门、人力资源和社会保障部门、银行等利益相关方提供的管控手段和激励政策，为用能履约优秀的企业争取税收、补贴、贷款、住房等政策扶持，鼓励能耗强度具有竞争力的企业来临港投资和发展，让绿色成为招商金名片。

多重价值

经济效益——降本增效更加有力，"双碳"落地更有抓手

国网上海浦东供电公司推出的"预算式"用能管理，既是数字化管理工具的创新，也是多方协同降碳治理模式的创新。基于"预算式"用能管理模块的数据计算模型，数字能效码帮助多家企业获得节能技改资金支持。2024 年，已有 12 家银行参与临港新片区"预算式"用能管理，以绿色信贷方式激励企业节能减碳，通过支持发放上海首笔"碳中和科技贷"，绿色金融产品推广有了新载体和新路径。

社会效益——多方受益，共同打造低能耗示范城市

国网上海浦东供电公司协助政府建立能耗"双控"与政府治理协同机制，共同制定节能年度指标、分类调控，打造"顶层规划、穿透监管、预算制定、考核评价、多元激励"闭环管理，实现能源消费总量控制、科学管控心中有本账。同时，推动绿色碳交易的实现，助推国家"双碳"目标落地。各企业可依托临港综合能源管控平台开展官方能耗及能耗强度核算，摸清能耗"家底"，为 47 家重点产业企业获得降碳工具支持，在全套预算式用能管理方案落地后预计每年可节约用能成本 1 亿多元。同时，在能耗"双控"与政府治理协同机制下，虚拟电厂负荷调控效益持续增强，需求侧机动调峰能力 30 兆瓦左右，累计帮助 60 余家企业获得电费补贴 100 余万元。

环境效益——充分释放降碳潜力，营造共同治碳氛围

依托智慧能源综合管控与一体化服务体系，区域清洁能源实现电网接入与 100% 消纳，实现新能源供给、消费和碳管理的全价值链贯通。2022 年仅在浦东的临港新片区降低碳排量已达 6 万余吨，全部方案落地后预计减少碳排量达 19 万吨。此外，针对工商业用户的全电综合能源站为区域内酒店、办公、商业等建筑统一提供清洁环保的供冷、供热服务，供能覆盖范围 74 万平方米，通过设备智能管理，优化冷源 / 热源供应模式，每年累计节约电量 1800 万千瓦·时。

各方评价

临港新片区管委会：国网上海浦东供电公司"预算式"用能管理是临港"智慧、低碳、韧性"城市行动方案的重要支撑，已被写入临港新片区管委会编写的《中国（上海）自由贸易试验区临港新片区低能耗示范城市建设行动计划（2024—2025 年）》，并发文各相关单位共同落实。

国网上海浦东供电公司依托预算式用能管理，充分发挥临港新片区制度创新高地优势，推动出台新型电力系统配套支撑政策，积极推动临港新片区超低能耗示范城市建设及虚拟电厂、储能等新型电力系统配套产业发展，打造新型能源生态圈。

临港新片区管委会发改处：开展用能预算管理可有效提升临港新片区的整体用能效率，加快落实能耗双控及碳排双控，政府将尽快出台配套政策，将临港新片区建设成为在全国有示范引领性的低能耗与经济高速发展同步推进的样板。

上海银行绿色金融部负责人：在临港新片区开展用能预算管理并依此出台"能效码""碳效码"等相关数字产品，可有效支撑银行精准开展"绿色金融"扶持，让绿色金融产品不再局限于扶持绿色低碳产业，而是可以创新推出更多的绿色金融产品用于支持积极开展绿色低碳转型或改造的企业，进一步扩大碳普惠范围。

上海电力大学科研处：在临港新片区试点用能预算管理具有重要的意义，可以通过用能预算管理对新片区的能耗及碳排家底进行精准排摸，找到高能耗、高碳排的"痛点"和"堵点"，进一步提高新片区的能源精细化管理水平，为全国其他区域提供示范标杆。

三、未来展望

在"双碳"目标和数字化转型的双重驱动下，国网上海浦东供电公司用能预算管理成果及前景可观。未来将从以下两个方面进一步推广：一是面向政府、能源客户提供服务，依托综合能源智慧管控平台进行预算制定、监督、结算等功能的开发，进一步完善用能预算管理机制，实现全流程数字化管理，为政府发布和实施相关政策提供助力，为企业提供"预算式"用能管理特色服务。二是深化能效码的应用，结合金融机构推出与能效码等级挂钩的金融产品，并根据临港新片区实际情况不断优化调整，融入绿色金融创新试点，为新片区节能减排效应显著的高耗能或科技型企业高质量发展提供助力，推动供电企业从数据服务提供方向数据产品运营商转变。

（撰写人：苏丽萍、刘翔翔、罗潇、吴浩强、钱韦辰）

国网山东省电力公司临沂供电公司
电力数据看文旅 老区呈现新面貌

一、基本情况

公司简介

国网山东省电力公司临沂供电公司（以下简称国网山东临沂供电公司）始建于 1970 年，是首批全国一流供电企业，现为国有大一型企业，承担临沂市九县三区及 3 个开发区的供电服务工作。

古人有语："落其实者思其树，饮其流者怀其源。"作为扎根沂蒙革命老区的中央企业，国网山东临沂供电公司始终践行"人民电业为人民"的企业宗旨，牢记习近平总书记"让老区人民过上好日子"的殷殷嘱托，饮水思源，回报社会，围绕优化营商环境、助力新型电力系统建设、乡村振兴、电力大数据解决社会问题等专业工作，策划实施供电服务"再快一分钟""红区绿电""彩虹爸妈""沂蒙电学堂"等一批具有临沂电力特色、履行社会责任、践行可持续发展理念的根植项目，持续推进社会责任和可持续发展理念融入运营管理，不断深化与社会各界的沟通交流，携手各利益相关方，为推动公司高质量发展和服务临沂新时代现代化强市建设提供坚强支撑。

行动概要

文旅产业作为融合文化和旅游的综合性产业，在促进经济增长、传承文化、提升旅游品质等方面发挥着重要作用。随着人民生活水平的不断提升，人们越来越喜欢选一城、择一地进行沉浸式游玩。

走进山东临沂，沂河之上，游船悠悠，沂河两岸，光影璀璨，灯光映照河面交相辉映，炫酷吸睛的灯光秀把沂河点"靓"；琅琊古城，灯影摇曳、游人如织,古朴典雅的建筑风格,古色古香的店铺陈设,让人仿佛穿越时空……现在,越来越多的消费者追求品质生活,"夜经济"日益呈现消费新图景。

夜经济需要用电来点"靓"。近日,从临沂市能源大数据中心获悉,2024 年临沂地区文旅热点景区累计用电量 36.03 亿千瓦·时,同比增长 63.25%,显著高于 2023 年同期水平。

用电量不仅是经济发展的"晴雨表",更能直观反映出产业发展的新趋势、新动向。2024 年 4 月 25 日,山东省文旅产业高质量发展大会在临沂召开,国网山东临沂供电公司结合国家大数据战略和数字经济发展要求,以"挖掘数据资源价值,加强数据产品开发,释放数据倍增效应"为出发点,充分发挥电力大数据覆盖范围广、价值密度高、实时准确性强的优势,利用电力大数据开展监测分析,主动与市文化和旅游局、大数据中心、景区等利益相关方沟通合作,构建"文旅经济繁荣指数",创新开发"文旅经济繁荣度""红色文旅电力活跃度指标""电靓沂河监测分析"三个电力数据分析场景,从电力角度辅助政府开展旅游经济运行分析和产业发展态势监测。

二、案例主体内容

背景和问题

继"淄博烧烤"引爆全网、"村超""村 BA"带火贵州之后,网络平台借势营销带来的"泼天流量"使一些城市一跃成为顶流。在各地文旅爆火的背后,也让网友对城市配套、基础建设、电力服务等社会公共话题展开了激烈讨论。电力作为经济发展的"晴雨表",能够直接反映地方或者区域的文旅行业经济繁荣情况,指导政府、供电、网络等部门更好地开展配套建设和基础服务。

作为新兴产业,文旅产业与电力数据的结合还处于"萌芽"阶段,怎样利用电力数据指导文旅产业更好地发展是目前需要解决的问题。

行动方案

思路创新

国网临沂供电公司充分发挥责任央企品牌的引领作用,引入社会责任理念,运用社会责任边界管理工具和利益相关方管理工具,深入分析利益相关方诉求,统筹各方优势资源,厘清社会责任边界,精准释放功能定位,实现各方利益的均衡化、最大化。

强化多方合作,建立常态化沟通机制。积极对接市文化和旅游局、大数据中心、

景区等利益相关方，创新交流方式，通过构建线上微信、会议沟通，线下调研、走访的协同机制，了解核心诉求并达成一致意见，切实做到工作及时沟通，确保信息互通有无，诉求清晰明了。

利益相关方	沟通方式	核心诉求	达成一致意见
临沂市文化和旅游局	现场座谈集中办公	在数据安全合规的前提下，探索电力数据与旅游经济运行分析的融合应用	确保文旅的经济运行数据、供电公司的电力数据在双方安全界限内，通过数据加密、脱敏等技术实现数据共享； 构建文旅经济繁荣指数； 编制电力数据看文旅专题分析报告，构建数据分析场景
大数据中心	座谈交流实地调研集中办公	以电力数据分析临沂旅游经济发展趋势，为专班及政府精准施策提供数据支撑	构建用电增长指数和负荷增长指数，编制电力数据分析报告
景区	线上沟通	对各景区的热度进行评价	分地区、分景区提供文旅产业分析报告； 针对景区发展，结合电力数据提供发展建议

根植风险防范，加强社会责任风险管理。树立社会与环境风险意识，评估决策和活动可能对社会与环境造成的消极影响，包括造成消极影响的可能性和程度，形成社会与环境风险的科学预测，并针对可能发生的每项社会与环境风险制定应对策略与举措。国网临沂供电公司根植风险防范的责任理念，提前研判电力大数据应用可能涉及的社会与环境风险，主动建立科学规范的数据基础管理体系和安全规范的数据共享开放体系，从流程机制上保障企业用户的信息安全，防范项目的潜在风险。

根植透明理念，让大数据在阳光下运行。透明运营就是在运营过程中对影响社会、经济和环境的决策和活动应当保持合理的透明度，以保证利益相关方的知情权和监督权。国网临沂供电公司引入透明运营的责任理念，改变以往被动输出的半透明的工作方式，主动规划建立以电力大数据为核心的经济社会指标，如文旅经济繁荣指数、电力负荷指数等，主动向政府有关部门分享基于电力大数据的智慧决策工具，为分析临沂文旅行业发展打通数据壁垒。

实施举措

开展多元沟通，达成信息共建共享合作模式。 国网山东临沂供电公司积极发挥政府的统筹协调和企业业务支撑作用，联合政府职能部门、文旅、电力、工信等相关单位，成立大数据分析调研小组，积极调研当前文旅数据融合形式，促进打通数据壁垒，实现跨区域、跨层级、跨系统、跨部门、跨业务数据联通。

国网山东临沂供电公司员工在临沂市能源大数据中心完善数据信息

应用新质技术，提升智能调度和实时监测。 运用"新技术"赋能智能调度，完成配网调控智慧中心"配网调度智慧引擎"二期部署，升级人工智能"沂蒙小 AI"模型库，研发全路径智慧保电智能体，打造保电用户全路径一体化监视、应急方案智能规划、保电设备全过程管控和智能外呼现场交互的四大人工智能新应用。经测试，负荷一键转移正确率达 100%，方式安排一次成功率达 90% 以上，10 千伏母线故障处置时间可从小时级缩短至分钟级。构建"设备重过载""母线失压"等模型库，精准定位可靠供电风险点，自动编制重要客户"一户一案"34 份、亮化景点"一点位一预案"56 份，精耕细作保障配网调度更智能，客户服务更高效。"强算力"护航实时监测，试运行能源云计算中心，一期配置 2000CvCPU、16 块物理 GPU、500 太字节云内共享分布式存储和1000 太字节音视频专用存储，以强算力支撑政企保电数据汇聚和分析应用。开发部署"全景智能保电监测平台"，180 个保电点位全部纳入现场巡检可视化管理，11 座重点场馆、60 个景观亮化小区全部接入停电预警平台，全天在线监测客户用电信息。应用智能巡检机器人、无人机等先进装备，实现 40 座关键核心变电站、12 条重要电缆隧道自主巡检，累计飞巡线路 900 余千米，数据存储量 4.8 太字节。

构建指标体系，辅助政府开展旅游经济运行分析。 国网临沂供电公司紧扣文旅产业发展新课题，利用电力大数据开展监测分析，开发"电力看文旅"系列场景 3 个，从电力角度辅助政府开展旅游经济运行分析和产业发展态势监测。

开发"文旅经济繁荣度"电力指数，从用电增长、负荷增长、夜间经济三个角度和时间、区域两个维度构建"繁荣指数"，宏观展现临沂文旅行业经济繁荣情况。

巡视景区相关供电线路及配套电力设施

文旅经济繁荣指数 = 用电增长指数 ×40%+ 负荷增长指数 ×30%+ 夜间经济繁荣指数 ×30%

其中：用电增长指数 = 本年累计用电量 / 上年同期累计用电量 ×100%

负荷增长指数 =（本月用电量 / 上年同期用电量 ×100%+ 本月最高负荷 / 上年同期最高负荷 ×100%）/2

夜间经济繁荣指数 = 本月热门商圈台区平均时点电流 / 上年同期热门商圈台区平均时点电流

计算夜间经济繁荣指数时取 18:00 至次日 6:00 的数据。

构建"红色文旅电力活跃度指标"，对临沂 24 个夜间集市、博览中心和乡村旅游区等文旅热点开展分析，反映景区景气情况和特色行业的发展趋势，支撑相关部门优化景区规划建设。开发"电靓沂河监测分析"，对重点文旅项目"沂河景观"涉及的 145 台市政、楼宇变压器，56 条 10 千伏线路，15 座变电站开展能耗分析和用电监测，提前预警客户低电压、过电压和变压器重过载等隐患和重点保障台区，保障沂河景观"低能耗高热度"，推动滨河景区绿色发展。

关键突破

电力看旅游数据产品，以用电数据为基础，以数字技术为手段，构建了景区活力指数计算模型，利用电力大数据客观反映了该景区活跃度情况。一方面，"电力看旅游"产品通过对旅游景区及周边区域电力使用情况的深度分析，能够清晰地了解游客的流动规律和消费习惯，同时可准确预测游客数量及用电需求，有助于景区提前做好电力供应保障工作，避免因电力不足影响游客体验；另一方面，"电力看旅游"数据产品还能为旅游企业提供了精准的市场洞察，通过分析不同类型游客的用电行为和消费特征，企业可开发更有针对性的旅游产品和服务，提升游客满意度。

多重价值

社会价值：电力数据是经济社会发展的"晴雨表"。深挖电力大数据价值，将其应用到产业发展、乡村振兴、社会民生等诸多领域，赋能经济社会发展。

经济价值：电力大数据可以辅助政府决策、景区活动安排、供电企业用电服务等，使社会资源利用最大化。

新春保供电，对城区线路开展巡视工作，确保电网安全稳定运行

各方评价

新华社刊发文字通稿《从电力数据看经济活力》《助力产业发展 赋能社会治理》报道国网山东临沂供电公司挖掘数据价值，助推文旅、产业发展的特色实践。

临沂市工业和信息化局：电力数据分析成果真实反映了临沂经济运行"一揽子"政策措施落地情况和效果，对分析小微企业发展趋势，辅助政府相关部门作出科学决策很有帮助。

临沂市文化和旅游局：将电力数据、经济数据、景区数据等数据融合，经过加工处理形成具有辅助决策作用的有效信息，提高综合治理和宣传能力。

临沂市景区：智慧电力能够帮助我们了解景区热度情况，更好地作出科学预判。

三、未来展望

目前，国网山东临沂供电公司利用电力数据模型对临沂市银雀山竹简博物馆、灯火兰山新琅琊不夜街区等 24 个夜间集市、博览中心和乡村旅游区文旅热点开展红色文旅电力活跃度分析，支撑相关部门优化景区规划建设。

未来，国网山东临沂供电公司将继续深挖"电力大数据"在文旅行业的积极效应，拓展大数据的应用场景，与安全、金融、应急等不同行业、领域进行数据贯通，打造电力数据助力老区发展的新模式。

（撰写人：邵珠亮、孙羽中、薛克城、杨斌、孙莹、姜锐）

面向 SDG 的国网行动
绿色电网守护生态之美

State Grid SDG Solutions
Green Grids Sustain Ecological Splendor

于志宏 ◎ 主编

王秋蓉　杜　娟 ◎ 副主编

经济管理出版社
ECONOMY & MANAGEMENT PUBLISHING HOUSE

图书在版编目（CIP）数据

绿色电网守护生态之美 ／ 于志宏主编． —— 北京 ：
经济管理出版社，2025.6．——（面向 SDG 的国网行动）．
ISBN 978-7-5243-0339-8

Ⅰ．X773

中国国家版本馆 CIP 数据核字第 2025U4U453 号

组稿编辑：魏晨红

责任编辑：魏晨红

责任印制：张莉琼

责任校对：曹魏

出版发行：经济管理出版社

　　　　　（北京市海淀区北蜂窝 8 号中雅大厦 A 座 11 层　　100038）

网　　址：www.E-mp.com.cn

电　　话：(010) 51915602

印　　刷：北京市海淀区唐家岭福利印刷厂

经　　销：新华书店

开　　本：720mm×1000mm/16

印　　张：6.75

印　　张：34（全四册）

字　　数：124 千字

字　　数：616 千字（全四册）

版　　次：2025 年 7 月第 1 版　　2025 年 7 月第 1 次印刷

书　　号：ISBN 978-7-5243-0339-8

定　　价：380.00 元（全四册）

破解世界难题的"国网方案"

——2024"金钥匙·国家电网主题赛"介绍

"破解世界难题,打造中国方案。"

2022年,国家电网有限公司与《可持续发展经济导刊》发起并联合举办了首届"金钥匙·国家电网主题赛",针对全球性难题寻找可持续发展解决方案,打造贡献联合国2030可持续发展目标(SDG)的国网方案,挖掘具有影响力、示范性的企业卓越实践案例,并在国际国内平台推介推广。"金钥匙·国家电网主题赛"既是"金钥匙——面向SDG的中国行动"的拓展与升级,也是国家电网进一步贡献SDG的新尝试。

2024"金钥匙·国家电网主题赛"聚焦"电力大数据创造新价值""转型低碳贡献气候行动""绿色电网守护生态之美""参与社会治理破解难题"四大主题,国家电网有限公司各单位共申报了211项行动,其中73项行动参加路演。经过金钥匙专家评审,共有17项行动获得金奖、16项行动获得银奖、40项行动获得铜奖。金奖行动最终产生5项"金钥匙·年度最佳解决方案",成为破解这四大问题有代表性的国网方案、中国方案。

针对4个主题汇聚"国网方案"

2024"金钥匙·国家电网主题赛"针对4个主题,按照金钥匙标准与流程,汇聚了来自国家电网有限公司各单位73项贡献SDG的国网方案,在金钥匙平台充分展现了破解难题的丰富实践与解决方案。

主题一:电力大数据创造新价值。电力大数据是能源领域和宏观经济的"晴雨表",为服务国家发展战略、助力科学治理、推动经济社会发展提供有力支撑。如何不断拓展应用场景,充分释放电力大数据价值,赋能经济社会发展?国家电网有限公司各单位扭住"数据"这个"牛鼻子",通过19项优秀行动展示了利用电力大数据创造价值,打造新产品、新技术、新服务,服务社会经济发展的多种应用场景,包括社区电动汽车充电、新能源设施建设、农村光伏消纳、企业用电服务、社区供电服务、畜禽养殖场及农排灌溉等。

主题二：转型低碳贡献气候行动。实现"双碳"目标，能源是主战场，电力是主力军。转型低碳是电力行业的重要使命，是积极应对气候变化的重要着力点和创新点。本主题整合了电网企业推动能源绿色低碳转型、为应对气候变化作出贡献的创新性示范行动共 18 项，呈现了推动公共领域电气化、大型邮轮岸电使用、赋能零碳园区、农村能源革命、企业节能降碳、引导全民节约用电、公共建筑低碳用能等实践活动。

主题三：绿色电网守护生态之美。作为重要的能源基础设施，如何将绿色发展理念融入电网全生命周期，建设环境友好型电网，助力美丽中国建设？本主题的 17 项路演行动有力展示了将电力基础设施完美融入绿水青山的美丽画卷，从破解湿陷性黄土地区"海绵城市"电网建造难题、打造"零碳"变电站、筑牢特高压工程森林"防火墙"、守护高原地区脆弱生态到海陆空立体化保护生物多样性，生动践行了习近平生态文明思想，再次用实践印证了电网与生态和谐共生的理念。

主题四：参与社会治理破解难题。电力行业是现代社会的血脉，电网企业是社会治理的重要参与者。如何发挥供电服务体系的支撑作用，全面推进电网企业与社会综合治理共融共建？本主题的 19 项行动集中呈现了从电网自身出发，积极参与社会治理、助力解决社会难题的创新性示范行动，包括助力社区网格化"智"理、困难群众救助、灾难灾害救援、倡导居民节电、解决"渔电矛盾"、农村老年人厕所设施改善等，展示了关爱社会的温暖与善意。

持续破解难题，发挥示范引领作用

2022~2024 年，"金钥匙·国家电网主题赛"面向国家电网有限公司各单位广泛征集了 605 项行动，通过金钥匙标准及流程，200 项优秀行动脱颖而出成为破解难题的"国网方案"，建立起国家电网贡献 SDG 的优秀实践案例库；向社会各界展示了国家电网持续推进社会责任工作、破解可持续发展难题的生动实践与创新行动，提升了可持续发展品牌影响力；为国家电网向国际社会讲好中国故事提供了丰富的可持续发展优秀案例。

这些行动不仅展示了国家电网有限公司在可持续发展领域取得的显著成效，更体现了其作为关系国家能源安全和国民经济命脉的特大型国有重点骨干企业的水平和风

采。来自不同领域的金钥匙专家在主题赛路演展示过程中，对国家电网有限公司在社会责任和可持续发展道路上发挥的表率和示范作用给予了高度肯定，希望未来通过不同的平台将优秀经验和行动成果分享给社会各界及全球，共同为破解世界难题、打造国网方案贡献力量。

理念引领行动，行动践行理念。国家电网有限公司自上而下地灌输了可持续发展理念，各基层单位积极响应，自下而上地涌现出了无数的创新行动。金钥匙总教练、清华大学苏世民书院副院长、清华大学绿色经济与可持续发展研究中心钱小军教授对此给予了高度评价："每年 200 多项行动数量非常庞大。充分证明了国家电网有限公司作为一个大集体推动可持续发展的强大实力和坚定决心，系统内各单位热情不减，好点子层出不穷。"

通过"金钥匙·国家电网主题赛"，国家电网有限公司充分展现了其在可持续发展领域的领导力风范和风采，期待更多行业企业加入这一行列，开展本行业企业主题活动，营造比、学、赶、超的良好氛围，为中国及全球可持续发展难题寻找更多具有创新性的解决方案。

《面向 SDG 的国网行动》

2024 年，国家电网有限公司与《可持续发展经济导刊》联合发起 2024"金钥匙·国家电网主题赛"，聚焦"电力大数据创造新价值""转型低碳贡献气候行动""绿色电网守护生态之美""参与社会治理破解难题"四大主题，选拔出具有代表性的国网方案、中国方案。

为了向社会各界和国际社会讲好"面向 SDG 的国网行动"故事，《可持续发展经济导刊》汇总每个问题的优秀解决方案，经总结和提炼，按照"金钥匙标准"选编和出版 2024"金钥匙·国家电网主题赛"优秀成果选辑——《面向 SDG 的国网行动》（共四辑）。本书收录了来自 2024"金钥匙·国家电网主题赛"的 59 项优秀行动，并按照四个主题，即"电力大数据创造新价值""转型低碳贡献气候行动""绿色电网守护生态之美""参与社会治理破解难题"分为四辑。

本书为第三辑，聚焦"绿色电网守护生态之美"主题。电网作为重要的能源基础设施，用实际行动应对生物多样性丧失的全球挑战，责无旁贷。如何将绿色发展理念融入电网全生命周期，探索电网和自然生态的和谐共生之路，建设环境友好型电网，助力美丽中国建设，需要理念、体系、制度、技术、模式的持续创新。本书汇集了来自国家电网系统不同单位的 11 项建设绿色电网、实现电网与自然和谐共生的创新性示范行动。

《面向 SDG 的国网行动》面向高校商学院、管理学院，作为教学参考案例，可提升领导者的可持续发展意识；面向致力于贡献可持续发展目标实现的企业，可促进企业相互借鉴，推动可持续发展行动品牌建设；面向国际平台，可展示、推介国家电网可持续发展行动的经验和故事。

目 录

国网宁夏电力有限公司超高压公司

企政民"三联合"防风固沙
书写"西电东送"绿色传奇

一、基本情况

公司简介

国网宁夏电力有限公司超高压公司（以下简称国网宁夏超高压公司）成立于 2007 年 10 月 30 日，主要负责宁夏 750 千伏及以上输电线路、330 千伏及以上变电站和银东、灵绍等跨区直流输变电工程的运维管理、应急抢修等工作，先后完成国内首次 ±1100 千伏吉泉线高海拔地区带电作业任务、全国首例 330 千伏站内 GIL 管母改造等多项首创检修工作，保障了宁夏电网的安全、快速发展。运维管理的"西电东送"银东、灵绍直流输电工程运行效率稳居全国前列，为宁夏和华东、华北经济发展注入了不竭动力。

长期以来，国网宁夏超高压公司积极主动融入国家战略、服务绿色发展的使命担当，不断深化社会责任根植管理，将可持续发展理念融入日常工作，切实解决社会关注的焦点、热点和难点问题，培育"铁塔治沙""爱鸟护线"等推动生态保护、乡村振兴的重点项目，促进生物多样性保护、建设环境友好型电网，持续赋能社会可持续发展。同时，国网宁夏超高压公司建立"个性化""立体化"传播体系，持续做好项目成果推广宣传，多次受到中央电视台、新华社等主流媒体的报道，有效强化了能源企业作为央企的使命担当，有力提升了品牌价值。此外，国网宁夏超高压公司还注重与政府相关部门建立良好的沟通协作关系，持续关注周边社区需求，主动用实际行动回馈社会、履行社会责任，为全面建设社会主义现代化国家贡献力量。

行动概要

国网宁夏超高压公司于 2012 年成立沙害隐患治理小组，集中根治银东直流穿越沙漠段输电线路的铁塔沙害问题。初期，由于电网运维人员普遍不熟悉防风固沙技术，同时缺乏专业技术人员指导，撒播的草籽、种植的树苗成活率低。国网宁夏超高压公司逐步优化治沙手段，在联合政府有关部门的同时，发动线路走廊周边村民采取生物治沙模式固定流沙，以联合评估、联合治理、联合维护的"三联合"铁塔治沙、固沙、防沙工作模式为实施路径，通过扎草方格把流动沙丘改造成固定、半固定沙地，再在草方格中撒播沙蒿等混合种子，在雨水较多的季节通过种植抗旱植物，以点连线逐步扩大治理范围、改善小生态环境，从而达到标本兼治的目的。同时，通过"多维度评价、多元化协同、多角度实践"进行项目管理，不断推广深化治沙模式，最终将线下沙漠变成绿洲，保障了"西电东送"通道长周期工程安全运行，有效地遏制了沿线土地沙漠化。国网宁夏超高压公司为输电线路沙地铁塔提供了典型治理经验，同时也有利于深入挖掘沙漠化土地碳汇潜力，助力实现"双碳"目标，助推区域生态文明建设，为脱贫攻坚、乡村振兴贡献国网力量。

二、案例主体内容

背景和问题

宁夏地处祖国西北内陆，被毛乌素沙漠、腾格里沙漠、乌兰布和沙漠紧紧抵住，境内沙化土地面积约占总面积的 20%，沙漠地带构成的沿线生态环境使输电线路运行环境恶劣。"西电东送"工程——±660 千伏银东直流输电工程（宁夏—山东）将宁夏源源不断的电力资源输送至华北地区，但其中宁夏段有 45 基铁塔、约 22 千米位于沙漠地带。沙丘移动极易造成塔基基础松动、接地网外露，成为影响跨区输电线路安全运行的严重隐患之一。国网宁夏超高压公司经常花费人力、物力对沙漠段塔基进行维护。公司车辆物资运输困难，运检人员只能徒步翻越沙漠巡检线路。土地荒漠化不仅对线路运检工作造成一定程度的安全威胁和运维困难，还使当地水土流失与风蚀，严重威胁动植物的生存，给当地群众的生产生活造成不便。

±660 千伏银东直流输电线路工程治沙初期环境

行动方案

联合评估——多维度进行评估 形成治理新模式

2012 年，国网宁夏超高压公司成立了治沙小组，集中力量治理沙地。为掌握沙漠动态，国网宁夏超高压公司主动走访盐池县政府和白芨滩防沙林场，对治理环境、气候条件等情况进行联合评估，系统收集数据信息，针对不同地形和生态特点，制定差异化治沙策略，多维度挖掘项目可持续发展潜力。

联合治理——多元化协同共治 推进治理新举措

国网宁夏超高压公司与盐池县政府和白芨滩防沙林场合作，组织当地群众采用生物治沙模式将流动沙地改造成固定、半固定沙地，恢复沙漠化造成的植被缺失，从源头遏制生态系统退化。此外，国网宁夏超高压公司还推动电力领域"生态友好"型新技术的运用，推进沙害治理工作高效开展，不仅保护了输电线路安全稳定运行，还极大改善了当地的地理环境，助力乡村振兴发展。

联合维护——多角度创新实践 呈现治理新效应

为做好植被后期维护，国网宁夏超高压公司创新政企民合作新模式，聘请当地群众兼职护线护林员，协助做好后续林草养护。同时，与当地政府、村委会、群众建立集会商、协同、信息数据共享于一体的沟通机制。在遵循"公司所求、政府主导、民生所向、共同出资、有序推进"的原则上，各方责任体形成合力，形成可持续发展的治理机制和治沙团队。

关键突破

形成持续改善的新模式 吸引多方广泛参与

联合治理 持续改善成果明显

刚开始没经验，撒播的草籽、种植的树苗成活率很低，国网宁夏超高压公司主动靠前，寻求利益相关方共同探寻解决方案。在林场专业人员的指导下，先通过扎草方格把流动沙丘改造成固定、半固定沙地，再在草方格中撒播沙蒿等混合种子，逐步恢复塔下植被，并通过自然传播逐渐覆盖到周边区域，实现可持续发展。这样，不仅有效解决了荒漠化问题，丰富了地表生物多样性，还保障了输电线路安全稳定运行，助力宁夏向华北地区累计输送电量近 4000 亿千瓦·时。

经过治理后的银东直流铁塔塔基现状

示范带动 多方参与成效显著

随着治理效果的逐渐显现，越来越多的群众受益，不仅吸引了广大群众积极参与防沙治沙工作，还使他们从内心深处和实际行动上更加踊跃支持国家电网的各项举措。随

国网宁夏超高压公司与当地群众联合固沙防沙

着治理工作的不断深化，其成效引起了社会各界的广泛关注，吸引了更多的企业积极参与。中央电视台、新华社等主流媒体先后对企政民"三联合"防风固沙项目进行了报道，使社会公众从内心感受到国家电网有限公司可靠、可信赖的品牌形象，提升了企业知名度和影响力。

实施系统治理的新举措 书写荒漠绿色传奇

以点连线 扩大沙漠治理范围

国网宁夏超高压公司对前期治沙工作进行总结梳理，形成了具有可复制性、可操作性、系统性的沙漠铁塔治理经验。项目初期重点针对银东直流线路新增治理面积 8300 平方米，投入资金 47.83 万元，后期不断以点连线、以线带面地逐步扩大治理范围，后续接连对 ±800 千伏灵绍线、750 千伏州川线等约 1450 亩[①]沙地进行应用治理，投入资金 51.98 万元。截至 2024 年 9 月，国网宁夏超高压公司治理沿线沙漠总长度 75 千米，治理面积约 176 万平方米。

创新举措 推动新兴技术运用

为了量化防沙固沙工作成果，履行可持续发展责任产生的效益，国网宁夏超高压公司发挥自身专业优势，积极推动电力新技术的运用，采用无人机倾斜摄影测量技术精准测绘输电线路下方草方格面积和绿植面积，为调查研究和审核评估沙害治理区数据奠定了基础，推进沙害治理工作高效开展。

国网宁夏超高压公司员工使用无人机测绘草方格面积

多方联动 助力乡村振兴项目

国网宁夏超高压公司与盐池县政府通力合作，将当地困难群众台账纳入治沙团队，孵化乡村振兴项目，不仅有效拓展了当地群众的增收渠道，还减轻了人员运维压力。一方面，国网宁夏超高压公司义务传授栽植技术，林草收益悉数归群众所有；另一方面，

---

① 1 亩 ≈ 666.67 平方米。

在项目完成后期设置绿化治理区，委派当地群众管护，并签订长期管护合同。项目使管护人员在得到物质回报的同时，也帮助盐池县政府解决了群众的就业难题，直接或间接带来近百个就业岗位，进一步实现了生态治理和乡村振兴共赢。

建立统筹发力的新机制 巩固联合防治成效

多元协同 高效开展沙害防治

国网宁夏超高压公司联合当地政府、村委会、群众建立协同机制，共同研究安排部署相关工作，并对人员开展业务培训。同时，建立会商机制，通过定期会商、专题会商和即时会商三种形式，协调解决治沙、防沙工作中的困难和问题，研判治理区的沙害变化趋势，将"三联合"铁塔治沙、固沙、防沙工作模式推向深入。

国网宁夏超高压公司与各利益方会商洽谈

数据共享 有效解决沙害问题

国网宁夏超高压公司内部成立治沙项目小组，构建基于防沙治沙的"多方责任"信息数据共享机制，根据各利益方优势特点，统筹企政民发力工作格局。多方定期沟通相关治沙成果和数据，对存在的问题及时查找并分析成因，审核评估沙害治理区数据等，形成数据共享机制，避免浪费人力、物力。

多重价值

管理价值

一是固化了管理模式，形成可推广、可借鉴的管理经验。国网宁夏超高压公司将"三联合"工作模式作为实施路径，通过"多维度评价、多元化协同、多角度实践"进行项目管理，不断地将沙地治理经验进行深入实践，将治沙模式推广深化。二是解决了线路塔基沙埋问题，提高线路运行的安全性。截至 2024 年 9 月，国网宁夏超高压公司协同各方累计种植各类低矮灌木 8 万余棵，撒播草籽 1000 多千克，栽植草方格 127.5 万平方米，治理沿线沙漠总长度 75 千米，治理面积约 176 万平方米，从根本上解决了线路的塔基沙埋问题，显著提高了线路运行的安全稳定性。

线路周边呈现丰富的生物多样性

环境价值

一是改善了当地生态环境，植被覆盖率大幅提高。据测算，项目累计新增草原面积 2645 亩，植被覆盖率提高了 70%；新增草原植被固碳量约为 31.06 吨。

二是改善了生物多样性状况，区域沙漠化显著缓解。从根本上消除风蚀沙埋危害，对遏制生态系统退化及生物多样性丧失、改善生态系统服务功能、维护自然生态系统平衡稳定起到了极其重要的作用。

三是助推了生态文明建设，有利于"双碳"目标实现。 为生物多样性和电网建设和谐发展提供了可供借鉴的新思路，同时有利于深入挖掘沙漠化土地碳汇潜力，可作为西北地区维护生态平衡和生物多样性的典型实践。

治理前后对比

综合价值

一是减轻了线路运维压力，减少经济成本投入。 沙地硬化后，车辆可直接开至铁塔下方，对铁塔基础回填土的维护频率从每月 1 次减少至每年 1 次，极大减轻了线路运维压力。塔基使用寿命显著增加，每年可减少运维成本约 200 万元。

二是深化了社会联动，孵化志愿服务项目。 国网宁夏超高压公司主动联动全国劳动模范治沙英雄顾芸香，帮助其通电并常态化开展安全用电志愿服务。此外，还向顾芸香学习宝贵的治沙经验，每年组织职工志愿参与植绿护绿，累计栽植苗木 1000 余棵，绿化面积超 3 万平方米。

三是强化了对外形象展示，提升公司品牌价值。 通过建立"个性化""立体化"传播体系，持续对项目进行宣传报道，展现公司积极主动融入国家战略、服务绿色发展的使命担当，不断扩大项目公信力和影响力。

各方评价

一是得到媒体的广泛关注。 通过召开新闻发布会、记者采风会、发布新闻通稿等多种形式，对项目进行针对性宣传推广，得到媒体和大众的关注和一致好评。相关报道相继被新华社、"学习强国"学习平台、央广网等媒体刊载，有效宣传推广了国网宁夏超高压公司共赢共享的可持续发展理念，提升了社会对国家电网品牌的认知，深化了公司可信赖的责任央企形象。

二是得到国网系统和社会的广泛认可。因突出性和创新性，在 2020 年可持续发展论坛进行展示，并获评国家电网公司 2023 年重点社会责任根植项目。项目入编《国家电网有限公司生物多样性管理与价值创造》丛书，该丛书在联合国生物多样性大会召开期间发行，充分彰显了"大国重器"在履行社会责任方面的积极贡献，收到了全球能源互联网发展合作组织发来的感谢信。

三、未来展望

可持续发展没有终点，国网宁夏超高压公司将继续用行动践行习近平生态文明思想，推动线路沙害治理的可复制性、可操作性、系统性的工作模式，将治理的应用工具、工作方法、管理模式、管理方法进行固化、深化，持续将这一治理经验推广到越来越多的"沙漠铁塔"，积极为土地荒漠化治理提供典型经验，同时加大科技投入力度，采用无人机撒播草籽、研制可改善土壤环境的生物制剂等手段，进一步提升防沙治沙工作的质量和效率，书写"青春奋斗与沙漠铁塔的绿色传奇"，福荫子孙，造福万民，为建设环境友好型电网和美丽中国贡献力量。

（撰写人：祁玉金、杨鑫、白陆、张晓波）

国网江苏省电力有限公司高邮市供电分公司

守护铁塔上的生命脉动
——构建鸟线和谐共生可持续发展新模式

一、基本情况

公司简介

国网江苏省电力有限公司高邮市供电分公司（以下简称国网高邮市供电公司）主要负责高邮地区电网的建设、运行、管理和经营工作，为高邮市经济社会发展提供充足、稳定的电力供应和优质、高效的服务。国网高邮市供电公司下辖 13 个乡镇供电所，累计服务电力客户 45.52 万户。截至 2024 年底，国网高邮市供电公司行政区内共有 35 千伏及以上变电站 29 座，变电总容量 676.55 万千伏安；35 千伏及以上输电线路 88 条、1159 千米；10 千伏（20 千伏）线路 379 条、5252.64 千米。

行动概要

党的二十大报告明确了中国式现代化是人与自然和谐共生的现代化，提出了提升生态系统多样性、稳定性、持续性的战略任务。江苏高邮位处"北电南送"的重要通道，高压线路密集、输电铁塔众多，同时境内鱼虾资源丰富，因此成为国家一级野生保护动物东方白鹳的栖息地。截至目前，高邮地区输电铁塔上共筑有东方白鹳鸟巢 85 个，数量之多、点位之密集位列国网之最。东方白鹳的酸性排泄物及其筑巢树枝极易引起输电线路故障，严重影响当地生产生活用电和鸟类自身安全。国网高邮市供电公司立足本职，从维护电网及东方白鹳安全出发，通过深化技术变革、促成政策法规，建立保护机制、开展联合行动、强化传播推广 5 个维度举措，打造了全社会共同参与、共建共享的可持续发展新模式，促进了企业发展与生态保护和谐共赢，为实现人与自然和谐共生提供了实践案例和宝贵经验。如今，高邮境内东方白鹳的数量从 2007 年的两三只增长到 200 多只，其中有 40 多只从候鸟变成了留鸟。

二、案例主体内容

背景和问题

江苏高邮作为江淮生态大走廊的重要组成部分，拥有高邮湖湿地自然保护区和绿洋湖县级自然保护区，为生物多样性发展创造了有利条件。但高邮地区不存在国家级生态保护红线，为当地经济发展和基础设施建设留下了一定空间。作为"北电南送"的关键通道，自 2012 年以来，高邮新建了 41 条高压线路，形成了电力设施密集的结构布局，为电网与自然和谐相处提供了可能。正是在这种特殊的环境下，国家一级保护动物东方白鹳选择在高邮栖息繁育，但高邮地区缺乏高大乔木，生性警觉的东方白鹳便将输电铁塔作为筑巢首选。据统计，目前高邮地区东方白鹳有 200 余只，鸟巢数量达 85 个，全部安筑在输电铁塔上，因此江苏高邮成为全国东方白鹳栖息地中鸟线矛盾最激烈、最突出的地区之一。2007~2017 年，高邮地区 110 千伏及以上输电线路的因鸟类活动故障跳闸约 43 次，其中 90% 由东方白鹳筑巢或者排泄引起。

近年来，国网高邮市供电公司通过深入实践发现，电网建设全过程中的生态保护面临技术、标准、观念等多方面难题。这些问题不仅关系到电网的稳定运行，更涉及如何平衡生态保护与经济发展的需求，成为输电线路全寿命运维周期中亟待解决的关键问题。其核心问题包括三个方面：一是鸟线矛盾凸显。随着当地生态环境的持续改善，原本过境短暂栖息的东方白鹳越来越多地在输电铁塔上筑巢孵育，传统的"驱离"方式已不能满足电网安全运行和生物多样性保护的要求，需要通过技术创新和科学管理来解决。二是保护机制缺乏。目前，国内没有关于东方白鹳保护的政策或法规，专业部门对东方白鹳与电网安全运行机制的研究不够深入，需建立更为科学系统的保护机制，以确保鸟类的栖息与电网的安全运行能够和谐共存。三是社会影响不足。尽管电网企业形成了鸟线和谐共生的保护理念，但社会公众对由东方白鹳保护引申出生物多样性保护的意识和参与度不够，实现人与自然和谐共生需要更广泛的社会参与和支持。

针对上述问题，国网高邮市供电公司站在推动生物多样性保护由国家战略转化为具体实践的角度，积极应对东方白鹳与高压输电线路的共存挑战。通过技术革新、政策支持、组织建设、联合行动、传播推广 5 个维度举措，构建了鸟线和谐共生的可持续发展新模式，为维护电网安全、推动生物多样性保护提供了可复制、可推广的示范样本。

鸟线和谐共生的可持续发展新模式

行动方案

深化技术变革，实施多维度治理方案

国网高邮市供电公司坚持"安全第一，预防为主，综合治理"方针，摒弃传统的驱鸟方案，深化技术变革，通过实施"一塔一案"，化解了鸟线矛盾。创新"防护挡板 + 塔形优化"涉鸟隐患预防举措，摒弃超声波驱鸟器、防护堵盒、驱鸟风车等传统的驱鸟工具，研发设计了环氧树脂防护挡板，大幅降低线路因东方白鹳活动污损发生故障的概率，并升级研发网状结构自洁型防护挡板，提升了挡板的自洁性能及空间利用率，获批国家实用新型专利 2 个。同时，从线路规划源头优化输电铁塔顶部形状和结构，设计生态型双回路直线塔，在杆塔羊角部位四周及表面采用钢板包封，避免鸟类筑巢，获批国家发明专利 1 个。实施"全息感知 + 智慧物联"涉鸟隐患监控手段，逐步从传统人工巡视向"无人机 + 可视化"精益立体巡检转变，全面掌握线路涉鸟隐患。采用"集中监控 + 网格处置"涉鸟隐患处置方法，成立输电监控中心，划分线路网格，监控人员实施 24 小时全时段值班，并联合组成 24 小时应急处置小组，建成 30 分钟应急处置圈。通过以上措施，有效解决了鸟线矛盾，实现了 220 千伏线路连续八年零跳闸。

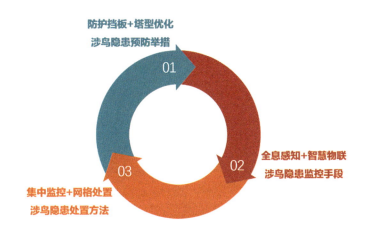

防护挡板+塔型优化
涉鸟隐患预防举措

01

全息感知+智慧物联
涉鸟隐患监控手段

02

集中监控+网格处置
涉鸟隐患处置方法

03

实施多维度治理方案

促成政策法规，开创制度化管理新局面

    国网高邮市供电公司员工作为人大代表向扬州市第九届人民代表大会提出了《关于制定并实施"东方白鹳保护地"管理办法的建议》，引起了高邮市人民政府的高度重视。随后，高邮地方自然资源和规划局与东方白鹳保护地所在的界首镇人民政府成立了东方白鹳保护工作小组，深入调研，联合起草文件。2022年6月2日，高邮市政府发布全国首部东方白鹳保护地建设管理办法，标志着社区保护地在地方制度化管理方面取得突破，对国家自然保护地体系作出了重要补充。《关于加强"东方白鹳保护地·高邮"建设管理的办法》创新性地采用了以巢穴中心垂直投影的方式，设定保护地的核心保护区、限制管控区、合理利用区，并明确东方白鹳保护

高邮市人民政府文件

邮政发〔2022〕69号

市政府关于印发《关于加强"东方白鹳保护地·高邮"建设管理的办法》的通知

各乡镇人民政府，各园区（街道）管委会（办事处），市各委、办、局（公司），市各直属单位：
    《关于加强"东方白鹳保护地·高邮"建设管理的办法》已经市政府研究同意，现印发给你们，请认真遵照执行。

2022年6月2日

全国首部东方白鹳保护地建设管理办法

地的范围、不同单位的责任分工与协同、受伤东方白鹳的救助流程和救助方法、伤害东方白鹳的惩罚措施，以及东方白鹳的保护和宣传等，为东方白鹳的生存环境保护提供了规范化的制度支撑。

建立保护机制，打造多层次组织模式

由高邮市委、市政府牵头建立完善东方白鹳保护的政企协调机制，构建"各部门联动、全社会参与"多层次组织模式。一方面，以自然资源和规划局及供电公司为主导、以高校专家为支撑、爱鸟人士为助力、青少年志愿者为新生力量，成立"鹳驿站"护线爱鸟志愿者服务队，并编制相关管理规范，进一步细化明确分工与职责，完善技能培训与教育等机制，常态化围绕项目策划、队伍建设、组织培训、激励引导等方面开展合作。在国网高邮供电公司的推动下，地方政府出台了《关于陆生野生动物救助和违法行为举报奖励实施办法》，对陆生野生动物实施救助或举报行为予以奖励。另一方面，各部门同向发力实施护鸟爱鸟管理，自然资源和规划局进行科学规划、公安局打击非法行为、市场监督管理局促进合法经营、供电公司治理涉鸟线路隐患，各方深化信息共享与沟通、资源整合与利用，共同推动管理办法落地实施。

"各部门联动、全社会参与"多层次组织模式

开展联合行动，建立全链条救助流程

针对近年来实施东方白鹳保护期间存在的救助流程不畅的问题，国网高邮市供电公司联合高邮市自然资源和规划局进行救助站申报工作，2024 年 4 月，中共高邮市委机构编制委员会办公室批复成立野生动物保护救助站，救助站设在东方白鹳保护地挂牌点——界首镇大昌村。依托该阵地，野生动物保护站、公安局、供电公司、高校协同建立了"救治、喂养、研究、放飞、护飞"五位一体的工作流程，并联合开展东方白鹳救

助专项行动。国网高邮市供电公司为塔上东方白鹳建立档案、安装户口标牌、划分责任片区、明确救助联系人。当负伤东方白鹳进入野生动物保护救助站时，工作人员进行喂养帮助恢复，并安装卫星定位器，记录其飞行轨迹、体温、速度、高度等参数，研究其野外生存状态。在东方白鹳痊愈后，开展集中放飞活动，并依据定位器数据，实时追踪东方白鹳迁徙地点，联系当地政府部门实行接力护飞行动。截至目前，救助站已累计救助放飞东方白鹳 15 只。

开展五位一体联合救助行动

强化传播推广，形成立体化宣传矩阵

针对社会影响力不显著问题，国网高邮市供电公司借助各类媒体平台，结合传统非遗文化，强化线下互动，形成立体化呈现、群体化传播、共情化叙事传播模式。围绕输电铁塔上东方白鹳生活日常，连续 3 年联合新华社、中央电视台、江苏卫视等媒体平台

国网高邮市供电公司青年在第 27 届联合国气候变化大会上展示护线爱鸟做法

开展直播超过百次，累计浏览量超 8000 万人次。在第 27 届、第 28 届联合国气候变化大会，第 1 届、第 2 届国际碳中和博览会，第 15 届中国品牌博览会，第 10 届中国慈善项目展示会等 7 个高端平台展示保护生物多样性创新实践，不断提升认可度和知名度。结合传统文化，以国家非物质文化遗产杖头木偶剧为载体，打造国家艺术基金资助项目《东方白鹳》，成功入选第三届全国曲艺木偶皮影优秀作品展演。强化线下互动，以"守护东方白鹳 共建美丽家园"为主题，在全市开展青少年征文比赛，并通过生物多样性保护"户外课堂"、野生动物保护知识科普讲座，以及悬挂横幅、张贴海报、摆放展示牌等形式，积极组织开展宣教工作，在当地掀起了保护东方白鹳的热潮。如今，保护东方白鹳理念已深入人心，当地学校将东方白鹳的相关保护知识纳入学生考试范围，旨在校园教育阶段于学生心中根植保护生物多样性的保护理念。

关键突破

中国式现代化是人与自然和谐共生的现代化，当能源可靠供应与珍稀候鸟保护产生矛盾时，国网高邮市供电公司汇聚各方力量积极应对生物多样性治理的挑战，联合社会各界多点开花、政企联动，通过深化技术变革、促成政策法规、建立保护机制、开展联合行动、强化传播推广等一系列系统化的实施举措，切实将东方白鹳保护纳入企业创新发展、政府生态环境保护、地方经济社会建设、全社会文化传承，建立起了一套可复制、可推广的生物多样性保护可持续发展新模式，对解决其他人与自然发展产生的冲突矛盾具有很强的指导和借鉴意义。同时，有效促进了生物多样性保护由国家战略转化为具体实践落地，为中国式现代化建设探索提供了人与自然和谐共生的国网方案、国网经验。

多重价值

经济价值——显著提升企业管理质效

国网高邮市供电公司通过环氧树脂防护挡板、自洁型防护挡板等一批具有自主知识产权的成果落地实施，以及"全息感知＋智慧物联"线路远程监控新手段、"集中监控＋网格处置"线路隐患处置新方法等技术的推广运用，有效减少了鸟类筑巢金属物和排泄物造成的线路跳闸事件，减少直接经济损失约 1000 万元。截至 2024 年 7 月，高邮地区实现电网 220 千伏线路连续 8 年零跳闸记录，避免线路跳闸负荷损失数万千瓦·时，输电线路可靠性指标名列全省县级公司前茅。

社会价值——形成生物多样性保护示范样板

国网高邮市供电公司经过近 8 年的探索实践，有效推动了东方白鹳保护地、相关保护政策及野生动物救助机制的建立，引起了全社会的广泛关注，电力企业、政府部门、当地居民、青少年学生甚至外籍留学生，共计 14 个行业、12000 余人次加入保护野生动物的行列，相关报道在《人民日报》、新华社、中央电视台等 30 余家媒体刊发新闻超 1000 篇，逐步构建了"行业主导、政企联动、全民参与、融媒助力"的工作体系，形成了生物多样性保护的示范样板。

生态价值——推动人与自然和谐共生

如今，高邮地区东方白鹳的数量已从 2007 年的两三只发展到 200 多只，且有 40 多只从候鸟变成了留鸟。当地以东方白鹳保护地为载体，以野生动物救助站为阵地，累计救助放飞 15 只东方白鹳，为东方白鹳等野生动物栖息提供了更加舒适的绿色环境，并于联合国气候变化大会等高端平台上呼吁保护生态，让人与自然和谐共生的理念深入人心。此外，当地中小学已将东方白鹳保护纳入学生科普知识学习范畴，保护东方白鹳成为当地生态发展的亮丽名片。

各方评价

中央电视台《新闻联播》：江苏高邮出台管理办法，制度化、规范化保护东方白鹳。

国家林业和草原局候鸟动态监测保护国家创新联盟副理事长常青：电力志愿者提出为东方白鹳安装跟踪器的建议非常好，国家电网公司系统为东方白鹳接力护飞的举动让人十分感动。

《可持续发展经济导刊》副主编杜娟：国网江苏电力的做法也探索出了一条电力线路与鸟类和谐共生的道路，希望带动更多力量一起"护线爱鸟"。

扬州市自然资源和规划局野保站负责人曹兆阳：东方白鹳保护工作，经过多年的实践与推广，已不仅局限于高邮了，而是以高邮为中心，陆续向周边地区扩展。

扬州市绿杨鸟类摄影艺术中心秘书长杭德泉："网红白鹳夫妇"连续在高邮筑巢繁殖，其实正是为高邮湿地"代言"。

高邮市界首镇大昌村党总支书记陈国付：我们要像保护眼睛一样保护好大运河的生态，守护好大昌村的绿色，呵护好东方白鹳的"第二故乡"，坚定走好农文旅融合发展这条路。

三、未来展望

站在人与自然和谐共生的高度谋划发展，让高质量发展和高水平保护相辅相成、相得益彰。当电网高质量发展与生态环境高水平保护产生矛盾时，国网高邮市供电公司汇聚各方力量，积极应对生物多样性治理的挑战。经过 8 年的探索与努力，国网高邮市供电公司联合社会各界多点开花、政企联动，通过深化技术革新、完善政策法规、建立保护机制、开展联合行动、强化传播推广等一系列系统化的实施举措，切实将东方白鹳保护纳入企业创新发展、政府生态环境保护、地方经济社会建设、全社会文化传承，建立起一套可复制、可推广的生物多样性保护可持续发展新模式，为中国式现代化建设探索提供了人与自然和谐共生的国网方案、国网经验。

中国式现代化是人与自然和谐共生的现代化。未来，国网高邮市供电公司将坚定不移地走生态优先之路，逐步拓展"护线爱鸟"项目发展格局，进一步丰富项目载体，加强生态保护联盟建设，常态化开展实施"鸟—线"双安全专项行动，为构建人类命运共同体不断贡献电力企业的磅礴力量。

（撰写人：谢红春、顾舒、曾菲、王云芝、朱杰）

国网浙江省电力有限公司湖州供电公司、
国网浙江省电力有限公司经济技术研究院

绿碳宝盒 "一建清新"

——打造全国首座全生命周期"零碳"变电站示范样板

一、基本情况

公司简介

国网浙江省电力有限公司湖州供电公司（以下简称国网湖州供电公司）是隶属国网浙江省电力有限公司的国有大一型供电企业，下辖长兴、德清、安吉三个县供电公司和吴兴、南浔、南太湖新区3个分公司，承担着为地方国民经济和人民生活提供安全可靠充足的电力供应与服务的基本使命。湖州境内电网各电压等级齐全，主要廊道电网分布密集，是长三角地区的能源大动脉之一，辖区内共有1000千伏变电站1座、500千伏变电站3座、220千伏及以下公用变电站146座。近年来，国网湖州供电公司蝉联全国文明单位"五连冠"，先后荣获全国五一劳动奖状、全国电力行业优秀企业、国家电网有限公司先进集体等荣誉称号。

国网浙江省电力有限公司经济技术研究院（以下简称国网浙江经研院）是国网浙江省电力有限公司下属的专业研究机构，在电网规划、能源经济、战略研究、政策分析、投资评价、项目评审等方面为国网浙江电力有限公司提供全方位的技术支撑与服务。自成立以来，各项业务不断推进，为国网浙江电力有限公司应对电网发展转型、电力体制改革、公司经营转型等积极出谋划策，在国家电网有限公司、能源行业内外的影响力不断扩大。近年来，国网浙江经研院积极投身"碳达峰、碳中和"时代主题，以新型电力系统演进为核心，着力打造推进省级示范区建设的业务融合枢纽地、决策机制策源地、示范场景融创地，积极培育高端成果、高端人才、高端实验室，面对省内电源迅猛发展、电网结构深刻变革、市场形态急剧转变等挑战，提供了坚实的理论支持与决策依据。

行动概要

国网湖州供电公司和国网浙江经研院秉承联合国可持续发展目标 9 和目标 13 的精神，致力于构建高品质、稳定可靠、可持续且对气候影响小的电力基础设施。通过优化资源配置，提升能源利用效率，大力推广清洁能源和环保技术的应用，减少温室气体排放，以实现基础设施升级与应对气候变化的双重目标。

党的二十大报告强调了"协同推进降碳、减污、扩绿、增长"的战略方向，并对推进生态优先、节约集约、绿色低碳发展提出了明确要求。为积极落实"双碳"目标并加强能源及碳排放的双重控制，国家电网有限公司正加速新型电力系统的建设，并大力推动技术创新，以促进电网的清洁低碳转型。

作为"绿水青山就是金山银山"理念的发源地和全国首个"生态＋电力"示范城市，自 2022 年 4 月起，国网湖州供电公司聚焦服务能源清洁低碳转型，将绿色发展理念融入变电站的设计、生产、建设、运维等全生命周期环节，从绿色建筑、低碳设备等多方面入手，全过程降碳，打造"绿碳宝盒"整体解决方案，首创研发应用余热回收、固碳预拌混凝土等多项环境友好举措，建成全国首座全生命周期"零碳"变电站示范样板，积极探索电网与自然的和谐共生。

二、案例主体内容

背景和问题

为深入践行绿色发展理念，贯彻落实国家碳达峰、碳中和工作部署，2021 年国家电网有限公司提出加快实施电网节能减排，加强规划设计、建设运行、运维检修各环节绿色低碳技术研发，实现全过程节能、节水、节材、节地和环境保护，着力于降低自身碳排放水平。2022 年，国网浙江省电力有限公司要求积极推进绿色智慧变电站建设，加强低碳节能设备与技术应用，持续提升电网全环节绿色低碳水平。

"十四五"规划明确提出，要加快制造业绿色化、智能化、品质化、高端化发展，构建现代绿色产业体系。安吉作为全国首批"绿水青山就是金山银山"理论实践创新基地，在 110 千伏城北变电站设计之初，安吉政府便对国网湖州供电公司提出要求，要将绿色低碳纳入变电站的审核指标中。然而，110 千伏城北变电站地处工业园区，由于园区工厂内的污染排放，周边居民提出倡议，要求在施工、运行过程中减少对环境的影响，最大限度地保持当地自然生态环境的完整性。因此，国网湖州供电公司综合考虑安吉政府和居民的意见，将 110 千伏城北变电站打造成"清洁低碳、安全高效、节能环保、绿色智慧"的变电站。

尽管国内已有绿色低碳变电站的先行实践，但这些项目往往受地理环境的特殊要求和高额投资的制约，导致其可复制性和可推广性不尽如人意。因此，创建一个具有高可复制性和高可推广性的绿色低碳变电站示范样板，实现变电站与自然的和谐共生，对于推动整个行业的绿色转型具有深远的意义。

行动方案

国网湖州供电公司和国网浙江经研院围绕环境友好、变废为宝、资源节约、生态保护四大关键环节，在 110 千伏城北变电站中融合新一代数字化技术，打造了全国首座全生命周期"零碳"变电站示范样板，构建一个涵盖供应链上下游的商业联盟，实现了多方共赢。

第一"宝"——环境"净化器"

混凝土是常用的建材，但也会产生环境污染。国网湖州供电公司研发固碳预拌混凝土技术，在变电站建设时，将二氧化碳注入混凝土中，实现了二氧化碳的永久封存，减少了混凝土生产过程中 20%~30% 二氧化碳的排放量，使混凝土强度提高了 10%[1]。

此外，创新应用天然酯绝缘油变压器，天然酯来源于植物油，在其生命周期内基本做到了碳中和，具有绿色低碳可降解的优点，避免了矿物油泄漏带来的污染。与此同时，在国内首次整站应用二氧化碳环保气体绝缘 GIS，利用二氧化碳替代 SF6，减少 SF6 气体 2450 千克，二氧化碳当量缩减 99.99% 以上[2]，实现了负碳生产，有效避免了 SF6 泄漏带来的危害。

---

① 固碳预拌混凝土国内首次应用 助力国家电网打造零碳变电站，https://www.ccpa.com.cn/site/content/13734.html.

② 平高集团四项重点新产品顺利通过我会鉴定，https://www.ces.org.cn/html/report/21020144-1.htm.

第二"宝"——废料"加工厂"

资源的回收利用对生态环境保护十分有利。联合厂商、高校开展创新研究,从材料和能源两个维度实现多方位的回收利用。国网湖州供电公司研发了橡胶沥青路面,实现了废旧轮胎橡胶的再利用,具有环境友好性;橡胶沥青改善了沥青的黏附性、提高了抗磨性、抗车辙性及耐久性;橡胶颗粒的加入提高了沥青的抗老化性能,改善了高温抗变形性能及稳定性。

全站运用国内首创的变压器余热回收利用系统,具体通过"热回收""热发电""热消纳",将变压器运行过程中产生的热量进行回收并用于温差发电和末端供热,其中温差发电电量由站用电消纳,末端热水接入周边用户,实现变废为"宝"。

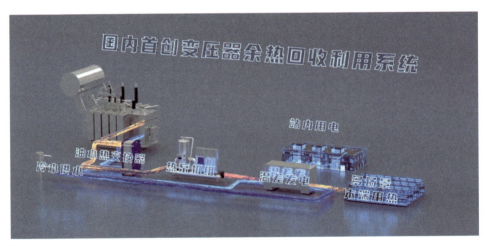

变压器余热回收利用系统

第三"宝"——资源"精算师"

节约资源是保护生态环境的根本之策,以节水、节材、节能、节地等措施贯彻落实全面节约战略。

采用"渗、蓄、净、用、排"五类海绵城市技术,收集雨水供给站内及周边园区的消防和生产用水。

屋顶采用轻钢屋面,替代常用的桁架楼承板、压型钢板混凝土组合楼板形式,并通过优化轴网、柱网尺寸和钢梁柱型号,节省了 35% 左右的钢材用量。

室外照明采用智慧路灯，可有效控制能源消耗，大幅节省电力资源，提升公共照明管理水平，降低维护和管理成本。

创新采用 GIS、开关柜等多设备"大开间"联合布置，共享运维通道，节约占地面积 740 平方米。

值得一提的是，国网湖州供电公司先行先试，将避雷带与钢结构建筑就近钢柱直接连接，省掉了原有的引下线及其地下部分，在满足防雷接地要求的情况下，减少了接地材料的用量，把节约做到极致。

多设备"大开间"联合布置

第四"宝"——生物"金钟罩"

在建设过程中，国网湖州供电公司采用螺旋锚基础架设、上铺环保材料格栅、放置预制式集装箱、工厂化生产现场组装的方式，避免了材料浪费，减少了土地硬化和复垦费用，通过安装屋面光伏、导光管、配置移动储能方舱，实现了建设过程低能耗、低排放。与此同时，变电站 110 千伏、10 千伏回路并行敷设，采用入地电缆取代架空线路，降低了小动物触电伤亡的风险。

配电装置楼外墙采用钙钛矿光伏一体化墙板，在满足传统围护结构使用需求的前提下，最大限度利用太阳能发电，且由于钙钛矿吸光能力更强，可以有效减少低光污染对鸟类的影响。

生态保护

关键突破

国网湖州供电公司和国网浙江经研院秉持社会责任感，联合多方利益相关者资源，创新打造"绿碳宝盒"，为同行业提供了可借鉴的典范。

落地试点新型降碳技术。全站试点运用变压器余热回收利用、碳排放监测、光储充交直流微网、二氧化碳环保气体绝缘 GIS 等系统和多设备"大开间"联合布置、光伏建筑一体化、固碳预拌混凝土、屋面导光管等新技术，其中多项技术实现了一站试点多项新型降碳技术的新突破。目前，国网湖州供电公司已取得系列知识产权，累计形成中文核心 /EI 论文 4 篇、发明专利 9 项，出版《低碳变电站建设及运营（技术篇）》等专著 2 部、《NS3930 变电站碳监测及能源管控系统》软件著作 1 部。

形成多项降碳系列标准。国网湖州供电公司已制定发布中国电工学会团体标准《变电站全生命周期碳排放量化评估导则》等团体标准 3 项，参与编制国家电网有限公司企业标准《输变电工程建设期碳排放核算技术导则》。

构建多方降碳商业联盟。以"绿碳宝盒"示范建设项目为载体，国网湖州供电公司开展各项业务，联动政府、设备厂商、研究机构，达成"双碳"目标，推动相关上下游产业供应商绿色转型升级，依托项目开展课题研究、孵化产品成效，实现技术迭代升级，抢占供应链市场，形成"产学研用、协同融合"的多方共赢商业联盟。

系列知识产权及标准

多重价值

经济效益。城北变电站每年光伏发电量约 20 万千瓦·时，变压器余热回收利用系统节省电量约 90 万千瓦·时，可节省电费约 88 万元，相当于每年减少 1268 吨的二氧化碳排放量（按 0.5703 吨 CO_2/MWh 计算），参照目前 CCER 的价格 50 元/吨二氧化碳进行折算，每年可产生经济效益 6.34 万元，合计每年可产生经济效益 94.34 万元，若推广至全国新建变电站，每年的降碳量可达 500 万吨，综合经济效益超 30 亿元。本项目累计申请发明专利 9 项，实用新型专利 4 项，按单个专利转让许可费为 5 万~8 万元/年计算，预计每年收益约为 100 万元。以成熟的绿色低碳变电站设计流程为依托，可向客户提供降碳技术方案、综合能源利用等咨询、设计服务，提升企业竞争力，增加企业经济效益，以 110 千伏安吉城北变为例，仅设计费按项目投资 3%~5% 收取，可获取收益约 300 万元。

生态效益。城北变电站坚持在变电站建设过程中开展生物多样性保护，编制详细的环保、植被恢复方案，在施工道路中采用铺设钢板和棕垫的方式减少对植被和动物栖息地的破坏，落实各项环境保护和水土保持措施，采用新技术、新方法、新工艺、新材料，减少施工对周围环境的影响。全生命周期内碳排放量为 2.66 万吨，较常规设计方案可减少 62%，运行阶段依托站内光伏、余热回收利用等系统减少站用能源，相当于每年减少 540 吨二氧化碳的排放量，最终实现全生命周期内"零碳"。

社会效益。"绿碳宝盒"项目帮助国网湖州供电公司形成变电站节能降碳成套技术方案，提升变电站工程绿色低碳建设水平；制定变电站全生命周期碳排放测算、评价及服务体系，提升变电站节能降碳管理水平；编制城北"零碳"变电站运行规程、操作手册和管理制度，明确变压器余热回收利用系统等 10 余项新技术、新设备的运行要求、操作规范和维护要点，形成可复制、可推广的绿色低碳变电站管理模式。

企业效益。"绿碳宝盒"项目帮助国网湖州供电公司提升了企业在绿色低碳技术领域的核心竞争力，树立了行业标杆，提高了企业的社会形象和品牌价值。全站核心电气设备实现国产化，充分发挥了供电公司的"链主"影响力，推动电力行业上下游绿色低碳转型。结合各方优势资源，满足各方核心诉求，促进供应链上下游"产学研用"协同融合，推进变电站节能降碳成套技术方案的实际应用，助力新型电力系统建设。

推广效益。"绿碳宝盒"项目在城北变成功应用后，已交流推广至南方电网 110 千伏后海三变等多个"零碳"变电站的设计、建设、运行进程中，并将持续推广至其他新建和改扩建的"零碳"变电站。通过标准化的技术方案和管理模式，新建变电站将在设计、建设和运营全生命周期内实现碳排放的最优化管理，进一步推动了绿色低碳技术在全国范围内的普及应用，助力实现"双碳"目标。

各方评价

媒体影响

成果信息在人民网、浙江日报、东方卫视、国家电网报等主流媒体广泛报道，不仅提升了公众对绿色低碳变电站的认知度和接受度，还树立了国网湖州供电公司及电网企业节能降碳的良好形象。

Xinhua Silk Road Information Service（新华社英文客户端）：Life—Cycle carbon—negative substation put into operation in Huzhou。

《国家电网报》：全生命周期"负碳"变电站：让碳排放量从"零"到"负"。

《浙江日报》：湖州："负碳"变电站解锁绿色发展密码。

东方卫视：浙江湖州建成全国首个全生命周期"负碳"变电站。

浙江电视台经济生活《经视新闻》栏目：新质生产力看浙江 湖州建成全国首个全生命周期"负碳"变电站。

浙江钱江都市频道《范大姐帮忙》栏目：湖州建成全国首个全生命周期"负碳"变电站。

多方认可

国网浙江省电力有限公司经济技术研究院院长钟晖了解到城北变电站应用多项绿色环保设备及低碳新技术，实现全生命周期"零碳"运行，对国网湖州供电公司打造绿色低碳变电站的示范样板过程中的多项尝试表示肯定。

国网浙江省电力有限公司、国网重庆市电力公司、南瑞集团有限公司、国网山东省电力公司菏泽供电公司、浙江省电力行业协会等系统内外单位纷纷前来调研、学习。

国网重庆供电公司发展策划部主任认为，城北变电站的交直流微网有效提高了综合能源利用效率，确保了光伏能完全消纳并稳定供电，展示了显著的环保效益，推广价值极高。

国网北京市电力有限公司经济技术研究院相关负责人对城北变电站采用的"大开间"多设备联合布置方案给予肯定，认为其是在通用设计基础上的一次大胆创新，应当视为行业内的一项重要进步，可推广至全国。

国网浙江省电力有限公司总工程师胡列翔对变压器余热回收利用系统给予高度肯定，认为该系统不仅提升了能源利用效率，还对设备安全运行提供了额外保障；该项应用具有开创性，其价值和效益在高电压等级、大容量负荷的应用场景下将更加突出。

国网江苏省电力有限公司经济技术研究院相关负责人表示碳排实时监测平台提供了精确的数据支持，增加了碳管理工作的精细化与高效性，对优化碳减排策略至关重要，具有广泛的应用前景。

三、未来展望

通过以上一系列的综合措施，国网湖州供电公司和国网浙江经研院成功打造了全国首座全生命周期"零碳"变电站示范样板，为同行业提供了可借鉴的典范，成果亦可推广应用于新建、改建、扩建变电站，甚至部分国外变电站，为不同地区绿色低碳变电站建设提供指导和依据，有效推动绿色低碳变电站工程的普及，实现多方共赢。

国网湖州供电公司和国网浙江经研院将进一步丰富变电站的个性化应用场景，推动全社会的节能降碳工作向更广阔的领域拓展，共同为实现碳中和目标努力。

（撰写人：徐寅翔、沈育辉、许梦娇、王忠秋、赵崇娟、金玮、徐黄宽、姚羽霞、高美金、刘罂煜）

国网福建省电力有限公司龙岩供电公司

"扩绿祛斑"让电网建设留下和美足迹

——"长汀经验"指导绘就电网发展与生态保护美丽篇章

一、基本情况

公司简介

国网福建省电力有限公司龙岩供电公司（以下简称国网龙岩供电公司）是一家位于龙岩市新罗区的电力供应企业，主要负责提供电力供应和电力技术服务。作为国家电网的一部分，该公司不仅在保障地区电力供应方面发挥着重要作用，还在推动社会责任和可持续发展方面也作出了积极努力。公司积极履行社会责任，通过实施新时代电力"双满意"工程，致力于提升服务质量，确保客户满意和政府满意。2023 年，国网龙岩供电公司开展了各项为民办实事项目，包括老旧小区供配电设施改造、智能电表安装、"零计划停电示范区"建设等，有效提升了客户的用电便利度和获得感。在可持续发展方面，国网龙岩供电公司致力于推动能源绿色低碳转型，助力实现"双碳"目标。国网龙岩供电公司通过提升清洁能源的优化配置能力、推动终端用能电气化、构建"能效 + 碳排"生态圈等措施，促进能源结构调整，推动碳减排。例如，国网龙岩供电公司推动了首个国家级海上风电研究与试验检测基地的建设，助力福建打造世界级海上风电产业，并在 2023 年完成了多个清洁能源配套送出工程，提升了清洁能源送出与消纳能力。此外，国网龙岩供电公司还通过"斑点工程治理"在塔基区实现了植被覆盖率提高、治理面积增大的目标，显著提升了水土流失的治理效果。

综上所述，国网龙岩供电公司在确保电力供应的同时，也在社会责任和可持续发展方面作出了积极贡献，体现了企业的社会价值和责任担当。

行动概要

"绿水青山就是金山银山"，在追求经济发展的同时，我们如何守护这片绿水青山？国网龙岩供电公司以"长汀经验"为指导，启动了"扩绿祛斑"行动，致力于电网发展与生态保护的和谐统一。输电线路施工往往造成地表"白癜风"且久治不愈，国网龙岩供电公司吸取水土流失治理"长汀经验"，针对电网基建工程"点线"特点，用党建"红"引领电网"绿"，采取精准定位、分类施策、综合治理的方法，推出"扩绿祛斑"新模式，让电网建设与水土流失治理"同频共振"，为助力电网高质量发展与生态高水平保护贡献经验智慧。

截至目前，国网龙岩供电公司的"扩绿祛斑"行动已取得显著成效，实现了植被覆盖率平均提高 85%、水土流失量减少 70%、生物多样性指数提升 90%、首批项目治理面积达 1790 平方米的目标。"扩绿祛斑"行动不仅提升了电网的生态环保效益，还促进了当地经济发展，创造了就业机会，增强了当地生态环保意识。

国网龙岩供电公司以行动守护生态之美，以智慧点亮绿色未来。"扩绿祛斑"让电网建设留下和美足迹，绘制了电网发展与生态保护的美丽篇章。

二、案例主体内容

背景和问题

水土保持"进则全胜，不进则退"。为此，中央和国家机关持续推动生态环保及相关领域立法、监管、执法和行政处罚力度，中央企业生态环保政治责任不断强化，主体责任更加突出。龙岩是福建"最绿的城市"，全市森林覆盖率高达 76.23%，连续 38 年位居福建第一，连续 6 年获得福建水土保持工作第一名，长汀县水土保持科教园就是该市水土保持工作的一个缩影，曾经的"癞痢头"现在处处洋溢着绿意，成为旅游打卡的热门城市，良好的生态环境已成为人民对美好生活向往的必需品。国家电网公司作为全球最大的公用事业企业，承担着推动电力行业绿色发展的重要责任。在推进电网现代化、提升供电可靠性和服务质量的同时，国家电网也面临如何在电网建设和运营过程中减少对生态环境的干扰，实现绿色建设和运营的挑战。2024 年，国家电网公司已将环保风险列为公司七个重大风险之一，并强调要牢牢守住不发生重大风险的底线。其中，电网建设时植被维护不足、复绿工法欠缺等造成扰动区域形成图斑，且久治不愈，其引发的舆情、诉讼等呈上升趋势。如何在保障电力供应、推动经济发展的同时，守护好我们的绿水青山，成为摆在电力行业面前的一个重要课题，电网"扩绿祛斑"已刻不容缓，具体体现在以下四个方面。

（1）图斑造成水土流失影响大。在电网建设过程中，很容易因施工造成地表扰动，植被破坏，导致扰动区域丧失原有的保水固土能力，从而形成图斑。这不仅会造成严重的水土流失，其裸露的地表还与周围环境格格不入，影响美观。

（2）图斑生态系统负面影响大。图斑内生态环境已无法满足生物的正常活动需求，生态平衡遭到破坏，对"图斑"内生态系统及生物多样性造成非常严重的影响。

（3）电力设施设备安全隐患大。严重的水土流失会造成塔基周边土壤的流失、边坡的毁坏，威胁电力设施设备运行安全。

（4）长效稳定祛斑难度系数大。实现长效稳定的"扩绿祛斑"是极为复杂的过程，需系统地考虑位置、气候、地质地貌、植被状况等因素的影响。

行动方案

2024 年 1 月，为解决电网工程"祛斑"的痛点、难点，国网龙岩供电公司分以下四步制定针对性方案。

（1）"医生"进行面诊。无人机"医生"开展巡视，并利用无人机巡视平台收集评估"斑点"类型及塔基附近的土质信息，出具初步诊断结果。

（2）"专家"开具药方。组织团队深入现场，逐个对水土流失区域的土壤类型、植被状况等进行详细分析，并咨询专家，根据不同的土壤条件和气候特点，选择适宜的草种、合适的工法，制定专项治疗方案。

（3）"护工"定期养护。专业人员先根据"专家"开具的处方进行治理，再由群众护线员负责"护理"，运维人员监督复绿"疗效"。

（4）"病例"收集讨论。通过具体实践探索，针对不同地质地貌的塔基"病例"进行分析汇总，并与政府部门、行业同仁等交流生态治理的最佳实践成果，实现知识共享和经验传播。

开展植被恢复技术和成效现场培训工作

关键突破

"斑点工程治理"做到具体图斑具体分析，在项目前期，对每个水土流失"斑点"的位置、面积、土壤类型、植被状况等进行详细记录和分析，为科学扩绿提供依据。"斑点工程治理"打破了传统的大面积、粗放式治理思路，更注重因地制宜、精准治理，有效提高了治理效果和资源利用效率。在治理过程中，国网龙岩供电公司主动落实龙岩巩

110千伏埔馆线1号塔基斑点治理现场

固提升水土流失治理"长汀经验"，进一步加强水土保持工作要求，充分结合闽西独特的丘陵地貌、气候条件，统筹平衡电网高质量发展与生态高水平保护，将电网建设与水土流失治理紧密融合，为助力当地生态环境保护和水土流失治理树立了典范。

多重价值

2024 年 1 月到 2024 年 8 月，"斑点工程治理"有效提高了电网的生态环保水平、保障了电网长期安全稳定运行，在首批完成的 6 个示范项目中，塔基区域植被覆盖率平均提高至 95%，治理面积达 1790 平方米，有效保护了现场生态。

施工中采取引水开沟的办法治理变电站周边的图斑

截至目前，国网龙岩供电公司的项目已覆盖 47 座塔基、51 处关键区域电力设施，在 2024 年龙岩"6.16"特大暴雨侵袭中实现了"零塌方""零倒杆"，有效提升了现场安全的稳定性。

各方评价

"斑点工程治理"初露锋芒便得到了业内各界的关注。国网龙岩供电公司结合"全面推进美丽中国建设"主题宣传活动，在人民号、"学习强国"学习平台、国家电网报、闽西日报等媒体宣传 28 次，得到省公司和市生态环境局的表扬。

福建省水土保持专家罗学升：国网龙岩供电公司的"斑点工程治理"为全省乃至全国的电网基建项目水土流失治理提供了有益的借鉴和参考，体现了电力企业在履行社会责任、推动生态文明建设方面的担当和作为。

龙岩市生态环境局：国网龙岩供电公司在"六五"世界环境日宣传活动中主动参与，通过设置宣传海报、公众宣传视频等方式，积极组织志愿者现场发放电网环保宣传手册，帮助市民了解电网建设相关知识，获得了市民的肯定，并在多个媒体进行宣传，发挥了积极作用。同时，公司还积极推进龙岩地区重大电网项目的环保工作。

长汀县水土保持中心：国网龙岩供电公司因地制宜，开展"斑点工程治理"工作，积极履行社会责任，有效减少了由于建设活动造成的水土流失，值得推广和借鉴。

媒体宣传：该项目在人民号、"学习强国"学习平台、国网咨询中心、国家电网报、福建省电力有限公司内网、《闽西日报》等媒体宣传 28 次。

国网龙岩供电公司："斑点工程治理"是公司贯彻落实"建设具有中国特色国际领先的能源互联网企业"战略的具体行动，展现了公司在可持续发展和生态文明建设方面的积极作为。

这些评价和建议不仅肯定了国网龙岩供电公司在水土流失治理和生态保护方面的努力和成效，还指出了其在社会责任和环境保护方面的积极作用，同时为公司未来在类似项目中的工作提供了宝贵的参考和指导。

塔基图斑治理中，作业人员正在进行土壤整治

塔基图斑治理后的情况

三、未来展望

在未来的发展中，国网龙岩供电公司将继续以"扩绿祛斑"项目为基础，推动电网建设和生态保护的深度融合，具体体现在以下六个关键方向。

（1）提升技术创新： 国网龙岩供电公司将持续加大研发力度，探索更高效的生态修复技术，如采用更高效复绿产品、智能监测系统等，以科技手段提升水土流失治理的效率和质量。

（2）推广"斑点工程治理"模式： 在现有成功经验的基础上，国网龙岩供电公司计划将"斑点工程治理"模式推广至更多地区，特别是在水土流失问题较为严重的区域，以实现更广泛的生态效益。

（3）加强各方面合作： 国网龙岩供电公司将与行业同仁、科研机构等建立更紧密的合作关系，共同研究和实施水土流失治理项目，形成多方参与、资源共享、优势互补的合作机制。

（4）实施长期监测与评估： 建立长期监测机制，对治理效果进行定期评估，确保生态修复工作的持续性和有效性，同时根据监测结果调整和优化治理方案。

（5）推动绿色金融和政策支持： 探索绿色金融工具，为生态修复项目提供资金支持。与此同时，积极与政府部门沟通，争取更多政策支持和激励措施，为绿色电网建设创造更有利的政策环境。

（6）实现可持续发展目标： 国网龙岩供电公司将致力于实现可持续发展目标，特别是在清洁能源、生态保护等方面，通过具体行动为实现可持续发展作出贡献。

（撰写人：钟光彬、吴仁炜、廖文江、戴佳闽、曾蕴华）

国网江苏省电力有限公司无锡供电分公司
"零碳"变电站，
让电网建设与生态环境和谐共融

一、基本情况

公司简介

国网江苏省电力有限公司无锡供电分公司（以下简称国网无锡供电公司）下辖 2 个县（市）公司，服务全市 397.02 万客户，拥有 35 千伏及以上变电站 345 座、35 千伏及以上线路长度 7907 千米。无锡供电公司积极促进能源供应清洁化，全力推动能源消费电气化。近年来，国网无锡供电公司先后获得了全国五一劳动奖状、全国文明单位、全国工人先锋号、国网公司先进集体、国网管理提升标杆企业、国家科学技术进步二等奖、全国"安康杯"竞赛优胜单位、全国实施用户满意工程先进单位、全国实施卓越绩效模式先进企业、江苏省文明单位标兵、江苏省用户满意服务明星企业、无锡市服务产业强市先进集体、无锡市服务地方发展优秀单位等荣誉，打造了公共服务领域的"无锡名片"。

行动概要

变电站是城市电力供应的重要基础设施，承担着保障千家万户用电需求的任务，目前全国共有变电站 6 万余座。传统变电站的建设运营对环境并不友好，以 110 千伏变电站运行阶段的碳排放为例，其全生命周期（30 年）的碳排放总量超过 7.5 万吨。如何从全要素全生命周期的角度，建设环境友好的"零碳"变电站，国网无锡供电公司给出了自己的答案：一是联合研发出全球首个

可持续发展
目标

洁净空气 GIS 设备和天然酯主变，替代了高碳的绝缘介质，减少了变电站运行过程中产生的碳排放量，使用屋顶光伏、预制件等绿色材料和绿色技术，实现全要素的绿色低碳；二是使用绿色智慧监控，使用多种绿色施工手段，全面加强施工现场环境管控，实现了全过程的扰动最小化；三是优化变电站外观设计，并利用三维设计软件优化变电站结构，缩短施工时间，提升施工质量，实现了全生命周期的环境友好。该方案已在高巷 110 千伏变电站、春雷 110 千伏变电站、无锡马山（拈花）220 千伏变电站等得到了实施，高巷变成为我国首座"零碳"变电站；春雷变获"国网输变电工程建设安全管理五好示范工地""国网江苏输变电绿色低碳优质示范工程"称号和电力建设工程绿色建造星级水平评价等。

二、案例主体内容

背景和问题

打造新型电力系统电网示范，积极助力能源节约型、环境保护型、发展低碳型社会建设是电网企业践行生态文明理念的内涵体现。变电站是电力系统的关键节点和主要组成部分，目前全国共有变电站 6 万余座，仅江苏电力就有 3316 座，截至 2024 年 6 月，无锡全域有 347 座 35 千伏以上变电站、148 座 110 千伏以上变电站。然而，从整个生命周期来看，首先，传统变电站采用的设施设备不够低碳环保。以 110 千伏变电站运行阶段的碳排放为例，其全生命周期（30 年）的碳排放总量超过 7.5 万吨。其次，建筑材料不够环保、运行能耗较高、能源综合利用少。再次，变电站建设过程中产生扬尘、光污染等问题，缺少有效管理，对周围环境和居民产生扰动。最后，设计规划不够合理，变电站占地较大、施工周期较长，外观与周边风貌、人文历史不协调。

如何建设可持续发展的绿低碳变电站，将变电站建设和运营过程中对城市和自然环境造成的影响降到最低，缩短建设周期，保障区域供电与城市经济社会发展的同时，实现人与自然和谐共生，成为变电站建设的焦点。

行动方案

国网无锡供电公司基于绿色发展理念，以"零碳"理念引领优化变电站规划，以数字化技术提升变电站设计，以新技术落地应用推动设备转型，以新工艺降低施工污染，全过程、全要素地开展变电站建设规划与建设管理。

建设全要素绿色低碳变电站

建设"零碳"变电站

传统变电站最重要的设备——GIS 设备里的绝缘介质是六氟化硫，其对温室效应的影响是二氧化碳的 23900 倍。国网无锡供电公司联合西门子股份公司研发出全球首个洁净空气 GIS 设备，用洁净空气（由 80% 的氮气和 20% 的氧气构成）替代六氟化硫，同时开发出天然酯主变代替传统的矿物油主变，如果绝缘介质造成的全球变暖潜值降至为零，可有效减少主变、GIS 在使用过程中造成的碳排放，以及变电站在运行过程中产生的碳排放。

配备新能源设备

国网无锡供电公司充分利用太阳能资源，部署储能设备，优化光储运行配合，提高新能源发电消纳能力，实现了变电站自用能源清洁化，并在变电站内配置数字孪生碳管理平台，实现数字化碳管理功能。

马山（拈花）变电站项目所在地区光照资源较为丰富，所以马山变工程安装了光伏建筑一体化屋顶光伏发电系统，装机总容量为 59.4kWp，光伏发电采用"自发自用"模式，以馈线形式直接接入站用电交流母线；办公区设置太阳能光伏照明灯 3 盏，集成高亮 LED 照明，由 40W 光伏组件太阳能发电，超长续航锂电池进行蓄电，智能光控，可实现全年"零电费""零排放"，年节约用电 5475 千瓦·时。

在春雷变电站项目的建设过程中，办公区临建屋面加装了 BIPV 光伏发电装置，装机容量为 33.475kWp，满足了办公区、食堂、加工区设备等用电负荷的需求；工程后期将临建屋面太阳能光伏转移至配电装置室屋面，真正实现了永临结合。此外，还配置新能源手推车，采用光伏发电进行充电，不仅提高了工作效率，还实现了运输机具"零排

高巷变电站安装光伏板

春雷变电站临建屋面太阳能光伏布置

放""无污染"。

应用环保设备材料

采用环保设备：变电站采用低噪声、低损耗变压器设备，负荷状态下噪声水平为60dB，噪声和损耗水平低于国网通用设备要求值，满足环保节能的相关要求。

选用环保装饰装修材料：泵房无机涂料、配电装置室内墙水泥纤维免漆板、天然石材、绿色环保复合管材等都选用环保装饰材料。铝合金窗采用断桥技术，通过增强尼龙隔条将铝合金型材分为内外两个部分，阻隔了铝的热传导，不仅节能环保，保温隔热性好，还能有效降低噪声，延长使用寿命。灯具选型节能环保，均采用 LED 节能灯具，主要功能房间的照明功率密度值均低于现行国家标准规定值。选用低噪声轴流风机，宽型前掠式叶片，降低了风机内气流的二次损耗，减少了声源的空气动力噪声，保护环境，节约能源。采用能效等级为 1 级的节能变频空调。

开展全流程环境友好绿色建造

使用预制构件

春雷变电站的装配式钢结构主体以全栓接技术代替了传统的焊接、埋入式等复杂施工形式，实现了无明火作业、零交叉施工、全预制建设；钢结构维护系统采用内外一体化的墙板新材料，不仅提升了墙体保温隔热节能效果，还可以现场直接吊装，安装方便，安装效率提高了 30%～40%。采用预制光缆代替传统的熔接型光缆，经过工厂预处理，实现了预制端在施工现场的无熔接接续点的连接或直连，"即插即用"使接线质量不受外部环境条件和熔接人员技术水平影响。屋外散水、室外照明灯具基础、视频监控基础、

高巷变电站使用的全球首个洁净空气 GIS 设备

马山变电站以雾炮机降尘

雨水井、检查井、井圈、井盖等采用预制构件，减少现场湿作业。

降低施工污染

施工现场设置移动式雾炮机，配备多功能新能源洒水车，雾炮机射程和覆盖面积能满足变电站区域要求，不仅减少了空气污染，还显著提升了固尘、抑尘效果。在进站口设置冲洗台，配齐冲洗设备及排水设施，对进出车辆实行清洗，形成三级沉淀并排入市政管网，同时，采用封闭式渣土车辆运输以防遗撒。优选绿植，室外场地的空余地带均采取绿化覆盖措施，美化和保护环境。加工区电焊工棚、现场电焊作业设置可移动式防护屏，防护屏采用 PC 硬板，防火等级 A 级（离火自熄型），可以有效防止光污染，保护环境。

有效节约资源

采用 BIM 技术，提前建立钢结构三维模型，钢结构吊装采用 RFID 芯片读取设备，在吊装过程中精准管控构件位置，有效节约了机械台班的使用率。混凝土采用商品混凝土，基础墙体砌筑及电缆沟抹灰等采用预拌干混砂浆，提高了建筑工程质量，节约了资源，减少了二氧化碳的排放量。临时设施采用可回收预制舱，可以重复使用。

从源头优化变电站设计规划

采用三维设计软件实施策划

应用 BIM 技术因地制宜开展施工图三维设计，实现设计协同、设计优化目标，如复杂地线管线布置、电缆优化布置、碰撞检查、自动布线并统计材料量、施工模拟、可视化展示等。站址总平面布置紧凑，占地面积、建筑使用率低于通用设计指标，土方平衡，减少了土方开挖量。全站电缆敷设路径合理规划安排，实现了路径短、转弯少、交叉少的目标，有效节省了材料。

通过智慧设计，马山变电站采用水泵房、警卫室与 110 千伏配电装置楼融合的方式，站内建筑物总建筑面积减少了 101 平方米。站内单体建筑数量减少，不仅减少了建设成本、降低了建筑密度，还极大提高了场地的绿化率和使用效率，整体效果更加美观。通过建筑物融合方式，消防水池融合进 110 号楼后为半地下布置，基坑开挖深度减少，降低了施工安全风险。

探索建设别具韵律的变电站

国网无锡供电公司将变电站建设与地区深厚历史、传统建筑风格和当地自然风貌相结合，进行变电站规划设计，旨在发掘功能与形式美感矛盾的平衡，让变电站与周边景区环境产生良好的共存联系。

马山（拈花）220 千伏变电站（以下简称马山变电站）主供无锡太湖国家旅游度假区负荷。在设计马山变电站工程时，国网无锡供电公司探索融入江南建筑风格的元素，重新塑造变电站建筑的线条形态和材质表达，运用建筑细节表达对传统建筑的传承。

关键突破

使用绿色智慧监控

在施工现场使用绿色智慧监控，安装环保监测设备实时监测环境数据，并实时上传智慧工地智能系统大屏。设置高清全景摄像头（天眼），抓拍现场常见违章行为，进行智能化识别，及时发出预警信息，提醒在场人员保护环境。

构建绿建框架体系

国网无锡供电公司聚焦变电站建设过程中的环境污染，以及建设不合理造成的后期运营期间碳排放过大等问题，以标准为引领，编制首个变电站绿色施工规范流程，制定绿色施工规范、流程，如《绿色建造总体策划》《绿色施工策划》《幕墙光伏安装指导手册》《屋面 BIPV 光伏安装指导手册》等，指导后续变电站绿色建设。国网无锡供电公司结合变电站特点及无锡地区电网工程建设的独有特色，形成了新的绿色建造规范标准和典型绿色建造方法。

春雷变电站智慧工地

春雷变电站外景　　　　　　　　　　　　马山变电站电动车充电驿站

多重价值

经济效益

普通 220 千伏变电站的建设周期一般为 35 个月，国网无锡供电公司通过 BIM 技术、预制化模块、智慧工地等手段，实现了"工期—质量—成本"三赢，高巷变施工周期为 5 个月，一般缩短施工周期至 14 个月，较同类型变电站施工周期缩短 58% 以上。

环境效益

推动"双碳"目标落地，减碳成果显著。截至 2024 年 6 月，国网无锡供电公司已建成绿色认证"零碳"变电站 1 座、近"零碳"变电站 7 座，推动全域 345 座 35 千伏以上变电站节能降碳。"零碳"变电站全生命周期减少碳排放量 1.8 万吨，折合约 750 亩森林一年的碳吸收量，全站设备运行期间环保无害年均减少碳排放量 201 吨。全域变电站通过节能减排举措，2022 年累计开发绿电资源 7.71 兆瓦，累计提供绿色站用电超过 300 万千瓦·时，折算减少碳排放量 2355 吨。

春雷变电站，通过物联网技术对光伏电量、雨水回收利用、污水处理、空气指数实时监控，目前已累计节约用电 22769 千瓦·时、节约用水 87 吨、处理污水 19 吨。

社会价值

国网无锡供电公司"零碳"变电站设计获得了中国电力规划设计协会优秀设计一等奖，填补了国网物资库词条的空白，形成绿色采购技术规范，推动"零碳"科研成果落地，并将管理经验固化为《110 千伏变电站节能设计标准化流程》《绿色建造总体策划》《幕墙光伏安装指导手册》《天然酯主变检修细则》四类共 10 个指导文件，为后续电网"零碳"发展提供了实践经验、技术储备和数据支撑，提升了电网建设运营水平。

春雷变电站获得"2021 年度国网输变电工程建设安全管理五好示范工地""2022 年国

网江苏省电力有限公司输变电绿色低碳优质示范工程"等称号,以及 2022 年度电力建设工程绿色建造星级水平评价。其中,春雷变电站 110 千伏变电站新建工程作为"双碳"背景下的电网建设工程,在绿色建造方面的探索与实践中获得中国电力建设企业协会最佳论文。

各方评价

无锡"零碳"变电站项目受到新华社、江苏省委新闻网、澎湃网等多家新闻媒体的关注报道,在以新能源为主体的新型电力系统中具有良好的示范效应。自"零碳"变电站建成以来,国家电网有限公司科技部、国网江苏省电力有限公司、国网北京市电力公司、国网上海市电力公司、国网南瑞集团有限公司等十余家单位的主要领导及相关部门负责人先后参观调研,数字化"零碳"变电站管理经验得到广泛传播。

无锡供电公司副总经理顾志强:高巷变电站是国内首个 110 千伏零碳变电站,可在该项目基础上分析和总结经验,形成可复制、可推广的"零碳"变电站方案。

国网无锡供电公司建设部副主任袁伟:原先 GIS 设备里的绝缘介质是六氟化硫,它对温室效应的影响是二氧化碳的 23900 倍。现在,我们用洁净空气(由 80% 的氮气和 20% 的氧气构成)替代之后,原本绝缘介质这部分造成的全球变暖潜值可以做到零。

三、未来展望

党的二十届三中全会强调,"中国式现代化是人与自然和谐共生的现代化""碳达峰与碳中和"行动是推进中国式现代化的必由之路,而实现"双碳"目标的关键载体之一是加快构建以新能源为主体的新型电力系统。在 2024 电力低碳转型年会上,业内专家指出,要在能源生产侧实施清洁替代,打造深度低碳(零碳)电力系统。

国网无锡供电公司将绿色发展理念融入电网全生命周期,通过碳排查与碳核算,发现变电站碳排放最主要来源于其运行阶段,占比为其全生命周期碳排放的 74.52%,提出了智能照明控制系统、智能温控系统、建设光伏、储能设备、采用环保绝缘气体替代 SF6 等建议,以降低变电站全生命周期碳排放,探索变电站低碳建设、"零碳"建设的路径。未来,国网无锡供电公司将从理念、体系、制度、技术、模式等方面持续创新,引领绿色低碳变电站建设,建设环境友好型电网,助力美丽低碳无锡建设,探索电网和自然生态的和谐共生之路。

(撰写人:邱辛泰、岳芸、王晗卿)

国网甘肃省电力公司兰州供电公司

融"绿"添"智"，破解湿陷性黄土地区"海绵城市"电网建造难题

一、基本情况

公司简介

国网甘肃省电力公司兰州供电公司（以下简称国网兰州供电公司）成立于 1958 年 4 月，负责兰州五区三县、临夏州永靖县的电网建设、运营及供电服务工作和兰州新区的电网规划建设工作。兰州电网是连接甘肃河西风电光电、东部煤电及新疆、青海等省份电网，并承担西北水、火电交换职能的枢纽电网，是甘肃电网的负荷中心。经过多年的建设和发展，兰州电网已基本形成"网架结构坚固可靠、技术装备相对领先、运行控制智能灵活、源网荷储协调互动"的现代化电网。国网兰州供电公司秉持可持续发展理念，瞄准可持续发展目标，树立起"建设生态电网，打造绿色示范"的发展目标。多年来，国网兰州供电公司将可持续性管理工作纳入重点管理领域，逐步建立健全可持续嵌入管理理论，制定符合电网实际、具有兰州特色的可持续性管理规划，联合各部门全面落实可持续性管理工作，共同推动公司绿色低碳和可持续发展。

行动概要

甘肃兰州是世界上最典型的湿陷性黄土地貌，也是黄河唯一穿城而过的省会城市，敏感的地质条件、脆弱的生态环境和近年来极端天气等因素叠加，为电网建设带来了巨大挑战。与此同时，电网建设绿色化、智慧化转型滞后与高质量发展要求不符。因此，国网兰州供电

公司针对兰州的地质特点，攻关了两项核心技术，研制出了湿陷性黄土地基改性剂，解决了地质难题，同时建立湿陷风险评估指数，动态监测湿陷风险；全过程应用绿色建造技术，打造海绵型弹性绿色变电站，基于湿陷性地质应用原状土基础、微型群桩基础等建造技术，多维度开展工程建设环境风险预警评估、施工现场环境实时监测；打造"绿色生命线路"，守护区域生物多样性，实现了电网建设与生态保护的和谐共生。

二、案例主体内容

背景和问题

"双碳"目标下深入推进"绿色建造"的战略需要

输变电工程作为保障电力供应的一项重要基础工程，是引领实施"双碳"目标行动和建设能源互联网企业的主战场。随着"十四五"规划的推进，国网兰州供电公司围绕国家电网有限公司"绿色发展优先"的发展战略和"一体四翼"的发展布局，深入推进输变电工程的绿色建造模式，致力于提升输变电工程的精益化、标准化和智能化水平，助力构建新型电力系统，推动社会低碳转型，打造引领行业发展的"甘肃样板"。

应对典型湿陷黄土地质技术革新的必然路径

兰州作为中国黄土沉积最为集中的地区之一，部分区域黄土层厚度超过 200 米，湿陷性强烈且极度敏感，是世界上最典型的湿陷性黄土地貌，长期以来深受湿陷性黄土这一世界性难题的困扰。湿陷性黄土遇水软化、体积收缩，会导致地基承载力下降，国内《湿陷性黄土地区建筑规范》(GB 50023—2004) 是针对刚性体，即工业及民用建筑制定的标准，而送电线路铁塔、变电站等属于大柔性结构，在湿陷性黄土地区，场坪封闭、地基稳固等问题需技术改进。同时，近年来极端天气与日俱增，连续降水、城市内涝等导致电力线路基础不均匀沉降、杆塔倾斜变形、地基塌陷等病害问题出现，严重威胁电网运行安全。

共促绿色低碳发展保护生态环境的使命担当

随着经济社会的发展，兰州区域土地结构和布局发生变化，内涝多发、生态保护性用地十分短缺，属于典型的生态脆弱型城市。2021 年，兰州市自然资源局发布了《兰州市海绵城市专项规划（2021—2035）》。2022 年，兰州被列入全省生态保护红线监管试点地区。输电线路建设经过河网、山地等复杂地质条件和生态环境敏感地区，变电站(换流站)工程土方开挖量及主设备、铁塔体积重量较大，运输情况复杂，会造成植被破坏、水土流失等问题，如何处理好电网建设与生态保护的关系是亟须解决的难题。

行动方案

强化核心技术攻关，破解湿陷性黄土地质下电网建设难题

创新湿陷性黄土地区建造控制技术，解决湿陷性黄土场坪封闭难题

以兰州元山 330 千伏变电站工程为例，在变电站建设前期，针对部分站址的湿陷性黄土地质，国网兰州供电公司与设计单位、施工单位、高校科研院所协同合作，开展《一种灰土防渗膜—搅拌墙联合地基结构及设计方法》和《一种双螺旋挤扩桩—防渗体联合基础结构及设计方法》两项技术的创新与应用，完成了《偏高岭土基地聚合物稳定粉质粘土的力学性能和微观结构的实验研究》，研制出湿陷性黄土地基土体改性剂，解决了寒旱地区湿陷性黄土场坪封闭的难题，项目获得发明专利 2 项，发表 SCI 论文 1 篇。

成果取得的发明专利证书及研究成果

因地制宜做好输电线路湿陷风险评估，前置性提出湿陷性处理方案

根据输电线路工程塔位所处场地，前置性研究评估场地的现状、湿陷等级、周边环境等各个因素，建立输电线路湿陷风险评估指数，动态监测湿陷风险，前置性提出合理处理方案和应急举措。例如，在湿陷性黄土地区铁塔基础施工中布设土工布进行防水阻水处理，避免出现湿陷性黄土地基遇水产生较大湿陷沉降的危害。

应用绿色建造技术，破解"海绵城市"敏感生态保护难题

前置统筹，精准掌握生态敏感区关键信息

在总体策划上，提前编制各项绿色清单，如绿色施工专项措施、差异化环水保专项方案、减排方案等，明确碳排放管理体系、量化建筑垃圾减量等目标。针对施工现场和周边环境，应用卫星遥感监测、无人机航拍、三维数字模型等技术，准确掌握生态敏感区的关键信息，建立并使用环水保一张图，集成与电网工程相关的多种信息，对各种信息进行可视化集成展示并查询，进行多维度工程建设环境风险预警评估。

环水保一张图数据信息

维度	关键数据
生态保护红线环境与水土保持敏感区 / 点数据	沿线的自然保护区、风景名胜区、军事设施区、机场、城镇规划区、大型矿区、地质不稳定区、水土保持试验区等
电网工程数据	电网工程设计、施工等相关信息
地理区域数据	行政规划、地理标识跨越的重要公路、铁路及其他等级电网线路等信息
气象水文数据	黄河、各大水库数据（含水文资料）及区域微气象数据

绿色建造，精细绿色施工技术及管理举措

结合场地地质及环境，建造海绵型弹性变电站。在变电站工程维度，采用透水性能好的细沙、粗砂填料，使地基在满足承载力要求的同时成为"海绵体"，实现了地表水的渗、滞、蓄、净、用、排全过程。统筹布置风光互补太阳能供电系统，采用节水型器具、雨污水处理系统等节能设备设施，提高雨污水系统循环利用率，解决变电站污水污

染站外水体的问题。同时，应用扬尘、噪声、光污染控制技术和建筑垃圾回收利用等技术，提高建筑垃圾资源化利用率，降低噪声污染对人体和环境的负面影响。

创新微型群桩基础等技术，最大限度地降低对生态的影响。 在输电线路工程建设维度，通过地理信息系统（GIS）及无人机勘测技术，分析地形、植被、水源等环境因素，为施工提供科学依据，对湿陷性黄土地区优先采用全方位高低腿设计和原状土基础、微型群桩基础等技术，最大限度地减少土石方量，降低对环境和周围水源的影响。

采用环境影响评估工具，对施工环境进行量化评估。在土建工程维度，采用环境影响评估(EIA)工具,对施工可能产生的环境影响进行量化评估,实现了临建场地"零硬化",降低了对水土资源的破坏，大幅减少了现场复绿工作和费用，进一步缩短了工期。

环境监测，精密控制各环节环境影响程度

分解绿色施工管控要点，并在保护植被、声环境、水环境、固体废弃物环境等方面采取针对性的环保措施，确保将施工对环境的影响及能源消耗降到最低。

绿色施工管控要点

管控类别	管控要点
环境保护措施	废水、废油、废气、废料、粉尘、噪声、建筑安装和生活垃圾8 类管控事项
节材与材料资源利用	节材措施、结构材料、围护材料、装饰装修材料、周转材料 5 类管控事项
节水与水资源利用	提高用水效率 4 项管控要点
节能措施	优先使用环保设施等 8 项管控要点
节地措施	临时占地面积按最低面积设计等 6 项管控要点

利用智控化监测系统对施工现场环境实时监测。 设定环境污染阈值，将喷淋系统与环境监测系统实时联网，实现智能监测、自主喷淋降尘等功能，做到"智慧减人"、自动降尘。对 GIS 主设备进行"可视化＋无尘化"施工，应用智慧防尘棚移动式在线扬尘噪声监测系统，实现温度、湿度、洁净度等全过程在线监测、报警、调节。

元山变电站实景

深化智慧平台赋能,全场景构建基建智慧生态圈

搭建"智慧工地"智慧平台。创建了 BIM 模型,有效解决了不同专业之间管线碰撞问题,属于国内同期同类型工程领先水平。基于"数字孪生"理念,利用互联网、大数据、人工智能、无人机、机器人等新一代信息技术和装备,从感知层、应用层和用户端 3 个

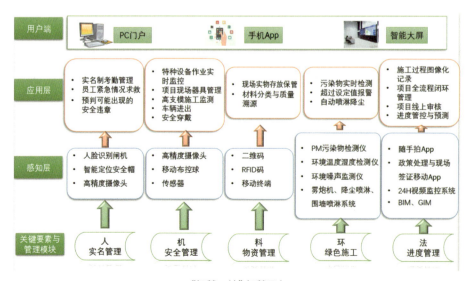

"智慧工地"智慧平台

维度，构建实名管理、安全管理、物资管理、绿色施工和进度管理五大功能，通过科学决策分析提升数字化管理方法的风险识别能力，对施工现场人、机、料、环、法进行有效的管控，实现工程现场的可视化、精细化和智能化管理，建立智能感知、互联协同、科学管理的电网基建工程管理生态圈。

应用"一键顺控"智慧运维功能。 建设时安装无人机、移动终端、通道可视化等装置，构建轻量化、低功耗的智慧巡检站点，进行数据交互，打造"人机协同＋智慧辅助"的标准化巡检，实现了"智能分析＋主动预警"缺陷全流程闭环处理，最大限度减少了损失，降低了成本。

关键突破

本项目的关键突破是针对兰州典型的寒旱湿陷性黄土地质，攻关核心技术，创新电网绿色建造模式。

一是核心技术创新，解决湿陷性黄土地区电网建设难题。 工程采用混凝土桩复合地基技术和混凝土裂缝控制技术两项关键技术，使用湿陷性黄土地基改性剂，解决了地质难题，全面应用于电力建设"五新"（新能源发电、新电力设备、新电力技术、新电力服务模式、新电力市场形态）和建筑业 10 项新技术中 15 大项。

二是全链绿色建造，破解"海绵城市"敏感生态保护难题。 建造海绵型弹性变电站，实现了地表水的渗、滞、蓄、净、用、排全过程，并打造雨污水回收利用系统；利用地理信息系统和无人机技术优化施工设计，减少了对环境的影响。

多重价值

经济效益方面， 元山变电站工程的选址及总平面优化布置合理，较传统方案节约占地面积 3360 平方米。保护、远动、计量装置投运率达 100%，保护装置动作正确率达 100%，母线电量不平衡率等主要经济技术指标优良。在物料装卸、物料搬运、场地平整、临时道路修筑、基础开挖、混凝土搅拌、混凝土浇筑、铁塔组立、架线施工方面的全过程机械应用率均达 100%，工程投入人员平均下降 21.4%，总人工工日下降 21.7%，全面提升了施工的安全性、质量和效率。

社会效益方面， 兰州 330 千伏元山变电站获得了"中电建协"绿色建造二星级示范工程、"中国质量协会"用户满意四星级服务和 2023 年度中国电力行业优质工程奖，为国家电网绿色建造创新贡献了"兰供智慧"。项目通过与高校合作，配合实验研究发明了湿陷性黄土地基土体改性剂，获得发明专利 2 项，技术创新成果在庆阳、固原等同类湿陷性黄土地区推广应用。

环境效益方面，采用高性能隔热材料，元山变电站的运行能耗降低了 152 千瓦·时；采用节水型卫生器具，每人每天节约用水量 40 升。通过优化比选设计方案和施工方案的，共计节约碳排放量 0.2 万吨，减少了建设工程沿线的水质污染，防止了植被破坏、水土流失。

相关方效益方面，在施工过程中关注施工人员的生活环境，打造绿色化的施工生活区，工频电场强度、工频磁感应强度约下降 60%，扬尘高度约下降 30%，噪声约下降 6%，营造出人与自然和谐相处的施工氛围，彰显了绿色人文关怀。

各方评价

项目相关成果在新浪财经、中国甘肃网、兰州日报等主流媒体进行了报道。

西安理工大学合作专家：得知元山 330 千伏变电站顺利建成，我感到一种前所未有的激动，我深知这不仅是一次施工建设的升级，更是对我们与国网兰州供电公司一起配合研发的突破性技术的认可与实践。这次我们与国家电网有限公司的联动，更加坚定了日后继续研发新材料，为绿色建设、可持续发展作出贡献的信心与决心。

兰州新区元山变电站附近居民：一开始听说家附近要建设变电站，很担心会污染、破坏我们的生活环境，直到工程正式开工我发现走到跟前都感受不到多少声音和灰尘，这才放心。

项目获奖证书

相关媒体报道

三、未来展望

　　下一步，国网兰州供电公司将继续加大研发投入与产学研合作，深化与高校、科研院所的合作，共同研发新技术、新材料、新装备，特别是针对绿色建造和环保方面的技术难题。设立专项基金，鼓励技术创新和成果转化，加速科技成果从实验室到工程现场的应用。同时，选择具有代表性的项目作为示范工程，全面应用新技术、新材料和新方法，展示绿色建造的成效。通过示范项目的成功实施，树立行业标杆，引领绿色建造的发展方向。加大品牌宣传力度，提升项目的知名度和影响力。建立品牌管理体系，确保项目品质和服务质量的持续提升。实现电网建设与生态环境的和谐共生，为绿色、智能、可持续的电网发展建设贡献"兰供力量"。

（撰写人：郭靖波、赵省军、李冰臻、缪栋、许文）

国网山东省电力公司济宁供电公司

"绿树温柔伴线行"

——打造城郊线树和谐共生走廊

一、基本情况

公司简介

国网山东省电力公司济宁供电公司（以下简称国网济宁供电公司）是国网山东省电力公司的分公司，下辖 10 个县的供电公司和 15 个直属单位，供电区域约 1.1 万平方千米，营业厅 113 个，服务客户 432 万户。济宁电网是以邹县、运河等 9 座统调电厂为主供电源，5 座 500 千伏变电站为重要支撑，33 座 220 千伏变电站为中心的环形骨干网络，是山东电网"西电东送"的重要通道。国网济宁供电公司积极赋能经济社会高质量发展，被命名为首批全国一流供电企业，先后获得全国文明单位、"全国五一劳动奖状"、全国精神文明建设先进单位、国家电网公司红旗党委等荣誉称号。近年来，国网济宁供电公司深入贯彻黄河流域生态保护和高质量发展及"双碳"目标，聚焦电力与生态保护，推动可持续发展与企业运营管理相结合，围绕电网建设、运行绿色化和可持续发展要求，通过科学管理和技术创新，减弱电网对生态的扰动，推进传统电网向绿色电网转型，倾力守护自然之美。

行动概要

济宁依水而建，毗邻微山湖、京杭大运河、泗河，城郊大面积种植柳树、法国梧桐等，起到保护水土、防风固堤、美化环境等作用。随着电网能源设施加速建设，城郊架空线路和树木争抢通道走廊的

"树线矛盾"凸显，国网济宁供电公司坚持绿色发展理念，积极探索电网和自然生态和谐共生道路，采取"优化管理+技术创新"方式，统筹兼顾城郊供电可靠性、经济性和保护城郊生态，实现了城郊树木"低眉妩媚"惬意生长，电力线路"跨绿而行"安全无虞。通过政企共享信息、沟通会商等方式，科学制定输电线路架设高度，选种合适的绿化树种，提高线树安全裕度。建立树线净空距离动态台账，应用无人机雷达扫描、可视化监控维度转换测距等新技术，跟踪线树安全状态，及时预警距离不足隐患。应用大功率"激光炮"精准修剪超高树枝，为超高树木"修眉理发"以保障能源供应，杜绝砍伐、移栽等暴力治理方式，守护城郊绿色生态，实现了电网与环境的和谐相融。

二、案例主体内容

背景和问题

济宁作为以煤炭产业为代表的北方传统能源型城市，建设环境友好型电网，加速绿色转型，守护美丽中国是摆在突出位置的课题。城郊作为城市工业产业聚集区，既需要可靠充裕的电力能源供应，又需要充足的绿化植物美化环境、涵养生态。当前，城郊输电线路主要采用架空线路的方式，架空线和树木距离过近容易造成放电事故，危及电网安全运行。过度砍伐线路通道树木给生态环境造成负面影响，导致喜鹊、斑鸠、杜鹃、乌鸫等典型栖息鸟类观测数量减少。截至 2022 年底，济宁城郊地区 35 千伏~220 千伏架空输电线路总计 949 千米，且总长度仍在逐年增长，架空线路和城郊树木争抢"通道空间"的矛盾日益突出。具体表现为：一方面，城郊地区土地资源稀缺，架空输电线路一般利用沿路通道，恰好和城市绿化树通道重叠，而将架空线路改为地下电缆的成本过高，短期难以实现；另一方面，"树线隐患"管理粗放，如果采取"一刀切"的方式将通道内树木全部清理，或在"线树距离"迫在眉睫时采取砍伐、移栽方式处理，易造成生态价值损失，有悖于绿色发展理念。

行动方案

针对以上问题，自 2023 年以来，国网济宁供电公司打破传统的"一刀切"禁植和粗放式"移、砍"治理模式，通过主动和政府部门建立联合工作机制、建立线树净空距离三维动态台账、采用新技术安全精准修剪超高树枝等折中方式，巧妙地化解了"树线矛盾"，打造了一条城郊线树和谐共生走廊。

政企会商合作, 形成破解"树线矛盾"合力

为发挥政企多方力量, 国网济宁供电公司积极和城市建设管理局、自然资源和规划局、市政园林局等单位建立联合工作机制, 会商协作破解"树线矛盾"。在面临新的架空输电线路建设需求时, 国网济宁供电公司优先选取沿道路复用走廊高塔架线方式, 并促请政府各部门联商会审线路路径和建设方案, 以达成节约城郊地区土地资源目标。一是促请园林部门选种自然生长高度较低的树种, 如栾树、旱柳、合欢、白蜡等, 避免法国梧桐、朴树、君迁子、麻栎等高大树种, 在设计阶段提高树线安全距离裕度。二是促请园林部门联合建立"柔性专办", 开通激光修剪审批"绿色通道", 建立联合专项工作群, 以实现信息快速确认和隐患处置进度实时跟踪。三是开展联合隐患排查和动态管理, 双方共享"线路高度、季节性动态弧垂、绿化树生长高度、预期生长速度"等信息, 根据电网负荷规律和树木生长规律, 制订树线隐患治理计划, 按植物生长季节适时、适度修剪, 避免过度损伤树木, 最大化地保护线路通道的植被。

山东济宁地区典型的适宜和不适宜高压线附近生长树种

适宜树种			不适宜树种		
树种	自然生长高度(米)	年平均生长高度(米)	树种	自然生长高度(米)	年平均生长高度(米)
栾树	18	1.1	法国梧桐	30	3.0
旱柳	18	1.3	朴树	30	1.7
合欢	16	0.9	君迁子	30	2.0
白蜡	15	1.0	麻栎	30	1.5
紫荆	10	1.0	银杏	40	1.3
杜仲	18	1.0	皂荚	30	1.2
毛梾	15	0.8	华山柳	35	1.0

无人机三维扫描, 精准建立树线档案

国网济宁供电公司通过无人机搭载激光雷达三维扫描技术, 定期扫描得到电力线路及其线下绿化树木的三维点云数据, 精准测量线下树木和电力线路的净空距离, 跟踪线树安全状态。激光雷达三维扫描技术具有测量精度高、不受天气和日照条件限制的优点,

能够全天候观测作业，可直接快速获取输电线路通道走廊及本体的真实三维点云模型，并精准分析树线距离。所用无人机配备有厘米级高精度 RTK 定位技术，能够有效避免传统人工测量方式误差大、地面视角视线被遮挡等问题。

国网济宁供电公司以树线距离精准档案为基础和依据，实现了树线隐患的精益化管理。一是定期扫描、精确测量树线距离，特别在春季回暖期、夏季多雨期等关键时间段开展三维激光扫描，准确掌握线路通道内树木生长状态，生成线树隐患缺陷台账报告，辅助巡检人员进行线树隐患故障处理和消缺。二是建立树木生长分析模型，针对不同树木自然生长特点建立常见绿化树木预警分析模型，进行数据分析和预警，实现自动化分析树线安全距离。三是建立"一线一策"隐患处置方案，依据三维测距结果建立线路通道隐患档案，根据隐患具体情况"量体裁衣"，制定修剪方案，避免单纯凭借经验造成的过度砍伐。

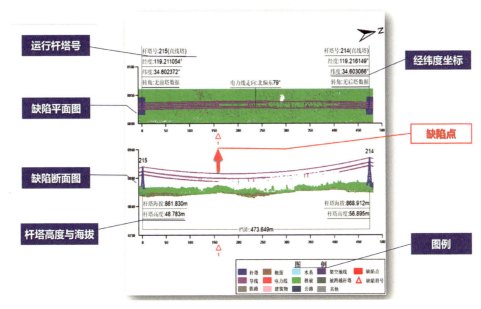

树线隐患三维点云平面图、断面图

可视化监控测距，动态捕获隐患信息

国网济宁供电公司在所有 35 千伏及以上线路杆塔上安装了可视化监拍装置，每 10~30 分钟将一张输电线路通道图像回传至后台服务器，服务器图像识别系统采用 AI

2024-06-17 12:50:00
电压:6.86V 电量:99.6%

9.505

5.213

济宁输电 220kV 金高线 #018 小号侧
其他(济宁)XT

可视化监控实时测量树线距离

算法自动识别通道内树木、电力导线等物体。可视化监控系统具备三维测距能力，通过将二维照片与三维激光点云模型融合映射，实现自动标记和测量导线与树梢的净空距离。该系统可设定线树安全距离警戒阈值，随着树木生长，一旦距离越限，系统将自动预警，提醒线路运维人员作进一步判断和处置，为输电线路通道运维防护工作提供数据支撑。同时，结合输电线路运维规程规范，系统根据危险物净空距离，自动划分危险等级，为输电线路的运维工作带来极大便利。

"激光炮"修剪树枝，精准安全除隐患

当绿化树生长进入警戒阈值后，国网济宁供电公司通过激光修剪审批"绿色通道"申请使用激光炮修剪树枝作业，园林管理部门通过联合专项工作群即时确认许可。激光炮修剪树枝具有高效、安全、精准的特点，使用大功率激光束对超高树枝进行精准照射，使树枝在短时间内碳化熔断脱落，使作业人员不必攀爬树木、使用梯子或云车

激光炮修剪高压线下超高树枝

高空近电作业，一方面从根本上规避了高空坠落、触电伤害、感应电伤害等风险；另一方面提高了修剪作业效率，减少了人力成本。激光炮修剪树枝可安全高效地消除危急隐患，不仅保障了电网能源供应，还降低了传统修剪方式对城市绿化树木健康度和美观度的损害，最大限度地保证了城郊绿化生态不受影响，促进了电网与树木的和谐共生。

关键突破

突破输电线路运维粗放管理模式

国网济宁供电公司突破传统的架空输电线路隐患"被动等待 + 粗放处置"的运维管理模式，建立了"动态化监测、精准化评估、安全化作业、保护化处置"的精细闭环流程，提高了设备状态全息感知能力，推动运维管理模式从事后应对向事前防范、从传统人工驱动向数据智能驱动转变。

探索创新技术解决方案

无人机搭载三激光雷达扫描，可快速、精准获取架空输电线路及线下植被的三维点云数据，其测量精度可以达到厘米级。三维数字台账有利于精准发现线树距离过近的隐患，避免因地面观察角度受限而遗漏严重隐患。可视化监控维度转换测距可在 10～30 分钟反馈因输电线路负荷电流、环境温度变化等因素造成的线树净空距离变化，测量精度为分米级，实现了线树安全状态实时跟踪和预警。大功率激光炮能够在 20 分钟内精准切断 40 米距离处、胸径 15 厘米的树枝，且不产生明火，通过精准切削树枝能够避免非必要的砍伐、移栽和过度修剪。同时，相较于传统的人工剪枝，激光炮作业效率提升了 20 多倍，且避免了近电作业带来的人身安全风险。

推动利益方参与，实现双赢目标

国网济宁供电公司在新建和改造城郊架空输电线路阶段，联合城市绿化管理部门开展会商，统筹线路架设和绿化种植方案，实现了"走廊共用、安全有裕"；在输电线路运维阶段，与城市绿化管理部门成立"柔性专办"，双方资源力量联动，共同破解"树线矛盾"难题，实现了可靠供电、保护绿化的双赢。

多重价值

节省土地资源、节约投资成本

通过政企协商复用沿道路绿化树走廊，2024 年上半年，国网济宁供电公司新建了 32.322 千米沿城郊道路架空输电线路，节约了通道土地 64.644 公顷。在优化复用走廊输电线路管理模式后，延缓了 3 年改造 53.244 千米架空输电线路地下电缆，节约改造资金约 8000 余万元。

保护城市生态，守护鸟类生存家园

通过应用无人机搭载三维激光雷达扫描、可视化监控维度转换测距、大功率激光炮等新技术，避免了传统的砍伐、移栽绿化树等破坏性治理方式，同时减少了因导线对树木放电造成的火灾隐患。2023 年，济宁高新区、北湖新区、经开区和济北新区 4 个城郊地区累计减少非必要的树木砍伐、移栽 13000 余株，根据树木平均叶面积保守估算，全年可多吸收二氧化碳 150 余吨。此外，行动的实施有利于减少水土流失的风险和对原始地貌、鸟类栖息地的破坏，2024 年上半年，济宁 4 个城郊地区的斑鸠、杜鹃、乌鸫、旋木雀四种典型鸟类的观测数量同比增长了 7%~8%，电力线路正逐渐融合于美丽城市

杜鹃在城郊绿化树中自由栖息

的盎然绿意之中。

提高保供能力、赢得社会认可

在新管理模式和技术应用后，济宁 4 个城郊地区树线距离不足隐患的发现处置周期平均缩短了 92%。2023 年，城郊 35 千伏~220 千伏架空输电线路未发生因"树线矛盾"导致的非计划停电事件，非计划停电时间同比缩短了 10.9 小时，输电线路平均可用系数由 99.58% 提升至 99.65%。此外，新技术的应用减少了树木利益方与供电公司的"隔阂"，形成了可复制可推广的样板，并获得了社会媒体的高度评价，为公司赢得了社会美誉。

降低作业风险、呵护员工安全

大功率激光炮精准修剪树枝实现了远距离、低风险作业，仅 2024 年上半年就减少了高空近电作业 600 余人次，从根本上规避了电力一线员工高空坠落、触电伤害、感应电伤害等高危风险，呵护了员工安全。

各方评价

济宁市高新区市民李福银： 政企联合采取有效措施，最大限度减少了对绿化树木的破坏，为市民营造了良好的市容市貌。

市政绿化树木维护人员乔善民：国网济宁供电公司采用的无人机和激光炮先进技术，既快又准，让我们再也不用担心树木过度砍伐、植被破坏的问题了。

曲阜师范大学观鸟协会会员赵海滨：国网济宁供电公司采用的新的树木隐患处理方法，有效保护了城郊区域鸟类栖息地，旋木雀、大山雀、杜鹃等鸟类的身影较以往更多了。

三、未来展望

国网济宁供电公司将资源整合、多方合作和技术创新理念融入解决"树线矛盾"的实践中，建立了"政企联合"机制，采用新技术超前管控，精准治理，降低了电力线路对线下植被的侵扰和破坏，为电力设施与城市环境绿色友好共生贡献了济宁方案，彰显了公司的社会责任担当，有力促进了当地社会可持续发展。下一步，国网济宁供电公司将积极探索电力设施与生态环境和谐共生的新模式，将绿色发展理念融入电网全生命周期，将电力银线完美融入绿水青山的美丽画卷。

（撰写人：亓孝武、李斌、魏飞翔、李涛、王悦、赵舒铭）

国网河北省电力有限公司建设公司

让"明珠"永葆青春
—— 河北雄安新区电网工程绿色建造生态及可持续提升实践

一、基本情况

公司简介

国网河北省电力有限公司建设公司（以下简称国网河北建设公司）成立于 2018 年 4 月，是河北省电网工程建设管理的专业机构，承担着河北省超、特高压输变电工程建设管理的任务，同时负责河北雄安新区全电压等级电网工程建设的管理工作。国网河北建设公司荣获国家优质工程金奖 2 项、银奖 1 项，荣获国家水土保持示范工程奖 1 项，是国家电网有限公司特高压工程建设先进单位。此外，国网河北建设公司在科技创新方面也取得了显著成绩，荣获省部级科技奖项 2 项，近三年来承担各类科技项目 10 项，授权国家专利 12 项，发表论文 11 篇。

2021 年 3 月，国网河北建设公司成立国家电网有限公司首个"电网绿色建造技术研究中心"，聚焦电网工程近"零碳""超低能耗"建设技术、工程与环境协调统一解决方案进行深入探索和研究。2022 年，国网河北建设公司获批成立"河北省输变电工程绿色建造与管控技术创新中心"，深入贯彻绿色发展、高质量发展理念将绿色发展理念融入输变电工程策划、设计、施工、交付的建造全过程，推进输变电工程建设由传统模式向绿色、智能方式转型。自开展雄安新区建设以来，国网河北建设公司全面践行"绿色雄安""千年大计、雄安质量"建设要求，通过科学管理和技术创新，采用有利于节约资源、保护环境、减少排放、提高效率、保障品质的建造方式，推进输变电工程建设由传统模式向绿色、智能模式转型，实现了人与自然和谐共生。河北雄安新区建设 5 年来，完成了"山水城市""桃园梦境""廊桥翠谷""城市森林"等多项主题电站建设，并获得绿色建筑三星认证，得到国家与政府的认可。

行动概要

建造"零碳"变电站是国网河北建设公司在河北雄安新区电网绿色建造实践中的新目标。通过对经验的总结和不断地创新，国网河北建设公司先后回答了何为"零碳"及如何实现的问题。

但是，创新实践产生的"非标"方案，对绿色低碳建设的可持续性产生了一定的冲击。如何化解这一难题，是推动绿色建造行业生态快速建立，促进电网设施建筑进一步融入环境、守护生态之美的核心问题。

国网河北建设公司坚持创新驱动完成了这份答卷，形成了适用于变电站、电力管廊、输电线路的建设方案，建成了覆盖设计、建管、施工、运维全生命周期的绿色建造管理模式，贯通了"产学研用"的创新攻关和转化应用生态，并逐渐形成标准体系，走出了一条从绿色建造探索到首座近"零碳"变电站建设的创新之路。

二、案例主体内容

背景和问题

第一个吃螃蟹——变电站的"零碳"建造仍是空白

"何为'零碳'建筑？""如何实现'零碳'变电站建设"目前并没有明确的定义。变电站作为一种特殊的工业建筑，具有电气设备集中、空间布局复杂、接入能源类型多、自动化水平高等特点。同时，作为一种保障民生的基础设施，又具有较高的安全性、可靠性、稳定性要求。如何从设计、建设、运行三个阶段实施减碳策略，在保证实现固有要求的情况下完成"零碳"的转化，目前并没有可供参考的成熟的案例和方案。

绿色建造的理念传承和技术体系更新迭代需要更持久的动力

新发展理念和"双碳"目标有效推动了绿色建造产业的发展，新材料、新技术、新工艺飞速发展，层出不穷。但从行业发展的角度来看，只有从"要我做"的贯彻落实转为"我要做"的良性促进，绿色理念的贯彻才能持久，技术体系的更新才能更深入更完善。这不仅需要技术、产品的创新，更需要市场、标准体系等相关方面的创新和改进。国网河北建设公司在不断探索电网绿色建造新技术的过程中，就遇到了如现有绿色建造评价体系部分条款不适用于变电站、近"零碳"变电站建设标准不明确、新材料碳排数据参考不清晰等问题，这在很大程度上限制了绿色建造方案的推广。

行动方案

从"零"开始，"碳"索未来

直面挑战。面对"零碳"、近"零碳"变电站建设实践的空白，国网河北建设公司勇敢走出第一步，从零开始，构建近"零碳"变电站建筑技术体系，以"零碳"为目标，搭建变电站的建设方案，从理论计算、方案遴选、仿真验证、监测评价各个环节开展攻关，形成"源头减碳、过程降碳、末端中和"的实施路径。目前，通过在结构、材料、工法方面的技术创新、管理创新，国网河北建设公司已经完成了河北雄安新区复兴220千伏变电站的整体策划并付诸实施，具体内容如下。

源头减碳

在设计阶段，对复兴变电站建筑房间进行统计，通过被动优先、主动优化的设计理念，优先选择自然通风和天然采光，考虑环控方式及使用用途等因素对建筑房间进行模块化打乱重组及能耗分析，对相应区域的节能性能进行针对性优化，减少与室外环境的热交换；将空调房布置在建筑屋的中央，通风房间靠外侧布置，提高通风效率，选择低损耗电气设备，并搭载高效多联机空调系统和大规模光伏发电系统，促进实现建筑近零能耗，整体实现变电站设计低碳最优。

表皮功能化设计，描绘低碳底色

形象设计。原建筑体量为正方形，建筑界面冰冷，与周边环境的融入性较差，因此，对建筑外形进行优化设计。柔化建筑物边界，使其具有一个更柔和的外形，更好地融入周边环境。

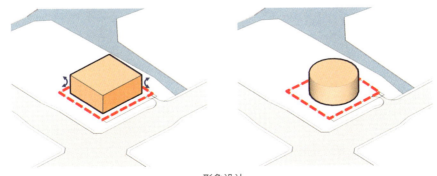

形象设计

首层缩进，创造可停留的空间：

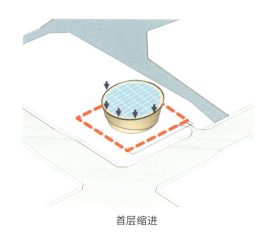

首层缩进

形体优化，屋顶向南倾斜，创造更好的光照条件，屋顶设置光伏太阳板及光电系统，初具火炬形态。

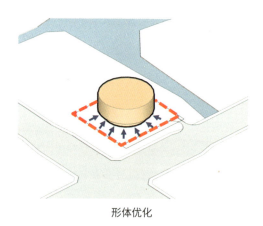

形体优化

表皮纹理，采用斜向金属杆件，打造积极向上、灵动优美的建筑形象。

外形的改变，不仅造成室外风环境的变化，还带来了室内空间的布局调整，尤其是主变室和散热器室位置优化设计。

形象设计

融入片区规划，复兴变电站紧邻大学园片区，大学园片区规划建筑以现代风格为主，设计时兼顾景观融入与科技创新。

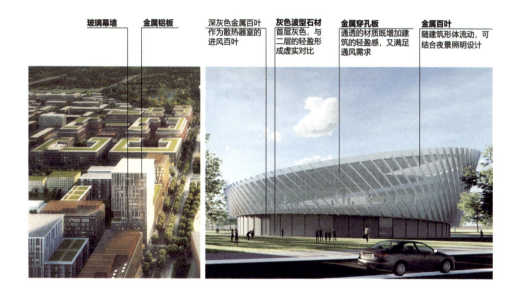

复兴变电站在外立面材料上以铝镁锰板为主，外加金属穿孔板与金属百叶，共同打造现代优雅的立面风格，与周边的规划形象相匹配。

金属百叶随建筑形体流动，不仅能传递出一种积极向上的立面形象，还能增加立面细节，作为穿孔板的龙骨，能节约材料，简化安装工艺。在环境控制方面，45°斜向百叶不仅对风向和风力具有良好的导向和控制作用，还具有遮阳功能。根据相关研究数据，45°斜向百叶可以阻挡近 85% 的太阳辐射，产生 4℃~6℃ 的室内温度差，减少约 30% 的空调能耗。科学的被动式生态遮阳技术，给变电站带来全方位的自然通风、防晒降温、空间调节、柔和的自然光。

内部功能优化

圆形设计。复兴变电站首次提出配电装置楼圆形设计方案，空调房间占比较少，将空调房间设置于建筑物的中央，减少与室外环境的热交换，从而提高空调供暖运行效率；通风房间占比较大，靠外侧布置，优先利用自然通风，提高通风效率。

天然采光。靠外墙的设备房间利用室外自然光照明，顶层房间设计导光管系统引入天然光，降低照明能耗。结合导光筒的数量和单个照明面积进行核算，此项碳排放量减少了约 1.287 吨。

隔墙保温。空调房间位于内区，其周边为散热房间，此部分散热对空调房间来说冬季是有利的，夏季是不利的，综合考虑空调房间运行时间，隔墙应采用隔热措施，以降

内部优化方案

方案	做法	能耗(kW·h/a)	减少碳排放量 tCO₂/a	增量成本 (万元)	单位投资减碳量 (gCO₂/元)
原方案 (方案一)	隔墙 100mm 岩棉板,K=0.420	43597.840	—	—	—
方案二	隔墙 120mm 岩棉板,K=0.360	43115.820	0.280	8.920	3.140
方案三	隔墙 140mm 岩棉板,K=0.310	42741.630	0.497	17.840	2.789
方案四	隔墙 160mm 岩棉板,K=0.280	42445.310	0.670	26.760	2.503

低夏季空调的能耗。

通过模拟计算,优化隔墙保温厚度对降碳有一定贡献,考虑经济性,选择 120mm 岩棉板做法,并采取断热桥措施,减少周围高温房间对空调房间的影响。

过程降碳

用绿色建造实现建造绿色是国网河北建设公司一贯的宗旨。"零碳"、近"零碳"变电站的建设更应注重过程管控。在复兴站的建设中,不仅有绿色建材、低碳工艺的引用,还解决了过程碳排如何计算、降碳效果如何跟踪等问题,让绿色建造技术的应用更加有理有据。

绿色建材与装配式建造

装配式建(构)筑物能实现精细化生产、精准安装,降低施工现场碳排放量,复兴站应用装配式钢结构、装配式内外墙、装配式屋顶、装配式电缆沟、装配式雨水检查井、装配式化粪池等技术,以降低建设过程中碳排放。例如,外围护结构采用 150mm 铝镁锰岩棉夹芯复合板,外窗采用断桥铝合金门窗,有效减少了建筑物的能耗。与传统的镀锌钢板、镀铝锌钢板不同,铝镁锰复合板具有性价比高、材质更轻、抗腐蚀性能更好、更加美观的特点,更符合装配式变电站的建设要求。

从减碳方面来说,铝镁锰复合板为标准化设计、工厂化预制,现场无涂装、少湿作业、无焊接作业,有效减少了建筑建造、运行过程中的碳排放。

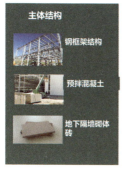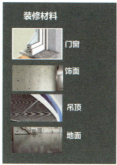

绿色建材与装配式改造

智能化低碳施工监管

开发施工全过程碳排放监测管理平台。先通过计量表或者传感器收集能耗、发电量，再做碳排放的转化计算，包括碳监测平台和碳核算平台。该平台可实时监测碳排放数据，进行碳数据核算，不仅可以帮助企业实现降本增效、提升企业估值的目标，还有利于带动上下游企业低碳转型、构建绿色供应链体系。

工程建设全生命周期分析方法

建立系统的针对电网工程建造全过程碳排分析方法。一方面，从原材料生产、设备生产、设备运输、机械（台班）能耗、施工人工能耗五个方面，以核算边界、活动水平数据、碳排放因子为依托，建立碳排放数据源、明确数据计算和取舍原则；建立包括施

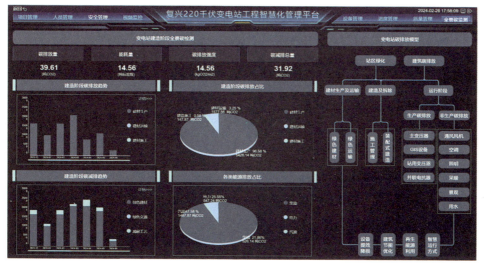

开发施工全过程碳排放监测管理平台

工方案模拟、运行阶段模拟的变电站碳排放计算模型，进行施工阶段碳排放核算并给出计算方法，从而实现建设过程的碳排放计算和实施跟踪。

另一方面，按照变电站的不同工序，在地基处理、土木建筑、电气安装阶段，对所有施工机械进行统计，并分析其能耗类型和能源消耗量，给出各工器具的碳排放量及计算方法，通过方案计算、对比优选，在明确最优的低碳建设方案的同时，形成针对方案的监督评价，推动低碳建设方案不断升级。

末端中和

综合应用光储一体化、碳汇造林等方式抵消变电站运行期间的空调供暖、照明、通风系统能耗产生的碳排放。开展站区复层绿化设计，在不影响变电站运行的前提下采用乔、灌、草相结合的方式，选择适宜当地气候和土质的植物种类，助力实现碳中和。复兴变电站即选用当地植物，易成活、好维护，达成了有效碳汇。

利用屋顶建设分布式光伏发电站，为建筑提供清洁能源。变电站屋顶光伏安装范围为北侧钛锌板屋面，组件数量为 600 块，面积为 1790 平方米，装机总容量为 330kWp，年平均发电量为 35.64 万千瓦·时，并网电压等级为 0.4 千伏。复兴变电站采用"自发自用"模式运营，发电量主要用于站内空调、风机、照明等非生产用电。

复兴变电站在 25 年经济寿命期内的年平均发电量约为 35.64 万千瓦·时。与相同发电量的火电厂相比，按当前主力发电机组平均供电煤耗水平 305 克 / 千瓦·时计算，每年可为电网节约标煤约 108.66 吨。在其经济使用寿命期内，该光伏发电项目可以节省标煤约 2716.54 吨。本项目的建设，将在节省燃煤，减少二氧化碳、二氧化硫、氮氧化

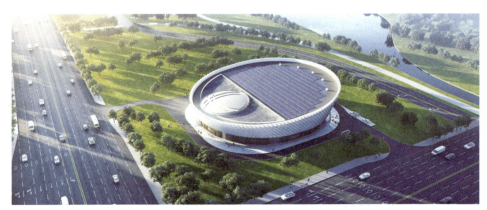

复兴站效果

合物、烟尘、灰渣等污染物排放的效果上，起到积极的示范作用。

内化动力，固化生态

多措并举，开展绿色建造技术生态建设，推动绿色建造的可持续发展。当下绿色建造的快速发展离不开我国政策的指引，这是我国面对全球生态问题积极担当的体现。应对全球的气候问题，需要绿色发展理念，但是绿色建造行业的发展更需要市场、标准体系等相关方面的创新和改进，以促进新材料、新技术、新工艺的迭代提升，推进绿色建造的不断深入。国网河北建设公司在自身队伍培养、标准体系建设、创新及孵化链条组建等方面形成了一套由内而外的绿色转型方案，将绿色建造的动力内化，形成可复制、可推广的常态化建设行为。

建立自身攻关团队

成立电网绿色建造技术研究中心（以下简称绿建中心），这是国家电网有限公司内首个聚焦电网工程绿色建造技术的攻关团队。聚焦绿色建造和基建智能转型，面向超、特高压及河北雄安新区输变电工程建设，推进工程绿色建造过程协同、绿色施工智能化转型和数字化质量管控体系建立等重难点问题的解决，通过科学管理和技术创新，实现工程建设节约资源、保护环境、减少碳排放，建造绿色电网。

建立"产学研用"一体化研究体系，在绿色建造、智能管控方向获得多项成果。2022年，绿建中心成功获准筹建"河北省输变电工程绿色建造管控技术创新中心"，深入开展研究。

开展输变电工程绿色建造协同优化技术研究。聚焦"双碳"目标，推动输变电工程建设由传统模式向绿色建造方式转型升级。从绿色建材、施工工法、建筑结构等不同维度建立适用于电网工程自身的绿色建造管控技术体系，形成输变电工程绿色建造协同优化技术并应用推广。推进绿色建造新技术、新工艺、新材料的研究应用和优化提升。

开展输变电工程绿色施工智能管控技术研究。推动"智能"转型，实现绿色建造全过程管控技术重塑升级。综合应用物联网技术、"5G+通信"技术、北斗精准定位和生物识别技术，聚焦电网绿色建造全过程管控，提升新技术建设实施的安全、质量、进度管理智能化管控水平，保障绿色施工方案、技术措施、工艺方法、管理要求的落地转化。

开展输变电工程建设质量检测分析技术研究。坚持"数字"赋能，打造基建数字管控生态圈。聚焦质量实测实量开展数字化质量检测管控平台开发，研发完成实时传输检测设备与综合数据管理系统，拓展数据实时传输和在线综合分析功能，形成以智能实测实量为特征的质量数字化管控体系。

固化成果，建立绿色建造标准体系

用标准制度固化经验是推动创新成果由示范转向常态的最好途径。6 年来，国网河北建设公司积极总结河北雄安新区电网工程绿色建造实践中的数据和经验，从国网河北内部指导意见到河北雄安新区建设标准，一步步将绿色建造的技术指标进行量化、固化。让绿色变电站的建设，从雄安方案提升为河北方案，并期待未来会成为国家方案。只有让绿色变电站从可选到必选，最终成为不选的常态，绿色建造的脚步才永远不会停歇，绿色发展的理念才会持久。

从 2018 年至今，国网河北建设公司主持完成了《国网河北省电力有限公司绿色建造指导意见》；参与编制《国家电网公司绿色建造评价导则》；主持编制河北省《现浇混凝土应用技术标准》；主持编制河北雄安新区《雄安新区绿色变电站技术总则》《雄安新区绿色变电站评价标准》《雄安新区绿色变电站全生命周期技术标准》《雄安新区近零碳变电站技术标准》《雄安新区附建式变电站技术标准》；参与编制电力行业标准《电力建设工程绿色建造评价规范》等。

组建绿色建造"朋友圈"，打造可持续创新生态链

绿色建造的发展离不开创新，创新的可持续发展离不开创效。国网河北建设公司自绿建中心成立以来，积极开展了两个方面的任务：一是高等级科技项目的合作开发，二是创新成果的转化应用。近年来，国网河北建设公司主导开展自主研究课题 26 项，其中包含国网总部碳排计算专项计划、河北省"碳达峰碳中和创新专项"课题研究、固体废物新材料创新应用等。

目前，国网河北建设公司已与清华大学、武汉大学、华北电力大学、河北工业大学、合肥工业大学、中国地质大学等多所重点院校，中国建筑科学研究院有限公司、河北建筑科学研究院有限公司等研究机构建立常态化交流、合作机制，并在材料创新、机械研究等方面取得多项成果，且相关成果已在雄安工程建设中进行实践应用。截至目前，国网河北建设公司获得国电力科学技术进步奖一等奖、河北省科技进步奖二等奖、中电建协科技进步奖一等奖等，逐步形成以河北雄安新区电网工程绿色建造的创新高地。

关键突破

首次开展"零碳"变电站建造实践

一是创建全生命周期变电站碳排放计算方法。从设计、建造、运行、拆除四个阶段开展减碳策略分析,并进行全生命周期碳排放量化计算。设计阶段开展建筑房间节能模块化重组,建造阶段碳排放定量计算,运行阶段和拆除阶段实现"碳抵消",做到了减碳目标可量化。复兴变电站通过选用二级能效指标的设备,制定了减少 15% 施工现场模板、脚手架等材料消耗量的目标,碳排放总量减少了 30%,打造出一个绿色三星变电站。

二是形成"零碳"变电站解决方案。坚持"源头减碳、过程降碳、末端中和"的建设思路,打造国家电网节能低碳、安全智能的示范变电站,并对变电站建筑全生命周期碳排放进行追踪,评价建筑减碳措施的环境效益和经济效益,填补国内"零碳"变电站技术路径、技术标准及典型设计方案等方面的空白,以高效减碳效果推动电网全周期绿色低碳。对标国网系统,实现电气设备降碳值到第一;对标民用及工业建筑,降碳比例达到领先水平。

探索出了推动绿色建造技术持续发展的方向。

在雄安绿色建造的实践中,国网河北建设公司探索出这样一条道路。通过开展自身绿色建造创新队伍建设,培养创新与绿色建造人才梯队,不断提升绿色转型"内力";通过固化成果建立绿色建造标准体系,形成绿色建造实践的推广外力;通过组建绿色建造"朋友圈",打造可持续创新生态链,利用绿色建造创新堡垒推动技术落地,实现创新创效,形成"创新—创效—再创新"的良性循环,最终推动绿色建造持续发展。

多重价值

国网河北建设公司在河北雄安新区电网工程绿色建造中的实践经验,仅是绿色建造的一个缩影,但解决的问题是多个企业面临的通病,尤其是针对绿色建造的创新成果转化难、推广难的问题,这套由内而外的促进方案具有广泛的借鉴价值。

同时,复兴变电站表述的经验和理念也是在当今背景下,国家希望看到的,充分体现了一个企业的社会责任,即各行业积极作为,尽早将"要我做"转为"我要做",快速推动绿色转型进入自主发展的良性循环,真正用绿色发展理念实现降本增效,实现社会与自然的最终和解。

各方评价

获得奖项

(1) 复兴变电站、昝西变电站工程获得雄安绿色建筑 + 奖项。

(2) 复兴变电站工程获得 BREEAM 认证(德国莱茵 TÜV 净"零碳"建筑)。

(3) 复兴变电站工程获得 LEED NC 认证(美国能源与环境设计先锋奖,新建建筑铂金级预认证)。

(4) 剧村变电站、昝岗变电站、昝西变电站、河西变电站获金芦苇优秀产品设计奖。

(5) 剧村变电站、河西变电站获河北省住建厅二星级绿色工业建筑认证。

(6) 昝西变电站获国家住房和城乡建设部三星级绿色建筑认证。

(7) 昝西变电站获得 LEED 铂金级认证（美国能源与环境设计先锋奖）。

(8) 昝西变电站、段沙变电站获评缪斯设计奖（美国博物馆联盟与美国国际奖项协会主办，全球创意领域最具影响力的国际奖项之一）。

(9) 昝西变电站、雄东变电站获中电建协电力建设绿色建造水平评价三星工程。

(10) "特高压输变电工程低碳建设关键技术及规模化应用"获 2022 年河北省科学技术进步奖二等奖。

(11) "交流特高压输变电工程节能环保建设关键技术及应用"获中国电力建设企业协会 2023 年电力建设科学技术进步奖一等奖。

三、未来展望

随着绿色发展理念的不断深入，河北雄安新区电网的建设也从绿色建造向近"零碳""零碳"建造进行探索。先从绿色施工高标准执行，到绿色建设全面推动，再到绿色建造成熟运用，经过长期的创新与实践，必将形成一套系统的、成熟的、创新的环境友好型建设体系。坚持"绿色建造，建造绿色"，国网河北建设公司在电网工程全生命周期的实践与探索只是绿色转型的一个缩影，在这 5 年的实践与迭代中，搭建了一个贯穿规划设计、施工建设、运维管理全过程及囊括上下游供应链和产学研攻关体系的绿色生态平台，形成了一系列的成果与经验，构建了一套系统的、具有河北特色的"绿色建造，建造绿色"的成果体系，实现了设计理念、建造方式、管理模式的转型升级，建成"山水城市""桃源梦境""廊桥翠谷""能源立方"等绿色示范工程。绿色建造是个综合性的课题，创新是绿色建造不断深入的最核心动力。理念上的创新离不开新技术与新方法的支撑。未来，国网河北建设公司将在"绿色生态"中，通过新技术、新材料的攻关和新工艺、新成果的应用，为绿色可持续发展奠定坚实的基础，为绿色发展理念赋予更加丰富的内容。

（撰写人：韩阳、李青、张立群、邢落、杨艳会）

上海送变电工程有限公司

铁塔微型消防站

——宁湘线特高压线路工程森林防火项目

一、基本情况

公司简介

上海送变电工程有限公司是国网上海市电力公司的全资子公司，主营高压、超高压及特高压输变电工程建设，业务广泛，涵盖电力、建筑、市政、机电、专业设计等多个领域。上海送变电工程有限公司积极履行社会责任，践行可持续发展理念。在社会责任方面，全力保障上海的电力供应，为经济发展和居民生活提供坚实后盾；重大活动期间精心部署保电工作；推动行业发展，参与标准制定和技术交流，与高校等合作研发；提供大量就业机会，注重员工发展，开展培训和竞赛；在可持续发展方面，以质量为根本、创新为动力、环保为责任、共赢为目标。在绿色工程建设上，采用先进施工技术和工艺，减少土地占用和植被破坏，推广节能环保材料设备；科技创新驱动，加大研发投入，攻关关键技术，应用创新成果，推进信息化建设；重视环境保护，在工程建设中严格遵守环保法规，采取环保措施，推广节能环保技术和设备；合作共赢发展，加强与上下游企业的合作，拓展电力建设市场。

行动概要

森林是地球上最重要的资源之一，是人类赖以生存的家园，也是维护地球生态平衡的重要基础。森林火灾是危害性很强的八大自然灾害之一，突发性强、破坏力大，一旦发生将对生态系统、经济发展及人类社会造成巨大损失，因此森林草原防灭火工作是事关人民群众生命财产安全和国家生态安全的大事。上海送变电工程有限公司承建的宁夏—湖南 ±800 千伏特高压直流输电线路工程（鄂 3 标）（以下简称宁夏—湖南线路工程）线路走向临近湖北宜昌五峰县柴埠溪国家森林公园，拥有国家森林公园、国家地质公园等国字号品牌，且五峰县的森林覆盖率高达 81%。宁夏—湖南线路工程项目部与当地林业部门、消防部门合作，坚持"人防、物防、技防"联动，通过实施"铁塔微型消防站"社会责任公益项目，积极参与当地森林防火项目，满足利益相关方诉求，助力工程顺利开展，树立了企业良好的社会形象。

二、案例主体内容

背景和问题

如今气候变化导致野火加剧，"一点星星火，可毁万亩林"，据中华人民共和国应急管理部统计，2023 年，我国共发生森林火灾 328 起。联合国环境规划署发布的报告——《像野火一样蔓延：极端火灾与日俱增的威胁》指出，到 2030 年，全球范围内极端火

宁湘线塔位途经区域森林覆盖率极高

灾事件将增加 14%，到 2050 年底将增加 30%。因此，森林防火工作是事关人民群众生命财产安全和国家生态安全的大事。

项目线路走向临近湖北省宜昌市五峰县柴埠溪，柴埠溪拥有国家森林公园、国家地质公园等国字号品牌，其中五峰森林覆盖率高达 81%，是国际公认的"奇特北纬 30 度地球圈"上不可多得的一颗绿色明珠。

然而，要实现宁夏—湖南线路工程仍存在以下痛点，柴埠溪地区地势复杂，山峦起伏、沟壑纵横、悬崖峭壁林立，给当地森林消防工作带来三大难题。

没有通畅的消防通道——蜿蜒山脉间只有狭窄小径，无人区内更是无路可走，这使救援力量在火灾发生时难以快速抵达现场，延误灭火的最佳时机，消防人员只能艰难地徒步跋涉，背负着沉重的装备在险峻山林中前行，给森林消防工作带来几乎无法逾越的障碍。

没有充足的消防力量——该地区地势险要，部分处于无人区内，既没有充足的人员迅速投入灭火战斗，也没有一支训练有素、随时待命的消防队伍能够迅速响应。在紧急情况下，从外界调集消防力量需要耗费大量的时间，而火势不会等待。

没有足够的消防设备——森林区域内没有设置基础的灭火工具，面对可能发生的森林火灾，需要灭火直升机、高效灭火弹等先进装备，缺乏有力应对初期森林火灾的手段。

行动方案

为进一步提升工程现场防火安全管理工作，上海送变电公司融入社会责任理念，转变以内部为中心、关注自身建设的视角，站在驻地消防部门、林业部门外部利益相关方的角度，在宁夏—湖南线路工程全线 141 处，建设了 5 处铁塔微型消防站。

建设目的和目标：铁塔微型消防站的建设旨在实现救早、灭小和快速响应的目的，通过划定最小灭火单元，依托消防安全网格化管理平台和体系，积极开展初期火灾扑救等防控工作。让铁塔微型消防站具有"战斗力"，以达到有效处置初期火灾的目标，通过构建原则、人员配备、车站设备等方面的规定，确保铁塔微型消防站的有效运行。

人员配备和职责：铁塔微型消防站由施工现场负责人担任队长，现场安全员担任副队长，施工队伍成员为骨干成员。队长负责铁塔微型消防站的日常管理，组织制定各项管理制度和消防应急预案，开展消防检查、消防宣传教育、消防培训；施工人员负责扑灭火灾，熟悉林区的消防设施和应急预案，熟练掌握设备的性能和操作方法，并对其进行维护保养；现场安全员参与日常消防检查和消防宣传教育。

工作器材和资金保障：铁塔微型消防站充分利用施工现场等现有的场地、设施，设置在便于人员出动、器材取用的位置。根据扑救各林区初起火灾的需求，配备消防标识服装、灭火器、消防斧、水带、应急灯等基本的灭火器材。在资金保障方面，各级政府和相关部门提供了必要的经费支持，确保铁塔微型消防站的建设和运行。

上海送变电工程有限公司作业人员在规划通道修筑路径

建立铁塔微型消防站方案是一个综合性的项目，涉及建设目的、人员配备、工作器材、资金保障等方面，旨在通过有效的组织和管理，提升林区火灾的防控能力和应急响应速度。

关键突破

保留施工便道 打通森林消防通道：森林消防通道是专门为消防人员实施营救和疏散被困人员而设的通道，在森林火灾等紧急情况下，是可保障人民生命和财产安全的绿色通道。森林消防通道不仅是消防车通行的基本保障，还能为消防员处置各类突发事件赢得宝贵时间。

铁塔微型消防站——储水槽

铁塔微型消防站——消防设备

在林区作业施工，主道为盘山土路，坡度较陡、路面狭窄，环山而行，存在极大的安全隐患。铁塔微型消防站项目部通过联合消防部门，对森林内部进行勘察，确定适合建设防火通道的区域。通道的位置应能够覆盖森林内的各个重要区域，以便在发生火灾时能够及时疏散人员和物资，以及进行灭火作业。通道的建设需要符合一定的

结合巡山道路、乡村通道、防火通道修筑的"毛细血管"运输路线

标准，包括通道宽度、平整度、通行能力等，通道宽度应能够容纳消防车辆和救援人员的通行；平整度要求能够确保车辆和人员的安全通行；通行能力要求能够满足在火灾发生时疏散人员和物资的需求。因此，铁塔微型消防站项目部将原先的小路扩建为可以通过施工车辆的便道，在方便施工车辆进入现场同时，施工完成后留作森林消防通道使用。

实现"人防"到"技防＋智防"： 将组建完成后的铁塔作为防火"哨兵"，并在铁塔上方加装探头，及时发现和预警森林火灾，从而减少因火灾造成的损失。除传统的视频监控外，还综合运用了红外热成像等技术。这些技术的应用使监控系统能够更准确地识别火情，提高预警的准确性。在重点地区部署高点监控设备，覆盖主要林区山头，24小时不间断地对林区进行循环火点扫描，实现监测范围全覆盖、监管时间全天候，3分钟监测面积可达百平方千米。此外，还可对火情进行精准辨别、研判分析和及时预警，让火情监测更智能、更精准、更高效。

这些关键突破共同促进了铁塔微型消防站在灭火救援中的辅助作用，提升其火灾处置能力，确保森林消防安全形势的稳定。

多重价值

随着特高压建设的推进，山区将接受更多的电力基础设施建设。森林防火是建设生态文明的基础保障，是森林资源保护的首要任务，也是我国重中之重的事情。因此该项目具有非常大的推广价值。

上海送变电工程有限公司通过实施"铁塔微型消防站"项目，切实推动了现场消防安全性的提升，搭建起了与林业部门、消防部门等的联系，让利益相关方在项目开展的前、中、后期都能积极参与进来，真正实现了共赢，同时进一步加快了上海送变电工程有限分司电网建设的步伐。

管理效益

提升现场战斗力：采取"分批培训、逐个辅导"的方式，定期组织辖区内铁塔微型消防站人员开展集中培训，不断提升现场作业人员的消防知识、技能水平，真正做到"会操作器材、会实施扑救"；向作业人员传授消防工作经验，让队员了解掌握开展隐患排查和消防宣传的方式方法，在日常工作中有效识别并排除火灾隐患，充分锻炼铁塔微型消防站在防火巡查、消防宣传方面的综合能力，确保每名作业人员都能将学到的知识和技能应用到实际工作中，从而保证铁塔微型消防站不仅可以承担施工现场灭火救援工作，还可以同时兼顾本林区及周边灭火救援处置工作。

经济效益

投入成本相对较低：铁塔微型消防站能够以相对较少的资金投入，配备必要的消防防护装备，具有地理距离近、机动灵活的优势，一旦发生突发情况，执勤人员就可迅速出警，及时扑救初期火灾，提供最基础的保障能力。

占用场地面积较小：建设铁塔微型消防站的场地面积较小，配备的消防装备均达到国家标准环保设备，既降低了人员、耗材等成本，又能起到良好的消防安全防护作用。

社会效益

保护森林资源和维持生态平衡：加强森林防火工作，实行科学防火，综合防治，最大限度地减少森林火灾的危害，是保护森林资源和生态建设成果的迫切需要，也是保障经济社会可持续发展的客观要求。

各方评价

"铁塔微型消防站"模式得到了相关部门的普遍认可，提升了其在社会上的形象，不仅成为上海送变电工程有限公司施工安全品牌的一张名片，还可以切实防止因林草火灾对超高压输电线路造成损害，提升电力供应的稳定性和可靠性。

国网湖北省电力有限公司中超建设管理公司项目经理许柳：上海送变电工程有限公司能够在保质保量完成工程建设的同时，投入本地森林防火社会公益项目，与当地消防部门联防联动，不仅组织施工人员参与当地防火项目，提高了参建人员的应急救援处置能力，还实现了对森林火灾的全方位监控，是一次非常大的创新举措。

五峰土家族自治县林业局工作人员：森林防火一直是宜昌市林业和园林局重点关注的项目，上海送变电工程有限公司在建设电网"大动脉"的同时，为我们建设了一条条"绿色静脉"，让我们能够深入森林之中，加强对森林火灾的监测预警、督促检查等防火工作，体现了国家电网公司强烈的社会责任与担当。

五峰土家族自治县消防支队联系人："铁塔微型消防站"项目的建设，为我们开辟了一条条"生命绿道"，现场配备的消防装备、防护装备为我们扑救初期火灾提供了必要的物资需求，能起到良好的消防安全防护作用，一旦发生火灾，我们就能够及时响应，迅速开展救援工作。

三、未来展望

　　铁塔森林微型消防站在保护森林资源方面至关重要，下一步提升方向包括设备升级，持续投入资金更新先进灭火设备和防护装备，以提高灭火效率与安全性；加强人员培训，提升消防队员专业技能和应急处置能力；进行信息化建设，联入消防部门监控，建立森林火灾监测预警系统实现实时监控；加强宣传推广计划，通过多种渠道提高公众对森林消防的认识和支持；与周边地区合作，分享经验资源，形成联防联控体系；争取政策支持以促进可持续发展。未来目标是：将铁塔微型消防站推广至各森林区域工程施工现场，实现森林火灾快速响应，在最短时间到达现场，控制火势，减少损失，争取零重大森林火灾，并在保护森林资源的同时注重生态修复和可持续发展。

（撰写人：颜晓宇、黄秀清、薄奇峰、庄侃）

国网甘肃送变电工程有限公司

"精锐甘送"赋能绿色建造，
电力工程守护高原地区"脆弱生态之美"

一、基本情况

公司简介

甘肃送变电工程有限公司成立于 1958 年，是国网甘肃省电力公司全资子公司，注册资本为 1.64 亿元。甘肃送变电工程有限公司具有国家电力工程施工总承包一级资质，电力设备承装、承修、承试一级资质，建筑工程施工总承包三级资质，是送变电工程类甲级调试单位。作为甘肃电网施工、运检、应急抢修重要支撑力量，甘肃送变电工程有限公司艰苦奋斗、实干担当，实现了三大核心业务的分工协作、优势互补、协同发展。施工方面，是为数不多的参加330 千伏到 ±1100 千伏各种电压等级示范工程的省级送变电公司之一，足迹遍布全国 30 余个省（自治区、直辖市）；运检方面，承担甘肃境内 330 千伏及以上输电线路运维检修业务，运维线路总里程达 14651 千米；应急抢修方面，始终秉持"召之即来、来之能战、战之必胜"的鲜明本色，安全、优质、高效完成了各类急、难、险、重任务，积累了丰富的应急抢修实战经验。

近年来，甘肃送变电工程有限公司主动适应新形势、把握新机遇，先后参与数十项省内外国家重点特高压工程建设，积极开展装备研发、技术创新及成果转化，多项拥有自主知识产权的施工装备和先进工法填补了国内技术空白，达到国际领先水平。

可持续发展
目标

行动概要

践行"生态优先、绿色发展"理念，立足甘肃脆弱生态环境、能源资源禀赋，将绿色发展理念贯穿输变电工程"低碳规划、绿色建造、生态修复、价值赋能"全环节，探索构建工程建设"融合发展网"、施工过程"绿色防护网"、生态环境"安全保障网"、陇原大地"协同生态网"四网融合发展新业态，形成资源节约型、环境友好型的绿色建造"甘送模式"，助力实现"碳达峰、碳中和"战略目标。

二、案例主体内容

背景和问题

甘肃作为"西电东送"的重要通道、西北电力交换的枢纽，本身生态环境十分脆弱、自身修复能力差，一旦遭到破坏就很难恢复。电网工程，尤其是跨区域电网线路长、跨度大，难以避免对脆弱高原地区生态环境的干扰破坏，且影响范围大、周期长，给后期生态修复治理带来难度，电力工程破坏与生态环境保护之间的矛盾依旧存在。

行动方案

贯彻绿色发展理念，严格落实"三同时"要求，将"预防为主、防治结合、因地制宜"原则融入施工全过程，实现边保护、边施工、边复绿，推动公司输变电工程环水保管理水平迈上新台阶。

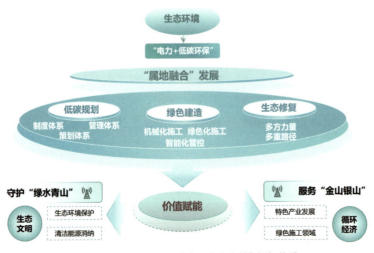

电力工程守护高原地区"脆弱生态之美"框架体系

"前期"低碳规划，构建工程建设"融合发展网"

政企联动，统筹协调，打造"属地融合"模式

与当地政府、自然资源局、水土保持局、生态环境监测监督管理局等建立常态沟通机制，在工程勘察、设计、施工、运行、修复等环节，全面落实环水保措施，促进电力工程与环境保护、水土保持融合，守护高原地区"脆弱生态之美"。

顶层设计，前移关口，深化"源头管理"实践

制定"甘送模式"输变电工程绿色建造、环水保施工等管理指导手册，针对项目前期选址选线、建设期间技术应用和管理创新、竣工后植被恢复等环节，实施全过程管控。建立"一工程一策划、一处一优化、全线保绿化"创新工作模式，基于地方生态条件形成个性化策划设计方案。建立环水保与"六精四化"融合管理机制，强化公司各级环境保护主体责任。

"中期"绿色建造，构建施工过程"绿色防护网"

"机械化"施工，科技创新引领绿色发展

发挥科技创新支撑引领作用，探索绿色施工新技术、新工艺、新方法，推动创新成果转化。

"机械化"施工现场

开展联合攻关研究，形成"技术+装备"成果体系。建立"产学研用"联合攻关机制，研究环保、节材、节水、节能、节地、监管、植被修复等技术，形成"三维装配施工""电动双摇臂抱杆"等技术体系。积极承担国家电网有限公司、国网甘肃省电力公司重大装备专项研究，主动开展自主特色装备攻关研究，研发"电动张力机""轻型智能索桥式跨越架"等新型装备，逐步完善输变电工程的机械化装备体系。

全过程机械化施工，实现"绿色、低碳"升级革新。提高线路、变电、土木建筑、电缆施工专业的机械化应用率，通过工厂化预制、模块化安装、装配化施工等方式，减少临时施工占用、土地开挖、树木砍伐、农作物破坏等，保护周边自然环境生态。

"绿色化"施工，绿色建造助推转型升级

遵循"零叠装、零涂刷、少焊接、少湿作业、无扬尘、低耗能"的建造要求，推动输变电工程"绿色化"施工。

"绿色化"施工现场

减少植被破坏，打造"环境友好型"工程。在基础施工阶段，采取隔离、围挡等措施防止施工沙土影响周围环境，基础浇筑结束回填时，把熟土填于顶层，恢复原貌。在组塔阶段，在施工场地周围划定界限，减少临时占地面积；在组装塔材时，不采取多片连组方式，防止因塔材过大破坏地表植被问题的出现，导致水土流失。在架线阶段，合理设置地锚坑位置，在施工场地和工具摆放区设置衬垫，减少地表植被的破坏。

实施精益管理，打造"资源节约型"工程。永临结合，充分利用原有建筑物、构筑物、道路和管线等，尽可能节约施工用地；制定施工节水方案和节水措施，使用节水变频器具，加强施工用水管理；采用可周转构件、建材，如洞口临边使用定型化、工具化的安全防护及临时设施，节约材料和资源。

坚持多措并举，打造"低碳低污型"工程。 应用施工扬尘控制、噪声控制、封闭降水及水收集综合利用等技术，对扬尘污染、噪声污染、水污染进行有效控制；对有害气体进行回收并统一处理，严禁直接排放；针对不同的污水，设置沉淀池、隔油池、化粪池等相应的处理设施；电焊作业采取遮挡等措施减少光污染，钢筋直螺纹连接等技术应用消除电焊光污染。

"智能化"管控，数智管理促进提质增效

构建施工"线上管控、自动归集、智能监管"模式，对施工现场能耗、水耗、噪声、扬尘、设备安全运行状况等各项绿色施工指标数据进行实时监测、记录、统计、分析、评价和预警，量化评估全过程节能控碳效力。

"后期"生态修复，筑牢生态环境"安全保障网"

融合多方力量，凝聚"绿色低碳"理念认同

邀请专业生态专家组建柔性团队，分析高海拔、干旱等生态脆弱地区植被恢复特点与难点，制定植被恢复方案与措施，开展技术培训和专业指导。将业主、沿线村委会、监理、施工、物资等各参建方都吸收进来，并通过口袋书、宣传展板、开展活动等，向其宣传环境保护、生态修复等绿色发展理念。

拓展多重路径，构建"多元"生态修复模式

打破传统大面积、粗放式生态修复模式，对分散、不同规模的植被破坏和水土流失区域精准定位、分类施策、综合修复。与此同时，采用表土剥离、土地整治、植被恢复等多样措施，选择适宜的树种、草种进行种植，并将剥离表土回覆，最大限度地减少施工过程对周围生态环境产生的扰动和破坏。

聚焦价值创造赋能，打造陇原大地"协同生态网"

守护"绿水青山"，交出生态文明建设"甘送答卷"

落实国网绿色建造 11 项关键指标，建立健全电网环境保护长效机制，实现"绿色移交"，争创绿色建造典型示范工程。积极服务陇电入鲁综合能源基地外送工程，开展环保、安全、质量管理和监督检查，实现工程绿色环保、功能可靠、建设安全、技术经济等的统一，并主动介入陇电入浙、陇电入川等工程前期，做好绿色规划工作。

服务"金山银山",打造循环经济发展"甘送样本"

围绕地方农业、旅游业、牧业等特色产业,依托当地资源禀赋、负荷特性、网架结构等广泛调研、征集工程沿线的村委会、居民诉求,加强农村基础电网建设。加快绿色施工领域"科研、标准、应用、产业"一体化示范点建设,形成一套可复制、可推广的技术目录和标准,为绿色、和谐、典范工程建设作出表率。

关键突破

探索"绿色建造"守护"高原脆弱生态"实践路径

聚焦高原生态脆弱地区电网建设难点、痛点问题,搭建合作平台、凝聚多元力量、统筹多方资源,将绿色建造理念纳入本地绿色发展和生态文明建设体系,探索电网建设施工与自然生态和谐共生之路。

创新适应"新发展理念"的全闭环绿色建造模式

围绕输变电工程"低碳规划、绿色建造、生态修复"全闭环,强化制度、策划、管理"三位一体"顶层设计,以机械化、绿色化、智能化"三化"为抓手,推动施工过程绿色低碳,拓展多元修复模式,形成资源节约型、环境友好型的绿色建造"甘送模式"。

打造依托属地特色的"绿色建造 +"融合发展格局

构筑"政—企—院—村—民"五位一体协同发展生态,围绕电网工程建设全产业链发展,形成以"绿色建造"为中心的集生态环境保护、能源资源发展、循环经济发展于一体的协同格局。

多重价值

经济效益

在采用装配式建筑、工厂化预制、模块化设计等绿色建造技术后,现场土地节地率高于 25%,临时建筑、临时围挡材料等可重复使用率达 90% 以上,水资源利用率提高了 30%,最大程度节约资源、降低成本,实现了绿色发展和经济效益"双赢"。

环境效益

全方位推进施工过程环保管理工作,110 千伏及以上电网建设项目环评率达 100%,绿色优质达标率高于 95%,碳排放量较常规施工方式降低了 11%,污水实现"零排放",减少了对周围环境的污染。2021~2024 年,标准形式的 330 千伏变电站通过钢结构及轻型围护结构技术,减少抹灰与砌筑用水泥约 800 吨,经换算可减少二氧化碳排放 600 吨、粉尘 8.2 吨、二氧化硫 0.9 吨、氮氧化物 0.5 吨。

社会效益

项目应用的新技术、新工法被推广、应用，最大限度降低施工过程对周围脆弱生态环境的干扰破坏，保障居民具有良好的生活环境，为地方经济发展、生态文明建设提供支撑。在施工过程中，主动与业主、沿线村委会等多方主体交流，引导社会节能减排，形成绿色低碳的生产生活方式，保护当地原始生态。

相关方效益

研发、推广先进的绿色建造技术和产品，提高施工行业整体技术水平和竞争力，促进行业良性发展。带动环保材料、节能设备等相关产业链的发展，创新链条带动产业上下游产值增长 30% 以上，科研联合体成果输出同比增长 20%。

各方评价

定西市政府: 甘肃送变电工程有限公司打造现代智慧标杆工地和绿色建造示范工程，为推动定西市工程绿色施工数字化建设作出了贡献。

甘肃经济日报: 甘肃送变电工程有限公司让绿色文明施工贯穿标准化工地建设始终，全面打造精品工程，引领电网新基建。

甘肃工人报: 甘肃送变电工程有限公司科学运用先进的施工技术，把绿色发展理念融入生产方式的全要素、全过程。

媒体评价

安徽、四川、西藏等送变电公司：诚信科技生产的自动化设备在现场施工过程中，使用性能稳定、安全可靠、自动化程度高，有效提高了现场自动化程度和绿色建造水平。

项目所在地居民：甘肃送变电工程有限公司在建工程对项目周围的生态影响均在可控范围之内，可以有效管控扬尘和噪声等污染源。在兰州中心 330 千伏变电站建造中，多次受到街道办事处、城市管理综合行政执法单位的表扬。

所获荣誉：兰临 750 千伏变电站获评甘肃省绿色建造施工水平评价合格项目，郭武三回线路工程获中电建协绿色建造"三星工程"评价。

所获荣誉

三、未来展望

下一步，甘肃送变电工程有限公司将继续深入践行可持续发展理念，用实际行动履行企业社会责任，为可持续发展目标作出积极贡献。一方面，依托本行动提出的解决方案，加强政府、自然资源局、水土保持局、当地居民等沟通联动，持续深化全过程绿色建造，探索更多符合高原地区的可行性措施，完善制度机制，强化典型经验做法宣传推广，在创造模式、打造样板、树立标杆上持续发力，推动电网建设与生态环境保护的有机结合；另一方面，持续加强公司上下可持续性发展理念宣传贯彻，立足公司各专业特色，从低碳转型、电力大数据、参与社会治理等方面探索、培育更多具有实践、推广价值的可持续性管理模式。

（撰写人：齐加恩、梁小龙、林璐、杨博文、欧阳军、李静）

国网甘肃省电力公司刘家峡水电厂
蓝色黄河
——基于水沙协调灵活减淤助力黄河生态环保的水库运行实践

一、基本情况

公司简介

国网甘肃省电力公司刘家峡水电厂（以下简称刘家峡水电厂）位于甘肃省永靖县，是中国第一座完全自主设计、制造、安装和调试的百万千瓦级大型水电站，是中国水电向世界亮出的第一张"名片"，也是世界对中国水电人刮目相看的标志性工程。刘家峡水电厂隶属国网甘肃省电力公司，具有发电、防洪、防凌、灌溉、航运、旅游、工业和城市供水等综合功能，创造了中国水电建设史上"七个第一"（第一座百万千瓦级大型水电厂、第一座最大的水利电力枢纽工程、第一座最高的混凝土重力坝、第一座最大的地下厂房、第一台 30 万千瓦双水内冷水轮发电机组、第一台最大的有载调压变压器、第一条 330 千伏超高压输电线路）的辉煌历史。

永靖县位于黄河上游，水电能源充沛——黄河流经县域 107 千米，建有炳灵峡、刘家峡、盐锅峡、八盘峡 4 座大中型水电站和白川、福川、英东 3 座小型水电站，年发电 117 亿度，占甘肃省 30% 的水力发电量。与此同时，黄河素来"多淤、多决、多徙"，黄河治理是困扰了中华民族几千年的大难题，由于历史、气候等因素，永靖县黄河上游水源涵养区域生态环境比较脆弱。国网甘肃刘家峡水电厂积极承担责任推动共建共治，共抓保护，守护黄河上游水源涵养区域生态环境，助力黄河生态功能带建设，庇佑黄河岁岁安澜。

行动概要

随着新时代黄河治理要求的不断提高，作为黄河上游的水力发电企业，刘家峡水电厂始终坚持绿色生态文明建设，致力于提升生态系统质量，从推进水污染防治、水资源管理和水生态保护等多方面构建绿色产业结构和低碳能源供应体系，强化能源资源节约利用和效率提升，加快绿色清洁能源持续改善，在助力黄河流域生态保护和高质量发展中展现新担当、新作为。

二、案例主体内容

背景和问题

黄河治理系统性、整体性与协同性需要加强

黄河生态系统是一个有机整体。目前，黄河流域泥沙问题一直困扰着刘家峡水电厂，泄水建筑物淤堵风险仍然存在。因此，黄河上游流域管理部门与企业还需就黄河流域源头保护、污染防控、防洪调度、生态补偿、水土保持、旅游工业等事宜建立更为完备、高效的协同机制，全面形成共建共治黄河治理的"生态圈"，系统性、协同性推进黄河治理。

黄河上游水源地涵养区域生态环境比较脆弱

甘肃是黄河流域重要的水源涵养区和补给区，60% 以上的水来自兰州以上河段。由于历史、气候等因素，黄河上游水源涵养区域生态环境比较脆弱，作为守护黄河安澜的大型中央企业，刘家峡水电厂肩负黄河上游生态修复、水土保持和污染防治的重任，在保持黄河水体健康、河道两岸水土丰润、有效减少山体泥沙入库、防治库区南北山体水土流失等方面作出了重要贡献。

库区黄河水源地水质监测系统需要完善

为全面贯彻落实《中华人民共和国黄河保护法》、国家生态环境保护相关政策和生态环境保护长效机制，依据《甘肃省生态环境厅关于加强水电站环境风险管控工作的通知》要求，对河道水情实施监测，完善水情、雨情及水质在线监测系统，确保水情、雨情及时测报，对出入库河流水质实时在线监测，实现对河道水质预警功能，为上级决策部署提供了数据支持及依据。

行动方案

共建共治，共抓保护，推进黄河上游协同化治理

一是多方协同，完善刘家峡黄河治理协调机制。 加强与当地政府同治共建，积极参与经济发展中需要解决的实际问题，着力搭建并完善刘家峡黄河治理协调机制，建立快速联动响应机制，黄河流域源头保护、污染防控、防洪调度、生态补偿、水土保持等。针对每年黄河上游、坝区水域大量漂浮物的情况，先后投入两艘自动化机械打捞船，全年常态化开展水面清理作业，实现了坝前水域日清日洁，年均打捞运输漂浮物达 1.7 万立方米，减轻了污染程度。

二是数字驱动，构建"生态环境＋大数据"政企合作新模式。 与生态环境部门合作，依托甘肃"电眼"看黄河——智慧环保用电监测平台，围绕多维环保指标监测分析、智慧环保用电监测指数研究及构建、排污许可证企业监测、特定区域污染情况监测等，开展一系列电力大数据在黄河上游生态治理领域的应用。

束水攻沙，蓄清排浑，助力黄河生态功能带建设

加强水情监测，为水库运行提供支撑，确保生态流量稳定。

一是推动水情监测业务的精细化管理。 建立数据缺失率和差错率考核机制，按时、依规进行水库上下游水位监测，沟通流域相关水情测报机构和电站，及时汇编水情报表，监测数据按规定及时传输至区域电网调度、省电力公司调度、网调和国家能源局，为水库调度提供可靠的数据支撑。

二是精准开展机组含沙量监测。 每年汛前（4~5 月）汛后（9~10 月）进行库区测量及淤积物取样工作，获取水库汛前、汛后水下淤积泥沙颗粒分析、断面淤积情况及泥沙淤积分布等实测资料，分析水下泥沙运动情况、淤积分布和形态、库容变化、泥沙淤积速率、库区三角洲和坝前洮河口水下沙坎等变化情况。每年 11 月进入低水位防凌运行期，对坝前、洮河口及尾水河道进行泥沙冲淤监测，为调水排沙提供第一手水文泥沙资料。

三是及时预判、精准提门排沙。 根据汛期入库水沙信息，保障刘家峡水电厂防汛度汛安全。2021~2024 年，及时预报洪峰、沙峰 8 次，闸门提门排沙 22 次，异重流排出沙量约 576 万吨，有效应对泥沙威胁，提高了异重流排沙效率、水资源利用率，减缓了坝前泥沙淤积问题，延长了水库的使用寿命。

四是应用多种技术服务水情监测。采用3套不同工作原理的水库水位自动监测系统，根据防汛检查大纲与防汛手册的相关要求，制定了相应的水位巡回检查制度、比测实施方案，保证坝前和尾水水位的精确性，为上级相关部门（水调、网调等）水资源调度提供了水文数据依据。

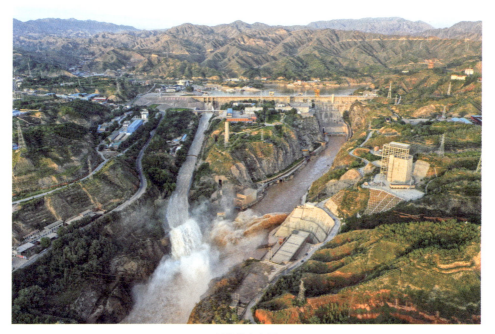

刘家峡水电厂

节水护水, 强化监管, 确保用水安全

为全面贯彻落实甘肃省生态环境厅关于"发挥水电站的预警防护作用，建立河流生态流量监控系统，对区域环境问题分析、研究和修复至关重要"的工作要求，刘家峡水电厂合理确定生态下泄流量，按要求设置无障碍下泄生态流量保障措施，建成在线流量监测系统，全天候、全方位监管下泄生态用水，掌握电站上下游主要河流水源变化情况，及时预警，满足绿色、环保、生态、发电等多方面的需求。

一是开展侵蚀离子对坝体混凝土及金属构件分析。自建厂以来，每季度开展刘家峡水库坝体渗漏水分析工作，通过对坝体渗漏水中的电导率、侵蚀性二氧化碳、水的溶解固形物等特性测定，准确判定坝体渗漏水侵蚀离子对坝体砼的侵蚀情况。

二是对河流水质进行全面检测。 为及时检测河流水质的变化情况，委托具有环保资质的机构定期对坝前入库、坝体集水、尾水等进行动态检测，根据 5 个监测点、24 项监测结果报告，掌握河流水质的变化情况。

三是实施在线河流水质监测。 按河流水质监测标准，应用"水质在线实时监测"平台实时在线监测电站出入库河流水质，实现 24 小时全天候水质在线监测，保障饮用水安全。

构筑屏障，守绿换金，开展南北山绿化植树

为保持水库两岸水土丰润，减少库区周围山体水土流失，防止库区南北山体表面的水土流失，刘家峡水电厂在库区河道两侧荒山、道路等区域，植树达百万棵，兴建提灌、喷灌系统，绿化面积 6400 亩，提升生态系统稳定性。

关键突破

一是共建共治，共抓保护，推进黄河上游协同化治理。 在区域发展中与地方政府同治共建，积极参与永靖县经济社会发展中需要解决的实际问题，着力搭建并完善刘家峡黄河治理协调机制，共同推动与州、县生态环境部门之间的横纵向合作，构建"生态环境＋大数据"政企合作新模式，开展一系列电力大数据在黄河上游生态治理领域的应用，持续深入开展污染防治行动。

二是束水攻沙，守绿换金，助力库区黄河生态建设。 在汛期，利用含沙量监测设备和人工测验对上游入库来沙及过机沙量进行实时监测，及时掌握过机含沙量变化，依据异重流排沙技术进行提门排沙。同时，根据测验数据推算洮河红旗站至坝前含沙量传播时间，优化入库沙峰、洪峰与闸门流量关系，确定闸门开度，最大限度地提高水资源利用率，为发电效益和大坝的运行安全提供可靠的数据支撑。在库区河道两侧荒山、道路等区域，利用引水灌溉等技术进行绿化造林，提高生态系统稳定性。

多重价值

经济效益

有效应对泥沙威胁，减缓洮河泥沙在坝前淤积，提高异重流排沙效率和水资源利用率，延长了水库的使用寿命。对所辖南北两山、水库周边区域的绿化全过程管理，牢牢扛起了黄河上游生态修复、水土保持和污染防治重任，确保了下游群众的用水安全。

2024 年 4 月 1 日，刘家峡水电厂投产发电 55 周年，实现安全生产长周期 8286 天，累计发电量为 2641.685 亿千瓦·时，实现不变价工业总产值 197.73 亿元，相当于建厂投资的 31.39 倍。

环境效益

一是减排成效显著，助力"双碳"目标落地。 截至 2024 年 4 月 1 日，刘家峡水电厂累计发电量超 26985 亿千瓦·时，相较于标准燃煤发电，减少二氧化碳排放量约 24745.6 万吨。

二是净化库区水质，让人民喝上放心水。 履行"河湖长制"责任，大力净化库区水质环境，2020~2024 年共投入 1000 余万元开展坝前漂浮物打捞，清理垃圾 9.2 万余立方米，确保坝前水域日清日洁。

三是联合开展区域绿化工作，生态环境持续改善。 与政府联动开展河道"清四乱"专项行动，持续开展水库南北两山和周边区域绿化工作，先后植树 100 多万棵，绿化面积 6400 余亩，助力打赢"蓝天、碧水、净土保卫战"。

刘家峡水电厂

社会效益

一是保障下游春灌，大幅提升灌区粮食产量。 每年 3 月中旬，通过出库流量的精细化调度和平稳下泄，源源不断地向下游调水支援春耕生产，每年为甘肃、宁夏、内蒙古等地农业生产补水 8 亿 ~12 亿立方米，灌溉面积由 618 万亩增至 1600 万亩，引黄灌区灌溉保证率由原来的 65% 提高至 85%，大幅提升了灌区粮食产量。

二是保障下游防洪度汛，保障人民群众用水安全。 通过水库调度、及时削减洪峰、推迟最大下泄流量等方式，为下游地区防洪抢险赢得宝贵时间，切实保障下游地区人民群众生命财产安全。作为兰州第二水源地，刘家峡水电厂始终心系 430 万兰州人民饮水安全，把城市供水作为企业使命，每年可靠供给 5.5 亿 ~8.3 亿立方米优质水源，相应减少发电量 1.3 亿 ~2.0 亿千瓦·时，多措并举，保障人民群众饮水安全。

三是为地方经济发展作出突出贡献。 推动刘家峡水上公园、刘家峡国际滑翔伞营地等地方第三产业稳定发展，促进旅游从业人数提升，为中国龙舟公开赛甘肃永靖站赛和中国桨板公开赛永靖站赛的成功举办提供优良赛事水域，为地方政府打造"蓝色黄河 阳光永靖"AAAAA 级黄河三峡旅游风景区、创建全国文明县城提供坚强的环境保障。

各方评价

政府评价

刘家峡水电厂持续致力于改善沿黄生态环境，高度支持政府河道"清四乱"专项行动，持续开展水库南北两山和周边区域绿化工作，着力改善区域黄河生态环境、维护黄河健康生命、实现黄河功能永续上，作出了突出贡献，在推动美丽幸福河湖建设中展现了央企担当。

社会评价

刘家峡水电厂实时无条件支持地方防汛抗旱，春灌期为甘、宁、内等地农业生产补水 8 亿 ~12 亿立方米，当地农民说："有了刘家峡的水，我们的庄稼再也不怕旱了。"

刘家峡水电厂充分发挥爱国主义教育功能和水电历史及技术科普功能，为当地青少年学生群体及广大居民、游客提供了丰富多样、特色鲜明的爱国主义教育及水电科普教育，已成为讲好甘肃电力工业史、讲好陇原红色故事、讲好富民兴陇故事的重要实践场所。

三、未来展望

根据"十四五"规划和 2035 年远景目标，刘家峡水电厂将继续推进智慧化发电企业建设，利用数字化技术提升运营效率和管理水平，建成具备"数字化、绿色化、引领性"的刘家峡水电厂绿色数智示范电厂；推进刘家峡水电工业遗产主题公园建设和爱国主义教育基地建设，打造集黄河文化、水电生态、教育研学及历史遗存等功能于一体的综合水利电力主题的爱国主义教育基地；增强企业社会责任承担，持续发挥综合效益，推进黄河流域水—能源—生态系统协同增效战略体系的构建，致力于打造"生态 +"水电发展示范区。

（撰写人：付廷勤、赵宇冰、赵晶洁）

面向 SDG 的国网行动
转型低碳贡献气候行动

State Grid SDG Solutions
Accelerating Low-Carbon Transition for Climate Impact

于志宏 ◎ 主编

王秋蓉　杜　娟 ◎ 副主编

经济管理出版社
ECONOMY & MANAGEMENT PUBLISHING HOUSE

图书在版编目（CIP）数据

转型低碳贡献气候行动 / 于志宏主编． —— 北京：
经济管理出版社，2025. 6. ——（面向 SDG 的国网行动）.
ISBN 978-7-5243-0339-8

Ⅰ．F426.61

中国国家版本馆 CIP 数据核字第 2025VT5156 号

组稿编辑：魏晨红

责任编辑：魏晨红

责任印制：张莉琼

责任校对：曹魏

出版发行：经济管理出版社

　　　　　（北京市海淀区北蜂窝 8 号中雅大厦 A 座 11 层　　100038）

网　　　址：www.E-mp.com.cn

电　　　话：（010）51915602

印　　　刷：北京市海淀区唐家岭福利印刷厂

经　　　销：新华书店

开　　　本：720mm×1000mm/16

印　　　张：9.25

印　　　张：34（全四册）

字　　　数：165 千字

字　　　数：616 千字（全四册）

版　　　次：2025 年 7 月第 1 版　　　2025 年 7 月第 1 次印刷

书　　　号：ISBN 978-7-5243-0339-8

定　　　价：380.00 元（全四册）

《面向 SDG 的国网行动——转型低碳贡献气候行动》编委会

主　编： 于志宏

副主编： 王秋蓉　　杜　娟

编　委：（按照姓氏汉语拼音首字母排序）

破解世界难题的"国网方案"

——2024"金钥匙·国家电网主题赛"介绍

"破解世界难题，打造中国方案。"

2022 年，国家电网有限公司与《可持续发展经济导刊》发起并联合举办了首届"金钥匙·国家电网主题赛"，针对全球性难题寻找可持续发展解决方案，打造贡献联合国 2030 可持续发展目标(SDG)的国网方案，挖掘具有影响力、示范性的企业卓越实践案例，并在国际国内平台推介推广。"金钥匙·国家电网主题赛"既是"金钥匙——面向 SDG 的中国行动"的拓展与升级，也是国家电网进一步贡献 SDG 的新尝试。

2024"金钥匙·国家电网主题赛"聚焦"电力大数据创造新价值""转型低碳贡献气候行动""绿色电网守护生态之美""参与社会治理破解难题"四大主题，国家电网有限公司各单位共申报了 211 项行动，其中 73 项行动参加路演。经过金钥匙专家评审，共有 17 项行动获得金奖、16 项行动获得银奖、40 项行动获得铜奖。金奖行动最终产生 5 项"金钥匙·年度最佳解决方案"，成为破解这四大问题有代表性的国网方案、中国方案。

针对 4 个主题汇聚"国网方案"

2024"金钥匙·国家电网主题赛"针对 4 个主题，按照金钥匙标准与流程，汇聚了来自国家电网有限公司各单位 73 项贡献 SDG 的国网方案，在金钥匙平台充分展现了破解难题的丰富实践与解决方案。

主题一：电力大数据创造新价值。电力大数据是能源领域和宏观经济的"晴雨表"，为服务国家发展战略、助力科学治理、推动经济社会发展提供有力支撑。如何不断拓展应用场景，充分释放电力大数据价值，赋能经济社会发展？国家电网有限公司各单位扭住"数据"这个"牛鼻子"，通过 19 项优秀行动展示了利用电力大数据创造价值，打造新产品、新技术、新服务，服务社会经济发展的多种应用场景，包括社区电动汽车充电、新能源设施建设、农村光伏消纳、企业用电服务、社区供电服务、畜禽养殖

场及农排灌溉等。

主题二：转型低碳贡献气候行动。实现"双碳"目标，能源是主战场，电力是主力军。转型低碳是电力行业的重要使命，是积极应对气候变化的重要着力点和创新点。本主题整合了电网企业推动能源绿色低碳转型、为应对气候变化作出贡献的创新性示范行动共 18 项，呈现了推动公共领域电气化、大型邮轮岸电使用、赋能零碳园区、农村能源革命、企业节能降碳、引导全民节约用电、公共建筑低碳用能等实践活动。

主题三：绿色电网守护生态之美。作为重要的能源基础设施，如何将绿色发展理念融入电网全生命周期，建设环境友好型电网，助力美丽中国建设？本主题的 17 项路演行动有力展示了将电力基础设施完美融入绿水青山的美丽画卷，从破解湿陷性黄土地区"海绵城市"电网建造难题、打造"零碳"变电站、筑牢特高压工程森林"防火墙"、守护高原地区脆弱生态到海陆空立体化保护生物多样性，生动践行了习近平生态文明思想，再次用实践印证了电网与生态和谐共生的理念。

主题四：参与社会治理破解难题。电力行业是现代社会的血脉，电网企业是社会治理的重要参与者。如何发挥供电服务体系的支撑作用，全面推进电网企业与社会综合治理共融共建？ 本主题的 19 项行动集中呈现了从电网自身出发，积极参与社会治理、助力解决社会难题的创新性示范行动，包括助力社区网格化"智"理、困难群众救助、灾难灾害救援、倡导居民节电、解决"渔电矛盾"、农村老年人厕所设施改善等，展示了关爱社会的温暖与善意。

持续破解难题，发挥示范引领作用

2022~2024 年，"金钥匙·国家电网主题赛"面向国家电网有限公司各单位广泛征集了 605 项行动，通过金钥匙标准及流程，200 项优秀行动脱颖而出成为破解难题的"国网方案"，建立起国家电网贡献 SDG 的优秀实践案例库；向社会各界展示了国家电网持续推进社会责任工作、破解可持续发展难题的生动实践与创新行动，提升了可持续发展品牌影响力；为国家电网向国际社会讲好中国故事提供了丰富的可持续发展优秀案例。

这些行动不仅展示了国家电网有限公司在可持续发展领域取得的显著成效，更体现了其作为关系国家能源安全和国民经济命脉的特大型国有重点骨干企业的水平和风

采。来自不同领域的金钥匙专家在主题赛路演展示过程中，对国家电网有限公司在社会责任和可持续发展道路上发挥的表率和示范作用给予了高度肯定，希望未来通过不同的平台将优秀经验和行动成果分享给社会各界及全球，共同为破解世界难题、打造国网方案贡献力量。

理念引领行动，行动践行理念。国家电网有限公司自上而下地灌输了可持续发展理念，各基层单位积极响应，自下而上地涌现出了无数的创新行动。金钥匙总教练、清华大学苏世民书院副院长、清华大学绿色经济与可持续发展研究中心钱小军教授对此给予了高度评价："每年 200 多项行动数量非常庞大。充分证明了国家电网有限公司作为一个大集体推动可持续发展的强大实力和坚定决心，系统内各单位热情不减，好点子层出不穷。"

通过"金钥匙·国家电网主题赛"，国家电网有限公司充分展现了其在可持续发展领域的领导力风范和风采，期待更多行业企业加入这一行列，开展本行业企业主题活动，营造比、学、赶、超的良好氛围，为中国及全球可持续发展难题寻找更多具有创新性的解决方案。

《面向 SDG 的国网行动》

2024 年，国家电网有限公司与《可持续发展经济导刊》联合发起 2024"金钥匙·国家电网主题赛"，聚焦"电力大数据创造新价值""转型低碳贡献气候行动""绿色电网守护生态之美""参与社会治理破解难题"四大主题，选拔出具有代表性的国网方案、中国方案。

为了向社会各界和国际社会讲好"面向 SDG 的国网行动"故事，《可持续发展经济导刊》汇总每个问题的优秀解决方案，经总结和提炼，按照"金钥匙标准"选编和出版 2024"金钥匙·国家电网主题赛"优秀成果选辑——《面向 SDG 的国网行动》（共四辑）。本书收录了来自 2024"金钥匙·国家电网主题赛"的 59 项优秀行动，并按照四个主题，即"电力大数据创造新价值""转型低碳贡献气候行动""绿色电网守护生态之美""参与社会治理破解难题"分为四辑。

本书为第二辑，聚焦"转型低碳贡献气候行动"主题。实现"双碳"目标，能源是主战场，电力是主力军。电力系统助力碳减排是服务"双碳"目标的重要组成部分。电网从自身业务和技术优势出发，提升消费侧电气化水平，推动能源转型，助力社会节能降碳提效，服务新能源发展消纳，是积极应对气候变化的重要着力点和创新点。本书汇集了来自国家电网系统不同单位的 16 项推动能源绿色低碳转型、为应对气候变化作出贡献的创新性示范行动。

《面向 SDG 的国网行动》面向高校商学院、管理学院，作为教学参考案例，可提升领导者的可持续发展意识；面向致力于贡献可持续发展目标实现的企业，可促进企业相互借鉴，推动可持续发展行动品牌建设；面向国际平台，可展示、推介国家电网可持续发展行动的经验和故事。

目　录

国网江苏省电力有限公司邳州市供电分公司
"各行其道"，
让农村光伏并网"安全有道"

一、基本情况

公司简介

国网江苏省电力有限公司邳州市供电分公司（以下简称国网邳州市供电公司）现有 9 个职能部室、3 个业务支撑机构，3 个省管产业单位，下辖 24 个供电所。境内共有 500 千伏变电站 1 座、220 千伏变电站 6 座、110 千伏变电站 20 座、3S 千伏变电站 2 座，110 千伏及以下变电总容量 237.7 万千伏安，10 千伏线路 380 条，总长度 4879 千米，配变 9058 台，专变 6537 台，户均容量 5.1 千伏安。2023 年，邳州市全社会用电量为 48.61 亿千瓦·时，同比增长 13.07%；公司售电量为 42.12 亿千瓦·时，同比增长 13.03%；综合线捞率完成 3.52%，同比下降 0.22 个百分点；电网最大负荷为 103.34 万千瓦，营业户数约为 81 万户。

国网邳州市供电公司连续 10 年保持"全国用户服务满意企业"荣誉称号，先后荣获江苏省文明单位、江苏省五一劳动奖状、全国"职工书屋"示范点、全国"安康杯"竞赛优胜单位等称号，八义集供电所获得国网"五星级乡镇供电所"称号，机城供电所被评选为国网徐州公司"五星级班组"。2023 年，国网邳州市供电公司被中国质量协会评为"用户满意四星级企业"，获得江苏省"守合同重信用企业"、江苏省电力公司"安全生产先进集体"、邳州市"青年安全生产示范岗"等荣誉。

可持续发展目标

行动概要

农村分布式光伏的快速发展对推动农村能源消费转型、助力乡村振兴具有重要作用。但犹如猛增的机动车数量给乡村道路带来的交通安全风险一样，并网需求的集中式爆发让本就相对薄弱的农村配电网面临着巨大压力，也影响着农村分布式光伏的可持续发展。国网邵州市供电公司结合农村配电网现状，首创性提出了发电、供电线路分离的解决思路，通过在原有线路的基础上新增光伏发电"专用道路"，有效实现了压力的"交通分流"，在满足农村分布式光伏迫切并网需求的同时，保障了居民用电质量和电网设施设备安全运行不受影响。与其他现有解决方式相比，解决的问题更多、投入的成本更低、改造的难度更小，为助力农村分布式光伏高质量发展探索出了一条经济适用、精准有效的前进之路。

二、案例主体内容

背景和问题

农村地区户用分布式光伏的快速发展，对推动农村地区能源消费转型，促进农户收入提高具有重要作用。近年来，邵州市农村地区户用光伏呈井喷式增长态势，装机户数、装机规模不断创下历史新高，2023 年同比增长 140.46%。然而，农村户用光伏的快速发展，也给本就相对薄弱的农村配电网带来了巨大压力。同乡村交通网络一样，农村配电网基础相对薄弱，而光伏发电如同乡村道路上快速增长的车辆，随之而来的"道路承载压力"和"道路交通安全问题"也日益凸显。一是"违规驶入隐患大"，用户及光伏运营商完成分布式光伏建设后，迫切希望实现早并网早发电早获益，因此擅自不规范接入现象频发，给配电网安全稳定运行带来了风险隐患。二是"超速超载危害多"，在光伏发电出力高峰期，光伏反向负荷远超台区正常用电负荷，且为追求效益，光伏逆变器出口电压的设置普遍远超标准要求，极易导致配电网线路过载和设施设备受损，引发故障停电、用户电器受损、电气火灾等事故。三是"道路养护难度高"，一旦配电网线路发生故障需进行检修，检修过程中存在反送电安全风险，威胁检修人员和发电车等用电保障设备的安全；如果将光伏发电逐户、全量退出，不仅影响检修效率，而且会降低光伏用户的发电收益。然而，现有的增加变压器、台区柔性互联、整村汇流、强控出力等解决方式，存在着解决的问题单一、投资成本大、影响波及面广等不足。因此，亟须探寻一条既能有力支撑光伏并网，又能保障其他用户用电质量，同时还能确保电网设施设备的安全稳定运行的经济合理、精准有效的解决之路。

行动方案

创新建设"专用车道"，"并网驶入"更放心

国网邳州市供电公司首创性提出了发电、供电线路物理隔离解决方式。一方面，建设形成光伏发电"专用车道"。通过实施台区局部性施工改造，在原有线路的基础上建设低压分布式光伏发电的专用线路，将台区所有光伏发电并网点全部接入专用线路，原供电线路只带用电负荷而不接入任何发电用户，打造形成光伏发电"专用车道"。另一方面，降低并网停电影响。新增光伏需并网时只要在光伏不出力时段停用光伏发电线路，进而并网施工，便无须对台区内用电户进行多次、重复停电，既满足了光伏用户"快速并网通行"的迫切需求，也有效减少了线路故障、用电设备受损等配电网"交通事故"的发生。

发、供电线路物理隔离解决方式

合理规划"交通流线"，"快速通行"有保障

为确保"专用车道"的设置科学合理，最大限度减少光伏并网发电和居民正常用电之间的矛盾，国网邳州市供电公司在建设光伏发电"专用车道"时，深入开展基础调研

和分析工作，结合台区实际的配变总容量及光伏并网发电、居民正常用电实际"行驶特点"，根据光伏并网发电需求多、要求急，且光伏并网发电需要配合停电次数多的特点，将光伏发电专用线路设置于原有线路的下方，有效确保光伏并网接入施工作业过程，无须穿越带电的低压用电线路，也不用对居民正常用电线路采取停电措施，充分保障了并网作业安全和作业效率，避免了对居民正常用电造成影响。

精准实施"巡检巡查"，"道路养护"影响小

建设光伏发电"专用车道"后，一方面，配电网"道路养护"的次数减少，实现了对原有"道路车辆"的合理分流，减轻了配电网线路的承载压力，使用电线路负荷能恢复至光伏发电并网接入前的运行状态，避免因光伏反向过负荷引起低压开关、保险、接头等故障，极大减少了居民用电的停电次数；另一方面，配电网"道路养护"的影响降低，居民正常用电线路位于发电线路的上层，即使偶尔需要检修，可选择光伏并网发电"交通流量"小的光伏较低或无出力的早、晚时段进行线路检修作业，不仅最大限度降低了对光伏并网发电的影响，也避免了光伏发电反向送电带来的安全风险。

清晰设置"线路标识牌"，"行驶方位"指示清

为保障发电线路和用电线路日常并网作业，以及运维检修的便利和安全，国网邳州市供电公司在实施台区改造过程中清晰设置不同的"线路标识牌"，明确位置、走向等"道路"基本信息，让后续电力作业过程更加清晰、安全、高效。通过对发电线路和用电线

清晰设置"线路标识牌"

路分别张贴"线路标识牌"，标明台区配电变压器名称、线路电压等级、线路方位走向、杆塔编号等基本信息，以区别发电线路、用电线路的称号，并对低压配电箱内的开关张贴"发电线路开关""用电线路开关 1""用电线路开关 2"等标识，辅助现场可靠操作。

定点加装"区间测速"，"超速违章"大压降

犹如道路行驶中的"超速行驶"和"龟速行驶"都会对道路安全和顺畅通行造成较大影响，光伏并网运行过程中往往会出现光伏出力高峰时段的过电压现象及晚间用电高峰时段的低电压现象，对居民的用电质量产生影响，降低了客户用电服务满意度。为此，国网邳州市供电公司在配电网"交通道路"设置"区间测速"装置，通过在线路首端，即发电线路、用电线路电气连接部位设置台区电能质量综合治理装置，将不达标的电能质量控制输出为合格的电能供用户使用，确保居民用电质量不受影响。

设置台区电能质量综合治理装置

关键突破

小投入，实现大安全

针对光伏并网运行过程中带来的电网安全、电网稳定性、电能质量等一系列问题，传统的解决方式有以下几种：一是"新建扩建道路"，通过新增变压器扩大并网容量，投资相对较高，且只能解决容量不足等重过载问题；二是"引导至其他道路"，采取台区低压柔性互联技术，但其他台区不一定有足够的容量支撑，且经济成本非常高；三是"强制限行限速"，如果强制控制光伏发电出力，容易引发服务风险，且只能解决光伏出力高峰时段的过电压问题，且在光伏发电用户侧安装控制装置也难协调，在后期运行中也容易被用户私自拆除；四是"建设高速公路"，将全村所有光伏项目集中汇流至专用升压变压器，通过 10 千伏及以上的输电线路集中并网，但投入较高且建设工程量大，难以解决现实性问题。通过以发电线路与供电线路分离为核心的解决方式，与其他解决方式相比，可最大幅度降低成本 50%，还能有效解决重过载、电压不合格、作业安全等问题。

换视角，推动共发展

分布式光伏作为绿色能源的代表，并网消纳问题一直是其发展"瓶颈"，也是社会各界关注的重要问题，这对配电网的规划、建设和运行也提出了新的要求，更是对农村薄弱的配电网的较大考验。国网邳州市供电公司积极转变工作视角，全力服务和支撑农村地区户用分布式光伏发展，通过从单纯的保障电网安全稳定运行，转变为统筹考虑光伏发电的快捷、安全并网诉求，用电客户的可靠电力供应，追求经济、环境、社会价值最大化，不仅能满足光伏并网的需求，提高光伏发电功率，保障光伏发电收益，还能保障居民用户的用电品质和用电安全，维护电力设施设备的安全稳定，也能避免给环境造成影响。同时，不仅考虑到光伏的并网诉求，还进一步延伸到光伏并网后的运行过程，充分考虑了后续的电力检修、电力稳定供应等环节，实现了"一次改造，长久稳定"的目标。

低难度，确保易推广

以发供电线路分离为核心的解决方式，充分考虑到农村地区配电网基础弱、分布广、地区差异性强的现实状况，因此，在项目实施和台区配电网改造过程中更注重解决方式的可推广性和广泛适用性，均使用目前系统内成熟度高、经济可行的技术、施工方式、设施设备，不会产生过多的额外成本，其整体改造成本低、难度小、速度快、质量高，便于在全省乃至全国进行大范围推广应用。同时，新的解决思路和方式路径也为进一步的技术创新和管理模式创新奠定了基础，开辟了新的解决路径。

多重价值

经济价值

满足光伏发电并网诉求,可以快速安排发电线路配合分布式光伏新用户并网接入,无须考虑频繁停电给居民用户造成影响,极大提升了光伏接入的时效性,光伏接入时效从原来的 2 个月降至 1 周以内,有效解决了分布式光伏用户的及时、便捷、安全的并网诉求。一方面,能够有效保障并网服务需求;另一方面,经过测算,在相同的光照强度下,改造后台区内低压分布式光伏发电总功率提升 20 千瓦左右,光伏发电更给力,保障了光伏发电收益。

环境价值

促进资源利用更加充分,发供电线路分离的台区改造工程,工程施工量更少,改造作业速度更快,能够充分发挥现有配电变压器、配电网线路、电力杆塔等电力设施的作用,显著提高现有电力设施资源的利用效率。同时,减少环境扰动影响,改造过程无须破土施工,避免了大面积施工作业给环境带来的破坏和影响。

社会价值

保障台区用户用电可靠,项目的实施降低了分布式光伏线缆导致的停电风险,保障了用电侧电压质量长期稳定,提高了抢修作业效率和作业安全。同时,降低了电力设备受损风险,不存在过电压,不会因长期过电压损坏低压电气设备,也避免了对发电设备产生影响,降低了电气火灾风险,避免了引发安全、服务及舆情事件。

各方评价

项目成果经验得到了《中国电力报》《江苏电力报》、江苏省电力公司官网等媒体的宣传报道。2024 年 6 月,国网江苏省电力公司董事长进行考察调研,项目成果获得公司领导的肯定,项目成效也得到了居民、光伏运营商、其他供电企业的一致认可和积极评价。

庙山村村民: 现在我们的用电更稳定了,停电时间也少了很多,光伏屋顶租赁还给我们增加了收入。

庙山村光伏运营商: 改造完成后,我们现在光伏并网安装时长大幅缩短,提高了工作效率,让施工人员施工更安全了,跟电网的关系也更加融洽了。

台区经理：与原来相比，现在的工作服务压力减轻了不少，而且工作指标完成情况也更好了，真正解决了服务过程中的大难题。

三、未来展望

下一步，国网邳州市供电公司将紧密结合邳州地区发展目标，秉承"人民电业为人民"的责任宗旨和"创新、争先、开放、包容"的责任精神，积极贯彻"固本强基 凝心聚力 行稳致远"的社会责任战略，不断创新探索将社会责任纳入公司战略与管理，融入公司业务运营全流程，强化地区电网建设升级，着力推动地区能源绿色低碳转型，坚持以客户诉求为核心，持续强化技术创新与人才培养，进一步加强对外沟通交流，推动项目形成的典型经验实现更大范围的推广和应用，以新技术、新措施、新服务助力乡村振兴发展，为邳州市经济社会发展提供更加坚强有力的电力支撑和服务保障。

（撰写人：沈晓洁、衡通、李明明、高扬、秦天翔、张二帅）

国网浙江省电力有限公司宁波供电公司

"哪儿都行"

——让公共领域车辆电动化从"示范先行"走向"处处可行"

一、基本情况

公司简介

国网浙江省电力有限公司宁波供电公司(以下简称国网宁波供电公司)是国家电网有限公司大型供电企业之一、国网浙江省电力有限公司直属骨干企业,承担着保障宁波 530 万用户的电力供应责任。在主动服务宁波经济社会发展大局、积极履行电网企业使命责任的过程中,国网宁波供电公司发展保持良好态势。先后获得全国文明单位、全国工作先锋号、全国"安康杯"优胜企业等荣誉,涌现出以"时代楷模"钱海军、"全国五一劳动奖章"张霁明等为代表的一批先进典型。国网宁波供电公司始终以习近平新时代中国特色社会主义思想为指导,围绕"四个革命、一个合作"能源安全新战略,坚决贯彻落实国家电网有限公司、浙江省电力公司和宁波市委、市政府的决策部署,坚持稳中求进工作总基调,坚持高质量发展主线,深刻领悟"电等发展"时代的新内涵,锚定中国式现代化电力企业宁波标杆"一个目标",加快推进国家电网和国网宁波供电公司"两个转型",牢牢把握新型能源体系引领者、"两个示范"排头兵、服务宁波先行官"三大定位",始终将透明度管理作为提升企业形象、增强社会信任、促进可持续发展的关键举措,将透明度管理融入企业发展的每个环节,展现出了高度的社会责任感。

可持续发展目标

行动概要

宁波舟山港作为连续 15 年蝉联全球物流运输吞吐量冠军的全球第一大物流运输港，核心港区拥有 3 万余辆重卡，每日进出货运车辆超 26 万车次，巨大的货运量同时也带来了严重的污染问题。为兼顾经济发展和环境友好，柴油重卡全面电动化刻不容缓。

宁波作为全国首批、长三角唯一入选公共领域车辆全面电动化先行区的试点城市，"特定场景重型货车""环卫车"领域的电动化率仍是"短板"。在此背景下，国网宁波供电公司以重卡为切入点，通过调研宁波重卡保有量最大的企业——宁波钢铁有限公司（以下简称宁钢）发现，企业"换车难"问题主要集中在充电技术、车辆置换成本及充电配套设施建设三个方面。

为破解上述难题，国网宁波供电公司携手宁钢和物流公司，打造"规—建—运"全流程服务模式，在宁波市建成了浙江省内首个电动重卡充电站，成功打造了三方受益的电动重卡"示范先行"样板。并且，深入挖掘该模式在参与主体上的灵活性和建设模式上的推广性，通过甬金示范工程及环卫领域的实践，实现了由"点"至"线"、由"线"及"面"，并最终拓展至"域"的全覆盖，真正实现了公共领域车辆电动化。

经验证，该创新性方案在前期充分发挥了国家电网的信息、资源、技术优势，在后期通过三方受益的可持续发展模式，带动更多市场化企业参与，在助企帮政的同时，切实助力宁波实现公共领域车辆全面电动化"哪儿都行"。

二、案例主体内容

背景和问题

据研究，一辆柴油重卡的碳排放量相当于近 100 辆燃油乘用车。为兼顾经济发展和环境友好，柴油重卡全面电动化刻不容缓。

宁波作为全国首批、长三角唯一入选公共领域车辆全面电动化先行区的试点城市，将在公共领域累计推广新能源汽车 6.2 万辆。在此背景下，国网宁波供电公司以重卡为切入点，通过调研发现，企业"换车难"的原因有以下三点。

对充电技术的可行性缺乏信心

企业对电动重卡充电技术的可行性普遍有一定程度的疑虑，主要集中在充电的安全性与效率两大方面。

2024 年 6 月，央视新闻关于新能源汽车火灾事故的调查显示，电动车在充电或静置状态下起火的比例超过 50%，而其中相当大一部分是由在充电过程中发生过充电、过放电引起的，因此，确保充电过程的安全性是充电设施在建设阶段的首要考虑因素。

另外，相关研究表明，快充不仅会加速电池老化约 33%，也会增加电池热失控的风险。因此，提高充电功率也意味着安全风险和电池维护成本的上升。慢充虽然降低了上述风险，却会影响物流运输链的整体效率。充电设施的功率及数量配置应在满足业务需求的前提下，尽量使车辆能充分利用电网谷时负荷特性以达到最大经济效益。

对置换车辆的投入产出比不够明确

当前，市面上常用的燃油型重卡——陕汽龙骧 HM13 560 的购置成本约为 40 万元，同等级别的华菱汉马 H7 电动重卡的购置成本则约为 80 万元，几乎是燃油重卡的两倍，用户换车的一次性投资压力较大。

除了一次性投入成本，研究表明，纯电动货运卡车与柴油车之间实现拥有总成本平价的时间点存在差异，同时受技术迭代和能源成本的影响，不同技术路径和市场条件对重卡置换经济性的影响复杂多变，使其投入产出比更加难以明确。

面对更高的效益预测门槛，投资者只能定性地了解电动重卡在节能降碳方面的作用，在面对充电设施如何配置、油改电后经济效益如何等具体问题时，却是一片迷雾，因此大多数企业选择驻足观望。

重卡充电配套设施建设寥寥无几

电动重卡单次续航里程为 100~300 千米，而我国的重卡公路物流业态主要分为长途、短途与市区三大类，其中，除了日均运输在 100 千米或以内的市区场景，短途和长途运输的沿途补能都是必需的。且电动重卡对充电场地、充电功率均有特定要求，然而综观整个浙江省，大部分充电设施集中为公交车、出租车等中小型车辆服务，专为电动重卡设立的充电站少之又少。

行动方案

针对宁钢重卡在电动化转型过程中的一系列问题，国网宁波供电公司从车辆类型、应用场景、运营特点等角度开展深入调研，携手宁钢和物流公司，打造"规—建—运"全流程服务模式，建成了浙江省内首个电动重卡充电站。

自主研发，打消对技术可行的疑虑

国网宁波供电公司自主研发设计电动重型卡车充电设备，实现了 240 千瓦双枪快充技术，并配备过充、过流保护等措施严格保障充电过程的安全性。这一技术能显著提高充电效率，单车单次 1.2 小时即可实现满充。在宁钢，目前已部署 240 千瓦直流一体式双枪充电站 8 座（1 桩 2 枪），仅需 5 小时即可完成园区 40 辆电动重卡的充电。该配置能满足谷电充满的要求，不会影响日间车辆正常运输业务，确保企业经济效益最大化。

宁钢重卡充电站

数据说话，确保投资回报期

根据宁钢园区物流运输量测算，每辆重卡年均里程数达 50000 千米，按柴油价格 7.31 元/升计算，置换电动重卡后每辆车每年相比燃油车可减少 41.86% 运输成本约 6.12 万元。若园区年充电量超 500 万千瓦·时，使用方还能额外享受 10% 返利政策，加上政府提供的度电补贴，企业在每辆电动重卡上额外投入 40 万元，预计 5 年即可实现收益回正。

全局规划，消除对充电配套的担忧

在宁钢重卡充电站项目中，由宁钢提供充电站点的场地及日常管理，国网宁波供电公司则配备专业运维队伍保障运行和维护。在宁钢主站的基础上，额外选取紫恒和宝丰两个站点，形成 1 主 2 副的布局，总计建成了 14 台充电桩，包括 8 台 240 千瓦和 6 台 160 千瓦直流分体式充电机，为园区 67 辆电动重卡提供补能服务。此举不仅助力宁钢满足了行业超低排放要求，还有效缓解了重卡运输过程中普遍存在的"里程焦虑"问题。

关键突破

相较于重卡领域普遍采用的换电解决方案，三方受益模式开辟了电动重卡充电补能的新路径。

可持续发展三方受益模式

在三方受益模式下，国网宁波供电公司作为投资方，自主研发设计并提供整体解决方案；宁钢作为托运方，提供场地资源并获得场地分红；物流公司作为承运方，则享受优惠电价和返利政策，促成三方共赢的局面。宁钢项目成功打造了电动重卡"示范先行"样板，而推动公共领域车辆全面电气化的关键在于"人人都行""处处可行"。

宁钢试点可持续发展三方受益模式

参与主体"人人都行"

在"示范先行"阶段，国网宁波供电公司作为投资方，积极投身项目建设的可行性探索之中，创新打造了"规—建—运"全流程服务模式；进入"处处可行"阶段，国网宁波供电公司则转型为幕后支撑者，专注于充电基础设施的维护和保障，同时开放市场，广泛邀请社会化企业参与，推动该模式在市场化环境中稳健发展，联合社会力量共同参与全国充电网络建设。不仅实现了惠民，还有效促进了新能源汽车产业链的蓬勃发展。

建设模式"处处可行"

通过宁钢重卡的"示范先行"样板，号召社会多方参与，实现参与主体"人人都行"，进而将三方受益模式从单一园区拓展至城际网络，进而在全省范围推广实施，实现由"点"至"线"、由"线"及"面"，并最终拓展至"域"的全覆盖。作为三方受益模式的初步实践，计划在甬金高速宁波至义乌段投运的 15 个新能源站点目前已完成项目招投标，并于 2024 年底正式开工，标志着三方受益模式已从"示范先行"的探索阶段走向"处处可行"的推广阶段。

多重价值

从"示范先行"到"处处可行"，国网宁波供电公司在经济、环境、社会方面创造了多重价值。

经济价值： 在三方受益模式下，投资方、需求方和承运方均能从中获得实质性收益，为项目的持续运转和复制推广奠定了坚实的基础。投运两年多以来，截至 2024 年 8 月，宁钢重卡充电项目各站点累计充电量已超过 442 万千瓦·时，获场地费收益 21 万元；物流公司获得返利约 22.5 万元，通过置换电动重卡，节省成本近 900 万元。

环境价值： 通过车辆油改电，实现了显著的节能减排效益，为实现"双碳"目标作出了积极贡献。以宁钢项目为例，电动重卡的百千米电耗为 200 千瓦·时，相比之下，燃油型重卡的百千米油耗为 40 升，投运以来减少二氧化碳排放超 9000 吨。研究表明，重卡运行阶段碳排放量占全生命周期碳排放总量的 90% 以上，相较于柴油重卡，宁钢的 67 辆电动重卡全生命周期碳减排量减少将超过 67533 吨，环境效益十分显著。

社会价值： 电动重卡凭借卓越的性能和环保优势，为社会带来了深远的积极影响。同时，宁钢重卡充电项目的成功，也向社会展示了该项目具备从局部到整体的推广潜力。在甬金高速宁波到义乌段示范工程中，三方受益模式已实现社会化企业参与，其中，海港智慧能源有限公司是投资方，北仑智慧能源有限公司作为建设方之一推进项目。宁钢重卡项目规划 2025 年在甬金高速沿线建设 15 个新能源充电点位，届时通过重卡公路运输的集装箱将有一半能实现电气化。

推广价值： 三方受益模式还成功推广至公共领域的另一"短板"——环卫车，并在此基础上为镇海枢纽港低碳园区提供车辆租赁、充电、保养等综合性服务，促成首批多种类共 15 辆车的电动化替代，同步配置 60 千瓦、7 千瓦专用充电桩各 4 台，运行半年以来节省燃油费 20 万元，在环卫车辆全面电气化先行建设中作出示范。三方受益模式在从招宝山街道的示范实践，到骆驼街道、庄市街道的推广应用中，骆驼街道已于 2024 年 6 月投运，配备 9 辆车、5 台充电桩；

环卫领域车辆电气化试点

庄市街道预计于 2025 年投运，配备 10 辆车、9 台充电桩，真正实现了各领域"处处可行"。

各方评价

中国电动汽车百人会副理事长兼秘书长：要确保试点顺利进行，就要解决好规划问题和系统配套问题。规划好了，系统的配套到位，如投放了多少车辆、充电站要建多少、在什么地方建、不同的这种场景要用什么技术。这些问题解决了，试点就比较顺利。

浙江中车电车有限公司总经理：与乘用车相比，当前公共领域新能源汽车整体渗透率只有 10% 左右，这块市场是一片"蓝海"。

城市环境工程公司负责人：换车之后，我感受到了两个最大的好处：首先是噪声小，垃圾车一般会在凌晨 4 点多到小区收垃圾，以前燃油车噪声大，经常会接到居民投诉，现在开电车进去，噪声小了，投诉也少了；其次是运行成本降低了 10%~20%，除了前期采购费用比燃油车贵，后面的油费和保养费用都省了，总体来说用电车还是比较划算的。

宁波生态环境 App 发表《宁波企业积极落实"双碳"行动 首批 54 辆电动重卡投运》一文：电动重卡在提升高效、节能、低耗、低碳排放的同时，有利于助推宁钢实现绿色低碳转型，为浙江省制造业提供绿色低碳发展的"宁钢样本"。

甬派 App 发表《重卡电动化，宁波这么做》一文： 市场化企业入局，迈出了电动重卡从点到线再到面的第一步。

三、未来展望

未来，我们将继续发挥国网的业务和技术优势，不断扩大公共领域电动化的共赢生态圈，带动更多企业参与，让企业敢换车、能换车、愿换车，补齐公共领域车辆全面电动化进程中的"短板"，真正实现公共领域电动车辆去"哪儿都行"，为国家绿色低碳转型提供国网方案，为全球气候治理注入中国力量。

（撰写人：张颖、费巍、陈军、吴昊、王鹏）

国网湖北省电力有限公司恩施供电公司

坐拥好风光 共享好光景

——推动农村能源革命与建设和美乡村的双向奔赴

一、基本情况

公司简介

恩施土家族苗族自治州（以下简称恩施州）是全国最"年轻"、湖北省唯一的少数民族自治州。国网湖北省电力有限公司恩施供电公司（以下简称国网恩施供电公司）主要承担恩施州境内电网经营、管理和建设任务，为恩施州经济发展、社会进步和人民生活提供电力供应。

作为扎根民族地区的中央企业，国网恩施供电公司始终把政治责任摆在第一位，肩负起中央企业的社会担当和时代使命，全力服务民族地区经济社会发展和 400 万各民族群众生活改善，先后获国务院"全国民族团结进步模范集体""全国文明单位""全国和谐劳动关系创建示范企业"等荣誉。

行动概要

新质生产力本身就是绿色生产力。为推动农村能源清洁低碳转型，国网湖北省电力有限公司将湖北省恩施州巴东县信陵镇土店子村列为首批农村能源革命的试点之一。

国网恩施供电公司聚焦保障能源安全、可靠供应绿电，更好地服务碳达峰、碳中和，因地制宜开展农村能源革命试点建设，将可再生能源新模式、新业态发展与壮大村集体经济、建设和美乡村有机结合，利用能源新技术，构建产业新模式，为乡村振兴创造新质生产力、注入发展新动能，探索出一条农村地区"新能源开发＋污废物循环利用＋产业带动"的绿色低碳循环经济发展之路，实现了农村清洁能源转型、污废治理与碳排放控制、和美乡村提档升级、村集体经济和村民增收等多方合作共赢，在加快推进农村能源清洁低碳转型的伟大事业中展现中央企业的新担当、新作为、新贡献。

二、案例主体内容

背景和问题

党的二十届三中全会指出，加快规划建设新型能源体系，健全废弃物循环利用体系。坚持农业农村优先发展，完善乡村振兴投入机制。2023 年 8 月，国网湖北省电力有限公司提出，要加快推动新型电力系统建设，在推动农村能源革命中走在前列，在赋能乡村振兴上再用力，选取包括恩施州巴东县土店子村在内的 4 个村、1 个镇作为农村能源革命试点，打造形成村、镇级能源清洁低碳转型样板。

在国网湖北省电力有限公司的指导下，国网恩施供电公司立足乡村产业发展，深入现场调研，梳理建设农村能源革命试点示范项目面临的难点。

一是能源供给方式单一，且清洁能源消纳存在困难。 农村电网多采用单辐射结构，供电半径长、抗灾能力较弱，且用电负载季节性差异大，节假日设备重过载、低电压较平时大幅增加。同时，农村地区风光资源丰富，但由于农村用电集中在夜晚，供需特性相背离，消纳困难。

二是能源利用效率不高，且对环境产生较大污染。 在山区乡村，村民做饭、取暖仍以果木、秸秆等传统直燃方式为主，利用效率仅为 10% ～ 15%，产生了大量烟尘和温室气体排放。旅游业发展带来厨余垃圾，养殖业发展带来粪污，传统采用直接挖坑掩埋、就近浇灌农田的简单处理方式，不仅造成甲烷等温室气体大量排放，还造成地表水、地下水及土壤污染，制约了宜居宜业和美乡村建设。

三是农村产业衔接不足，且持续产业带动有待加强。 传统的农村发展种植、养殖、新能源、旅游业互相影响，屋顶光伏的敷设会影响乡村风景的整体"土味"，风力发电机的运行可能产生噪声，养殖场粪污处理不当会影响游客体验。同时，随着乡村振兴各项政策的落地显效，农村用能强度和水平逐步提高，亟须加快新形势下农村能源基础设施建设，探索一条绿色能源助力乡村振兴的发展道路。

行动方案

2023 年 8 月以来，国网恩施供电公司通过积极沟通、多方合力，推进农村能源革命试点建设。

因地制宜的新能源开发利用，构建清洁能源体系

盘活闲置空间，开发分布式光伏。 充分利用建筑物顶棚、零散非耕地等可用空间资源发展分布式光伏，降低开发成本，促进分布式光伏的发展。其中，创新"光伏＋山区非耕地"模式，利用鸡笼、厂房顶部空间，采用 2.5 米的高构架敷设方式，构建"鸡棚发电、发电养鸡"的复合养殖体系，建设 764 千瓦分布式光伏发电项目，形成"闲置荒地巧利用、光伏养殖共开发"的土地综合利用模式。

注重景观协调，开发分散式风电。 结合土店子村乡村旅游特点，充分考虑乡村自然风貌和生态环境保护问题，因地制宜推进风力发电清洁能源项目开发。在观景台和悬崖民宿区域，沿南面倚山观光步道布置 6 台单机 2 千瓦的垂直轴微风发电机，1 台装机 9 千瓦的"风车树"微风发电机，在养猪场附近布置 1 台单机 20 千瓦的水平轴微风发电机，共计 41 千瓦，在保证电能供应的同时，通过加入新能源"景观元素"，吸引众多游客前来打卡。

源网荷储协同控制系统

服务清洁用能，提升电网供电能力。 在人流较大的停车场建设集中式快充充电站 2 座，常规电动汽车 30 分钟即可充满，助力绿色出行。依托"家电下

农村能源革命数字孪生平台

乡""消费品以旧换新"活动，推广家用电磁炉、商用电磁猛火灶、电壁炉，逐步改变炊事、取暖等传统生活用能方式，大幅减少烟尘排放。采用"新能源 + 储能"分布式联合开发，按主动平衡原则在台区低压侧配置储能，解决潮流波动引起的电压问题。充分利用云计算、物联网、人工智能等新兴技术，搭建主动平衡协同控制系统、数字孪生平台等，推进新能源发电就地就近开发和利用。

家电下乡推广　　　　　　　　　　　　　集中式快充充电站

变废为宝的污废物利用，缓解环境污染难题

研究污废物循环利用方案。以沼气发电为纽带，有效整合生猪养殖与梨园种植，不仅解决了养殖业废弃物处理的问题，还为种植业提供了生态友好的肥料，完整构建了工业化分布式生物质能梯级循环利用模式，打通了资源高效利用、环境友好的农业生态循环产业链。

推动污废物的无害化处理。土店子村年接待游客超 10 万人次，拥有养猪场、养鸡场各 1 座，农田 2790 亩[①]。据统计，土店子村年产牲畜粪污 3840 吨、厨余垃圾 72 吨，以及秸秆等其他有机废弃物 91 吨。建成 30 千瓦的生物质发电站，通过沼气技术，将牲畜粪污、厨余垃圾等废弃物集中厌氧发酵，产生的沼气收集后用于发电，有效减少甲烷、硫化氢等温室气体的排放，充分发酵的废弃物转化成富含有机物、植物易吸收的肥料，既能就近改善农田土壤地力，又能减少环境污染。

---

① 1 亩≈ 666.7 平方米。

生物质综合利用工程（鸟瞰）

推动污废物资源化利用。经过厌氧发酵处理，年处理粪污 3770 吨，产出沼气 9 万立方米，作为清洁能源，沼气既能就近供应热能，还能用于发电。配套建设 80 立方米储气罐，可作为保障夜间 100% 绿电供应的调节手段，还可联合柔性储能装置为附近养猪场提供应急供电保障。沼气电站年产沼渣 170 吨，可制成有机肥料，年产沼液 3300 吨，通过水肥一体化装置处理后还田利用，可改良土壤，助推农作物有机种植，形成生态循环产业链。

循环持续的产业带动

带动乡村旅游发展。紧靠观光步道，通过布置颜色绚丽、造型独特的微风发电机，紫藤环绕、遮风避雨的光伏生态旅游长廊，能发电的凉亭，能充电的光伏桌椅，吸引大批游客驻足打卡。

带动种植业发展。引进巴东朗宁农业发展公司流转 40 亩土地经营权，带动村民发展"梨树＋有机牧草""梨树幼苗＋有机蔬菜"种植，减少化学肥料和农药对土壤和水源的污染。

带动养殖业发展。鼓励黑猪养殖户就地种植有机牧草，开展生态有机养殖，增加无抗黑猪品牌的含金量；依托沼气发电工程将家禽粪污就近无害化处理，有效解决环保制约难题，促成国家电网对口帮扶项目——育雏育成家禽繁殖基地顺利落地。

带动沼肥产业发展。 引进有机肥料厂，将厌氧处理后的出水经固液分离出沼渣沼液，分离出的沼渣与秸秆、菌渣、锯末等辅料按比例混合，调节堆肥原料含水率、碳氮比，经堆肥发酵、陈化腐熟等工艺，制成袋装有机肥。

关键突破

创新构建能源与产业协同发展新模式。 立足村情，以满足农村经济社会发展和人民日益增长的美好生活需要及清洁用能需求为目标，将可再生能源新模式、新业态发展与壮大村集体经济、建设和美乡村有机结合，探索出"新能源开发利用 + 污废物循环利用 + 产业带动"的农村能源革命模式，实现了农村清洁能源转型、污废治理与碳排放控制、和美乡村提档升级、农民增收等方面的合作共赢。

打造湖北省首个百分百清洁能源供应的"绿电村"。 全村种植、养殖和旅游同步迈入绿色低碳新赛道，沼气发电站年产沼气 9 万立方米，可替代薪柴、秸秆 149 吨，可减少碳排放 858 吨，如果加上光伏、风电等，每年可减少碳排放 3000 吨，成为湖北省首个百分百清洁能源供应的"绿电村"。

多重价值

从社会效益来看，本次行动推动了和美乡村建设。 2023 年 8 月至 2024 年 1 月，土店子村风、光、生物质新增装机容量 1271 千瓦，新增年发电量 137 万千瓦·时，形成了以电为核心，以风、光为主体，以生物质能为补充的多元清洁低碳能源供给体系。新能源与乡村产业协同发展，建成太阳能景观长廊、风力发电机、光伏凉亭等多处新能源景观，为土店子村树立了一个富有科技魅力的旅游品牌，也为游客带来了前所未有的观赏体验，预计 5 年内带动旅游收入超 1000 万元。此外，随着新能源景观的兴起，村集体及村民通过荒地租赁和参与日常运维年收入约 5.6 万元。

从生态效益来看，本次行动推动了能源清洁低碳转型。 搭建主动平衡协同控制系统和数字孪生平台，形成能源智能控制"大脑"，与柔性储能装置这个"超级充电宝"高效配合，保障了清洁能源的就近就地消纳最大化，截至 2024 年 4 月底，土店子村绿电消费占比已达到 100%。通过持续引导绿色低碳生产生活方式，土店子村煤炭消耗减少 99%，油料、薪柴消耗减少 8%，以电为主的可再生能源在能源消费总量中的占比达到 39.77%，在能源消费增量中的占比超过 70%，新增碳减排 954.39 吨，实现全村净零碳排放。

从经济效益来看，本次行动具备可复制、可推广性。 土店子村试点项目总投入1015万元（第三方投资），年收益约171.7万元，年运维成本9.0万元，年均收益率为6.6%。考虑规模化后带来的成本降低及政府政策扶持，该模式具有良好的经济性和可推广性。其中，在新能源开发利用方面，建设分布式光伏1200千瓦、微风发电41千瓦，按照30%配置储能装置380千瓦/380千瓦·时计算，合计投资为535万元，年收益为57万元，年均收益率为5.6%。在污废物循环利用方面，建成了1座30千瓦沼气发电站，投资130万元；沼气发电、垃圾粪污处理、沼渣制成有机肥销售、参与碳交易年收益共21.3万元，年均收益率为9.7%。在经济产业带动方面，光伏棚下养鸡工程总投入为350万元，年生产销售鸡鸭10万只，年收益约为93.4万元，年均收益率为16.6%。

各方评价

地方政府： 湖北省相关领导对《农村能源革命试点工作情况》进行批示，要求总结推广土店子村农村能源革命试点工作经验，并赴土店子村进行农村能源革命专题调研。湖北省能源局出台相关文件，明确推广土店子村能源革命试点工作经验。土店子村党支部书记张文灿说，能源革命项目实施后，乡村环境焕然一新。2022年，土店子村的游客接待量只有2万人次，2023年达到了9.6万人次。我们不仅要让生态更美，还要让老百

研学教育活动

姓的生活更美。

新闻媒体：中国中央电视台《朝闻天下》节目以 2 分钟时长深度报道巴东土店子村农村能源革命试点项目建设成效。新华社、《人民日报》《中国电力报》《湖北日报》、"学习强国"学习平台、《恩施日报》等相继报道了土店子村能源革命取得的成效，得到了社会大众的广泛认可。

乡村企业：巴东县山行农旅文化开发有限公司负责人说，现在村里的环境更美了，也为研学提供了更多、更好的载体，孩子们既玩得开心也增长了见识。

巴东县光明小学校长吴俊贤：今后将继续开展这种研学活动，增长孩子们的见识，拓宽他们的思维，为培养能引领时代发展的创新型、探索型人才奠定坚实的基础。

三、未来展望

乡村"风光"无限好，"绿电"照亮振兴路。国网恩施供电公司将推动农村能源革命与建设和美乡村有机融合，在助力乡村能源清洁低碳转型、激活乡村农旅"流量包"、促进产业振兴等方面创造了多个亮点，受到社会各界广泛关注，彰显了良好的企业形象。

下一步，国网恩施供电公司将继续做好农村能源革命"后半篇文章"，协同参建单位和村集体，运营好现有项目，按照湖北省能源局的要求提炼总结好实践经验，拟定农村能源革命推广方案，为湖北及全国农村能源革命提供可复制、可推广的典型经验，让土店子村的今天成为无数小山村的明天，共同绘就美丽中国的绿色底色。

（撰写人：陈文涛、王玲、席先鹏）

国网江西省电力有限公司
打造居民"智·享节电"互动新模式

一、基本情况

公司简介

国网江西省电力有限公司是国家电网有限公司的全资子公司，是一家以电网建设、管理、运营为核心业务的国有特大型能源供应企业，承担为江西省经济社会发展和人民生产生活提供电力供应与服务的重要使命。国网江西省电力有限公司坚持以人民为中心的发展思想，践行"人民电业为人民"的企业宗旨，积极履行政治、经济、社会三大责任，坚决扛牢电力保供首要责任，坚决守住民生用电底线，持续加强应急体系和能力建设，以"不停电、少停电、快复电"为目标，全力满足经济社会发展和人民美好生活用电。国网江西省电力有限公司持续深耕电网发展和供电保障主业，着眼全局、担当使命，适度超前谋划电网建设，推动各级电网协调发展，实现主干网架科学合理，配网建设有序通畅，推动电网功能、形态、技术全面升级，为服务经济社会高质量发展和人民美好生活提供强劲能源电力支撑。同时，牢固树立绿色发展理念，以加快构建清洁低碳、安全高效的能源体系为己任，着力建设新型电力系统，服务能源绿色低碳转型，助力实现"双碳"目标，为社会形成绿色低碳的生产方式和生活方式贡献力量，助力打造美丽江西。

行动概要

为实现能源高效利用与生态环境保护的双提升，助力"双碳"目标实现，国网江西省电力有限公司紧扣时代脉搏，联合江西省能源局，首创千万级居民用户荷网互动平台，以"智·享节电"微信小程序为创新载体，深度挖掘用户节能潜力，打造了"智·享节电"居民节约用电品牌，开拓居民侧荷网互动新模式。品牌应用数智化节电技术，共创智慧化方案和智能化节电产品，培养全民节电共识，倡导节能行动共为，助力节约型社会共治，最终实现节电成果的共享。

"智·享节电"行动引导用户智慧、科学、经济用电，逐步达成全民节电共识，培养全社会节约用电、节能减排、绿色低碳的生活习惯，共同营造浓厚的节约用电氛围。行动以微信邀约、自主响应的模式，结合每度电 2 元电费红包的激励，联合政府部门共同引导广大居民在重要时段、尖峰时刻避峰错峰科学用电，聚合了 353 万户居民家庭，构建了一座单日内可调节 60 万千瓦的虚拟电厂，有效保障电力供应安全平稳有序，促进经济社会绿色、和谐、可持续发展。行动成效获得了地方政府、国网公司等各级领导的高度认可，得到人民网、新华网等主流媒体多次报道，新闻点击量突破 2000 万。

二、案例主体内容

背景和问题

气候变化影响行业发展

在当今全球气候变化问题日益严峻的背景下，减少温室气体排放、实现低碳发展已成为全球共识。中国作为全球最大的能源消费国和温室气体排放国，积极响应全球气候治理，提出了"双碳"目标。党的二十大报告指出，"实现碳达峰碳中和，是贯彻新发展理念、构建新发展格局、推动高质量发展的内在要求，是党中央统筹国内国际两个大局作出的重大战略决策"。而电力行业正是长期脱碳目标的关键组成部分，其低碳转型是实现"双碳"目标的关键。供电企业如何为实现"双碳"目标贡献力量，实现绿色低碳转型高质量发展，是当前亟须解决的难题。

节约用电推广困难重重

提倡节约用电不仅是中国响应全球减排倡议的具体行动，更是推动经济社会全面绿色转型的内在需求。国网江西省电力有限公司深入贯彻落实全面节约战略，引导全社会科学用电、节约用电、合理用电，带动全社会节能降碳提效。然而，目前开展的，尤其是面向广大居民的节约用电引导和宣传，存在宣传不广泛、参与不便捷、成效不直观等问题，居民的节电意愿不高。如何结合江西省居民用户的特色需求，引导广大居民自愿、自主参与节电，形成江西特色的居民节电模式，是不可忽视的重点考量因素及需要解决的问题。

行动方案

实施相宜之策，节电减排精准发力

国网江西省电力有限公司针对居民节约用电，从 2019 年开始就开展了居民节电模式的探索与研究，节电模式、成果不断迭代。从一个小区的试点到面向全省居民家庭，活动模式历经短信、电话邀约等，以"电力拼多多"的概念，构建了"邀约自主响应 + 电费红包激励"的居民荷网互动新模式。在用电高峰期，通过发起居民节约用电享红包活动，引导居民自主自愿错峰用电、节约用电。例如，在活动时段内，已报名的居民用户可通过关闭空调、热水器、洗衣机等方式参与节电，比对非节电活动日同时段，每少用 1 度电就能获得 2 元电费红包奖励。通过在用电高峰期开展"智·享节电"居民节约用电活动，引导全社会在重要时段、尖峰时刻避峰错峰科学用电，有效保障电力供应安全平稳有序，助力经济社会绿色低碳高质量发展。

聚力多方共筑，发挥多方协同优势

2023 年，国网江西省电力有限公司携手江西省能源局，以落实"e 起节电"活动为基础，搭建千万级居民用户荷网互动平台，开拓居民侧荷网互动新模式，打造了"智·享节电"居民节约用电品牌，采取"传统与新媒体融合、线上线下互动、内外部协同"的全方位宣传推广模式，汇聚政府部门、三大通信运营商（中国移动、中国联通、中国电信）、江西卫视等各方之力，持续深化居民"智·享节电"互动模式的推广，旨在增强全民节电意识，共同营造浓厚的节电氛围。

节电倡议书。 面向全省用电客户，国网江西省电力有限公司联合江西省

联合江西省发展和改革委员会、江西省能源局、江西省机关事务管理局发布的《致全省电力用户节约用电倡议书》

发展和改革委员会、江西省能源局、江西省机关事务管理局发布了《致全省电力用户节约用电倡议书》，面向公司员工，发布了《"节约用电 从我做起"倡议书》。

节电公益短信。联合江西省通信管理局，由中国移动、中国联通、中国电信三大运营商向全省 4900 万手机用户发送节约用电免费公益短信，度夏期间每半月全量发送一次。

发送节约用电免费
公益短信

江西广播电视台播放节约用电公益视频

节电公益视频广告。制作节电公益宣传视频，投放在江西卫视，江西省发展和改革委员会及国网江西省电力有限公司内部各级微信公众号。

联合推广节电活动。江西省市、县两级电力主管部门与属地电力公司紧密合作，协同推进"e 起节电""智·享节电"。2023 年，国网赣州市定南县公司联合定南县发展和改革委员会率先发文倡议，动员全县 2300 余名公职人员积极参与"智·享节电"活动。国网江西省电力有限公司联合企事业单位、学校、社区开展电力科普、节约用电进校园等活动，在机关单位、事业单位、企业、中小学中推广"智·享节电"品牌，共同营造浓厚的节电氛围。

多维节电宣传。借助国网江西省电力有限公司微信公众号、员工的微信朋友圈等载体进行"智·享节电"品牌软文、文案创作，围绕"智·享节电"品牌的含义、用户何时需"节电"、用户参加"智·享节电"给社会带来了什么效益进行宣传推广；在供电营业厅等地方摆放"智·享节电"宣传折页；同时，在市、县两级供电企业的宣传现场、上门服务时发放"智·享节电"品牌宣传折页。

塑造节电品牌,引领绿色低碳生活

国网江西省电力有限公司以品牌化思维运作"智·享节电"行动,2023 年 11 月,国网江西省电力有限公司党委印发了《"智·享节电"品牌培育与实施方案》,全面规划从品牌建设到品牌成熟的整个生命周期,传达"共识·共为·共治·共享"的品牌理念,并联合政府、社会各界共同建设,倡导节能行动的共同参与,助力构建节约型社会,引领绿色低碳生活新风尚。

2024 年 5 月 10 日"中国品牌日","智·享节电"品牌 LOGO 正式发布

"智·享节电"品牌释义

智	指应用数智化节电技术、智能化节电产品、智慧化节电方案,为用户提供更加简约、便捷、高效的节电体验
·享	旨在引导全民逐步达成对节电意识的共识、节电行动的共为、节电生态的共治,最终实现节电成果的共享

关键突破

跨界融合创新，共筑绿色用电新生态

节约用电行为的倡导和落实仅靠电网企业是无法实现的。国网江西省电力有限公司从社会责任视角和外部视角重新审视节电活动宣传推广工作，以实现综合价值最大化为根本目的，识别并主动沟通利益相关方，促成多方合作推广参与节电活动良好局面。国网江西省电力有限公司在推动"智·享节电"品牌时，强调外部视角和多方共识，不仅依托国网公司力量，更广泛联合政府、企业和社会各界，共同倡导和实践节约用电，精准引导用户在关键时段自主自愿错峰用电、科学用电，保障电力供应平稳有序，助力经济社会绿色可持续发展。

担当政企责任，搭建"智·享节电"平台

为解决节电参与不便捷、节电成效不直观等问题，提升居民家庭参与节电的积极性。在"e 起节电"活动的基础上，国网江西省电力有限公司联合江西省能源局研发推出了"智·享节电"微信小程序，充分发挥了微信小程序的即扫即用的优势，并简化用户操作，实现小程序快速注册登录，实现了居民节电活动线上报名、节电活动实时查看、消息即时通知、奖励一键领取、节电技巧告知等一系列完整的功能体系。用户通过微信小程序实现节电活动扫码就能参加、降碳成效次日可查，加强了节电活动信息查看、节电活动报名、节电活动参与结果反馈等流程的透明度，让用电客户树立起绿色节能发展理念，进一步做到合理用电、科学用电，从思想上认识，在行动中践行，增强用户节电节能意识，助力构建一个高效、便捷、互动的节电新生态。

"智·享节电"微信小程序作为江西省电力需求响应官方平台，为江西省电力需求响应工作提供了有力支撑，显著提升江西电网的调峰能力。

负荷精准调控，共绘绿色节电新篇章

结合供需平衡形势，居民节电活动可做到日内研判、实时启动，实现在 1 小时内、0 成本通知到 300 万户家庭，以"邀约提醒＋红包激励"模式，引导居民自主错峰用电。这种精准化的管理不仅极大提高了电力负荷的调控效率，还有效实现了居民用户的需求侧响应。通过这种方式，居民用户能根据自身用电习惯和能源需求，灵活调整用电计划，共同为节能减排和绿色能源发展贡献力量。用 2 元电费红包，让 300 万户居民家庭携手共建了 60 万千瓦的"虚拟电厂"。

多重价值

国网江西省电力有限公司通过"智·享节电"品牌实现了多重价值的显著提升，不仅体现在公司自身的经济利益上，更在社会和环境层面产生了深远的影响。

经济价值

自 2023 年"智·享节电"品牌正式推广以来，通过吸引超过 300 万居民用户注册参与节电活动，提升电力供应的可靠性和效率，降低电网建设、运营成本。截至 2024 年 8 月底，国网江西省电力有限公司累计组织开展 21 次居民节电活动[①]，单次最多参与达 118 万户，居民可调负荷能力达 60 万千瓦，保障电网安全平稳有序，节省电厂建设投资 28 亿元。

社会价值

有效保障电力供应的安全可靠，自活动开展以来，累计保障工业生产效益超 2.8 亿元；并且在增强公众环保意识、普及节能知识方面得到了高度评价，为构建资源节约型、环境友好型社会方面奠定了坚实基础。

环境价值

居民参加节电活动，累计减少碳排放量 1.75 万吨，在低碳行动中，让个人行动影响力最大化，增强居民的参与感和成就感。活动的成功推广，增强了公众的节电意识和环保意识，培养了居民节约用电的良好习惯，为构建绿色、低碳、环保的生态环境作出了积极贡献。

各方评价

"智·享节电"品牌的节能行动新模式被视为江西省能源转型与绿色发展的典范。

一是政府、公司层面。"智·享节电"品牌有效促进社会资源的合理配置，是政府倡导绿色生活方式的有效实践。获得江西省政府官方认证，作为江西省电力需求响应官方平台，项目科研成果获 2023 年中国电力科技进步奖一等奖。江西省相关领导和国家电网有限公司相关领导赴国网江西省电力有限公司调研时，对成果给予了高度评价。

二是社会层面。政企联合开展电力科普、安全用电进校园、节约用电课堂等活动，

---

① 后续节电成效统计数据均为自"智·享节电"品牌推广以来至 2024 年 8 月底。

受到社会各界广泛好评。"智·享节电"品牌在江西形成了一种"人人参与、人人'智·享节电'"的新风尚。"智·享节电"品牌获得人民网、新华网等主流媒体多次报道,新闻点击量突破 2000 万。

国网江西省电力有限公司供用电部市场处处长刘超(右)向央广网记者介绍
"智·享节电"微信小程序的使用方法(转载央广网新闻图片)

三、未来展望

持续丰富行动方式。推动智慧、节能、低碳的居民智慧用能新产品研发,完善智能互联功能,丰富家电与电网互动方式、内容,逐步扩大智能互联应用场景,实现更大应用场景下的居民家庭与电网友好互动链接。

推进行动提档深化。以全民节电、全社会节能、节约型社会构建为品牌和行动发展方向,深化打造"绿色低碳""绿色生活"等能源节约的品牌新内涵,联合政府、公共机构等创建全社会"绿色生活"示范项目机制,开展绿色节能、降碳减排等能效对标,积极推广数智化节能技术、节能产品应用,倡导全社会共治节约型社会。

推广品牌面向全国。不断升级完善品牌架构体系和区域兼容,优化"智·享节电"品牌载体和提升客户数智化品牌体验,走出江西面向全国,让品牌知名度、美誉度迈向全球。

(撰写人:邓礼敏、刘超、汪慧娟、刘向向、何佳斌)

国网上海市电力公司市北供电公司
"邮轮靠岸 绿电入港"
——破解国际邮轮岸电接入难题

一、基本情况

公司简介

国网上海市电力公司市北供电公司（以下简称国网上海市北供电公司）供电营业区域位于上海中北部，承担着供电营业区域内配电网规划、建设、调度、运行检修任务。供电面积为390.81平方千米，下设营业网点10个，为221.09万户各类用户（其中居民用户211.89万户）提供用电服务，区域内共有交通枢纽上海客运总站、上海吴淞口国际邮轮港等43家重要用户。2023年，国网上海市北供电公司完成售电量为239.82亿千瓦·时，线损率为2.81%，电压合格率为99.999%，供电可靠率为99.9962%。

近年来，国网上海市北供电公司认真落实国家电网公司、国网上海市电力公司和上海市委、市政府决策部署，始终践行"人民电业为人民"的企业宗旨，积极履行中央企业的政治、经济和社会责任，持续优化电力营商环境，大力推进提质增效专项行动，服务上海经济社会高质量发展。随着上海市加快具有世界影响力的社会主义现代化国际大都市建设，国网上海市北供电公司将充分发挥"电力先行官"作用，紧密对接区域发展战略，全面服务区域加快高端产业布局、推动城市核心能级提升，为构建新发展格局提供坚实、可靠的电力服务保障。

可持续发展
目标

行动概要

中国市场是全球第二大邮轮市场，2024 年全球邮轮客运量较 2019 年增长了 13%。作为上海建设国际航运中心的重要组成部分，以及亚洲第一、全球第四的国际邮轮母港，上海吴淞口国际邮轮港接靠邮轮数量占全国总量的 50% 以上，接待出入境旅客数量占全国接待出入境旅客总量的 70%。然而，爆火的邮轮游是碳排放大户，日趋严格的政策、行业要求，以及旅客逐渐提高的环保意识，都倒逼邮轮优化能源结构，降低碳排放。

由于国际邮轮的用电电压、频率等采用标准不一，充电量极大及服务国际邮轮的特殊性，国际邮轮岸基供电比普通船舶面临着更大的挑战。国网上海市北供电公司首创高压变频变压岸电系统，多措并举缩短投资回收期，有效破解了接靠大型邮轮、国际邮轮用电量大、岸电输出设备要求高，且用电电压、频率、停靠方式多元等难题，突破技术局限、增强建设意愿，同时，为行业输出跨境运维服务的典型经验，保障靠泊邮轮充电无忧。以 2024 年上海吴淞口国际邮轮港计划服务 312 艘次邮轮为例，全年可实现替代电量 2500 万千瓦·时，减排二氧化碳 13200 吨，相当于种树 73365 棵、减少 240 万辆私人轿车上路。

二、案例主体内容

背景和问题

2023 年以来，人们的出游需求日益高涨，2024 年全球邮轮客运量较 2019 年同期增长 13%，2024 年 1~5 月，上海出入境邮轮数较 2023 年同期增长近 60%。然而，爆火的邮轮游作为碳排放大户，愈益严格的政策、行业要求，以及旅客逐渐提高的环保意识，都倒逼邮轮优化能源结构，降低碳排放。其中的关键就在于大型邮轮靠岸之时，将燃油发电改为岸基供电。

大型国际邮轮与普通船舶使用岸电有显著不同，包括岸电接口型号不一、电压和频率等采用标准不一，以及充电量极大对岸电容量、稳定性要求也更高等。因此，大型国际邮轮停靠时仍存在"无电可用"的情况。下面分析国际邮轮岸基供电面临的一系列挑战。

投资建设阻力大，岸电设施"没得用"。国际邮轮岸电建设由于靠泊邮轮用电量大、对岸电输出设备与场地建设的技术要求高，相应的岸电设施建设成本更高、回收周期更长，投资建设阻力更大，相关企业投资建设岸电的积极性不高，岸电设施"没得用"。

供电诉求多元，现有岸电设施"不能用"。 国际邮轮充电的诉求多元，电压、频率、靠泊方式各不相同（如欧洲邮轮充电频率是 50 赫兹，而美国邮轮是 60 赫兹，左舷或右舷靠岸充电），导致现有的岸电设施"不能用"。

使用驱动力不足，岸电设施"不好用"。 邮轮岸电设备建设完成后，可能出现岸电使用率不高的情况：一是认知层面的，船方对现行岸电使用政策、获益方式及使用方法不了解；二是使用层面的，项目的透明度及智能化程度不足，船方对使用的顾虑多。

行动方案

上海吴淞口国际邮轮港位于长江、黄浦江、蕰藻浜三江交汇处，是世界最先进邮轮"海洋量子号"的亚洲母港，为我国规模最大、功能最全的国际邮轮母港，也是中国国际邮轮第一大港，爱达·魔都号、蓝梦之星、海洋光谱号、MSC 荣耀号等均在此靠泊。国网上海市北供电公司以吴淞口国际邮轮港为试点，探索邮轮岸电建设及运营方案。

"绿电朋友圈"解决设施建设难题，让靠泊邮轮岸电"有的用"

联合创新： 联合专业的港航勘察设计机构开展系统布局和顶层设计，包括岸电与电网电能供方、船舶电能需方的系统设计，以及对电能质量、保护控制、信息通信、接口技术、并网运行等多学科专业和多技术融合的统筹研究。同时，针对国际邮轮码头场地的特殊性，如在河滨建设中遇到的河岸土质、锚地接电、水位落差、斜坡距离等问题，共同商讨、联合攻关，提出切实可行、符合项目实际的技术方案，攻克技术难题。

模式转变： 改变传统码头岸电建设模式，显著降低投资额与回收周期。一方面，积极争取政策补贴如运营补贴［每年充电量度数 ×0.7 元／（千瓦·时）（按政府 2022 年文件标准测算）］与建设补贴；另一方面，将相关政府部门、综合能源公司、第三方研究机构，如船级社、第三方技术支撑企业、设备厂商等各方资源纳入合作范围，共同开展设施的建设与运维工作。截至 2023 年底，上海吴淞口国际邮轮港 3 号泊位 35 千伏、16 千伏高压一体化岸电设施建设完成投资额 2655.8807 万元，已回收投资 1525.5588 万元，正常投运后预计 3~4 年即可盈利，收益周期明显缩短。

"万能插座"满足多元诉求，让靠泊邮轮岸电"一键用"

接入无忧： 在上海吴淞口国际邮轮港 3 号泊位突破性打造亚洲首套码头 35 千伏、16 千伏高压一体化岸电设施，输出端配置 2 个高压岸电插座箱，每个岸电插座箱可根据船舶用电电压和频率选择 10 千伏、50 赫兹 /11 千伏、60 赫兹 /6 千伏、50 赫兹 /6.6

千伏、60 赫兹中的一种规格，由此将特定电源提供给靠泊期间的船舶。同时，根据实际使用及码头方需求，在 3 号泊位上推出移动电缆管理系统，其移动范围和电缆举升距离可满足各种靠泊方式的供电需求，有效实现在 3 号泊位上不同电压、不同频率、不同靠泊方式的邮轮 100% 顺利充电。

上海吴淞口国际邮轮港 3 号泊位 35 千伏、16 千伏高压一体化岸电设施　　3 号泊位上的移动电缆管理系统

高质供电： 吴淞口邮轮岸基供电系统按照目前世界上最大船舶岸电需求标准设计，可满足港口大型邮轮岸电供电需求，实现国内外双重标准供电无缝切换。该系统变频电源采用 60 脉波整流和 41 电平逆变输出的方式，功率因数达 95% 以上，整机效率达 97% 以上，不仅可以提高电能的使用效率，还可以减少对网侧和船侧的谐波污染，有力保障大型邮轮稳定高质供电，实现靠泊充电零延迟。

"国际运维工程师"提供岸电服务，让靠泊邮轮岸电"省心用"

一方面，现行法律法规对靠泊邮轮使用岸电暂无强制措施，习惯使用传统燃油的船方缺乏主动使用岸电的动力；另一方面，船方对使用岸电的运营成本、经济实用性了解不足，对岸电使用望而却步。国网上海市北供电公司充分发挥岸电服务经验，从全覆盖培训、全景式感知、全方位服务等方面提升船方岸电使用意愿与岸电使用率。

全覆盖培训： 为邮轮相关人员提供系列岸电设备使用交流与指导，提高船方人员岸电使用能力与专业技术水平；依托各大政企宣传平台，拓展政策宣传渠道、分享邮轮岸电使用感受，全方位解决认知难题。

全景式感知： 联合国网智慧车联网技术有限公司和上海联联睿科能源科技有限公司打造岸电云网服务平台，并提供岸电设施运营管理服务。为运维方提供岸电设施运行状态监测、数据采集、订单管理、资产管理、异常管理和交易记录查询等服务，实现岸电的智能运维、智慧运营和全社会岸电数据的全景感知。

全方位服务：按照标准化、专业化的工作流程，与邮轮方积极对接，协助顺利接电，实现岸电"省心用"。同时，总结固化常态化运维、服务实践经验，为行业国际运维服务贡献技术、服务、合规管理、语言沟通及国际形象打造等方面的典型经验。

国网上海市北供电公司员工协助邮轮顺利接电

关键突破

在建设层面，协同研究、联合运维、促请政策支持，输出邮轮岸电建设新模式。传统邮轮岸电建设模式不仅涉及岸电设施建设，还涉及邮轮充电设施的改造及岸电设备运行投入，这种模式对于各类国际邮轮而言不仅操作难度较大，而且改造成本高、工期和资金回收周期长。国网上海市北供电公司改变传统邮轮岸电建设模式，通过避免邮轮设施改造投资、争取政府建设运营补贴等方式，显著降低投资成本、缩短投资回收期，化解了邮轮岸电建设成本高这一原始阻力。

在技术层面，打造高压、变频、变压一体化岸电设施，实现了亚洲首套。 突破性打造亚洲首套码头 35 千伏、16 千伏高压一体化岸电设施及移动电缆管理系统，每个岸电插座箱可根据船舶用电电压和频率自由选择 10 千伏 50 赫兹 /11 千伏 60 赫兹 /6 千伏 50 赫兹 /6.6 千伏 60 赫兹其中的一种规格，将特定电源提供给靠泊期间的船舶，有效解决了接靠国际邮轮种类多、用电诉求多元、用电量大、岸电输出设备要求高等难题，实现了在 3 号泊位上的靠岸邮轮 100% 顺利充电。

在服务层面，"一揽子"工作标准和典型经验，打造服务国际的"中国方案"。 国网上海市北供电公司积极总结固化常态化运维、服务实践经验，编制了《吴淞口高压岸电管理、使用、维保手册》《吴淞口高压岸电项目管理方案》《吴淞口国际邮轮港消防、人员中暑、触电应急预案》《吴淞口国际邮轮港邮轮岸电系统连船测试、操作规程、应急预案》等一系列工作规范，为行业国际运维服务贡献了技术、服务、合规管理、语言沟通及国际形象打造等方面的典型经验。

多重价值

国网上海市北供电公司吴淞口国际邮轮港 3 号码头 35 千伏、16 千伏高压一体化岸电设施切实解决了国际邮轮岸电设施"没得用""不能用""不好用"三大痛点，完美实现了从"有得用""一键用"到"省心用"的蜕变。

经济价值

通过为船主提供优惠电价可帮助降低经营成本，助力码头节约电费成本。例如，2024 年上海吴淞口国际邮轮港服务 312 艘次邮轮为例，为码头方减少运营成本 400 万元，助力船方降低用能成本 68.7%，乘客降低出行成本 892 元 / 人次[①]。而国网上海市北供电公司作为 3 号泊位的投建方，于 2023 底在完成三次实船接电使用后获得建设补贴 1525.5588 万元，运营补贴 172.52 万元，投资回收期明显缩短。

环境价值

通过为靠泊的大型邮轮提供高压变频变压岸电服务，在邮轮停靠期间，实现零油耗、零排放、零噪声，有效降低往返船舶的燃油消耗和污染排放，助力邮轮港周边和长江水

---

① 资料来源于携程。

域环境优化。例如，2024 年上海吴淞口国际邮轮港减排二氧化碳 13200 吨，相当于植树 73365 棵，减少 240 万辆私家车上路。为加快打造成为国际一流邮轮枢纽港、支持"双碳"目标的实现作出了突出贡献。

社会价值

在邮轮靠港期间，关闭辅机采用岸电供电，可大幅减轻船员的工作量，船舶无震动、无噪声，在船员的生活质量得到提高的同时，设备的使用寿命也得到有效延长。船舶在停靠期间，废气污染和噪声污染显著降低，在明显改善周边居民生活环境的同时，提升了邮轮乘客的体验感和舒适度，有效促进了相关方的互利共赢。

各方评价

宝山区政府：国网上海市北供电公司主动服务，为高压岸电系统制定了详细供电方案，保障了邮轮停靠期间的安全稳定用电。

蓝梦之星船长邓宏进：感谢吴淞港码头和电力公司给我们装了这套岸电设备，为节能减排提供了很大帮助，同时减少了船只的运营成本。

国家电网公司领导：项目具备显著的经济、环保效益，希望电力公司继续主动服务邮轮岸电清洁能源替代，为上海绿色低碳发展作出积极贡献。

吴淞港国际邮轮码头工作人员：大型邮轮在停靠港口码头时，不再依靠柴油发电而是通过岸电输送电力，从根源上杜绝了重油污染，还切实解决了噪声影响和震动困扰，我们的日常工作都感觉愉悦了很多。

爱达·魔都号旅客：爱达·魔都号的设施比许多国外大型经济型国际邮轮更为完善，充分展示了我国造船工业的风采及航运业的迅猛发展。在整个航程中，无论是航行中还是在上海吴淞口国际邮轮港停靠时，邮轮都是安静且平稳的，且采用邮轮岸电设施供电，相比柴油发电在乘船体验和环境保护方面更有优势。

三、未来展望

上海吴淞口国际邮轮港 3 号码头高压一体化岸电设施，不仅是目前世界最大的变频变压岸电系统，还是亚洲首套邮轮岸电系统。设备投运后，可保障在 3 号泊位靠岸的邮轮 100% 顺利充电。国网上海市北供电公司将充分发挥试点应用的示范带动作用，推动建立覆盖邮轮岸电设施建设、设备配置、运营操作、检验检测、信息交换等全链

条的标准体系，持续拓展应用于国内邮轮码头如天津国际邮轮母港、舟山群岛国际邮轮港、招商蛇口国际邮轮港等，为长江绿色经济带发展保驾护航。同时，将吴淞口国际邮轮港岸电作为向国际展示我国绿色低碳发展的具体行动窗口，提升了示范影响力与国际美誉度。

（撰写人：施燕斌、江晶晶、周毅、范嘉豪、庞舒涵）

国网江苏省电力有限公司南京市江北新区供电分公司

"废水"送冷暖 "余热"供新能

—— "能源 + 数据"，双中心赋能园区绿色发展

一、基本情况

公司简介

国网江苏省电力有限公司南京市江北新区供电分公司（以下简称江北新区供电公司）是国家电网有限公司下属供电企业，营业区域为南京江北新区直管区和浦口区，营业面积为 1036 平方千米，设有 9 个职能部门、2 个业务实施机构，属地化管理 4 家业务支撑单位，负责为地方经济社会发展和人民生活提供安全、经济、清洁、可持续的电力供应。近年来，江北新区供电公司深耕主业、频结硕果。江北新区供电公司获评全国 AA 级用户满意企业、全国市场质量信用 A 等用户满意服务、全国用户满意四星级班组、全国优秀质量管理小组、获国际质量管理小组会议金奖、中央企业一等奖和国网一等奖。获评江苏省电力有限公司先进集体、同业对标综合先进标杆和综合成长标杆单位。连续三年获评地方政府机关作风先进单位。

面对国家号召"双碳"目标和绿色发展理念，江北新区供电公司积极响应国家号召，持续探索可持续发展模式，2023 年打造出"江水空调"可持续发展项目，荣获 2023"金钥匙——面向 SDG 的中国行动"冠军奖。站位新起点，启航新征程。江北新区供电公司将继续秉持可持续发展理念，为推动经济社会绿色转型贡献新方案。

行动概要

南京江北新区产业技术研创园聚集了多家省、市重点项目和技

术服务平台，在经济迅猛发展的同时逐渐凸显能源转型的矛盾。研创园现有注册企业 3000 余家，规模以上企业 330 余家，冷热源需求巨大。江北新区供电公司以"废热利用、智能调节"为切入点，主动协同政府、能源公司、园区、企业用户等各利益相关方，合力建设一座满足研创园区域集中供冷供热需求的绿色区域能源中心，并在原有能源中心的基础上引入数据中心，创新打造江苏省首个"能源中心＋绿色云计算中心"耦合项目。该项目升级电力规划为绿色低碳的区域性能源规划，以集中供冷及供热替代约 220 万平方米的传统分散式空调，形成"污水源热泵＋热源塔热泵＋水蓄冷蓄热＋冷水机组＋电极锅炉＋建筑光伏"一体化综合能源系统，将"废水余热"转化为 100% 绿色能源，实现能源的梯级利用，推动能源的绿色转型升级。供能服务达产后，每年可节约标准煤 9095 吨，减排二氧化碳 23829 吨，相当于植树 128 万棵，全面助力江北新区实现绿色发展。

二、案例主体内容

背景和问题

随着数字化和信息化的深入发展，数据成为新的生产要素。大规模的数据处理和分析也成为新质生产力发展的关键之一。南京江北新区产业技术研创园坐落于江北新区，是国家级新区在科技创新领域的重要布局之一。研创园聚集了集成电路、智能制造、大数据云计算三大主导产业，引进了江苏省大数据管理中心、国家健康医疗大数据中心、离岸大数据中心、超级算力中心等重点项目，现有注册企业 3000 余家，规模以上企业 330 余家。

作为我国发展高新技术产业和推进自主创新的核心载体，国家级新区积极响应"双碳"目标，率先开展绿色低碳转型势在必行。为因地制宜地开启绿色低碳之路、实现园区绿色用能，江北新区供电公司深入分析研创园用能情况，精准定位园区用能面临以下三大难题：一是未来产业发展导致用电需求上涨，用电紧张；二是园区建筑的制冷供热系统均以分散式空调为主，耗能较高；三是大数据中心散热量大，不仅浪费能源，还会产生热岛效应。

行动方案

立足三大难题，江北新区供电公司以国家发展改革委联合有关部门发布的《数据中心绿色低碳发展专项行动计划》为依据，发挥供电企业专业优势和聚合效应，联合南京江北新区研创园管理办公室，在原有能源中心基础上融合数据中心，创新"能源中心 + 数据中心"耦合模式，以三大举措赋能数据中心发挥"余热"，解锁未来"零碳热源"，助力园区实现绿色用能，推动产、城、能高度融合的可持续发展。

深挖各方诉求，为打造绿色方案聚"合力"

江北新区供电公司充分识别绿色区域能源中心建设涉及的利益相关方，包括政府部门（南京江北新区管委会、南京江北新区研创园管理办公室）、能源服务公司、数据中心、园区办公大楼、商业配套等企业用户、媒体等，通过走访调研、实地考察、发放问卷、桌面会议等多样化的形式，收集各方的核心诉求和期望，挖掘各方优势资源，以此作为合作共赢的决策依据。

打通电能通道，为园区稳定供电添"底气"

江北新区供电公司积极对接政府部门，推动与南京广鑫能源服务有限公司与南京江北新区公用资产投资发展有限公司、南京市江北新区管理委员会与南京市江北新区交通局四方签订《关于"南京江北新区产业技术研创园绿色能源应用项目公共配套设施建设

江北新区供电公司与用户对接电力规划方案

协议"的备忘录》，保障能源中心建设的有序推进。按照用电规划，园区需扩充超 18 万千伏安的电力容量。若以传统供电方案实施建设，园区的电力供应涉及周边 3 座变电站和 20 余条 10 千伏线路，建设成本及耗时都极高。为此，江北新区供电公司优化原有成本高、耗时长的供电方案，投资建设 4 条 10 千伏 GIL 电力外线工程，以大容量、损耗低、高可靠性、占地少的供电模式，实现了淮河以南的区域性可靠集中供电。

回收利用"余热"，为解决高碳问题集"能量"

结合当地数据产业禀赋，江北新区供电公司创新提出在 6 座能源中心基础上引入数据中心，将设备运行过程中产生大量废热的数据中心和亟须大量稳定热源的设备连接起来，让数据中心的"余热"继续发挥作用。此外，江北新区供电公司参考"江水空调"的巧思，利用热能转换原理，搭建污水源热泵机组，利用污水经处理后排出的中水，打造污水源"空调"。在冬季，能源中心利用蒸汽压缩制冷循环系统，把热量从数据中心输送到民用采暖系统，数据中心的"余热"和污水源"空调"即成为园区的供暖来源，实现民用"免费"采暖。在夏季，为园区供冷后 15℃左右的低温水同时带走数据中心的"余热"，机柜得到显著降温，有效降低电耗。在春秋过渡季节，则利用冷却塔大幅提升自然冷却效率。同时，利用污水源热泵技术，将园区附近光大水务冲洗内河河道水中的低位热能转化为高位热能，据测算，运行效率比一般的中央空调高约 30%。"能源 + 数据"双中心，一改园区原本的高能耗、高碳排模式，一把金钥匙悄然开启了园区绿色低碳转型之路。

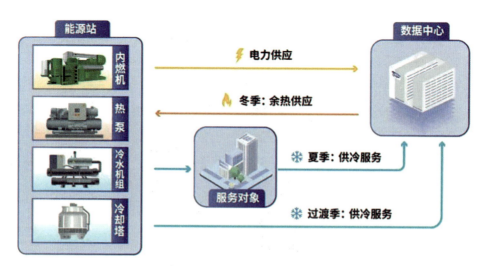

"能源中心 + 数据中心"耦合模式

建立能源系统, 为实现智能管理增"动力"

江北新区供电公司联合研创园管理办公室建立了智慧能源管理系统, 结合当天气温、末端负荷、能耗数据等情况, 通过加装在园区各类终端上的智能元件, 系统可实现对设备的远程实时监测和控制。同时, 结合当前气温、园区整体负荷、能耗数据等情况, 工作人员利用系统, 调节符合现状的机组最优运行方案, 使综合能源利用效率进一步提高。同时, 为客户争取分时电价政策, 匹配高压客户经理提供"一对一"的全程服务。

高压客户经理因地制宜提供服务指导

关键突破

项目的实施取得了三项新的突破: 一是"一站式"管理多种能源, 首创业内智慧能源系统的"新模式"; 二是打造江苏省首个"能源中心＋数据中心"耦合项目, 解锁产业变革下的绿色发展"新路径"; 三是项目技术方案所需冷热源相较于江水源、河水源等技术, 冷热源来源广泛, 不受地域限制, 可复制性强, 适合在多区域推广, 易形成规模效应的节能"新样板"。

多重价值

一是推动节能降碳, 解锁绿色秘诀。能源中心与数据中心的有机融合, 实现了

100% 清洁能源利用。一期自 2021 年投运以来，已节约标准煤 1.8 万余吨，减排二氧化碳 4 万余吨，相当于栽种 250 万棵树。项目全部建成后可替代产业技术研创园内办公、数据中心、商业配套等约 220 万平方传统的分散式空调，满足园区内建筑集中供冷及供热需求，年节约标准煤 9095 吨标煤，减排二氧化碳 23829 吨，相当于植树 128 万棵，减排二氧化硫 77 吨，减排氮氧化物 68 吨。该项目的实施，将助力更多企业破解节能降碳的"绿色秘诀"，引领江北新区绿色发展。

二是发挥成果示范，助力产业发展。 通过 6 座能源中心为片区内超过 1300 万平方米的建筑提供优质的集中供冷、供热服务，并结合研创园集成电路、大数据等产业发展的需求，创新性引入数据中心，这将成为南京市及江苏省区域式能源先行先试的典范，为区域式能源建设和运行提供宝贵经验和借鉴，并极大推动江北新区产业的高质量发展。同时，该行动被列入江苏省污染治理和节能减碳专项中央预算内投资计划支持项目清单。

三是提升经济效益，实现多方共赢。 对于供电企业而言，供电方案的优化有效降低电力投资 2900 万元。同时，能源系统可在夏季通过能源中心的蓄能设备进行削峰填谷，在夜间通过蓄能罐进行蓄能，并在白天进行释能，缓解江北新区供电公司的电网运行压力。对于用户企业而言，与传统空调系统相比，通过使用高效能的能源供应降低空调使用成本，预计能减少 25% 的空调维护成本；分时电价政策也助力企业全年节约用电成本约 300 万元。对于投资建设企业而言，"能源中心 + 数据中心"耦合系统通过智慧能源系统优化不同季节工况下运行模式，实现能源梯级利用、设备复用，在提高系统能效的同时，也大幅降低了投资成本。

四是培育电网品牌，塑造履责形象。 "能源中心 + 数据中心"耦合项目的落成，顺应了国家积极推行能源革命转型改革的大趋势，也获得了各相关方的认可，进一步塑造和提升了国家电网积极履行社会责任、引领全社会绿色低碳发展的优秀企业品牌形象。

各方评价

"能源中心 + 数据中心"耦合项目受到了江苏省委常委，以及南京市委书记、市政协主席、副市长等领导的高度评价，并指出研创园园区与企业要围绕碳产业大胆探索，在绿色低碳发展中争做示范。同时，该项目荣获 2022 年度长三角枢纽绿色数据中心奖、2023 年度南京低碳应用场景十佳提名，并被《中国环境报》报道。

为表彰南京江北新区研创园"能源中心 + 云计算中心"耦合项目在节能减排方面的

优异成绩及为长三角地区算力高质量发展作出的卓越贡献，中心被授予"2022年度长三角枢纽绿色数据中心奖"。该奖项为中国IDC产业年度大典组委会主办评选，是数据中心、云计算领域最受关注和认可的产业奖项。南京江北新区研创园"能源中心＋云计算中心"耦合项目通过奖项初选、网络公开评选、行业专家审评等多重评审流程，最终荣获该奖项。

三、未来展望

绿色低碳发展是当今世界科技革命和产业变革的方向。当前，越来越多地区、行业、产业正在积极转型，擦亮"绿色发展"主色调。未来，进一步将"能源中心＋数据中心"耦合模式向更多以数据处理为主要生产力的新兴产业园区推广，让数据在盛夏自在"奔跑"，助力园区实现绿色用能，推动社会绿色低碳发展。

（撰写人：陈冰冰、熊晓鑫、陈红方、周铖铖、高青）

国网江苏省电力有限公司苏州供电分公司

创新碳足迹管理，
"碳"索企业绿色生产力

一、基本情况

公司简介

国网江苏省电力有限公司苏州供电分公司（以下简称国网苏州供电公司）是国网江苏省电力有限公司所属特大型供电企业，营业区辖常熟、张家港、太仓、昆山 4 个县级市和姑苏、吴中、相城、吴江、工业园区、高新区（虎丘区）6 个区。国网苏州供电公司在苏州境内建成特高压线路 7 条、特高压落点站 3 座，拥有 35 千伏及以上变电站 559 座，35 千伏及以上输电线路 1599 条。2023 年，苏州全社会用电量为 1719 亿千瓦·时，售电量为 1572 亿千瓦·时，全网最高用电负荷为 3035 万千瓦。

国网苏州供电公司牢牢把握"高质量发展"首要任务，扎实推进新型电力系统建设，建成同里区域能源互联网示范区和古城区世界一流配电网示范区，配合承办"一带一路"能源部长会议、国际能源变革论坛。聚焦"暖企惠民"，推出"全电共享"电力设备模块化租赁、共享充电机器人等服务，持续优化电力营商环境。2018 年，国网苏州供电公司获评中国"实现可持续发展目标先锋企业"。2021 年 9 月，国网苏州供电公司受邀参加联合国全球契约青年 SDG 创新者峰会。2022 年 6 月，国网苏州供电公司员工当选"2022 年联合国可持续发展目标全球先锋"。

可持续发展
目标

行动概要

碳足迹指个体、组织、产品或国家一定时间内直接或间接导致的二氧化碳排放量。当前，旺盛的碳足迹管理需求面临标准数据短缺、数据难核算、数字化水平低、人才与服务体系弱等问题，国网苏州供电公司立足苏州外向型工业经济的特点，发挥供电企业平台及电力大数据优势，建成江苏省首个实时采集的产品碳足迹管理平台，助力企业算清产品碳足迹和企业碳账本，规划节能降碳路径，提升政府及企业碳资产管理能力，补强碳足迹基础数据库，同时延伸打造"碳核算认证、碳节能减排、碳普惠交易、碳金融保险"等碳效服务，构建了多元化、一站式节能降碳服务体系，助力高质量碳足迹管理体系建设，为国家碳排双控体系构建和经济社会发展绿色转型贡献国网方案。

二、案例主体内容

背景和问题

产品碳足迹管理是企业、社会实现碳足迹优化管理的关键部分。碳关税机制影响日益加深，欧盟新电池法案更是将产品碳足迹披露纳入强制要求，以期实行绿色贸易壁垒。中国大力发展低碳经济，《政府工作报告》明确提出要"建立碳足迹管理体系"。

江苏省苏州市是外向型、工业型经济高地，在国际贸易及环境政策趋紧的背景下，企业和政府对科学、精准的产品碳足迹管理需求迫切。供电公司作为重要用能服务单位，掌握最全面、精准的电力数据，具有科学、先进的用能数字化管理技术，是企业精准减碳、社会优化管碳最坚实的保障。

目前，企业及社会在实现更加精准、科学的产品碳足迹管理方面，仍面临以下难点。

基础数据不完善。 目前，我国碳足迹基础数据库不健全导致核算缺乏参考值甚至无法计算。同时，企业难以客观判断产品碳排水平，跨国贸易无法有效衔接。

实时精准测算难。 传统获取碳足迹的方式为手工计算，效率低、准确率低，难以满足实时、精准的要求。

数字化管理水平低。 同产业链、同行业企业具有碳足迹数字化管理的共性需求，但传统管理方式不仅效率低下，还易造成企业隐私数据泄露。

人才和服务保障体系薄弱。 碳排核查与认证工作专业性高，企业如何形成碳足迹管理的实际效益，目前还缺乏专业高效的服务保障。

产品碳足迹管理问题链路

行动方案

国网苏州供电公司联合政府、企业、核查认证机构、技术厂商、金融机构等，于2024 年 3 月建成了江苏省首个实时采集的产品碳足迹管理平台，助力企业算清产品碳足迹和企业碳账本，规划节能降碳路径，提升区域性碳足迹管理能力，补强碳足迹基础数据库，构建核算认证、节能减排、普惠交易、金融保险等碳效服务，助力企业、社会实现更加精准、科学的产品碳足迹管理。

本方案在阐释举例时选取一家具有典型代表性的出口型新兴技术企业，该企业以物联网控制器作为主要产品之一。

"测""算"协同，构建企业级碳足迹测算分析模式

实时测算，精确"绘制"碳足迹数据图谱

面对企业产线复杂、零散导致的碳足迹数据实时精准测算难问题，国网苏州供电公司联合企业共同开展产品产线、工艺流程的分类梳理，从企业生产管理系统实时采集动态的原材料、运输等数据计算碳排，并为产品产线安装计量电表、气表进行测量，规划实时碳足迹数据的测算方法。

在企业系统端布局产品碳足迹实时测算模块，参照产品碳足迹国际通用评价标准（PAS2050），实现对碳足迹的实时、精准测算，结合实际需求可实现秒级、分钟级、小时级等不同时间颗粒度的精准采集，绘制产品碳足迹数据图谱。

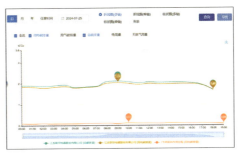

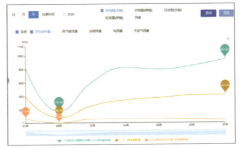

某产品车间每小时、每日、每月、每年碳排曲线

决策支撑，精准服务企业减碳增效"痛点"

在企业精准掌握产品碳足迹的基础上，服务企业有效发挥碳足迹数字化综合管理的价值，有力解决企业在数字化管碳降碳方面的"短板"。

通过辅助企业构建碳配额剩余量、碳减排预测等碳管理模块，发挥碳足迹数据的多重价值，帮助企业做好最优碳排放规划和合理减排措施，发现减排"痛点"，推荐减排策略方案。

"云边协同"，建设区域级碳足迹数字化管理平台

为进一步满足政府、行业及社会对产品碳足迹的管理需求，充分联动、汇聚分析同地域、同行业、同产业链企业集群的产品碳足迹数据管理价值，国网苏州供电公司推动建设区域级碳足迹数字化管理平台。

创新构建"1+N 云边协同"碳足迹管理模式

碳足迹测算原始数据直接核算分析既不经济也不高效。同时，易产生因数据泄露引发的商业风险，企业提供意愿不强。因此，国网苏州供电公司创新构建"1+N 云边协同"碳足迹管理模式。

"1"代表在"云端"建设统一管理平台，相当于为每家参与到平台的企业构建了一个"云端商城"，云端平台统一部署多类产品的碳足迹核算、分析、数据库等功能模块，可供企业根据需求选用下载。同时，"云端"可将碳足迹结果对接 SGS 等权威机构认证。

"N"代表每个"边端"的企业，相当于"云端商城"的每个"用户"。边端企业根据产品属性从"云端"下载相应的碳足迹功能模块，完成碳足迹的本地化核算。

"1+N 云边协同"模式在助力区域碳足迹管理中具有突出亮点：一是"菜单式"定制碳足迹核算服务。企业根据需求从"云端"下载核算模块，搭建定制化的产品碳足迹核算服务模式。二是保障用户数据隐私。"边端"仅将数据结果与"云端"交互，访问和传输阶段设置密钥，保障企业隐私数据不外泄。三是支撑多层次碳排分析。云端平台可按行业、产业链等维度开展碳排分析，边端企业可实现自身不同批次、产线碳排对比分析，实现数据驱动精准碳足迹管理。

"1+N 云边协同"碳足迹管理模式

贡献国家碳足迹基础数据库

目前，我国碳足迹基础数据库不健全导致核算缺乏参考值甚至无法计算，同时，企业难以客观判断产品碳排水平。"1+N 云边协同"模式不断汇总从企业侧上传至"云端"的产品碳足迹数据，为国家碳足迹基础数据库提供有力的数据支撑。

目前，"云边协同"碳足迹数字化管理平台重点累积并支撑包含"三库一模型"（排放因子库、产品碳足迹库、设备能效库，产品工艺模型）的碳足迹基础数据库。

服务增值，拓展构建"一站式"碳效服务模式

为提高产品碳足迹管理增值服务方面的专业支撑，拓展构建核算认证、节能减排、普惠交易、金融保险等碳效服务，破解人才和服务保障弱的"痛点"，拉动降碳活力。

高效碳核算认证。平台可直接将形成的碳足迹核算报告提交至专业认证机构进行认证，比传统由认证机构直接驻厂核查缩短约 85% 的时间，目前已与中国质量认证中心（CQC）等 5 家机构签署合作协议。

CQC 认证的企业产品碳足迹证书

精准碳减排规划。依托碳足迹核算结果，实时跟踪产品生产中的碳排放情况，挖掘减碳潜力，服务高碳排设备进行改造更新。成立"供电＋能效"服务团队，推动企业布局新能源设施，并以虚拟电厂聚合方式参与市场交易。

碳普惠交易。牵头建成全国首个市场化碳普惠服务体系，挂牌成立一站式服务中心，发布 4 类方法，让减排需求企业在线实现碳交易。现已累计核发减排量 27 万吨、成交量 10 万吨，并与安徽、四川实现跨省交易。

"点绿成金"碳保险。应用电力大数据，构建了碳减排成效、资质信用的评价模型。与人保合作开发绿色保险产品，增强企业节能减排意愿。与江苏银行合作，将企业碳资信结果纳入绿色融资评价体系，开辟减排项目融资的绿色通道。

关键突破

构建"实时测算"的企业级产品碳足迹管理模块

项目打造了江苏省首个实时采集产品碳足迹的管理模块，可依据需求实现秒级、分钟级、小时级等不同时间颗粒度的精准采集，实现产品碳足迹实时、精准测算，测算效率提升约 85%，为企业提供光伏建设、设备改造等方面规划更为精确的碳减排方案，助力企业精准降碳、高效减碳。

打造"1+N 云边协同"的区域级碳足迹管理平台

创新构建"1+N 云边协同"碳足迹管理模式，为企业构建碳足迹管理的"云端商城"，

使企业不仅能定制碳足迹测算服务，还能有效保障数据隐私，同时优化全社会的碳排放分析。基于实时采集的碳足迹数据还为国家碳足迹基础数据库提供了数据支持。

"一站式"碳效服务激发降碳活力

构建"一站式"碳效服务模式，补齐当前碳足迹管理体系建设人才与服务支撑弱的短板，为原先碳测算、碳减排"寻路无门"的企业提供包括高效核算认证、精准节能降碳、普惠服务交易、碳金融保险等维度的增值服务，形成减碳增值效益，激发减碳活力。

多重价值

经济价值

核算认证降本增效。企业依托平台开展碳足迹核查认证，整体效率提升约 85%，平均减少认证等成本约 75%。若苏州外贸活跃企业每家一款产品参与平台，相较于传统方式，每年可节省 11.2 亿元；若推广至全国，每年可节省 250 亿元。

指导降低能耗成本。以苏州计算机电子制造业为例，依托平台指导能耗减碳可帮助减少能耗成本约 10 亿元 / 年；若推广至全国，可减少能耗成本约 400 亿元 / 年。

吸引绿色投资。通过碳金融保险等，为企业获得更多的绿色融资。

社会价值

为全社会碳足迹精准计量提供范式。碳足迹实时测算的模式，破解了传统手工填报方式数据时效性、准确性、可靠性不足的问题，提升了碳足迹管理的数据有效性。

积极支撑碳足迹基础数据库。逐步积累重点行业、产品碳足迹数据，为国家产品碳足迹基础数据库建设提供数据支撑。

推动国内外碳足迹市场服务体系衔接。依托实时测算的碳足迹核算技术，推动与国际标准互信互认，目前已与 SGS（通标标准）达成初步合作。

"云边协同"模式深化碳足迹管理价值发挥。不仅使企业得以定制碳足迹核算服务，还有效保障了其自身的数据隐私，同时优化社会碳排分析能力。

环境价值

碳足迹管理平台能够让企业准确摸清"碳账本"，在推动实现精准减碳的同时，进一步拓宽光伏绿电设施的使用范围。以苏州电子制造业为例，预计年可节能超 14 亿千瓦·时，降碳 82 万吨，推广至全国降碳量可达千万吨。

各方评价

SGS 通标公司： 该体系能大幅提升辅助核查追溯效率，同时积累了高质量的碳足迹基础数据库。

江苏银行： 获得企业碳资信的评估报告，让江苏银行的绿色金融开展有了依据，也有了方向。

新安电器： 碳足迹管理平台让我摸清碳家底，找到了降碳减碳的关键环节，一年节省电费预估超百万元。

常熟开关厂： "1+N 云边协同"碳管理模式非常新颖，大幅节省了企业的人才和资金投入。

权威媒体：《国内出口企业积极探索产品碳足迹》《江苏首个产品碳足迹实时管理平台上线》等新闻报道先后在中央电视台、新华社等主流媒体刊发。

三、未来展望

　　未来，在建成江苏省首个实时采集的产品碳足迹管理平台基础上，国网苏州供电公司将继续探索完善"云边协同"产品碳足迹管理体系，结合国内碳排双控和国际碳关税制度机制，聚焦产品碳足迹核算标准、背景数据库、碳效增值服务、绿色供应链、碳标识认证五个方面，提升电工装备、新能源汽车、电池、光伏等重点领域产品碳足迹管理水平，促进相关行业绿色低碳转型。

（撰写人：王骏东、周游、苏俊霖、石佳、朱越、严竹菁）

国网湖北省电力有限公司武汉市东西湖区供电公司
聚焦城郊乡镇
——践行"没有落伍者"的"双碳"行动

一、基本情况

公司简介

国网湖北省电力有限公司武汉市东西湖区供电公司（以下简称东西湖区供电公司）作为国网武汉供电公司的直属县级供电公司，致力为区域经济社会发展和居民生活提供安全、可靠的电力保障。

在电网建设方面，东西湖区供电公司辖区内拥有完善的变电站网络，包括 35 千伏至 500 千伏各级变电站及数千千米 10 千伏配电线路，实现了电网布局的科学化与智能化；在供电保障方面，面对加快打造产城融合的"中国网谷"的发展需求，东西湖区供电公司不断优化电网结构，确保电力的高效稳定供给；在服务优化方面，东西湖区供电公司通过技术创新提升服务质量与响应速度，为京东方、中金数谷等高新技术企业入驻及国家级网安基地建设提供了坚实的电力支撑；在履行社会责任方面，东西湖区供电公司积极落实国家"双碳"目标，深度融入东西湖区"1+4"产业体系的建设，助力"芯屏网能智"等新兴产业绿色升级，为区域经济可持续发展贡献力量。

与此同时，东西湖区供电公司积极联合当地政府、媒体机构开展常态化绿色能源宣传普及工作，广泛开展绿色能源知识普及活动，全面普及绿色生活理念。

展望未来，东西湖区供电公司将继续秉承"人民电业为人民"

的企业宗旨，以高度的社会责任感和使命感，推动绿色能源的发展，促进经济社会的全面、协调、可持续发展，为构建美丽中国贡献力量。

行动概要

东西湖区位于武汉市西北部，总面积为 495 平方千米，常住人口为 92.55 万人。作为中心城市的远城区，以食品、物流、小型制造为代表的轻工业产值占区域生产总值的 50.9%，而这些产业集群多以中小型工业园的形式聚集，构成了城郊乡镇地区独有的经济面貌。

城郊乡镇地区特有的经济结构与产业特性，造成了城郊乡镇地区"双碳"进程缓慢、绿色能源转型等问题。因此，东西湖区供电公司聚焦城郊乡镇地区的绿色能源发展问题，针对"双碳"建设现状，从用户视角出发，提出了"绿色意识提升、绿色资源嫁接、绿色技术补强"行动计划，赋予东西湖区供电公司"多方利益共同体的组织者、绿色能源转型的服务者、双碳示范建设的引领者"三重新身份新使命，充分发挥供电公司的"双碳"先锋作用，完成了以龙鑫工业园为代表的多个产业集群的绿色能源项目建设，推动东西湖区"整县光伏"进程，为全国城郊乡镇地区的能源转型发展作出示范实践。

二、案例主体内容

背景和问题

面对全球气候变化的严峻挑战，实现碳达峰和碳中和已成为国际社会的共同目标和行动指南。尽管如此，我国城郊乡镇推进"双碳"目标仍面临诸多挑战。从用户视角来看，绿色能源的推广和应用仍受到环保意识不强、绿色资源短缺和绿色技术不足等因素的制约，导致能源结构转型困难重重。

在助力城郊乡镇工业园实现"双碳"目标的过程中，当前电网基础设施在适应新能源接入上存在不足，难以满足工业园区未来能源结构变化。随着工业园内新能源设备的增多，电网的调度和运行管理面临更大挑战。如何应对电网基础设施的接入性问题，提高智能化管理水平，是东西湖区供电公司亟须解决的关键问题。

东西湖区供电公司积极响应国家绿色低碳发展战略，针对当前电网新能源接入问题及智能化管理水平问题，推行了整县光伏项目。2023 年，东西湖区供电公司与东西湖区人民政府签订了整县光伏协议，共同推动东西湖区绿色低碳转型。而在整县光伏

城郊乡镇工业园区

推进初期，占工业用电总量 40% 以上的中小型工业园无一报装，这引起了项目团队的高度关注。

经过团队深入调研，发现以东西湖龙鑫工业园为代表的中小型工业园普遍存在共性：园区业主负责转供电，但对电费不敏感、对用能方式不关心；园内企业虽渴望降费，却对绿色能源、节能缺乏认识。此类工业园数量众多，形成产业集群，却因参与主体众多、利益诉求分散、低碳意识薄弱等阻碍了绿色转型。即便有少数先行者，也因投资能力、市场资源、技术认知的局限，难以有效推进绿色能源项目。这一现象导致城郊乡镇地区在能源转型中沦为"落伍者"、变成实现"双碳"目标的"短板"。

这一问题从微观而言是与数以万计的电力用户利益相关的现实困难，从宏观而言则是我国"双碳"进程中必须面对的发展堵点。作为能源革命的践行者，东西湖区供电公司着眼这一问题的本质，开展了持续研究与破局攻关。

行动方案

针对上述问题，东西湖区供电公司提出践行"没有落伍者"的"双碳"行动，自 2023 年 2 月开始实施。

以意识资源技术为核心探索用能新方案

充分发挥供电公司的平台优势，针对城郊乡镇产业集群，以绿色意识提升、绿色资源嫁接、绿色技术补强为行动核心，为中小型工业园探索用能新方案，以绿色能源转型提速城郊乡镇双碳进程。

绿色意识提升方面： 东西湖区供电公司联合当地政府、媒体机构开展常态化绿色能源宣传普及工作。宣传内容涵盖了"双碳"基本概念，绿色能源发展及实效，绿色能源转型的政策和应用成效，从多角度提升用户的绿色意识，使用户在经济、政策、公益的各个层面认可绿色理念，主动寻求贴合之道。

绿色资源嫁接方面： 整备项目相关资源，其中包含金融、设计、工程等服务支撑型组织机构，能源投资、政策申报、市场交易等专业参与型组织机构，确保用户不因某项资源欠缺而出现卡壳畏难的情况。

绿色技术补强方面： 根据当地电网情况、自然条件、负荷特性等，进行技术储备。例如，组织天合光能等光伏技术方，阳光电源等储能技术方，国网综能、国网电动等综合性绿色能源技术提供方为意向用户提供一站式技术咨询服务，确保用户获得最优技术路径。

三重新身份助力双碳行动阶梯式提升

具化到实际行动中，东西湖区供电公司提出"三种新身份，三重新责任"的理念，以"项目推进—区域赋能—示范引领"的路径完成阶梯式提升。

多方利益共同体的组织者为项目落地扫清障碍。

在以龙鑫工业园为例的具体项目中，东西湖区供电公司以"多方利益共同体的组织

多方协调

者"这一新身份，找到了破解绿色能源项目落地难问题的"关键钥匙"。东西湖区供电公司将绿色能源投资方、园区业主方、园区企业方等不同利益主体聚合在一起，组建绿色能源项目多方协作平台，妥善协调各方利益，为项目落地扫清障碍。

对于绿色能源投资方而言，主要诉求是稳定的投资回报率，主要顾虑是园区企业流动性大带来的用电量不稳定，就地消纳无法保障。东西湖区供电公司促成园区与其达成50% 就地消纳底线的基本承诺，并协助办理光伏接入余电上网等各项备案及手续，保障整体消纳水平。该项目于 2023 年 5 月立项，12 月竣工，2024 年 2 月 1 日并网发电，本地完成消纳 90% 以上。

对于园区业主方而言，目标是资产的长期增值，顾虑在于利润难测算与电网安全问题。东西湖区供电公司提供费价管理工具，规划利润模型，阐明了成本下降与招商收益的勾稽关系，并优化园区电网布局，使电缆分布更合理，保障了园区电网的安全性。

对于园区企业方而言，主要诉求是用电能耗成本下降，主要顾虑是对实际降费效果存疑，对新能源安全性缺乏信任。东西湖区供电公司与园区进行协商，达成了园区同意降费并将红利倾斜向企业，以能耗费用优势吸引更多企业入驻。经过 5 个月的实际运行测算，园区内企业平均能耗费用降低 8%，全年能耗费用预计降低 12% 以上。

绿色能源转型的服务者打造绿能发展"全兜底"方案。

在城郊乡镇地区的"双碳"发展进程中，该行动以"绿色能源转型的服务者"这一

"全兜底"方案

新身份，打造了绿色能源发展一揽子问题"全兜底"方案。通过推介普及、方案设计、金融支持、技术培育多种方式推进区域内的绿色能源发展。

绿色能源推介与普及： 实施"千人千面"的差异化推介策略，如为制造业、商业等经济型敏感用户介绍用能费用的下降比率，为农林牧渔、物流交通等政策敏感型用户普及绿色能源的优势。在本项目开展的行动中，绿色能源意向用户达 58 户，其中已完成建设用户 45 户，完成率为 77.5%。

绿色方案设计与匹配： 提供免费方案设计服务，出具模块化初设方案，快速展示项目预期收益，再由设计院提供专业方案，确保用户在 15 个工作日内获得完整方案。

绿色金融产品衔接： 针对投资稳定性问题提供两种解决方案：关于平台资方投资模式，团队精选了国网综能、三峡数能等可靠平台确保资金稳定；关于自筹资金模式，团队构建与银行的对接平台，提供长期低息贷款，减轻用户的财务负担。

绿色能源技术培育： 团队面向绿色能源用户定期举办培训班，为其提供测算交易、运行运维的人才培训，避免因操作问题导致效率下滑与资源浪费。面对零星小型项目的用户，行动团队还为其提供共享式运维服务，分摊后续使用成本与缓解运维压力。

"双碳示范建设的引领者"树立"零碳示范区"典型样板。

在用户侧绿色能源转型的关键路径中，该行动以"双碳示范建设的引领者"这一新身份，树立贴近用户侧的"零碳示范区"典型样板。该行动对燕岭供电所进行全面的改

"零碳示范区"典型样板

造升级，将其打造成一个包含零碳公共场景、零碳建筑场景、零碳交通场景、零碳管理场景、低碳宣传场景、负碳生态场景六大场景的绿色能源示范阵地。

升级后的燕岭供电所在承担传统职能的同时，兼备了低碳技术展示体验平台与社区教育实践基地的功能，展现了低碳技术领域的创新成果，为客户提供了亲身实践的机会，提升了绿色能源推介效率。定期向周边社区和教育机构开展低碳知识普及、环保实践活动，提升公众的低碳生活参与度。

燕岭供电所的改造不仅优化了供电所的能源结构，推动了基层供电所服务角色的转变，还为数以万计希望主动参与绿色能源转型与"双碳"使命的用户提供了实体平台，为城郊乡镇绿色能源建设提供了可行的改造路径。

关键突破

构建双碳体系精准施策，引领绿色能源新风尚

东西湖区供电公司积极响应国家"双碳"目标，精心打造全链路双碳服务支撑体系。针对企业用户，通过政策解读、个性方案定制、金融资源对接及绿色能源技术培育，助力用户实现从理念到实践再到运维的全链路升级。面向居民用户，利用"零碳示范区"的独特优势开展丰富多样的互动体验活动，提升了居民对低碳生活的认识，激发了参与绿色能源转型的热情，共同推动社会向绿色、低碳、可持续的方向迈进。

串联多方平台形成合力，树立项目实施新典范

东西湖区供电公司充分发挥供电企业平台优势，深入洞察用户需求痛点，精准制定解决策略，有效串联并协调多方利益主体，以多重服务为用户排忧解难，为项目落地扫清障碍。通过依托平台优势探索解决之道、串联利益相关方形成合力、制定并实施全环节服务方案"三步走"战略的成功实践，为新能源项目提供了宝贵经验，树立了项目实施的新典范。

聚焦城郊乡镇激发活力，探索"双碳"行动新思路

城郊乡镇地区作为城乡融合发展的桥梁，其辐射的县域经济体覆盖超 7 亿人口，国内生产总值贡献约 40%，对"双碳"目标的实现具有不可替代的作用。这一实践为我国城郊乡镇地区的"双碳"发展提供了积极可行的思路，聚焦城郊乡镇这一短板补齐补强，

激发地区能源革命活力，为推进"双碳"目标作出了重大贡献。

多重价值

2023 年 2 月至 2024 年 6 月，已产生价值如下。

经济价值：330 户完成 9.12 万千瓦绿色能源建设，年降费达 2371.2 万元，带动上下游产业经济价值约 4.6 亿元，"十四五"时期预计累计降费将增至 10.35 亿元。

环境价值：已消纳绿色能源 7924.8 万千瓦·时，输送电网 1195.2 万千瓦·时，减排二氧化碳 9.1 万吨，至 2030 年预计减排 54.5 万吨。

社会价值：线下宣传覆盖 340 家企业，线上宣传点击超 5 万次，预计"双碳"教育基地年接待 5000 人，年培养 600 名绿色能源人才。

各方评价

武汉东西湖区新沟镇街道办事处相关负责人：这个行动不仅证明了新质生产力就是绿色生产力，还充满人文关怀。

国网湖北经研院双碳中心相关负责人：这是一次兼顾到经济、环境和社会效益的尝试，非常具有借鉴意义。

龙鑫工业园总经理：本项目得到了东西湖区供电公司的大力支持，使业主方和投资方达到了"双赢"。

三、未来展望

展望未来，东西湖区供电公司将持续深化"没有落伍者"的"双碳"行动，以龙鑫工业园等产业集群的绿色能源项目为起点，逐步将成功经验复制并推广至整个东西湖区乃至省内其他城郊乡镇地区。

该行动于 2023 年 2 月 1 日启动，持续至 2025 年底为试点阶段。在此阶段，东西湖区供电公司将加强与政府、企业、金融机构等多方的合作，形成更加高效、协同的工作模式。通过技术升级、管理创新和服务优化，不断提升项目的经济、环境和社会效益，为绿色能源转型树立更多可复制、可推广的样板工程。

2025~2030 年为全面铺开阶段，东西湖区供电公司将总结试点经验，调整优化策略，以更成熟完善的模式在全区乃至全省推广。通过规模化、标准化、智能化的建设和管理，实现绿色能源在城郊乡镇地区的广泛应用，为区域经济社会发展和生态文明建设作出更大贡献。同时，东西湖区供电公司还将积极探索更多创新路径和合作模式，不断推动"双碳"目标在城郊乡镇地区落地生根，为构建绿色低碳、可持续发展的未来贡献力量。

（撰写人：肖游、孔力、陈锦立、陈书、姚成、胡飞）

国网江苏省电力有限公司太仓市供电分公司

"碳"寻绿色伙伴关系，助力乡村可持续发展

一、基本情况

公司简介

国网江苏省电力有限公司太仓市供电分公司（以下简称国网太仓市供电公司）发挥枢纽作用，为各类清洁能源产业发展提供坚强网架支撑，赋能产业绿色减排、转型升级，更好地促进能源生产清洁化、能源消费电气化、能源利用高效化，助力太仓打造绿色低碳循环发展高地。国网太仓市供电公司服务低碳能源，实施新型电力系统建设计划，构建智慧配电网络，优化多种能源聚合能力，构建太仓智慧可调节资源池；服务低碳经济，实施支柱产业绿色发展计划，服务低碳产业园区，打造耐克"风光储一体"零碳园区，推进中欧太仓碳中和创新示范合作项目落地，开展"电力低碳直通车"服务行动，为企业绿色发展贡献供电力量；服务低碳交通，实施低碳交通绿链计划，建设港口岸电系统、推进港口电气化改造、推动港口换电重卡整体规划，提升港口用能的含绿量；服务低碳农业，实施零碳乡村计划，持续推进农村电网提档升级，开展乡村碳计量算法研究，推动构建农村新能源系统，加快推进农业电气化全覆盖；服务低碳社区，实施可持续发展种子计划，推进全电校园建设，实施街区电气化改造，加强低碳节能宣传教育。

行动概要

随着乡村振兴和农业农村现代化进程的不断深入，化肥、农药

等的过度使用，农业机械化和电气化的高能源消费带来了高碳排放量。如何推动乡村发展成富裕和谐生态型新农村？在粮食增产增收的同时如何兑现气候行动的可持续发展长期承诺？国网太仓市供电公司通过 SDG 进行管理和创新，构建了政府统筹、能源枢纽、社会资本协同参与、乡村主阵地的绿色伙伴关系，汇聚社会网络、技术和资金支持，打造"一片田、一根草、一只羊、一袋肥"生态循环绿色农业模式，实施零碳乡村行动，推动乡村用能转型和升级，促进实现农业绿色、低碳可持续发展。

二、案例主体内容

背景和问题

随着乡村振兴和农业农村现代化进程的不断深入，电力在农村地区终端用能中的占比越来越高，机械化和电气化的高能源消费带来了高碳排放量。素有"天下粮仓"美誉的苏州太仓，如何既能实现粮食增产增收，又能持续降碳，还能做到农村集体经济增收，这是在农业农村现代化进程中面临的新挑战。以太仓东林村为例，存在以下问题。

传统农业生产不生态。 我国是世界上最大的水稻生产国和氮肥生产、消费国，每年全国农田土壤氧化亚氮总排放量约为 2.88 亿吨二氧化碳当量。在传统农业生产中，为了获取更高的产量和利润，往往过量施用化肥、农药，导致土壤质量下降、生态环境污

太仓东林村合作农场

染等，致使大量的秸秆变为农业废弃物，形成了恶性循环。

绿色低碳发展能力不足。当前，农业农村碳排放约占全国总排放量的 7%，随着乡村振兴的不断深入，农业机械化、电气化导致能源消耗越来越高，传统农业模式依旧存在较高的碳排放；同时农村地区专业碳管理的技术知识水平近乎缺失，导致农业的发展含绿度不够。

资源配套不可持续。传统的农业生产模式主要基于政府补贴和乡村自身的资源实现运转，近年来随着农业生产规模的扩大、品质需求的提升和农业农村现代化的推进，东林村农业对资金、供电配套、农业技术等资源的需求增加，传统资源配套的机制不能支撑长远发展。

行动方案

国网太仓市供电公司携手东林村创新构建绿色伙伴关系，通过发挥政府、企业、乡村、社会团体等不同部门的独特优势和合力，扩大可持续发展倡议在农业领域的有效性和影响范围，给乡村带来社会网络、技术和资金支持，推动乡村发展模式转变和能源转型升级，实现农业绿色低碳可持续发展。

价值共创，构建绿色合作伙伴关系

在推动解决乡村发展现实问题的实践中，国网太仓市供电公司探索出一套以绿色伙伴关系为核心的治理机制，能有利于实现"授人以渔"的多重价值创造。绿色伙伴关系是国网太仓市供电公司、东林村、太仓市农业农村局、太仓市农业科学研究所等在共同的制度情境和可持续发展理念的底层逻辑上，在实践过程中不断通过各自社会网络而拓展，相互之间具有互补性核心技能或资源，为项目推进和创新开展提供了必要的保障。同时，基于"集成领导、协商—协同—协力、共建—共创—共享、公开、透

绿色伙伴关系框架

明、沟通"的治理机制,伙伴关系衍生出信任关系等资本和长期承诺,确保不同的伙伴主体始终围绕共同的目标同向而行。

集成互补,打造"全电化"智慧高效循环农业

东林村有 2200 亩高标准农田,为了提高产量,化肥和农药的用量不断增加,虽然粮食产量稳住了,但大米的口感越来越差,卖不出好价钱,村里的水质也在变差。经过在自身社会网络内的充分调研,东林村与太仓市农业农村局、太仓市农业科学研究所、国网太仓市供电公司等各方形成绿色伙伴关系集成领导小组,运用农业、能源领域社会网络和互补性核心技能资源,确定了"种植—饲料—养殖"的化解办法,形成了"一根草、一片田、一只羊、一袋肥""四个一"智慧循环农业生产链。

一根草
秸秆加工生产
全电化

一只羊
建设分布式屋顶光伏
全电化湖羊养殖

"四个一"
智慧循环农业
生产链

一片田
稻米加工全电气化
12台粮食烘干机
电气化改造

一袋肥
肥料加工全电化
引入全电高温杀菌
发酵设备

"四个一"智慧循环农业生产链

太仓市农业科学研究所在东林村建立了"秸秆饲料化产业研究院",提供循环农业技术支撑;太仓市农业农村局为东林村循环农业提供专项补助资金和政策保障;国网太仓市供电公司充分发挥电力在乡村建设中的能源枢纽作用,推动运用电气传动、空气源热泵、电气发酵等技术,助力建成全电化循环农业。产生的稻麦秸秆集中打捆回收,饲料厂把回收的稻麦秸秆加工成牛羊饲料;生态羊场用秸秆饲料进行喂养,肥料厂利用羊场粪便生产有机肥,最终还肥于田。既保护了环境、改良了土壤,又提升了农业生产质效。

技术突破,强化"高可靠"循环农业支撑

粮食烘干是粮食收获后最让农民关心的环节,干燥不彻底,则易霉变、发芽,浪费

粮食。东林村使用柴油作为烘干热源，主要存在以下三个问题：一是稻米有柴油味，影响品质；二是烘干温度不稳定，稻米含水率不能精准控制，影响口感及后续的稻米加工；三是有明火，会产生二氧化硫和粉尘等有害物质，存在安全隐患及环境污染。

国网太仓市供电公司发挥绿色伙伴关系社会网络优势，围绕市场常用的柴油、电力、天然气等能源，在价格、环保、烘干质量等六个维度进行调研分析，吸纳农发集团、专业设备厂家等新伙伴，整合各方核心技术资源，制定了"全电共享"电烘干改造技术方案。

"全电共享"电力设备模块化租赁

为保证新技术的有效落地，供电公司公开透明为村里算好经济账、环境账和发展账，协商协同集体决策，全程提供核心技术服务，并联合太仓市政府出台粮食电烘干补贴政策，建成太仓首个空气源热泵粮食电烘干中心，使粮食烘干更安全，口感更有保障。在东林村的示范带动下，太仓开展了全部乡村烘干技术改造，通过电力供应的"可靠"实现了粮食品质的"可靠"。

协同共建，推动循环农业减排降碳

针对传统循环农业生产中依旧存在的碳排较高问题，以及乡村缺少系统化、专业化碳管理的现状，国网太仓市供电公司结合自身在能源转型、减排降碳等方面的专业优势，发挥协商协同协力机制，遵循公开透明沟通原则，携手东林村、太仓市农业科学研究所等共同构建东林村循环农业碳管理模式。通过识别碳管理对象及其范围，对东林村农业生产、能源使用开展碳排放测量和分析，核查结果显示循环农业种植养殖碳排与能源消费碳排放之比约为1∶2，建设分布式光伏等能源消费转型成为东林村减排降碳路径之一。

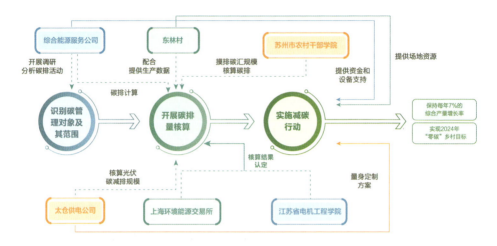

构建乡村农业碳管理机制

东林村光储一体充电站、"零碳"体验驿站、羊场光伏等低碳场景建设

国网太仓市供电公司推动东林绿色伙伴关系因时而变，构建了"政府统筹、供电主导、社会资本参与、乡村受益"的合作模式。属地政府作出政策长期承诺消除投资方风险顾虑，国网太仓市供电公司的社会履责口碑和可持续发展实践成效，聚合了更多的伙伴关系参与者。通过引入第三方投资，落地光储直柔科技项目，研发东林村碳监测管理平台，构建农业领域"清洁供电＋智慧用电"减碳模式，实现成果共建共创共享。2024年6月，东林村被全球环境基金、联合国开发计划署和中华人民共和国农业农村部共同授予"零碳村镇示范村"，成为江苏省首批认定的"中国零碳乡村"。

示范推广，实现乡村可持续发展价值认同

在服务东林村的发展实践中，国网太仓市供电公司发现，最难的是人，最关键的也是人。要实现乡村可持续治理，就要让绿色低碳可持续发展的理念得到更大的认同。为此，东林绿色合作伙伴关系从连片推介、典型推介、新闻报道等多个方面持续发力，扩大项目影响力和示范价值。太仓市农业农村局等政府部门将该模式纳入太仓市金仓湖现代农业示范区建设规划，制定《太仓—昆山—常熟协同区生态循环农业暨农文旅融合发展规划》，将东林模式复制推广到周边村，实现循环绿色农业的扩覆；国网太仓市供电公司组织青年骨干开展志愿服务活动，依托东林村服务中心等阵地，设立低碳驻村营业

太仓召开太仓—昆山—常熟协同区生态循环农业暨农文旅融合发展规划发布会

厅和服务专窗，推出"碳寻美丽乡村"研学路线，积极传播低碳循环农业理念；东林村打造循环农业展厅，展示循环农业和零碳乡村的建设成效。

关键突破

实现 SDG 行动从单一向立体转变。本项目践行 SDG17（促进目标实现的伙伴关系），通过构建跨部门绿色伙伴关系，兼顾各类 SDG 目标，打造可持续生态零碳循环农业，形成 SDG 行动立体树，从经济、社会和环境等方面推动多个 SDG 目标价值落地，最终收获了 SDG2（消除饥饿）、SDG7（经济适用的清洁能源）、SDG13（气候行动）的有效治理。

在此过程中，通过促进目标实现的伙伴关系推动乡村既能粮食增收，又能绿色低碳，还能共同富裕。村民年人均收入 5.4 万元，成为远近闻名的乡村振兴新典型，带来了体面工作和经济增长；建成秸秆加工、饲料生产、稻米烘干加工、湖羊养殖、肥料发酵全电气化生产线，改善了产业、创新和基础设施；循环农业产业链的发展也为女性、老弱群体提供了更多的就业机会，女性职工占比约 40%，促进了性别平等；绿色优质的大米、蔬菜水果，满足了良好健康和福祉；化肥减量 30%，农药减量 25%，秸秆回收 100% 及电力供应清洁化实现了乡村负责任的消费和生产，零碳乡村的建设打造了现代与传统交融的可持续乡村社区，给乡村带来绿意盎然、动物自由栖息的生态环境，实现乡村焕发生命力的可持续发展。

构建农业可持续发展的新模式。在循环农业绿色发展过程中，跨部门绿色伙伴关系改变以政府补贴为主的传统农业发展模式，基于实现可持续发展目标的长期承诺，通过全电共享、新能源聚合，引入第三方资源，构建合作共赢的商业模式。搭建汇集用户、配电设备租赁服务供应商及其他上下游企业的"全电共享"服务平台，实现供需双方需求撮合，降低乡村能源投资成本。实施新能源聚合管理，引入中央企业、国有企业等第三方投资清洁能源项目，在不增加村级支出和占地面积的情况下，带动村级实现经济收入增长。通过经济的可持续，实现农业绿色可持续发展。

提升以供电为枢纽的城市低碳竞争力。在项目开展过程中，国网太仓市供电公司积极发挥绿色伙伴关系的枢纽作用，把乡村作为培养企业 SDG 理念的平台，培养了一批优秀骨干员工，提升了企业经营管理水平和社会责任品牌形象。同时，国网太仓市供电公司将绿色伙伴关系模式推广至其他服务领域，充分发挥电力枢纽作用，从低碳能源、低碳经济、低碳交通、低碳农业、低碳社区、低碳管理六大维度，实施六大低碳行动计划，提升太仓的城市低碳竞争力，实现本地新能源消纳率100%，绿电交易6.76亿千瓦·时，沿江非化工码头岸电覆盖率100%，高速公路充电桩覆盖率100%。

多重价值

经济价值

东林村通过运用生态循环生产技术和能源绿色转型，节约了循环农业生产成本，增强了产业的集聚，提高了农产品附加值，带动了乡村发展。稻米深加工拳头产品（γ-氨基丁酸米）市场零售价平均高达普通大米的4倍；每年节省粮食烘干费用约78万元；节省设备租赁服务费13万元；新增光伏建设收益每年约10万元，相当于种植200亩农田。村集体经济年收入达6750万元，较2014年增长了72.05%。村民可支配收入达3625万元，较2014年增长了70.19%。村民人均年收入为5.4万元，较2014年增长了97.80%，成为远近闻名的乡村振兴新典型。综合能源服务商光伏售电年收益预计达65万元。

社会价值

该模式在全力打造生态低碳农业标杆、片区协同发展标杆、城乡融合发展标杆。东林村先后获得"国家级生态村""国家森林乡村""国网公司助力乡村振兴示范村""国网村网共建示范点""江苏省最美乡村"等20余项荣誉称号，先后被中央电视台、新华社等央媒报道10余次。国网太仓供电公司服务循环农业绿色发展模式获得德国专家学者、国内可持续发展专家的高度关注和认可，零碳乡村行动获2023年"金钥匙——面向SDG的中国行动"乡村振兴赛道全国赛优胜奖，入选农业农村部全国农业绿色发展典型案例、国家乡村振兴规划实施报告地方典型案例、清华大学商学院管理案例。

环境价值

东林村由于农业废弃物循环再生利用，实现了农产品品质改善、农田地力培肥、农村生态环境改良的多赢，化肥减量30%，农药减量达25%以上，秸秆回收100%，土壤有机质含量达到"东北黑土"标准。通过分布式光伏、粮食烘干"油改电"等零碳乡村建设，实现全村10%的电力供应清洁化，每年减少二氧化碳排放2730吨、二氧化硫8.9吨、氮氧化物7.8吨。

各方评价

太仓市农业农村局： 对国网太仓市供电公司负责实施的项目给予高度评价，认为绿色电力赋能循环农业可取得较好的节能效益和环保效益，将在太仓市现代农业示范片区规划中推广应用。

东林村村委会： 感谢国网太仓市供电公司通过电力赋能丰富了循环农业的绿色内涵，同时又派驻了第一书记工作团队，让东林村在延伸循环产业链、推动第一、第二、第三产业融合的道路上，更有信心实现乡村振兴、共同富裕。

苏州市农村干部学院： 本案例运用的电气化技术在农业种植和养殖具有极高的创新性，案例成果通过了江苏省电机工程学会的评审认定。乡村碳盘查体系和碳中和路径规划方法科学、数据真实、结论可靠、方案可行，在精准量化东林村循环农业产业成果的同时建立了相匹配的绿色低碳发展策略。

上海环境能源交易所： 该案例为低碳能源在乡村的推广应用提供了很好的实践效果，尤其是给电力领域发挥积极有效的示范作用。案例的成功为在现代农业碳中和方面复制和推广东林经验奠定了良好的基础，将在长三角区域引领低碳循环农业发展新模式。

可持续发展专家： 国网太仓市供电公司在助力太仓市东林村建设"零碳乡村"的过程中，以绿色电力赋能乡村振兴，立足东林村资源基础，联合各方推动当地循环农业产业升级，并积极推广绿色农业的先进理念与经验。国网太仓市供电公司的实践，不但证明能源行业与农业可以是协同进步的"绿色发展伙伴"，更助力东林村成为新农村可持续发展的一个优秀范例。

三、未来展望

本项目未来将坚持"政府主导、供电统筹、资本运营、村集体积极参与"原则，依托自身在东林村电网建设和供电服务中所积累的多方资源，充分发挥电力在乡村建设中的枢纽作用，联合东林村撮合多个利益相关方，为循环农业发展打造新的资源配套机制，构建循环农业发展共同体，为东林村农业生产模式的长效运转提供强有力的坚实保障，同时实现多方的共享共赢；结合循环农业新发展需求主动提供配套电力服务，提供生产环节全电化改造的技术或方案支持，持续引导撮合新的利益相关方与东林村共同达成合作，推动乡村新型电力系统的技术和建设支持。同时，以稻麦生态种植为抓手，选择高产、优质、低碳的稻麦品种，并配套落实一系列综合性技术解决方案。一方面，改进稻田施肥管理，筛选作物吸收、利用率高的新型肥料产品，推广水肥一体化等高效施肥技术，提高肥料利用率；另一方面，持续推进秸秆肥料化、饲料化和基料化利用，发挥秸秆耕地保育和种养结合功能，拓宽秸秆原料化利用途径。

（撰写人：孙建树、杨焘、王晓平）

国网江苏省电力有限公司无锡供电分公司
向新向质，打造零碳园区实践样本

可持续发展
目标

一、基本情况

公司简介

国网江苏省电力有限公司无锡供电分公司（以下简称国网无锡供电公司）起步于 1909 年，至今已走过百年发展历程。截至 2022 年 12 月底，国网无锡供电公司营业客户总数达 410.42 万户。35 千伏及以上变电所 347 座，变电容量 6800.8 万千伏安，35 千伏及以上线路长度 7955.2 千米。

近年来，国网无锡供电公司先后获得了全国五一劳动奖状、全国文明单位、全国工人先锋号、国网公司先进集体、国家科学技术进步奖二等奖、全国"安康杯"竞赛优胜单位、全国实施用户满意工程先进单位、全国实施卓越绩效模式先进企业、江苏省文明单位标兵、江苏省用户满意服务明星企业、无锡市服务产业强市先进集体、无锡市"服务地方发展优秀单位"等荣誉。

行动概要

2020 年，无锡高新区 GDP 单位能耗为 0.205 吨标准煤 / 万元，处于世界发达国家工业区先进水平，碳排放减量空间极其有限。如何更加环保地建设零碳园区？面对挑战，无锡高新区规划建设零碳科技产业园。然而，面临园区建设缺乏统一规划、园区清洁能源转型困难、园区低碳技术尚不成熟等问题。国网无锡供电公司积极构建新型绿色合作关系，通过与政府合作，确定园区零碳路径；研发电力双碳智慧大脑管控系统，测定园区零碳水平；提出一系列技术解决方案，有效推进落实园区零碳措施。在多方合作推动下，无锡零碳产业园核心区最具代表性的项目朗新科技产业园·CPU 空间开园，运行一年，光伏发电减碳约 743.84 吨，充电桩减碳约 14.55 吨，能效管理减碳约 353.57 吨，园区碳中和贡献率共计达 49.08%，为未来更大范围的零碳园区建设作出示范。

二、案例主体内容

背景和问题

江苏省无锡市是工业强市，2023 年地区生产总值为 15456.19 亿元，人均 GDP 达 20.63 万元，连续四年居全国大中城市首位，其中无锡高新区是现代产业高地，区内拥有 179 个产业园，生产总值达 2515.69 亿元。

无锡高新区降碳空间极为有限

"十四五"时期是落实我国碳达峰目标的关键时期，工业领域是实现我国碳达峰目标的重点对象。无锡市于 2020 年在全国率先提出打造"净零碳城市"的工作目标，并提出要较全国和全省提前 1~2 年实现碳达峰目标。无锡高新区（新吴区）积极响应市政府倡议，但无锡高新区 GDP 单位能耗仅为 0.205 吨标准煤／万元，为全国高新区平均能耗的 44.2%，全省平均能耗的 58.7%，处于世界发达国家工业区先进水平，无锡高新区以 6% 的二氧化碳排放，实现了占全市 15.6% 的地区生产总值、31.1% 的规模以上工业增加值，高新区碳排放减量空间极为有限。

园区建设缺乏统一规划

我国园区数量多、种类广、地方经济发展水平和资源禀赋各异，大多数园区对零碳的认识还停留在概念阶段，对如何建设零碳园区还没有形成系统、清晰的思路和切实可行的实施路径，尽管已有建设成功的零碳产业园，但其规划与建设经验的普适性有限，这无疑为无锡零碳产业园的规划和建设增添了挑战，无锡零碳产业园建设需探索符合自身实际情况的转型路径。

园区清洁能源转型困难

2020 年，无锡高新区能源消费总量折合标准煤 400 万吨，其中电力消费为 162 万吨，在电力消费中，化石能源发电占比近 90%。能源问题是零碳园区建设的关键，但受自然条件和土地资源所限，无锡并不具备建设集中式的风电场站和光伏场站的先天条件，在有限空间内满足绿色电力供给是建设零碳科技产业亟须解决的问题。

园区低碳技术尚不成熟

在推进零碳产业园建设的过程中，要有一系列切实有效的措施全面覆盖从能源利用优化、排放实时监测到绿色技术创新应用的各个环节，以确保目标稳步实现。然而，就目前而言，构建这样一套完善的支撑体系仍面临诸多技术上的挑战。

行动方案

面对挑战，无锡高新区积极挖掘节碳潜力。园区内 179 个产业园在驱动经济持续增长的同时，也成为碳排放管理的关键领域，对此，无锡高新区出台了《无锡零碳科技产业园"十四五"规划》，规划建设无锡零碳科技产业园，率先以零碳科技产业核心区进行试点示范，以此带动零碳科技产业园降碳，再进一步推动高新区降碳全覆盖，实现绿色低碳循环高质量发展。产业园规划到"十四五"时期末，引进低碳相关科技企业1000 家以上；建立能源托管经营、碳资产管理等综合服务平台 20 个；建成"零碳"园区 5 个以上，低碳社区 2 个；大力建设中欧、中法（无锡）零碳科技产业园，提高产业园的国际知名度，实现产业园人才密度、科创浓度、应用维度、产业高度和国际知名度的"五倍增"。国网无锡供电公司争当能源革命的推动者、先行者、引领者，坚持发挥好电网"桥梁"和"纽带"作用，不断扩大新型电力系统"生态圈"。多方融合共建共治共享，助力无锡高新区零碳产业园建设。

政企合作，确定园区零碳路径

国网无锡供电公司与无锡各级政府携手，为零碳产业园的建设提供了统一、清晰的前瞻性指导。经过前期的精心准备，2021 年 4 月，国网无锡供电公司携手无锡市新吴区共同发布了《无锡高新区（新吴区）电力能源"碳达峰、碳中和"实施方案》（以下简称《方案》）。《方案》从电力能源供应清洁化、电力能源消费电气化、电力能源配置智慧化、电力能源利用高效化、电力能源服务多元化五个方面提出了 16 项具体举措，致力于汇集多方资源合力推进新吴区率先实现"双碳"目标，是江苏省首个国家级园区电力能源"双碳"实施方案。

"双碳"大脑，测定园区零碳水平

由国网无锡供电公司主建、政府指导、多方合作研发出的电力双碳智慧大脑管控系统，不仅可以从电力视角对园区"双碳"情况开展监测分析，还可以重点关注碳排放、清洁能源消纳、重点行业能耗等方面的情况，构建电力"双碳"指数，从而形成专业的减排策略建议。此外，该系统的相关数据也可以为园区分布式光伏选址提供有力支撑。2021 年 11 月，"电力双碳智慧大脑"管控系统进入试运行阶段，并生成了第一份碳排放分析报告。该报告显示，无锡零碳科技产业园"双碳"指数在 70 以下，仍处于高碳、快速发展阶段。国网无锡供电公司向政府部门呈送报告，建议零碳产业园优化能源结构，促进规模化储能、智能电网、分布式可再生能源应用，力争实现低碳能源的规模化应用。

有效推进，落实园区零碳措施

国网无锡供电公司秉持低碳、环保的建设理念，提出了一系列技术解决方案，致力于打造无锡零碳产业示范园区。

能源供应清洁化。助力产业园企业在楼顶及挑檐处部署分布式光伏板；同时为确保园区能源稳定供应，配置储能设施。

终端用能电气化。100% 消纳光伏发电，可大幅减少碳排放。国网无锡供电公司助力园区建设新能源汽车充电桩，包括地下交流桩、V2G 桩和地面直流充电桩，当园区断

朗新科技产业园在楼顶处部署分布式光伏板

电或亏电时，配备的 V2G 充电桩可让新能源汽车充当移动的"超级充电宝"，为园区生产生活反向补充能源。

系统用能高效化。助力园区企业搭建光储充一体化微电网管理平台，可智能调度园区内的光伏、储能及车辆充放电，形成完整的清洁能源"生产、储存、消纳、再利用"的循环生态链条，为零碳园区企业的可持续发展奠定了坚实基础。此外，搭建"能碳运营管理服务平台"，不仅能够基于水、电、燃气等各类能源的消耗精准换算碳排放量，对能源活动和碳排放情况进行实时监测；同时还能提供定量统计分析、节能管理策略等，提升碳中和比率，进而高效赋能企业能源资源管理、支持政府"双碳"工作。

关键突破

构建新型合作机制，为零碳园区建设提供资金支持

2021 年 12 月，国网无锡供电公司携手无锡高新区、兴业银行无锡分行签订合作协议，建设以新型微网建设为核心，光、储、充、联一体化的低碳科技示范工程项目，实现了地方政府、企业、金融三方合力。协议内容涵盖了零碳产业园太湖湾科创城全域范

朗新科技产业园搭建了光、储、充、联一体化微电网管理平台

围内的分布式屋顶光伏系统、中低压交直流混联配电房、储能系统、充换电设施和新型电力系统区域微电网等建设内容，是加快推进低碳技术应用和机制模式的一次创新。

建设绿电绿证服务站，推动零碳园区清洁能源消费

无锡高新区外向型企业众多，进出口总额占无锡市进出口总额的57%，绿电绿证服务是提升出口产品绿色竞争力的有力措施之一。国网无锡市供电公司从2021年起在新吴区设置了绿电绿证服务示范窗口，为企业提供交易培训和指导服务，并成立能源管理师团队，设置17位客户经理，网格化精细布局，为区域内有绿电绿证需求的企业牵线搭桥。2024年3月21日，无锡高新区揭牌全国首个地市级"绿电绿证服务站"，进一步推进绿色电力市场体系建设、服务企业绿色转型。同时，国网无锡供电公司与国网（苏州）城市能源研究院、国网英大碳资产管理（上海）有限公司、无锡市低碳研究院等6家企业"牵手合作"，共建"碳惠通"绿色低碳服务研究联盟，为无锡绿电绿证服务站提供智慧大脑的技术支撑。

多重价值

无锡高新区通过高起点规划发展、高质量平台建设、高水平应用示范、高层次多方合作推进零碳园区建设。2022年11月，在国网无锡供电公司与多方合作的推动下，无锡零碳产业园核心区最具代表性的项目朗新科技产业园·CPU空间（以下简称朗新科技

朝霞中的朗新科技产业园

产业园）正式开园，园区通过部署新型电力系统与能源互联网技术实现园区整体节能减排，综合节能率达 65% 以上。2024 年，朗新科技产业园通过新能源技术和绿色运营管理实现了园区碳中和，获得国内权威第三方检测机构中国质量认证中心（CQC）颁发的产品碳足迹证书。

环境价值

2023 年，无锡零碳科技产业园的人均碳排放强度已降为无锡市的一半左右，处于国内先进水平。无锡市首条"氢"便公交线路也在园区内投入实际运营，投用三年来，5 辆氢能源公交车运行了 107.7 万千米，节省 34.5 万升柴油，相当于减少碳排放约 622 吨标准煤。核心项目朗新科技产业园一年光伏发电减碳约 743.84 吨，充电桩减碳约 14.55 吨，能效管理减碳约 353.57 吨，园区碳中和贡献率共计可达到 49.08%。在低碳运行模式下，朗新科技产业园年碳减排量相当于节约了 2.1 亿张 A4 纸、种植了 15 万棵树，相当于一个占地 1000 亩的公园 1 年零 3 个月的二氧化碳吸收量。

不仅如此，2023 年无锡市单位 GDP 能耗下降 4.98%，超额完成江苏省下达年度目标进度要求，2021~2023 年累计下降 10.9%，降幅保持全省前列。2023 年，无锡单位 GDP 能耗降至 0.26 吨标煤 / 万元，远低于全国、全省平均水平。2023 年，无锡规模以上工业增加值能耗下降 10.5%，超额完成江苏省下达目标进度要求；2021~2023 年累计下降 24.2%，超额完成江苏省下达"十四五"时期规模以上工业单位增加值能耗降低目标。

经济价值

无锡零碳科技园建设不仅促进了低碳环保产业升级，吸引资本与创新资源，实现节能减排与成本优化，还带动了区域经济发展与周边区域的绿色转型，展现出显著的经济价值与可持续发展潜力。核心项目朗新科技产业园的落成为朗新集团发展注入了新动能，据不完全测算，朗新总部和下属公司入驻后，一年可节约 15% 的运营成本。

社会价值

无锡零碳科技园的建设，以绿色低碳为核心，不仅促进了产业升级与转型、提升了城市品牌形象，还推动了科技创新与人才培养，是积极响应国家"双碳"目标、履行社会责任的重要举措，为可持续发展树立了典范。2024 年，朗新科技产业园项目获评 2024 "零碳中国"优秀案例。

各方评价

高新区（新吴区）发展规划和经济运行处相关负责人： 以智慧大脑管控系统对于我们作决策是个很好的助力，数据图表很直观，期待它发挥更大的作用。

北京电力交易中心相关负责人： 建立绿电绿证服务站，是推进绿色电力市场体系建设、服务企业绿色转型的一次重要创新。希望无锡绿电绿证服务站未来能成为发展新质生产力和促进产业绿色化的绿色实验田，无锡市委、市政府与北京电力交易中心的绿色纽带，服务无锡企业绿色发展的绿色平台，推动形成低碳生产生活方式的绿色倡导者。

无锡数字经济研究院相关负责人： 朗新 CPU 空间光储充放系统的应用为微电网应用、绿色低碳产业园建设提供了很好的示范，也为能源消费绿色化指明了方向。

三、未来展望

国网无锡供电公司在助力零碳科技园建设道路上做出的积极尝试，为绿色低碳园区和城市绿色低碳化转型提供了借鉴。未来，国网无锡供电公司将继续携手合作伙伴，共同推动零碳科技园的建设和发展，通过深化合作、创新机制、优化服务等方式，不断提升园区的绿色低碳水平和发展质量。同时，加强与国际先进园区的交流合作，引进国际先进经验和技术成果，为园区的可持续发展注入新的动力和活力。

（撰写人：邱辛泰、岳芸、王晗卿）

国网安徽省电力有限公司合肥供电公司

高新碳云　数推达峰

一、基本情况

公司简介

国网安徽省电力有限公司合肥供电公司（以下简称国网合肥供电公司）成立于 1962 年，承担着合肥市 534 万户电力客户的供电任务，代管巢湖市及肥西、肥东、长丰、庐江 5 个县级供电公司。近年来，国网合肥供电公司积极服务合肥经济社会发展，取得了突出的成绩，蝉联全国文明单位、全国"安康杯"竞赛优胜单位，获得第二十届全国质量奖、国家电网公司先进集体、国家电网公司红旗党委、国家电网公司管理提升标杆企业、安徽省人民政府质量奖提名奖、国家电网公司五四红旗团委等荣誉称号。

近年来，国网合肥供电公司积极落实国家电网公司、安徽省电力公司和合肥市委、市政府"双碳"决策部署，结合大数据、人工智能等新一代信息技术，深入研究"双碳"业务、机制、技术，坚持业数融合，以数字化赋能"双碳"建设，创新性提出碳积分机制，政企合力共建"高新碳云"数字化平台，基于"高新碳云"实现"双碳"服务落地应用，支撑政府能碳监管、服务企业降碳增效、贯通降碳服务产业链，推进经济社会绿色低碳转型。

行动概要

目前，国家"双碳"政策体系正逐步完善，但碳排双控形势依然严峻，合肥国家高新技术产业开发区作为创新型国家建设的战略支点和合肥建设"大湖名城　创新高地"的主要载体，承担着国家首批碳达峰试点园区示范建设重要任务。

国网合肥供电公司携手政府、园区企业等各方先行先试，攻克碳排主体复杂、核碳标准不健全、数字化管理不规范、减碳服务产业未贯通等难题，聚焦政企合作、数智管控、节能降碳、绿色生态等领域，打造"高新碳云"平台，在全国首创工业园区全链碳管理服务体系，实现碳排放总量下降 0.37%，54% 的企业碳排强度下降 4% 以上，提供10 大产业链碳效评价推进绿色招商，创新探索出"双碳"全链路新模式，提供可操作、可复制、可推广的高新技术主导园区低碳转型路径。

二、案例主体内容

背景和问题

合肥高新区是国家首批碳达峰试点园区、全国首批环境健康管理试点、国家清洁生产审核创新试点，在全国 178 家国家级高新区综合排名中连续 9 年位列前 10。2024 年，合肥高新区发布了《建设世界领先科技园区政策体系》，推动产业向绿色高端发展，但在助推试点示范建设方面将面临以下困难和挑战。

碳中和路径模糊，需要探索高端产业低碳策略

合肥高新区"中国声谷·量子中心"全球关注，智能语音、电子信息、智能制造、新能源、生物医药等高端产业全国领先，战略性新兴产业占比高达57%，提高市场竞争力、优化供应链管理和吸引投融资机会驱动其碳管理需求。此外，阳光电源、科大讯飞、华米科技等重点外向型企业发展迅速，园区 2023 年进出口总额达 92.01 亿美元，碳管理对提升国际市场竞争力至关重要。用电需求激增、能耗需求高也不容忽视，而在国际碳关税政策大背景下，企业在发展过程中的降碳需求也会更加紧迫。

碳监管范围不足，需要健全区域的碳管理机制

当前，全国碳市场覆盖行业有限、总量控制不足，安徽地方碳市场缺失、参与主体单一，高新区仅发电行业 2 家企业纳入全国碳市场，控制范围严重不足。高新区对非控排行业和企业的碳管理机制不健全、碳监管手段有限，无法推动重点领域的碳排控制，亟须完善碳排管控和激励手段，提升园区和企业的碳排管控效率。

碳管理效率偏低，需要打通数据孤岛释放效能

传统碳排放核算统计按年度频次开展，并存在数据质量不高、工作严重滞后等多种问题；企业侧对于碳排放的数字化管理尚未全面普及，数据仍以人工填报方式为主，效率不高。因此，工业领域的能耗和碳排放还存在底数不清、核算手段有限、动态管理不足等问题，无法为政府科学决策和管理提供有效支撑、为企业绿色提升提供有效指导、为碳交易市场提供科学数据支撑，亟须建立统一的数字化碳管理平台，优化碳核算方式，支撑双碳业务管控，科学精准推动工业领域节能降碳。

碳业务合作不畅，需要打造多方协同参与模式

目前企业降碳需求与服务之间存在"断点"，降碳市场供需双方对接不畅，包含监测、核查、控制、评价、融资、交易等双碳业务不通，业务生态尚未形成，亟须打破传统思维，突破垂直监管思维，基于平台打造碳效评价、低碳工程、数字核证、绿色金融等服务，创新开放、共享的平台化管理新模式，形成横向延展、纵向贯通的碳业务矩阵，以政策奖励控制引导、市场化手段激发企业主动性，提升经济效益，推进企业低碳转型，加快产业融合。

行动方案

国网合肥供电公司破解绿色低碳发展面临的瓶颈，聚焦政企合作、数智管控、节能降碳、绿色生态四大领域，创新"高新碳云"平台打造绿色发展高地，助力经济社会发展全面绿色转型。

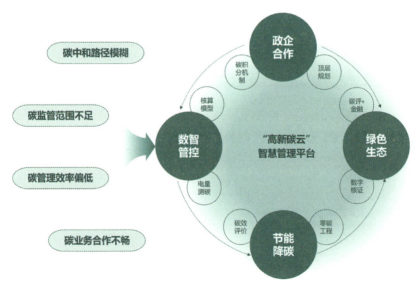

解决方案思维导图

政企合作——让碳"热"起来

顶层规划，机制先行

结合高新区先行先试和改革创新土壤，国网合肥供电公司联合高新区管委会，以创新体制机制为动力，以可复制可推广为基本要求，从核算体系、机制运行、数字化管控、配套应用等方面开展顶层设计，建立工业企业碳积分机制，统筹规划试点实施。全国首创"环保鼓励奖""环保技改奖""绿色发展奖"，鼓励企业采用先进环保低碳技术和工艺实施升级改造。

一是建立纵向递进、横向精准的碳核算、积分核算标准化方法体系，形成标准引领、数据为基、结果导向的基础实施能力；二是建立试点先行、分批开展、差异化考核的实施策略，坚持重点行业／企业带头示范，其他企业积极参与的原则，分年度分批次推进，以评价评级为基准形成碳积分制度，开展"一户一诊断"，制定"一企一策"，实施分级分类奖励约束政策。

政企共建，数字赋能

国网合肥供电公司采用"政府主导、电网共建、多方参与"模式，联合高新区管委会共建"高新碳云"平台，依托数字化管控抓手，实施涉碳业务线上运转，全量数据线上留存，碳数据场景化监管的管控新模式。

"高新碳云"平台整体遵循"346N"总体架构："3"即服务政府决策层、行动指挥层与路径执行层联勤联动，"4"即服务政府精准治碳、服务企业节能降碳、服务公众生

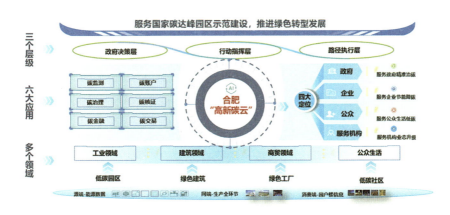

"高新碳云"平台总体架构

活低碳、服务机构业态升级四大服务定位，"6"即打造碳监测、碳账户、碳治理、碳核证、碳金融、碳交易六大场景，N 即推进工业、建筑、商贸、公众生活等多个重点领域节能降碳，打造"双碳"合作生态平台。

合肥高新区管委会与国网合肥供电公司"双碳"发展合作签约

平台发布，扩大影响力

国网合肥供电公司积极推进和策划筹备"高新碳云"发布会于 2024 年 3 月胜利召开，促成高新区管委会、国网合肥供电公司、兴业银行合肥分行分别签订战略合作协议。会议获评碳中和认证，真正践行零碳理念，并邀请 30 家试点企业参与，吸引上百家企业访问，获得高新区双碳协会鼎力支持、社会媒体广泛报道，为共同推进"高新碳云"平台的落地实施、碳积分落地见效提供了广泛参与的社会沃土。

数智管控——让碳"管"起来

用"数据"摸底溯碳

在碳排放源摸底工作中，能源是一个关键的领域，能源的生产、转化、传输和消费过程可能产生大量的碳排放。"高新碳云"通过汇聚高新区电力、天然气、汽油、热力等主要用能数据，溯源碳排来源，量化碳排结构，明晰碳排一张图。平台打通科技局、经贸局、生态环境局等政府主管部门关键业务流程，数字化赋能政府碳监管。

用"模型"精准算碳

"高新碳云"平台根据国家行业温室气体核算指南，建立园区工业重点领域碳排放核算标准体系,搭建全环节碳排放核算标准化模型库,提供15个行业涵盖化石能源消耗、工业过程、热电利用的企业精细化碳跟踪数据。进一步为行业提供碳排放趋势预测和碳达峰状态评估,为制定区域碳排放双控制度奠定基础。

用"电量"实时测碳

创新将实时电力数据与能耗、碳排数据关联,通过构建多时空尺度"电—碳"微观模型,打通"电—能—碳"数据链条,为高新区人工智能、光伏新能源、量子信息、生物医药等领域及未来产业提供实时碳监测模式,提升碳排放核算的时效性和精准性,落实碳排过程监管。

用"积分"引导控碳

依托全国碳市场配额分配机制,以单位产值碳排放量作为核心指标,综合考虑工业企业绿色发展举措,建立碳积分评价体系,量化企业减排行为,明确积分核算、流转规则,构建以碳积分为抓手的双碳服务体系,解决区域碳排双控指标治理的压力问题,解决工业企业(尤其是非纳入碳市场企业)主动减碳的动力问题。

节能降碳——让碳"降"下来

全方位碳效评价,为企业出谋划策

统计企业碳积分数据,融合企业行业属性、经济数据、能源数据、碳排数据及企业认

综合碳效评价体系

证信息、政府或行业评价荣誉信息等，开展多维能碳评价研究，构建"业务—资产"双维度能碳综合评价体系，形成宏观风险、运营运行、碳效地位、碳效成就、碳资产风险五大类 14 个指标 64 个碳标签，对企业绿色能效情况进行综合判定，开展碳效等级评价，建立企业能碳立体画像，客观反映企业碳行为特征。为企业提供"一企一策"的碳效诊断结果和指导策略，帮助企业开展能耗和碳排的精准管理，以及节能降耗的量化评估，为企业合理规划用能提供依据，提升光伏、电动汽车等新能源的使用率，实现能源结构转型。

打造近零碳工程，带动全社会能效提升

以高新智慧能源服务站为示范，发挥以点带面的作用，带动全域绿色项目建设。站内建设光伏、储能、充电、换电等绿色新能源，绿色用能占比进一步提升；通过电碳计量装置采集实时数据，构建近零碳、顶峰、填谷等多模式运行策略算法，提升新能源消纳、支撑电力保供；采用创新研发的"5G+量子"通信终端将站内资源接入合肥虚拟电厂，实现资源秒级安全响应。同时，参与需求响应、辅助服务等电力市场交易，使"碳成本"转变为"碳资产"。

绿色生态——让碳"活"起来

突破碳监管垂直条线管理思维，改变传统碳核查人工反复收资、现场核对模式，汇聚金融机构、三方机构、能源服务商及政府部门等各方主体，贯通需求对接渠道，实现业务线上办理。

智慧能源站示范场景

以"数字核证"提升碳管理效率和企业竞争力

面向高新区以核查与认证为核心，以工业企业碳核算报告为基础，为第三方核查机构提供碳核证辅助核查服务。帮助政府进行年度碳核查、碳积分评价任务，以及过程碳监管；帮助企业实现用能提升，主动参与碳核查、碳积分核证、绿色工厂、绿色建筑、绿色企业等服务，提升市场竞争力。

以"碳评 + 金融"提升绿色金融市场活跃度

针对企业绿色转型压力、融资压力，"高新碳云"提供以多维碳评价为基础的"碳评 + 金融"互通服务，出具能碳评价分析报告，打通金融机构和企业间的信息壁垒，辅助绿色金融需求对接，促进各类金融市场主体支持绿色低碳转型，"真金白银"赋能企业，服务区域绿色金融发展。

关键突破

填补园区碳管理机制空白。 国内首创实施园区碳积分制度，发布了《合肥高新区工业企业碳积分试点实施方案》，以规模以上工业为试点管理主体，构建碳排放基础数据库和碳信用管理评价体系，推进第二产业逐步覆盖。

实现园区碳排测控精准度突破。 当前国内主流平台可实现市级以上月度碳排放测算，基于"电碳"微观模型，首家实现园区小时级精准测算。并接入合肥"5G+ 量子"虚拟电厂，可实现园区用户碳排放秒级控制。

拓展园区双碳生态业务边界。 首创"观查控评融"全链路碳管理服务体系，以"高新碳云"为枢纽，汇聚政府、企业、金融、服务机构，贯通能源、经济、环境等数据，推进碳惠、碳积分贷等衍生业务落地。

多重价值

一是政府提效。 平台样本库扩大至高新区 375 家规模以上企业，监管范围提升至园区碳排总量 90% 以上。对人工管理实施数智替代，现场核查一次办结，全业务线上流转，精简业务节点 4 个、节省人力成本 200 万元。平台汇聚城市经济大脑、能源中心、生态指标，基础数据准确度提升至 100%，服务高新区完成近 2 年碳积分试点任务，为非试点碳市场地区的达峰路径提供可复制的样板。

二是企业获益。 通过监测、诊断和对标，生成 14 类碳标签、3 类碳标识，出具 80 份能碳评价报告，服务企业精准降碳。其中，通威太阳能依据报告建议，开展"一企一策"改造，整体节省经费 652 万元，年均减少碳排放 5200 吨。打造近零碳示范站，参与需求响应和电力市场交易，2023 年经济效益达 1900 万元，年均减少碳排放 560 吨，获国网管理提升示范基地。安徽联众电力通过碳评价，获得 7000 万元碳积分贷。

三是园区增绿。深度参与高新区光储充布局，促进新能源装机占比提升至 65%，2023 年，园区万元 GDP 能耗仅为全国的 1/4，度电 GDP 达 37 元，接近全市平均水平的 1.5 倍。近 5 年园区碳排放强度年均下降 3.7%，54% 的试点企业下降率达到 4% 以上，建成国家级"绿色工厂"4 家、"近零碳工厂"1 家、"零碳园区"1 个。

四是新质有力。产业结构一升一降，战略性新兴产业比重由 28% 上升至 57%，传统产业比重由 50% 下降至 17%。平台聚集效应显著，阳光电源、晶澳科技等 40 家企业，阳光慧碳、英大碳资产等 6 家服务机构纷纷入驻，"双碳"全产业链粗具规模。

各方评价

安徽省生态环境厅："高新碳云"平台打造多方主体的双碳业务圈，是一个全新大胆的尝试。

合肥市发展和改革委员会："高新碳云"平台是提升城市碳数据精细化管理水平的有力抓手。

高新区管委会生态环境局："高新碳云"平台建立了从工业领域到建筑、商贸、居民等全领域的碳积分制度，高效支撑碳积分、国家碳达峰试点园区等示范落地。

阳光电源股份有限公司："高新碳云"平台以数智化技术和"双碳"业务引导企业进一步摸清碳排放的家底，提升碳管理水平，提升在未来竞争中的核心竞争力。

通威太阳能（合肥）有限公司：通过"高新碳云"平台，我们综合能耗减少 8 千余吨标煤，相应减排二氧化碳 4 万余吨，为我们绿色转型增强了信心。

三、未来展望

未来，国网合肥供电公司将持续开放共享、合作共创，进一步发挥合肥市能源大数据中心"能源大脑"作用，为企业"量身定制"绿色综合用能方案，以实现进一步降低能耗水平的目标。深化高新碳云建设、应用与推广，探索更多的园区合作项目，推动园区内企业向新能源和节能环保型转变，为碳达峰贡献合肥经验。

（撰写人：王超、卜云、赵宸茗、许洁、方慧敏）

国网天津市电力公司城南供电分公司

构建"三位一体"智慧用能新模式
打造公共建筑楼宇"碳中和"样板间

一、基本情况

公司简介

国网天津市电力公司城南供电分公司（以下简称国网天津城南公司）成立于 2007 年，主要负责天津市和平区、河西区、津南区的配电网运营和供电服务工作，服务天津市政治、经济、文化中心，服务人口 208.75 万人，服务用户 115.7 万户。

国网天津城南公司扛牢能源央企的责任担当，以更可靠的电力和更优质的服务，持续为客户创造最大价值，助力经济社会发展和人民美好生活。近年来，在全体职工的共同努力下，国网天津城南公司先后获得全国文明单位、国家电网公司文明单位、天津市五一劳动奖状等荣誉称号。连续多年获评国网天津电力同业对标标杆单位。

未来，国网天津城南公司将深入推进"一个目标、两条路径、三项保障"的"123"管理体系，全力以赴守安全、保供电、促发展、稳经营，为以中国式现代化全面推进强国建设、民族复兴伟业作出积极贡献。

行动概要

国网天津城南公司认真贯彻国家"双碳"目标要求，紧扣能源消费侧节能减排，聚焦公共建筑这一能源消耗和二氧化碳排放巨头，积极探索建筑楼宇用能方式、用能结构优化升级方案，以国内首座通过"碳中和"认证的充电站——津门湖新能源车综合服务中心为试点，通过打造"冷热电综合能源供给系统""绿色能源微网系统""绿色能源管控平台"构建"三位一体"智慧用能新模式，有效解决建筑楼宇能耗高的现实问题，实现以电为核心的能源自产自用、多能互补和智慧管控，建成"全景式、示范性、高感知"的近零能耗示范工程，打造公共建筑楼宇"碳中和"样板间。

二、案例主体内容

背景和问题

建筑能耗是我国能源消耗的三巨头之一，约占全国总能耗的 1/3。其中，公共建筑占建筑总面积 19%，能耗占比却高达 38%，能耗是其他建筑的 3~5 倍。随着全球气候变暖和用能需求的日益攀升，商业楼宇和写字楼等公共建筑用能群体"楼宇降碳"的声音呼之欲出。党的二十届三中全会指出，要"完善适应气候变化工作体系。建立能耗双控向碳排放双控全面转型新机制"。因此，做好楼宇建筑节能管理对实现"能碳双控"具有重要意义。当前，商业楼宇、写字楼等公共建筑楼宇，由于业务持续增长，人员用能需求旺盛，空调、给排水、照明等设备能耗居高不下，而在绿色节能转型升级方面主要存在以下几个方面的问题。

一是传统建筑楼宇用能结构单一。传统建筑楼宇由于建造年代、开发商投资规模及物业管理理念的不同等，大多采用传统的电、燃气、天然气等能源，用能模式相互独立，能源转化能力不足。

二是清洁能源接入消纳能力不足。部分公共建筑虽然投入光伏设备，但缺少配套储能等设备，导致光伏"发而无用、余而浪费"的现象一定程度存在，造成清洁能源消纳存在堵点，影响公共建筑绿色转型。

三是建筑楼宇节能管理手段有限。传统楼宇用能数据统计分析较弱、节能意识不足，技术人才匮乏，大多无法对楼宇用能进行有效的监测和管理，导致节能管理手段少，节能减排效果不佳。

行动方案

基于上述问题，国网天津城南公司以所辖津门湖新能源车综合服务中心为试点，积极探索公共建筑绿色用能新模式，从清洁能源接入消纳、多类型能源互补转化、用能情况监测管控等方向入手，构建了"综合能源供给系统""绿色能源微网系统""智慧能源管控平台"，有效破解了建筑楼宇降碳难的问题。

聚焦丰富用能结构，建立"综合能源供给系统"

国网天津城南公司针对建筑楼宇用能结构单一的问题，全方位构建"综合能源供给系统"，进一步做好公共建筑能源供给侧拓展。在场景打造方面，国网天津城南公司根据建筑冷、热负荷用能特性、负

"三位一体"智慧楼宇用能新模式

荷大小，设置可灵活布置的"空气源热泵＋多联机组"作为楼宇内部冷热源主要功能设备，通过将多个室内空调机与一个空气源热泵室外机连接的方式，实现供暖、制冷、热水等多种用能需求。在功能实现方面，在冬季，空气源热泵将空气作为重要热源，用少量电能驱动压缩机运转，将空气压缩升高温度，并加热水通过多连接送至室内供暖，相较于空调的电辅热，采暖情况下的空气源热泵能效比可达 2.5~3.0，节能省电效率更高；在夏季，热泵反向运作，从室内吸收热量并排至室外，实现室内制冷的目的。在应用示范方面，"综合能源供给系统"引入了冷热空气这一重要能源输入端，对比传统公共建筑大量使用空调制冷制热的方式，提供了更为节能的、舒适宜居的新方案。

聚焦提升消纳能力，构建"绿色能源微网系统"

国网天津城南公司针对清洁能源接入消纳能力不足问题，搭建"光储一体—绿色能源微网系统"，实现建筑楼宇的多能互补、供需平衡。在场景打造方面，国网天津城南公司充分利用津门湖中心屋顶和车棚区域搭建 379 千伏的光伏发电板，并在园区内建设1 毫瓦·时的储能装置。中心将光伏发电系统和梯次利用电池储能系统接入交直流微网系统，实现与电网的灵活互动。

在功能实现方面，光伏发电系统的太阳能电池方阵在光照条件下，通过直流—交流转换将实现太阳能转换为电能，输入储能系统；储能系统配合能耗进行适时调节，能够

在白天吸纳光伏电能，夜间释放电能，保证分布式能源友好接入电网；交直流微网系统作为电网与电能存储设备之间的纽带，使微电网既可与大电网联网运行，也可在电网故障或需要时与主网断开单独运行，提高了电力系统的安全性、稳定性、经济性。在应用示范方面，"绿色能源微网系统"形成新能源消纳储存运转的体系化方式，有效避免了光伏"发而无用、余而浪费"的问题，为建筑楼宇全面推广分布式电源、降低传统用电能耗提供了可能。

"绿色能源微网系统"交直流微网舱

聚焦突破管理桎梏，打造"智慧能源管控平台"

国网天津城南公司针对建筑楼宇节能管理手段有限的问题，灵活搭建"智慧能源管控平台"，通过能源大数据集中管控的形式实现"能源智慧化配置"。在场景打造方面，国网天津城南公司基于非侵入式感知、传感器感知等技术实现楼宇用能数据采集终端全覆盖，利用 5G、Wi-Fi 等通信技术将能源数据统一接入省级智慧能源服务平台，依托平台搭载智慧能源管理系统，实现本地化智能"感知"。

在功能实现方面，运维管理人员借助平台这一"能源智慧大脑"，可实时监测能源供给侧的发电数据，如光伏出力、储能动态、能源消费侧用能等数据，覆盖室内冷、热、

"智慧能源管控平台"实时监控画面

用水及充电站充电设施等用能情况，以及能源自给率、电能替代量、二氧化碳减排量等统计分析数据，真正实现数字化管理。在应用示范方面，"绿色能源管控平台"赋予了公共建筑管理者能效管控手段，通过运用多种管控策略，可实现多边界条件的智能模式、以效益为导向的经济模式、以平衡负载为导向的负载均衡模式及以上级指令为导向的灵活响应模式，满足不同能源需求情况下的灵活使用。

关键突破

国网天津城南公司构建的"三位一体"智慧楼宇用能新模式在津门湖新能源车综合服务中心得以充分运营和检验，实现了公共建筑楼宇由高耗能向节能绿色低碳的转型升级。

一是解锁"环境友好型"公共建筑建设密码。"三位一体"智慧楼宇"碳中和"样板间通过实施楼宇节能

津门湖新能源车综合服务中心利用车棚屋顶建立光伏系统

改造，充分利用楼宇屋顶面积及良好的光照条件，有效减少使用传统用电方式对化石燃料的依赖，大幅降低环境负荷，同时依托储能装置的实时电力交换，实现清洁能源的高效利用。项目运行 3 年以来，光伏发电总量超 110 万千瓦·时并全部自我消纳，减少碳排放约 16000 吨，高质量完成能源供给的清洁化转变。屋顶光伏系统的铺设，使建筑自身成为能量制造的动力系统，同时，科学布置的光伏发电系统有效提升公共建筑屋顶对阳光直射、雨水侵蚀的承受能力，提高建筑防雨、防晒效果，增加屋顶使用寿命，使楼宇降温节能，实现无光污染、无辐射、零排放的绿色运行方式。

二是构建"数字智能化"公共建筑管理方式。数字化、智能化节能管理的核心是能效监测和数据分析。"三位一体"智慧楼宇"碳中和"样板间打破传统的机械性抄表和"数据孤岛"等，以数据促管理，利用"绿色能源管理平台"的数据采集优势，对建筑运营情况、设备运行状态、能源消耗数据、用能指标参数、碳排放数据等建筑多维度信息进行可视化展示、周期性分析统计，有利于让节能管理工作更数据化、科学化、智能化。同时，通过不断发现并解决新能源使用过程中的问题，能持续激发楼宇用能主体"能碳

津门湖中心管理人员对楼宇用能情况进行分析

双降"活力，推进能源资源绿色低碳利用，提升楼宇内的智慧能源管理水平和使用效率。

三是建成"近零能耗式"公共建筑场景示范。 "三位一体"智慧楼宇"碳中和"样板间一方面从能源消费侧入手，挖掘空调系统、照明系统节能减排潜能，提高机电系统运行效率，将建筑能耗水平降至理想状态，实现楼宇用能向高效化转变，构建可持续、可再生的能源消费模式；另一方面从能源供给侧入手，综合利用空气源热泵、太阳能光伏等清洁能源系统，多方位降低建筑能耗提升综合能效，实现能源自给自用。此外，通过对建筑内部各种设备的实时监测和控制，实现建筑与环境、能源的高效融合，在保证建筑内部冷热持续供应的同时，能开展削峰填谷的储能策略，灵活响应电网需求，最终达到"零废水、零能耗、零废弃物"的理想状态。

多重价值

国网天津城南公司打造的"三位一体"智慧楼宇"碳中和"样板间，为城市公共建筑提供了绿色节能型的建筑方式参考，在节约用能成本、引领产业生态升级、辅助支撑城市及开发商楼宇设计等方面提供了现实参考，实现多元化价值创造。

在节约用能成本方面， 依托津门湖中心打造的"三位一体"智慧楼宇"碳中和"样板间能实现清洁能源自给自足，通过光伏系统发电及储能系统在电价低谷时充电、在电价高峰时放电的削峰填谷技术策略，中心投运以来累计节约电费超 139.21 万元。同时，在"三位一体"模式的加持下，津门湖中心能源自给率达到 80%，获评天津市低碳（零碳）应用示范场景，通过"近零能耗 + 绿建二星"认证，同时依托绿电交易，中心成为国内首座通过"碳中和"认证的充电站。

津门湖中心通过"碳中和"认证

在产业生态价值方面， 全新建筑模式能有效聚合上下产业游，形成跨行业相互赋能、协同发展的"网状生态"。津门湖中心联合中国能源研究会、天津大学、中汽研等科研院所，在智慧楼宇政策标准制定、重大课题协同攻关等方面开展深化合作，促进"产学研用"协同发展，不断催化全产业链技术、商业模式创新，助力打造开放共享、互联互通、互利共赢的产业生态。2024 年，津门湖中心获评天津市科普教育基地，相关技术成果获天津市科学技术进步奖一等奖。

在引领行业转型方面,"三位一体"智慧楼宇"碳中和"样板间为新一代公共建筑开发和老旧建筑节能改造提供了示范参考,其硬件、软件等基础已具备全面推广的条件。同时,中心运营三年多来的管理经验能有效指导公共建筑楼宇管理者提升节能管理水平,以公共建筑领域的节能减排助力绿色城市发展,为加速实现"双碳"目标贡献智慧和力量。目前,已有超过 50 家上下游厂商实地考察参观,并就整体引入光储系统、智慧平台等技术展开深度洽谈。

各方评价

政府部门:津门湖新能源车综合服务中心充分利用屋顶、车棚等空间资源,大面积铺设光伏板,建成"光储充换"清洁系统和绿色能源管控平台,实现能源优化配置和精准控制,为现代建筑绿色转型提供了样板。

天津市排放权交易所:国网天津城南公司的津门湖新能源车综合服务中心,通过自建光伏、购买绿电等行为,满足全部电量需求,无间接排放,在 2023 年实现了碳中和。

社会媒体:津门湖新能源车综合服务中心"近零能耗"建筑成果先后在中国品牌博览会、首届上海国际碳博会、首届世界智能产业博览会上亮相展示,吸引了大量中外参展嘉宾驻足参观交流。在中央电视台、新华社、《人民日报》等主流媒体报道、刊发 40 余次,成为服务"双碳"落地的佳话。

三、未来展望

未来,国网天津城南公司将尝试推广"三位一体"智慧楼宇用能模式,催化全产业链技术、商业模式创新,将"近零能耗"场景应用于城市更新及开发商楼宇设计等更多场景中,在智慧楼宇层面助力打造开放共享、互联互通、互利共赢的产业生态,进一步将专业工作融入履行社会责任实践行动中。

(撰写人:白俊男、匙航、李钊、石雪靖、王晴)

国网四川省电力公司电力科学研究院、
国网四川省电力公司广元供电公司

"碳"路先锋 数智赋能近零碳园区建设

一、基本情况

公司简介

国网四川省电力公司电力科学研究院（以下简称国网四川电科院）始建于 1952 年，曾是全国六大电力试验院之一，是国网四川省电力公司的专业技术支撑单位，主要负责四川电网技术支撑、科技创新、高端人才培养、成果转化等工作。国网四川电科院一直秉持可持续发展理念，积极推动水电、光能、风能等清洁能源的开发利用，积极推进新型能源体系建设，助力应对气候变化行动。2020 年以来，国网四川电科院参与全国首个省级（四川省）碳中和技术创新中心基地建设，打造碳中和产教融合联合培养基地，建成国网新型电力系统碳评估实验室四川分中心，完成国网西南地区首家碳足迹评价资质取证，建立"双碳"从基础研究到中试示范再到产业转化的多主体共建平台，不断深化"双碳"创新体系建设，积极推进低碳国际标准布局，牵头立项低碳领域国际标准 3 项，持续加强低碳核心技术攻关，低碳成果获省部级奖项 10 余项，助力打造"转型低碳 贡献气候行动"四川样板。

国网四川省电力公司广元供电公司（以下简称国网广元供电公司）成立于 1984 年，是国家电网有限公司下属特大型 II 类供电企业，主要负责广元市内电网规划、建设、运行维护和电力供应，供电面积 1.51 万平方千米，供电人口 223 万人，先后获得"全国文明单位"、"全国五一劳动奖状"、国务院国资委党委"抗震救灾先进基层党组织"、"全国模范职工之家"、"四川省优秀诚信企业"、国家电网有限公司大运会保供电先进集体等荣誉。国网广元供电公司厚植"你用电、我用心"服务理念，积极履行社会责任，全力护航当地可持续发展，持续推进全社会用能电气化、清洁化转型，2024 年 1~8 月，累计实现电能替代电量 0.78 亿千瓦·时。科学推进电网建设规划、着力完善网架结构、有效推动当地光伏、风电并网消纳，辖区建成并网风能发电 120.72 万千瓦，在建风电 19.9 万千瓦，开发规模居全省第二；建成分布式光伏发电 2.85 万千瓦，在建 4.3 万千瓦。

实验室及基地授牌

行动概要

"转型低碳 贡献气候行动"以广元袁家坝工业园区为对象，按照"畅通协同机制—构建技术体系—赋能数字化转型"的总体工作思路，通过建立"政府—供电公司—研究机构—园区 / 企业"的高效沟通机制、构建"碳排核算—以电折碳—终端监测"的立体多维碳计量体系、提出"计算工具—系统平台"的数字化高效解决方案等手段，助力园区碳排放感知，服务园区近零碳建设，助力"双碳"目标实现。该行动形成了园区碳核算体系，助力园区每年节省核算成本 150 万元，首创"以电折碳"测算模型，助力园区碳排放测算时间频度由年度提升至日度，测算精准度高达 98%，开发园区碳监测平台，提升园区碳排放管理智能化水平。该行动成功入选四川省首批近零碳园区优秀案例。

二、案例主体内容

背景和问题

"双碳"目标是贯彻新发展理念、构建新发展格局、推动高质量发展的内在要求，是党中央统筹国内国际两个大局作出的重大战略决策，也标志着我国将应对气候变化纳入生态文明建设整体布局和经济社会发展全局。党的二十大报告明确指出，推动绿色发展，促进人与自然和谐共生；要加快发展方式绿色转型，积极稳妥推进碳达峰、碳中和，推动形成绿色低碳的生产生活方式。

2023 年 5 月，碳边境调节机制（CBAM）成为欧盟的正式法律，将对欧盟进口的一系列碳密集型产品征收碳关税，初期受影响的行业包括钢铁、水泥、化肥、铝、电力和氢。CBAM 的实施将对涉及行业产品出口带来巨大障碍。目前，CBAM 对我国影响最大的是钢铁和铝，2022 年我国电解铝产量 4021.4 万吨，占全球总产量的比重超 57%，出口铝产品 1011 万吨，比 2021 年同期增长 7.7%。未来，我国铝产业的发展将受到国内碳市场、欧盟碳关税的巨大影响。

我国工业园区碳排放占全球碳排放总量的比重约为 31%，是碳减排的重点领域。国家发展改革委印发的《国家碳达峰试点建设方案》明确"以城市和园区为抓手，推动先行先试"，四川省生态环境厅、经济和信息化厅发布了《四川省近零碳排放园区试点建设工作方案》，明确近零碳排放园区建设重点任务，广元经开区为试点园区之一，袁家坝铝产业园是广元经开区的重要组成部分，以铝产业为主，其绿色低碳发展对于近零碳园区建设具有重要意义。

但当前，园区碳排放管理仍存在明显问题与短板，主要表现在：一是园区碳排放家底不清，园区企业对碳排放及低碳管理专业知识还较为缺乏，存在厘不清核算边界，算不清碳排放水平等问题，且大部分未开展碳排放摸底分析工作，对园区整体碳排放水平尚不清楚；二是碳排放管理不精，园区缺乏科学有效的监测与管理手段，仍以各企业自主咨询第三方核查公司为主，不能及时掌握本地化碳数据，不能满足当前"双碳"目标下对碳管理提出的时效性、精准度等高要求；三是碳达峰路径不明，未能掌握园区自身碳排放现状、预测碳排放变化趋势，园区整体及企业自身对关键节能减排方向不明，不能提出科学、合理、有针对性的低碳发展措施与达峰路径，绿色低碳转型进展较缓。

因此，亟须开展园区碳排放智慧计量与管理，发挥电力作为能源绿色低碳转型的载体作用，助推园区绿色低碳高质量发展，服务"双碳"目标实现。

行动方案

畅通"政府—供电公司—研究机构—园区／企业"协同机制，服务园区低碳建设大局

　　袁家坝工业园区用电量占广元市用电总量的比重超 50%，是打造"中国绿色铝都"的重要根据地。目前，该园区已成功构建起"绿色水电铝—铝材精深加工—绿色铝循环利用"的循环经济产业链条，具备电解铝产能 61.5 万吨，占四川省电解铝产能的一半以上，铝精深加工产能 150 万吨，再生铝产能 20 万吨。国网四川电科院联合国网广元供电公司，主动融入地方政府绿色低碳高质量发展大局，积极对接政府双碳政策和管碳需求，组建起涵盖高质量园区碳管理柔性团队，前往政府相关部门、园区管委会等交流调研 10 余次，在政府相关部门的指导下，深入走访调研园区铝产业链上下游企业近 40 家，形成"政府—供电公司—研究机构—园区／企业"高效沟通机制，准确掌握企业生产及用能特性，形成"自下而上"的数据畅通渠道，打破园区生产及能耗数据屏障，为园区碳排放核算体系、电碳模型构建、重点产品碳足迹核算提供有力支撑与保障。

袁家坝园区

创新"碳排核算—以电折碳—终端监测"立体多维碳计量体系，助力园区摸清碳家底

团队基于园区、企业现场调研了解历史数据的收集情况，聚焦园区电解铝、铝精深加工两大重点产业，首创提出"碳排核算—以电折碳—终端监测"碳计量体系，从碳排放统计核算、电碳模型折算、终端设备监测等多维度切入，助力园区全面立体感知碳排放态势。

"碳排核算"：通过开展温室气体种类及特征辨识，准确识别园区主要碳排放源，并针对电解铝、铝精深加工等不同类型排放源分别制定核算方法，整合电解铝及铝精深加工企业核算方法，形成园区碳排放核算体系，并为园区定制化碳核算数据源规范表，为摸清园区碳排放家底提供统一范式。截至目前，已按电解铝、铝棒材、铝型材、铝板带、铝铸件及循环铝 6 种不同生产类型形成碳核算体系，并完成园区内近 40 家企业三年碳排放数据核算，核算数据显示，电网排放因子是影响园区整体碳排放水平的重要参数，使用四川电网平均排放因子核算的排放量仅为使用全国电网平均排放因子核算结果的 1/3，四川清洁能源的绿色属性凸显。从排放结构来看，电解铝企业是园区碳排放的绝对主要来源。

"以电折碳"：基于铝生产企业碳排放源主要为电力消耗的特点，首创构建起典型企业和园区的自适应电碳模型，该模型通过分析电力碳排放、非电力碳排放与产品产量的内在关系，电力消耗量与非电力碳排放的逻辑联系，实现模型适配不同电网排放因子及分电力种类的排放因子的自动计算，只需要知晓电力消耗量即可计算出碳排放总量。经计算，"以电折碳"模型能有效助力园区及企业碳排放计算时间频率从年提升至日，计算精确度超过 98%。

"终端监测"：针对铝精深加工企业存在部分无组织的二氧化碳排放，依托团队研

现场监测装置

究成果二氧化碳浓度智能测量装置，实现在园区铝精深加工企业的落地监测应用，该装置具备二氧化碳浓度监测、气象五参数监测、GPS 定位等功能，可实现企业生产中无组织排放的监测，监测结果可用于与核算、折算结果进一步交叉验证。

除此之外，团队还针对电解铝铝液、铝精深加工产品等开展"从摇篮到大门"的碳足迹核算，助力掌握园区主要产品生命周期碳排放水平。

数字赋能园区碳排放管理，服务园区打造绿色低碳转型场景

依托数据与技术创新成果，借助数字化手段，形成"计算工具—系统平台"的高效解决方案。全面梳理园区碳核算、以电折碳等计算数据需求，明确各项数据来源与更新频度，集成碳排放核算模型与以电折碳计算模型，实现碳排放结果的一键输出，助力提升园区碳管理能力现代化与智能化发展。同时，基于模型算法结果数据，结合园区绿色低碳发展布局，创新数据应用场景分析，实现能源结构、碳排态势、排放源占比、园区低碳发展布局等成果智能展示，充分发挥数据应用价值，助力政府及园区管理部门精准把脉园区低碳发展态势。

袁家坝工业园区碳监测平台

关键突破

在业务创新方面， 一是突破"传统碳排放核算"模式，通过深入识别园区、企业碳排放源，厘清园区铝产业链碳排放结构，构建起园区碳排放核算体系，通过定制化园区碳核算数据表，破解园区碳排放家底不清的难题，实现生产一线人员便捷化掌握园区碳排放态势，解决了传统核算模式成本高、时效滞后等问题；二是创新开展产品碳足迹核算，针对园区典型铝锭、铝线材等产品开展足迹测算，支撑电科院产业单位取得国网西南首家碳足迹评价资质证书，助力支撑公司"双碳"业务产业转化；三是畅通政企合作渠道，形成"政府—供电公司—研究机构—园区／企业"高效沟通机制，形成园区"自下而上"的数据畅通渠道，打破园区生产及能耗数据屏障，助力园区能耗与碳排放数据的精准管理。

在技术创新方面，一是首创提出园区及企业的自适应电碳模型，通过分析电力与碳排放活动水平关联关系，实现园区及企业不同排放因子应用场景下碳排放自适应计算；二是构建起多维园区碳计量体系，从碳排核算、以电折碳及终端监测等多维度实现园区立体碳排放感知；三是构建起园区碳排放预测模型，基于不同排放因子的应用场景，按国家电网平均排放因子、四川电网平均排放因子和分电力种类排放因子分别构建园区碳排放预测模型，分析碳排放变化趋势及可再生电力使用对园区碳排放的影响，为有效测度园区可再生电力降碳效果提供支撑。

截至目前，团队创新开展园区碳计量体系研究，已申请发明专利 4 项，发表论文 5 篇，登记软件著作权 2 项，形成系列知识产权成果。

多重价值

经济价值：本方案通过构建园区碳核算体系，完成了园区内铝相关企业近三年的碳排放核算，助力园区每年节省工作量 30 人天，节省碳核算服务成本 150 万元。同时，方案创新"以电折碳"测算模型，助力园区碳排放测算时间频度由年度提升至日度，测算精准度高达 98%，利用电力大数据可实时核算园区企业碳排放，实现电力数据价值向经济价值转变。

社会价值：一是助力提升碳排放信息化智能化水平。通过构建起园区碳计量体系，搭建起园区碳排放管理平台及计算工具，有效提高园区碳排放管理智能化与现代化水平，有效支撑经开区近零碳排放园区试点建设。二是服务碳排放"双控"大局。创新应用"以电折碳"测算模型，实现企业及园区碳排放测算时间频率由年提升至日，大幅提高了碳排放测算的效率，节省人工成本，有效支撑政府近零碳园区规划建设布局。三是推广产品碳足迹认证与应用。创新开展重点产品碳足迹核算与评价，有利于强化企业对碳标签的认识，助推企业向绿色制造转型，促进产业链绿色低碳协同发展，推动绿电交易与可再生能源消纳，以低碳属性撬动更大市场用电需求，助力四川省绿色低碳高质量发展。

环境价值：园区整体新能源利用效率高达 100%，基于全国电网平均排放因子核算，2023 年袁家坝工业园区碳排放总量约 439.42 万吨，较 2022 年下降 7.21%，表明园区碳排放结构不断优化，全国电网清洁能源占比不断提升，为园区带来较大的减碳效益，基于四川电网平均排放因子计算，园区排放量约为使用全国因子计算结果的 1/3，四川清洁能源的绿色价值进一步凸显。

各方评价

四川省生态环境厅、四川省环境政策研究与规划院、天府永兴实验室：广元袁家坝工业园区近零碳试点建设在畅通碳管理机制、碳排放数字化管理等方面初步形成可复制可推广的经验，对推动园区绿色低碳转型和高质量发展具有重要意义。

"数字赋能智慧园区低碳管理"被写入《四川省近零碳排放园区试点建设 2023 年度进展报告》作为十大建设优良案例发布。

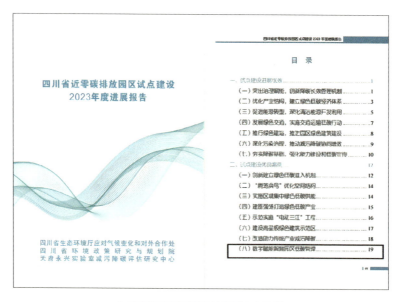

入选四川省近零碳排放园区十大案例

三、未来展望

本方案构建起园区立体化碳计量体系，依托数字化技术，开发了园区智慧碳管理平台，有效提升了园区碳排放信息化智能化水平，支撑服务政府碳排放双控大局，助力推动全社会绿色低碳转型。

下一步，国网四川电科院与国网广元供电公司将在以下两个方面进行完善和提升，为可持续发展目标贡献智慧。

一是深化园区绿色低碳转型路径研究。立足四川清洁能源资源禀赋优势，充分结合广元特色产业发展优势，深化园区降碳关键技术研究，推动绿色能源替代化石能源，积极发展园区内电力源网荷储一体化与多能互补，推动园区内生产、生活系统的电气化进程。

二是强化经验总结与推广应用。优化完善广元袁家坝园区近零碳建设方案，不断总结信息技术、低碳技术、清洁能源技术在园区场景下的耦合应用经验，面向四川省、全国重点工业园区形成可复制、可推广的典型做法，推动全国园区碳管理信息化与智能化水平提升，为"双碳"目标与可持续发展贡献力量。

（撰写人：滕予非、李丽、陈玉敏、江栗、张艺缤）

国网甘肃省电力公司刘家峡水电厂

"刘电绿"助力"黄河蓝",打造基于"三代四水"体系的绿水智电品牌生态

一、基本情况

公司简介

国网甘肃省电力公司刘家峡水电厂（以下简称刘家峡水电厂）位于黄河上游甘肃省永靖县境内，距甘肃省省会兰州市 70 千米，是根据 1955 年第一届全国人民代表大会第二次会议审议通过的《关于根治黄河水害和开发黄河水利的综合规划的决议》，按照"独立自主、自力更生"的方针，我国自己勘测设计、制造设备、施工安装、调试管理的第一座百万千瓦级大型水电厂，是中国水电事业的"长子"。

刘家峡水库面积 130 平方千米，库容 57 亿立方米，库高 1739 米。截至 2024 年 4 月 1 日，水电站累计发电量超 26985 亿千瓦·时，创造工业总产值 2025 亿元，相当于减少二氧化碳排放约 24745.6 万吨。

刘家峡水电厂是西北电网主力发电厂之一、甘肃电网内最大的水电企业，主要承担发电、调峰、调频和调压任务，履行好"防洪度汛政治责任、顶峰保供首要责任、精益运维基本责任"，做好黄河安澜的守护者、绿色能源的贡献者、红色品牌的传播者。刘家峡水电厂已形成调峰为主和发电为辅相结合，以及引领能源绿色转型、沿黄生态保护为互补的多元化、综合型"绿水智电"价值赋能体系，真正发挥刘家峡水电厂"电力事业摇篮"的历史价值。

行动概要

立足黄河上游生态脆弱特性，适应甘肃特色气候，刘家峡水电

可持续发展目标

厂以我国水电事业"长子"的历史担当为指引，充分发挥重要的区位特性和功能特性，从新中国"水电事业摇篮"历史中汲取精神养分，创新构建"三代四水"体系，赓续和塑造新时代"刘电"价值观，打造绿水智电品牌生态，"绿水智电"引领能源绿色转型，"黄河安澜"守卫黄河中上游生态健康，"灾害预防"引领水文联动，"韧性产业"推动建成气候适应型经济环境。

二、案例主体内容

背景和问题

甘肃省地处我国西北内陆，自然条件严酷，生态环境脆弱，2012年确立了"生态立省"的基本定位。刘家峡水电厂充分发挥水电站发电、调峰、储能、水利等功能，为"黄河蓝"贡献"刘电绿"。面向新时代，随着"双碳"目标深入落地，新质生产力下新型电力系统加快建设，刘家峡水电厂在绿电、智电价值发挥，电库、政企生态建设等方面正面临转型难、发展难的问题。

一是甘肃脆弱生态带来淤沙处置与生态恢复难题。甘肃自古生态脆弱，面对黄河淤沙这一千古难题，排沙不仅关乎水电站长久安全运行，还对沿河生态恢复与保护意义重大。二是近年极端气候多发频发引致库区防洪抗旱压力陡增。全球气候变暖及局部极端气候现象日益频繁，加剧沿库区生态脆弱性，水电站水利功能愈加凸显。三是水电在绿色能源中地位凸显与刘电调峰为主定位产生冲突。近年来，绿色能源发展下水电地位提升，与刘家峡水电厂发电规模有限（年发电量占甘肃全网不足2%）形成冲突，亟须探索调峰为主和发电为辅相结合，以及引领能源绿色转型、沿黄生态保护为互补的多元化、综合型"绿水智电"价值赋能体系。

行动方案

打造"三代四水"体系，明确新时代"刘电"可持续发展路径

坚持党的全面领导，坚持"刘电"价值观，基于企业价值观发展沿革和业务转型提升，融入大生态视角和历史发展视角，打造"三代四水"体系。"三代"即建国代、改开代、新时代，每个时代既有时代特征，又有一脉相承的信念坚守。建国代独立、自主完成水电站工程，开启了水电运行、传统水利的历程；改开代积极适应新能源发展大势，打造黄河生态治理样板、综合能源服务样板、智慧水文联动样板，走出气候、生态担责的重

要一步；进入新时代，刘家峡水电厂把握生态文明发展机遇，勇争电力数智发展新表率。"四水"即水电、水利、水产、水文，涵盖刘家峡水电厂业务的方方面面，并呈现从水电向水利、水产、水文扩散影响的关联。"绿水智电"引领能源绿色转型，"黄河安澜"守卫黄河流域生态健康，"灾害预防"引领水文联动，"韧性产业"推动建成气候适应型经济环境。

打造"绿水智电"品牌，以清洁水电引领能源的绿色转型

以清洁水电为核心，以能源绿色为方向，构建"绿水智电"品牌生态，提升电力系统气候韧性，打造"水电护卫"。

水电发展，打造新一代智慧电厂

统筹水电作为清洁能源、调峰电源的优势，技术赋能水电发展，打造韧性、智慧水电。一是机组改造增容。刘家峡水电站已安全稳定运行五六十年，离不开刘家峡水电厂多年增容改造，机组容量从建设时期的 116 万千瓦增至现在的 166 万千瓦，提升了机组运行效率，并实现"黑启动"，守护电网系统安全稳定运行。二是智慧电厂建设。利用互联网技术、大数据资源，实现智慧电厂管控一体化和集成信息化，推动智慧运行管理、智慧

刘家峡水电厂

检修安全、智慧新能源发电、智能决策"大脑"等智慧场景落地，打造西北示范智慧电厂。

调峰枢纽，打造西北先进水电电源

为适应新型电力系统建设需要，满足新能源占比提高、机组启停更频繁、检修窗口期缩短要求，充分利用水电机组随调随起、调节灵活特点挖掘调峰、调频潜力，有效抵消风电、太阳能发电间歇性、波动性的不利影响，提升新能源的调节、消纳能力，助力电力系统安全稳定运行，打造电力系统"安全卫士"和"定盘星"。

能源生态，打造"风光水储"综合智慧能源基地

利用刘家峡水电厂水资源丰富、储能技术成熟的优势，以水风光为主推进可再生能源一体化发展，发挥水电站调峰能力，减轻送受端系统的调峰压力，促进电力系统"源网荷储一体化"协调发展，打造"风光水储"综合智慧能源基地，助力构建清洁低碳、安全高效的能源体系。

坚守"黄河安澜"使命，以"刘电"价值观守护黄河生态安澜

坚持水利兴民，履行好"防洪度汛政治责任、顶峰保供首要责任、精益运维基本责任"，推进生态修复治理和沿黄灾害防范，守护"黄河安澜"。

防灾减灾，做好"黄河安澜"守护者

坚持系统治理，联动开展防洪抗旱灾害应对工作。一是治沙排沙，推动黄河水沙平衡。创新"异重流"排沙技术开展刘家峡洮河口排沙洞工程，采用"穿黄排沙"方式排出泥沙，提高黄河上游排沙成效；二是依托刘家峡水库，提升灾害应对能力。

应用溢洪道进行库容调节，遵从水利部黄河水利委员会的统一调度，开展防汛抗旱。在汛期，降低水库水位，增加防汛库容；在旱期，增加出库流量，实施抗旱保灌工作；在冰凌期，控制下泄流量，防止黄河中游冰凌灾害。

超前预警，打造数字灾害综合防御网

一是打造刘家峡水电厂水文资源数据库。常态化开展水情、沙情和汛情信息监测，统筹考虑水文、地质条件、水利动能、上下游梯级流量匹配等因素，开展库区周边山体滑坡、违规排放、水面水质监测等数据巡检，建立黄河流域水文数据资源库。二是打造气候灾害预警场景。加强与气象、水利等部门的衔接，完善气候变化联动预警网络、强化气候变化水库群联合调度网络、强化综合防灾减灾等任务举措。三是前置开展灾害防范。开展汛前检查和专项隐患排查，实施预泄腾库、拦洪削峰错峰，提高应急处置能力。

生态治理，绘就"黄河蓝"生态画卷

一是库区山、水环境质量提升。围绕库区生态植被修复与保持、水面漂浮物清理及水质监测等，常态化组织职工种植绿化、漂浮物打捞清理等工作，打造清洁美丽库区环境。二是黄河上下游流域生态协同治理。遵循黄河生态联动影响，积极承担黄河上游重要阶梯水电站职责，重视水土涵养、泥沙平衡、水质保障、流量协同，提升生态系统质量和稳定性。

打造"韧性产业"生态，助力沿库区气候适应型产业升级

统筹生态环境保护和社会经济发展，以对气候变化影响敏感的关键领域为抓手，因地制宜打造气候适应型业态。一是智慧农业。综合气候状况、农业用水需求、水流量等因素调节库区容量及出库水量，提供充足的农业生产用水，助力打造气候适应型农业。二是生态旅游。助力打造甘肃特色气候小镇。围绕库区形成区域小生态，统筹绿水青山生态环境、永靖县旅游基础设施建设、"刘电"教育和生态资源等，助力打造"蓝色黄河·阳光永靖"AAAAA 级黄河三峡旅游风景区，服务建设临夏永靖太极镇成为甘肃特色气候小镇。

关键突破

创新"三代四水"框架，提出"绿水智电"品牌

"三代四水"体系凝练了刘家峡水电厂在"四水"业务维度和"三代"发展沿革中的发展精神，展现了"刘电"价值观在各个时代发展沿革中创造性的体现，指明了刘家峡水电厂迈入新时代发展的新路径。

打造上下游协同、横向联动"大黄河"治理圈

构建横向联动、纵向贯通的气候灾害应对机制，横向建立与政府及气象、水利、农业等部门合作，打通数据共享壁垒，畅通气候灾害应对路径；纵向构建以黄河水利委员会为总指挥的跨流域生态保护联动机制，以水库联合调度为依托，形成沿黄流域生态治理统一战线。

首创智慧水文、数字电厂新一代水电应用场景

依托智慧电厂建设，融合打造智慧水文水情监控一体化平台，实现水文数据资源"一盘棋"管理、水文监测预警自动亮灯、水文联动业务辅助决策，为气候灾害应对、生态环境治理提供强大技术、数据支撑。

多重价值

经济效益

一是治沙技术突破带动机组运行质效提升。2024年完成刘电3号机组整机改造及投产发电，实现一次性启动成功且零缺陷高质量投产发电，机组稳定性提升90%以上。二是科技创新提振公司创新活力。2023年《刘家峡水库减淤与水沙电联合调控技术》科技成果荣获甘肃省科技进步奖一等奖、《大型水轮机过流部件盲孔内套拔出装置的研制与应用》荣获国际发明创新展览会金奖，科技创新成果丰硕。三是助力刘家峡景区创收增效。依托刘家峡水库形成山美水美生态环境，助力永靖县打造AAAAA级黄河三峡旅游景区，2023年接待游客超80万人次，旅游综合收入3.63亿元。

社会效益

一是水源地保供助力"强省会"。自刘家峡水库建设成为兰州第二大水源地，兰州市自来水质量提升至全国前3，供水保障能力、应急能力显著提升。水库每年提供深层水库水5.5亿~8.3亿立方米，相当于减少发电量1.3亿~2亿千瓦·时（约5000万元/年）。二是顶峰保供助力农业生产。春灌期为甘肃、宁夏、内蒙古等地农业生产补水8亿~12亿立方米，灌溉面积1600万亩，引黄灌区灌溉保证率达到85%，大幅提升了粮食产量。

环境效益

第一，绿水发绿电，助力碳减排。刘家峡水电厂至今累计发电量超2698.5亿千瓦·时，与标准燃煤发电相比，减排二氧化碳排放24745.65万吨。第二，水电调峰助力新能源消纳。打造风光水储综合能源示范基地，以水电调峰储能助力永靖县130千瓦光伏装机实现就地消纳和部分外送。第三，实施生态治理和保护工程。建厂以来，刘家峡水电厂在南北两山和库区周边共植树100多万株，绿化面积达3305亩；常态开展水面漂浮物清理和水质监测，库区水质为优质地表水，接近Ⅰ类标准；不断丰富库区生物多样性，红嘴鸥、赤麻鸭、鸬鹚、绿头鸭、斑头雁等大批候鸟陆续迁徙至刘家峡，迁徙数量达2万多只。

各方评价

黄河水利委员会评价：刘家峡水电厂高度执行黄委会统一调度安排，配合水库联合调度工作开展，推动了黄河流域生态协同治理，为黄河上游水土保持、泥沙清淤、水质提升等作出突出贡献，真正践行"黄河成为造福人民的幸福河"使命担当。

政府评价： 刘家峡水电厂发挥国有企业履行社会责任中的模范带头作用，积极服务当地的政治、经济、社会、生态建设，履行"河湖长制"责任，全面推动"黄河绿电"就地消纳综合产业生态圈建设，助力政府打造"蓝色黄河·阳光永靖"AAAAA 级黄河三峡旅游风景区，展现我国水电事业"长子"的历史担当。

公众评价： 刘家峡水电厂充分发挥"黄河之滨"志愿者服务队作用，开展植树造林、库区清洁、候鸟照料、公众科普、爱国主义教育等服务，以志愿服务擦亮刘家峡这张"亮丽名片"。

三、未来展望

一是推进"刘电"价值定位和品牌工程建设，平衡刘家峡水电厂爱国主义教育基地、国家工业遗产、水电事业摇篮等多项荣誉的深化建设工作，强化水电事业"井冈山"价值重塑，从定位、宣传口号、品牌形象、文化内容、场景实施等方面开展系统化文化建设工程。二是开拓思路，利用 VR 技术等创新打造声光一体沉浸式红色教育基地，充分发挥"刘电"深厚历史、精神资源，搭建沉浸式水电站建设体验、电站调水蓄能等特色场景，建设成为亮丽红色名片。三是发挥水电站综合价值，创新性解决水电站中上游生态保护、生物多样性保护、甘宁蒙区域农业灌溉等议题，形成发挥新时代水电站综合价值新路径。

（撰写人：付廷勤、赵宇冰、赵晶洁）

国网江苏省电力有限公司无锡供电分公司

智能微电网破解乡村光伏消纳难题

一、基本情况

公司简介

国网江苏省电力有限公司无锡供电分公司（以下简称国网无锡供电公司）起步于 1909 年，至今已走过百年发展历程。截至 2022 年 12 月底，国网无锡供电公司营业客户总数达 410.42 万户。35 千伏及以上变电所 347 座，变电容量 6800.8 万千伏安，35 千伏及以上线路长度 7955.2 千米。

近年来，国网无锡供电公司先后获得了全国五一劳动奖状、全国文明单位、全国工人先锋号、国网公司先进集体、国家科学技术进步奖二等奖、全国"安康杯"竞赛优胜单位、全国实施用户满意工程先进单位、全国实施卓越绩效模式先进企业、江苏省文明单位标兵、江苏省用户满意服务明星企业、无锡市服务产业强市先进集体、无锡市"服务地方发展优秀单位"等荣誉。

行动概要

我国农村区域光伏发展迅速，但由于乡村地区光伏发电小散乱现象严重、绿电消纳能力不足、缺少规划和管理，对电网安全运行造成冲击。在无锡市锡山区安镇镇谈村，国网无锡供电公司上线全省新农村首个新型电力系统试点智能微电网，建设和改造光伏发电、村委会空调、水泵、充电桩、储能等多种可调电力基础设施元素，对谈村用能实现用能精细化管理。全村按光伏装机容量 189.3 千瓦峰值、25 年运行周期测算，25 年总发电量约为 454.3 万千瓦·时，二氧化碳减排量为 4529 吨，总收益约为 408.9 万元。该试点项目推动了电网可再生能源电力消纳能力提升，助推整县屋顶分布式光伏高效发展，为乡村振兴和地方经济社会发展注入源源绿色电能。

二、案例主体内容

背景和问题

在我国东部长三角都市群周边、城乡之间的"连接带"，有一大批"城郊融合型村庄"，这些村庄土地资源紧张、传统加工产业缩减，但便利的交通让这些村庄并未远离都市，拥有毗邻城市商务区、商圈等优势，村内随处可见的乡野意趣能让前来游玩的游客身心放松，具备成为城市后花园的优势，也有向城市转型的条件。

为了吸引周边都市民众前来旅游休闲，这些城郊融合型村庄努力建好生态环境优美现代化新农村，再造绿色发展新优势，大力发展现代服务业，开发江南特色的文旅休闲产业，建设商用出租用房或农家乐、新能源车位等。建设分布式光伏，让绿色成为更鲜明的底色，成为这些村庄的选择，不仅能让村民和村集体实现减碳增收，还能有效缓解东部地区用电缺口问题。

无锡市发展光伏产业较早，早在 2020 年，无锡市分布式光伏总装机容量就达 125.1 万千瓦，位居江苏省第一；年发电量达 10 亿千瓦·时，装机容量位居江苏省第一。分布式光伏的迅猛发展不仅给经济发展注入了绿色动能，也给电网安全稳定运行带来了巨大挑战。分布式光伏通常会以"自发自用、余电上网"的形式参与电力调度，农村地区缺乏工业化生产企业，部分地区光伏大发时段，消纳问题日益突出，由于缺乏储能设施，并缺乏针对农村光伏的运维管理制度，这种不稳定的电源大规模接入大电网后会对系统平稳运行造成压力，影响到配电网的局部电压和电网频率的稳定性。而到了夜间由于缺乏光伏绿电，农村地区只能依靠大电网供电或柴油等化石燃料，降碳效果不尽如人意。

如何解决现有矛盾，稳步提升农村地区光伏发电量和消纳能力，推动乡村的绿色转型，成为供电方需要考虑的问题。国网无锡供电公司通过与地方政府合作，构建一个高效、智能的农村新型能源系统，不仅为解决乡村新能源建设和消纳问题提供了新思路，让乡村发展更绿色、更可持续，还增加了村民收入。

行动方案

智能微电网是一种集成了新能源发电、储能系统和智能控制技术的电力系统。它能实现能源的高效管理和优化分配，即使在新能源发电不稳定的情况下，也能保证电力供应的连续性和稳定性。通过智能微电网，农村地区可更好地利用本地新能源，减少能源传输损耗，提高能源利用效率。

谈村地处江苏无锡市锡山区安镇镇西南，是典型的"城郊融合类村庄"，由于土地资源紧张、村里原有污染较大的产业缩减，谈村大力发展文旅

无锡市锡山区安镇镇谈村农房翻建竣工

休闲产业，建设都市中的新农村，2020年仅出租商业用房，就使村集体新增收入130万元。全村共有203户农户，2021年以来，随着209户农房翻建竣工，谈村影剧院升级为乡村电影记忆馆，配套新增的200个车位已规划完毕，并在部分车位设置了新能源汽车充电桩。

国网无锡供电公司在谈村建设微网一体化管理平台和虚拟电厂等，通过多项技术相互叠加，整合利用农村地区光伏资源及各种负荷，助力谈村低碳发展。

绿色能源供给与存储

一般农村地区安装光伏设备，很少安装储能设施，农村地区消纳不了的光伏发电，不仅造成了浪费，还可能对电网产生危害。为了解决这一问题，国网无锡供电公司在谈村不仅安装了屋顶光伏，还安装了相应的储能装置。

安装屋顶光伏： 2021年，国网无锡供电公司响应"零碳无锡"建设号召，协助谈村在村委会屋顶、中部影剧院屋顶、两处车棚顶、4户居民楼顶装设光伏发电设施，还建有光伏路灯，总计发电容量159千瓦。

谈村社区党群服务中心安装太阳能板

安装储能设施： 国网无锡供电公司在谈村台区间配置的能量路由器带有储能设备，包括 1 套 100 千瓦·时、1 套 200 千瓦·时的储能系统，此外，还在村委会配置了 1 套 10 千瓦 /10 千瓦·时的储能系统。安装的储能系统就像 1 块 "大电池"，平时屋顶光伏产生的绿色电力优先考虑自发自用，如果用不完便可 "聪明地"将多余电量存入 "电池"，等到夜间再拿出来用，余电还可 "上网"供无锡市集中调配电力。

提高能源利用效率

相比整个城市电网运行，谈村的发电量微不足道，但 "麻雀虽小，五脏俱全"，其拥有的屋顶光伏、空调、水泵、充电桩、储能等多种可调电力基础设施元素，对新型电力系统在全市范围内的应用，以及虚拟电厂的投用推广具有重要的示范意义。项目建设了新型电力系统微网和村级虚拟电厂，实现了谈村微网管理与实时运行监控两大功能，实现用能精细化管理，真正将碳管理落到实处。

谈村新型电力系统微网平台

微网一体化管理平台，保障光伏充分消纳

微网一体化管理平台覆盖谈村全站全景，实现对各区域的用能情况进行监测、统计、分析、管理和综合决策，提升区域运行监控管理能力，并可聚合可调资源，与上级虚拟电厂平台进行互动。平台内置微网控制算法，负责微网用能调度，通过调配区域微网能源协同运行，提高微网用能经济性。通过平台策略控制，实现多种负荷实时控制，光伏

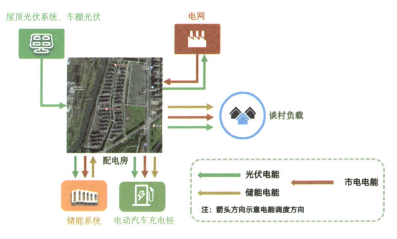

谈村微网调度策略

发电能量优先供储能和充电桩负载使用。当光伏发电出力不足时，谈村负载可同时获得储能系统、市电补充，从而最大限度保障电力供应的平稳。当电网侧出现故障或负荷缺口时，可通过策略控制，迅速降低 VRV 空调、充电桩、水泵等的负荷。同时，与储能系统联动，通过多端口能量路由器，户用储能向重要负荷持续供电，在保障关键设备不间断供电的同时，平衡光伏出力。在正常工况下，可实现削峰填谷，平衡当日负荷水平，维持电网稳定运行。通过峰谷电价差，降低用电成本，提高经济性。

虚拟电厂，打造可调节资源池

挖掘可调节负荷： 为了挖掘和打造可调节资源池，国网无锡供电公司一是针对村委会的 VRV 非工空调机组，开展柔性控制，在每台室外主机上加装相应的协议转换器终端与主机监控信号进行通信，并通过中控网关与协议转换器进行对接，实现机组运行状态的远程监控与调控；二是影剧院外河道内功率 22 千瓦抽水泵，水泵一般为日间用电，由影剧院屋顶光伏绿电直供；三是配置 1 台 60 千瓦双枪快速充电桩和 2 台 7 千瓦慢速充电桩，共 4 个充电车位。

打造虚拟电厂： 国网无锡供电公司在谈村打造了一个小型虚拟电厂，聚集充电桩、光伏、储能、空调、柔性互联开关、水泵等可调节资源，打造村级可调节资源池，实现资源的可观可测可控，并参与无锡市需求响应、辅助服务、现货交易，既可以应对城市电力紧张时的用电需求，也可以有效降低建设运营实体电厂的经济成本，提高全市电力供应的灵活调节能力，最多可响应负荷共 279 千瓦。

谈村聚集水泵、充电桩、光伏等可调节资源，
打造村级可调节资源池

关键突破

研发能量路由装置

能量路由器拥有配套的储能设备，是微网的一部分，可接入市电、多台区负荷、储能装置、光伏等设备，实现能源在这些设备间的自由流动。为了让微能源网适用性更强，国网无锡供电公司和中国电力科学研究院联合研发了多端口能量路由装置，在电网发生停电故障时，能量路由器可把整个村子的光伏发电联成一张独立于城市电网之外的"微网"，保障村民白天 8 小时、晚上 1 小时用电不受影响，给电网修复留下充裕的时间，保证居民的用电可靠性。

增强区域微网韧性

科学储存绿色电力，离不开"智慧大脑"——能量路由器。能量路由器就像一个"自动开关"，变压器相当于"蓄水池"，当用户用电需求突增时，原"蓄水池"里的水可能不够用，"自动开关"便会将相邻"蓄水池"中的水"借"过来，以实现在不增加变压器容量的情况下满足临时性负荷增长的需求。待临时需求得到解决，能量路由器会自动关闭。如果遇到一台变压器出故障，能量路由器还能快速将电流传输到村里另外两台变

检查谈村可调节资源池的电力设施

压器中，大大提高了电力供应的稳定性。

为提高谈村区域微网韧性，国网无锡供电公司在谈村多个台区之间布置配电台区柔性互联供电装置，包括功率等级为 250 千瓦的低压多端口能量路由器，以及功率等级为 500 千瓦的集装箱集成能量路由器（集成主要设备包括储能电池系统及协调控制保护系统）。通过柔性互联开关实现多台区、分布式能源、负荷间的互通，打造台区双跨的微网一体化架构体系，同时，柔性开关内多源协同的恢复策略可充分发挥各类分布式电源的控制能力，使微网系统更加坚强和稳定，有利于抵抗恢复过程中的暂态扰动，增强谈村区域微网韧性。

多重价值

经济价值

农村新能源与智能微电网的结合，不仅能推动农村地区的能源结构转型，还能有效提高能源供应的安全性和经济性。这种结合是实现能源革命的关键，对促进农村经济发展和环境保护具有重要意义。

技术迭代升级让谈村的村民用电更绿色、更安全，也让首批"吃螃蟹"的农户获得了实实在在的收益。农户自家安装屋顶光伏一年可发电 6600 千瓦·时，除去自家一年用电 4500 千瓦·时外，剩余 2100 千瓦·时通过上网销售可带来 3000 元的收入。村集体资产如影剧院、车棚等安装太阳能板，一年可产生近 2 万元的收益。项目实施后，农户不仅通过屋顶光伏系统实现了"用电自由"，而且获得了额外的经济收入，这更激发了村民参与项目的积极性，又有 20 多户村民来村委会"下单"准备安装屋顶光伏。

绿色电力也带动了乡村旅游的发展，谈村结合"美丽农居"建设和农村人居环境整治提升，着力打造宜居宜业的"都市里的村庄"，重点发展生态农业体验、打造网红景点。通过绿色经济的培育，进一步推动了地方经济的多元化和持续发展。

环境价值

国网无锡供电公司配合锡山区整区屋顶分布式光伏试点项目参与项目规划、项目选址，同步进行配网升级改造，对光伏并网台区优先进行融合终端的建设运维，提高配网新能源接入承载能力，实现"源—网—荷—储"友好互动。

通过使用太阳能等可再生能源，减少了对化石燃料的依赖，直接降低了温室气体排放。谈村按光伏装机容量 189.3 千瓦峰值、25 年运行周期测算，25 年总发电量约为

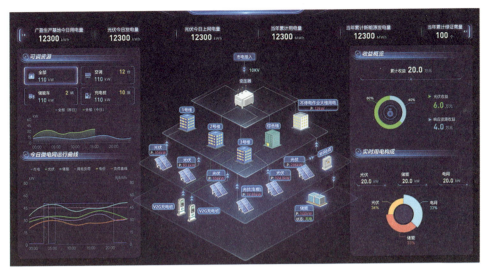

谈村微网一体化管理平台

454.3 万千瓦·时，二氧化碳减排量为 4529 吨。谈村项目展示了在乡村环境中发展光伏、打造绿色低碳微电网的先进技术和模式，这种模式可被其他地区借鉴和复制，加速全国范围内的绿色转型和可持续发展进程。

社会价值

目前，农村居民屋顶光伏规模化开发还处在探索阶段，国网无锡供电公司和锡山区政府联手，将在整区光伏推进中优先开发农村居民屋顶光伏，打造"全要素新农村光储直柔示范工程"，在新建农民住房、公共设施打造社区、居民"新型电力系统微网"应用场景，建设屋面光伏、集中式储能系统、光储充一体化车棚等微电网设施，为全国整县光伏建设中农村居民屋顶利用提供无锡经验。

该项目将重点利用无锡市锡山区党政机关大楼、医院、学校、工商业厂房、民房等屋顶资源，总投资约 10 亿元，全力打造光储示范项目，开展精品示范台区建设，打造新农村新型电力微网示范区，推动分布式光伏并网台区实现智能融合终端全覆盖。

稳定和清洁的能源供应改善了村民的居住环境，提高了村民的生活质量。项目的实施过程中，村民被鼓励参与到决策和实施中，这不仅提升了他们的参与感，还增强了社区内部的凝聚力。通过集体行动，村民共同见证了家乡向更加可持续的方向转变，这种经历能够促进更加紧密的社区联系和社会资本的积累。

各方评价

国网无锡供电公司科联部相关负责人：我们融合了全市用电数据和地理信息系统数据，基于电力大数据算法，积极配合整县光伏选址规划。同时，积极应对光伏并网对电网的影响，通过分布式电源群调群控系统，实现了分布式清洁能源可观、可测、可调、可控，确保了新能源分布式发电与新型电力系统协调发展。

无锡市锡山区发展和改革委员会相关负责人：国网无锡供电公司根据电力大数据将动态推送可开发屋顶的潜力信息，由区发改部门积极沟通屋顶所属单位和企业，并在区发改局专设"电力直通车"办公室常态化协调整区光伏开发建设过程中的相关事宜。

三、未来展望

农村建立新型电力系统可在全国 70% 以上的地区进行推广落地，但具体要针对不同区域进行合理设计，即根据户内光伏消纳量和本地电网吸纳的光伏量给出合理的匹配，到底开发多少，用什么样的技术手段实现微网侧和大电网之间的灵活柔性互动，这是有巨大挑战性的。农村新型微网建设的目的就是把这套技术打通，其中涉及的储能问题、户内消纳问题、用光伏取暖方式问题、电网柔性互动问题、经济性问题等都要在试点过程中对方案进行优化。一般新型电力系统可先针对一个村进行试点，待技术成熟后再逐步拓展应用，村级示范拓展到镇级，再拓展到县级，最后在全国大规模推广。

（撰写人：邱辛泰、岳芸、王晗卿）

国网宁夏电力有限公司中卫供电公司
"绿能开发 + 治理沙漠" 新模式
护航气候行动

一、基本情况

公司简介

国网宁夏电力有限公司中卫供电公司（以下简称国网中卫供电公司）成立于 2004 年 7 月 1 日，属国有大型供电企业，隶属国网宁夏电力有限公司，下设 13 个职能部室，13 个业务支撑机构，管辖中宁、海原、海兴 3 个县供电公司和 39 个乡镇供电所，设有 59 个营业网点，服务用户 64.46 万户。自 2011 年 12 月至今，连续获得全国文明单位称号，近年来，先后获得宁夏回族自治区 2019 年五一劳动奖状、2021 年全区先进基层党组织、2021 年宁夏回族自治区劳动保障守法 A 级诚信单位、国家能源局西北监管局 2018 年度 "百日零投诉" 竞赛活动优胜单位等荣誉。

目前，国网中卫供电公司已形成了以 750 千伏黄河站、沙坡头站为枢纽，330 千伏双环网为骨干网架，110 千伏辐射、互联互供的坚强网架结构。截至 2024 年 8 月 30 日，并网总装机容量为 1188.95 万千瓦，其中，火电厂 3 座，总装机容量为 140.2 万千瓦，余气余热电厂 11 座，装机容量为 23 万千瓦；水电厂 2 座，总装机容量为 12.43 万千瓦；风电场 31 座，总装机容量为 354.6 万千瓦；光伏电站 77 座，总装机容量为 654.59 万千瓦。新能源总装机占国网中卫供电公司总装机容量的 85.23%。

行动概要

中卫市地处宁夏，气候干旱，水资源相对短缺，适合发展光伏等新能源项目，但也面临生态脆弱、土地沙化等问题。国网中卫供电公司根据中卫地区的资源优势与气候特点，创新性地提出了"绿能开发 + 治理沙漠"新模式，不仅有效提升了新能源产业的可持续发展能力，还为沙漠治理提供了切实可行的解决方案。在"绿能开发"方面，积极加强与当地政府、企业及社区的合作，通过党员服务队的技术支持，开展针对新能源企业的技术培训和科学运维工作，促进新能源设施的建设与优化。在"治理沙漠"方面，与各方共同努力，对新能源站点及输电线路通道进行联合治理，构建"板上发电、板间种植、板下修复"的特色模式，恢复和增强植被、降低沙丘流动、减少水分蒸发。不仅改善了中卫地区的气候环境，还推动了第一、第二、第三产业的协同提升，实现了经济、社会与环境效益的平衡。在气候变化的背景下，"绿能开发 + 治理沙漠"的新模式提出了电力方案，实现了新能源发展与生态修复的"双赢"局面。

二、案例主体内容

背景和问题

在全球范围内，随着可再生能源的迅速发展和气候变化的压力，各国均在积极探索低碳经济和可持续发展的新模式。在推动"双碳"目标的背景下，新能源的开发和利用面临诸多挑战和机遇。一方面，需要兼顾气候保护与经济社会发展的协调。在推动新能源发展的同时，需考虑生态恢复与环境保护，推动光伏与生态治理相结合。通过建立绿色通道走廊、恢复植被等措施，既能提升区域的生态环境质量，也能推动经济的可持续发展。另一方面，需要兼顾利益相关方在应对气候变化方面的多样化诉求。中卫地区的气候特点决定了在应对气候变化时需要更具针对性的策略和更广泛的协作力量，因此，必须兼顾位于中卫地区的各利益相关方在应对气候变化方面的多样化诉求，借助中卫独特的气候资源和优势，加快推动光伏发电与生态治理相结合的试点项目，实现共建、共享、共赢的目标。

行动方案

发挥专业优势服务"绿能开发"

超前服务，拉近沟通距离。以党员服务队为依托，组建懂技术、懂客户的专业工作队伍，积极与政府招商、规划等部门对接，通过线上告知、线下走访等方式，全面开展电价政策宣传、解读工作。

主动介入，保障项目落地。 以"一对一"服务为抓手，为新能源企业提供全流程"全面告知、全程帮办、全线跟踪"的三全线下服务，为项目早开工、早建设、早投运、早发电、早创效提供服务保障。

以党员服务队为依托，发挥专业优势，服务绿能开发

走在前列，拓展能效服务。 参与中卫地区"绿电园区"试点，探索新型电力系统能源优化课题。对进行"煤改电"的单位、企业、用户等开通绿色通道，缩短业扩时限。

创新发展模式融合"治理沙漠"

多方协作建立绿色通道走廊。 发动政府与当地居民，通过联合评估、联合治理和联合维护，共同治理新能源站点和输电线路通道的沙地，恢复和增加植被，将流动、半流动的沙地变成固定、半固定的沙地，从而减弱沙丘的流动并降低水分蒸发量。

创新模式融合生态环境治理。 通过"板上发电、板间种植、板下修复"方式实现生态效益与经济效益的"双赢"。

"板上发电、板间种植、板下修复"模式

板上发电	在宁夏中卫地区，光伏板被安装在沙漠区域，利用丰富的阳光资源进行电力发电
板间种植	在光伏板之间的空隙中，实施植被种植。通过选择适合沙漠环境的植物，能够增强土壤的固定性，减少风沙流动，达到生态治理的效果
板下修复	在光伏板下进行生态修复，主要是通过改善土壤质量和水分管理，以支持植物生长，恢复当地生态系统

以点带面联动特色生态产业。助力沙漠生态观光旅游发展，将可再生能源项目与生态旅游结合，吸引游客参观体验生态修复成果，增强生态旅游的吸引力。协同中卫市政府推进"双绿示范区"建设，从而形成集光伏制造、光伏发电、生态治理、观光旅游于一体的光伏产业。

光伏板下绿意盎然

平衡各方诉求构建可持续协作模式

聚焦气候特点，精准识别利益相关方诉求。 深入调研，分析地方政府、工程建设单位、用电企业、公众、供电公司等关键利益相关方在气候变化与新能源建设方面的核心诉求和资源优势。

利益相关方诉求分析及资源优势

利益相关方	诉求分析	资源优势
地方政府	中卫地区由于其干旱和半干旱的气候特征，生态环境保护显得尤为重要。地方政府希望通过推动新能源项目减少因传统能源消耗所产生的碳排放，改善当地的生态环境。因此，地方政府的主要诉求聚焦于落实生态保护战略，针对气候变化所带来的生态挑战，促进地方经济的可持续发展，以实现"双碳"战略目标	政策、行政力量支持、监督管理
工程建设单位	在中卫的气候条件下，工程建设单位施工时间受到限制、材料选择与管理要求提高、施工设备的维护成本增加、人员安全与健康受到威胁。因此，施工建设单位的主要诉求是在工程建设过程中，气候应保持相对稳定，寻求更加合适的技术方案保障工程按期完成	资金投入、新能源工程投资意愿
用电企业	用电企业期望获得安全稳定的电力供应，为了应对气候变化，企业希望通过使用清洁能源解决方案完成相关能效指标要求、塑造环保形象、共同推动社会的低碳转型	电能消纳、支付能力
公众	主要诉求集中在通过新能源的开发和应用改善空气质量，从而改善生活环境和提高个人安全意识，期望通过社会舆论的支持，推动新能源项目的落地实施，确保其生活环境的持续改善	社会舆论支持
供电公司	供电公司关注保障供电质量和安全性，同时也承担促进新能源发展的责任。主要诉求包括致力于提升新能源消纳能力，以减少对传统化石能源的依赖，落实"双碳"目标，更好地应对气候变化	专业能力及设备技术人才

积极响应诉求通力合作寻求最大公约数。 针对地方政府诉求，引入"绿电指数"，编写发布《中卫市绿色电力发展水平评价报告》，对中卫地区绿色电力发展水平进行了量化分析，辅助支撑政府部门科学决策。针对工程建设单位诉求，组织专业骨干为新能

源企业提供技术支持、技术培训、科学运维等指导，帮助工程建设单位顺利推进项目。针对用电企业诉求，实施电费减免、免费的能效评估和节能方案等政策，组织技术支持和培训，提高企业在用电效率和管理方面的能力，从而提高其经济效益。针对公众诉求，实施"一户一案""一对一联络"的策略，对用户的各种诉求进行个性化解决。开展服务质效靶向分析，进一步提升服务质量，确保居民的需求得到及时响应。

强化资源保障，有力支撑可持续协作模式。完善制度体系支撑保障。从资源调配、指标体系、制度保障、体系运营、激励机制等方面，提供强有力的服务支撑和资源保障。健全重大项目配套保障。加大"宁电入湘"及配套工程属地协调力度，与政府部门建立"双向沟通"机制，确保换流站建设顺利开展。夯实电网建设规划保障。滚动修订"十四五"配电网规划，实施农村电网巩固提升工程，加快乡村振兴帮扶县等重点区域电网改造。

"宁电入湘"工程配套重点项目：腾格里沙漠新能源光伏大基地

关键突破

创新性地结合新能源发展与生态治理，构建"绿能开发 + 治理沙漠"新模式，通过恢复林草植被和治理沙漠，实现了生态与经济的"双赢"。突破性地凝聚各利益相关方力量，通过对地方政府、工程建设单位、用电企业和公众等关键利益相关方的核心诉求进行深入调研，明确各方需求，充分发挥各利益相关方的资源优势，形成了有效的多方联动工作模式。

多重价值

经济价值

一是促进招商引资，充足的电力能源为地方政府提供了坚实基础，吸引了更多投资，优化了营商环境，推动了地方特色生态的发展。二是降低企业成本，通过电费减免、能效评估和节能方案等惠企政策，降低了企业的用电成本，提升了企业的经济效益与竞争能力。三是创造就业机会，随着周边产业的发展和企业的引入，公众享受到了更多的就业机会和收入，直接提升了居民的经济水平。

社会价值

一是助力绿色低碳经济转型，通过支持绿色低碳经济转型，助力中卫市构建"绿电园区"，助推风电、光伏项目落地实施，截至 2024 年 9 月，中卫地区新能源装机容量达 1188.95 万千瓦，占地区装机总容量的 85.23%，居宁夏各地市首位。二是搭建各方沟通协作平台，促进了地方政府、工程建设单位、用电企业和公众之间的沟通与合作，

沙漠深处生新绿

建立了互信关系，提升了社会整体的和谐度和幸福感。三是提供数据与技术支持，引入"绿电指数"，帮助相关政府部门更清晰地了解新能源的发展现状与趋势，为政府及用户提供科学决策支持，促进资源的合理配置和利用，推动产业高质量发展。

环境价值

一是减少碳排放，腾格里沙漠新能源光伏大基地项目全部完工并网后，每年可发电 39.6 亿千瓦·时，节约 120.7 万吨标准煤，减少二氧化碳排放量约 329.38 万吨。二是改善生态环境，恢复林草植被，改善沙漠区域的生态状况，转变流动、半流动沙地为固定、半固定沙地，改善"沙尘暴"等气候问题。腾格里沙漠新能源光伏大基地项目陆续建设投运，将有 9 万亩的沙漠变为"绿洲"。三是推动绿色产业发展，创新融合绿色电力与相关产业，助力发展沙漠生态观光旅游和特色种植养殖业，形成可持续的经济发展模式。截至 2024 年 9 月，在腾格里沙漠采用"绿能开发＋治理沙漠"模式的光伏电站已有 27 个。

各方评价

地方政府： 一方面，众多新能源项目的顺利投产，促进了招商引资，优化了营商环境，落实了生态保护战略；另一方面，"板上发电、板间种植、板下修复"的综合治理方式将流动沙地变为固定沙地，减少了沙尘暴等气候问题，提高了生态稳定性，为当地生态旅游产业和特色种植产业发展提供了新的机遇。

工程建设单位： "绿能开发＋治理沙漠"的新模式改善了施工环境，减少了沙尘暴等气候问题对施工进度的影响。多方协作的机制使工程建设单位在施工过程中能够更好地融入生态保护策略，增强了与政府和其他企业的合作信心，有助于顺利推进建设进度。

用电企业： 惠企政策让企业的用电成本显著降低，从而提高了经济效益和竞争能力，促进了企业绿色转型和可持续发展，减轻了对气候的负面影响。

公众： 有效改善空气质量，生态旅游产业和特色生态农业的蓬勃发展为当地带来了更多的就业机会和收入，推动了全社会积极参与生态保护和气候行动的热情。

供电公司： 地方政府的支持让电网建设纳入重点项目管理，保障了新能源"应并尽并"，推动了"双碳"目标落地，践行了社会责任，彰显了国家电网的品牌形象。

三、未来展望

国网中卫供电公司"绿能开发＋治理沙漠"模式不仅为地方经济注入了新动能，还为保护生态环境、护航气候行动作出了电力贡献。未来，在推动气候行动方面，国网中卫供电公司将持续争取政策支持，完善合作机制。积极参与国家与地方政府气候行动相关政策的制定，推动更多的优惠政策和资金支持落地。依托共产党员服务队、青年突击队等载体，不断加强公益宣传，开展"塞上绿电"系列活动，在品牌推广过程中加大对气候行动的宣传力度，鼓励公众参与，提高居民对气候变化的认知程度和环保意识。

在推广计划方面，系统总结"绿能开发 + 治理沙漠"模式的经验成果，推广成功案例，形成示范效应，吸引更多的外部投资。通过系统内的交流，促进其他与中卫自然条件相似的地区借鉴这一模式，推动开展更为广泛的行动。

未来，希望通过上述措施，进一步提高中卫地区的新能源装机容量，推动沙漠治理与植被恢复工作，逐步实现生态环境的全面改善，为全国的低碳转型提供具有更多参考价值的经验。

（撰写人：张永进、刘宣烨、郭永娟、刘皎、陈雨）